La Haine de l'Amour

La perversion du lien

Collection Psychanalyse et Civilisations

Maurice HURNI et Giovanna STOLL

La Haine de l'Amour

La perversion du lien

Préface de Paul-Claude RACAMIER

L'Harmattan
5-7, rue de l'École Polytechnique
75005 Paris - FRANCE

L'Harmattan Inc.
55, rue Saint-Jacques
Montréal (Qc) - CANADA H2Y 1K9

©L'Harmattan,1996
ISBN: 2-7384-4437-7

A Claire et Ueli

TABLE DES MATIÈRES

Remerciements

Préface par Paul-Claude RACAMIER

Avant-Propos

LA RELATION PERVERSE

I. INTRODUCTION 33
II. OBSERVATION DES COUPLES
   À RELATION PERVERSE 37

  Traits pathognomoniques des couples
  à relation perverse 38
    Dissonances vestimentaires et habitus physique............ 39
    La haine des structures... 41
    Le couple grandiose.. 42
    Le goût du risque 43
    Anesthésie corporelle et affective................................ 44

  La communication perverse au sein du couple 45
    La voix, l'intonation, la prononciation 45
    Le langage pervers.. 48
    Attaques et absence de réaction 49
    Stratagèmes et manipulations...................................... 51
    La projection paralysante (l'injection déprédatrice)......... 54
    La tension intersubjective perverse............................. 55

Le choix d'objet pervers 56
  Le contrat.. 56
  Le récit des origines: l'anticouple............................. 60
  Un couple névrosé-pervers?...................................... 63
  Exemple clinique: couple K. 64

La dynamique de couple perverse 71
  Rituels intemporels.. 71
  L'autre: objet-chose 72
  Le mépris... 73
  La peur 74
  La violence.. 75
  Intrication perverse-narcissique................................ 76
  Falsification de la réalité.. 77
  Stimulation de la tension intersubjective perverse.... 78
  Destruction de la vie.. 80
  Exemple clinique: couple L. 81

L'ABUS, LA SÉDUCTION NARCISSIQUE

I. À LA REDÉCOUVERTE DU TRAUMA 101

  L'inceste 103
    Le scotome de l'inceste 107
    L'inceste latent, l'incestuel 112
    Stratégies de l'incestualité.................................... 117
    L'équivalent d'inceste... 123
    L'abus par personne interposée 125

  L'abus narcissique 127

  Autres formes d'abus 136

II. PERVERSION FAMILIALE 136
III. LES RÉSEAUX MICROSOCIAUX PERVERS 141

L'INTRICATION ABUSIVO-PERVERSE:
conséquences tardives de l'abus et implications psychopathologiques

I. LE LANGAGE CODÉ DU SYMPTÔME	147
II. LE TRÉPIED PSYCHOSOMATIQUE-PSYCHOSE-PERVERSION («P.P.P.»)	152
Description	152
Polymorphisme des symptômes	154
Les symptômes sexuels	154
Aspects psychotiques du symptôme sexuel	185
Les troubles de la procréation	197
Les symptômes somatiques	205
Les symptômes relationnels	213
Les deux niveaux ou l'utilisation relationnelle perverse du dysfonctionnement PPP individuel	220
III. L'IDENTITÉ SEXUELLE ABIMÉE	221
La phobie sexuelle «froide» en tant qu'arrière-fond commun des défenses psychosomatiques, perverses ou psychotiques	222
Les symptômes phobiques sexuels	222
Les symptômes phobiques non sexuels	227
La phobie sexuelle froide	228
Conséquence majeure de l'abus sur la sexualité adulte: les troubles du désir	230

RÉFLEXIONS THÉORIQUES SUR LA PERVERSION

Le concept de perversion 237
Le paradoxe 246
Destruction du désir 248
Destruction des liens 249
Le fétiche 252
La pensée perverse 254
Culpabilisation et refus de responsabilité 258
La perversion blanche 260
La folie 263
La relation narcissique 265
L'enfant à détruire 266
La mère 267
Le triomphe de la haine 270
Œdipe abusé 273

CONSIDÉRATIONS THÉRAPEUTIQUES

I. PROCESSUS THÉRAPEUTIQUES   279
   Généralités 279
   La demande paradoxale 283
   Le masochisme: traquenard relationnel
                   pour le névrosé 284
   Le piège de l'attitude «neutre» 286
   Stimulation de la relation perverse 287
   Haine de la curiosité 287
   La haine de la vérité 288
   Le cadre 288
   La mauvaise foi 292
   Le sabordage de la relation verbale 293
   Annihilation interactive 294
   Le transfert 295
   Réactions familiales 296

II. STRATÉGIES THÉRAPEUTIQUES 298
   Le dévoilement 298
   Réintroduction du conflit 299
   L'intervention éthique.. 300
   L'intervention à deux voix 300
   La restauration, la reconstruction 301
III. LE THÉRAPEUTE 302
   Attaques contre les thérapeutes 302
   Proie facile, à disposition 303
   Poubelle pour décharge..................................... 303
   Objets malfaisants.. 304
   Burn out 305
IV. LES TRAITEMENTS 308
   Travail en binôme 308
   Prise de contact et premier entretien 308
   L'argent 309
   Création d'une «zone franche»........................... 311
   Utilisation perverse des séances........................ 311
   Fins de séances 312
   Annihilation rétroactive 312
   Multitraitements 313
   Conclusion... 314

IMPLICATIONS MACROSOCIALES

I. ART ET PERVERSION 318
   Picasso 318
   Le troisième homme 329
II. DÉVELOPPEMENTS PSYCHO-SOCIAUX 332
   Les sectes 333
   Les institutions perverses 334
   Mafia 336
   Perversion et politique 341
      L'exemple de l'URSS 341
      1984 d'Orwell ou l'apothéose de l'Etat pervers 356

Conclusion 369

REMERCIEMENTS

Nous tenons en premier lieu à rendre hommage à notre maître et ami, Pierre-André Gloor, décédé il y a trois ans. Psychiatre, psychanalyste, anthropologue et sexologue, il nous a montré l'exemple d'une compréhension à la fois fine et réaliste, toujours engagée, de l'être humain. Les perversions étaient son domaine d'intérêt privilégié, et c'est de lui que nous tenons des formules si condensées telles que «nos connaissances sur ce sujet se limitent aux souvenirs de névrosés et aux expertises de pervers maladroits».

Notre reconnaissance va également à Madame Janine Chasseguet-Smirgel; nous lui sommes redevables de ses connaissances approfondies de la perversion qui nous ont été précieuses pour notre recherche et de ses encouragements si chaleureux qui nous ont énormément soutenus tout au long de notre travail.

Nous aimerions bien sûr exprimer notre gratitude au professeur Paul-Claude Racamier. Nous devons confesser que nous n'avons découvert ses travaux qu'après bien des années de travail avec les pervers –, mais c'était là probablement le seul moyen de le comprendre vraiment. Combien de fois n'avons-nous pas constaté que telle réflexion, opiniâtrement élaborée à la sueur de notre clinique, se trouvait déjà magistralement exposée par lui, parfois depuis longtemps! Plus récemment, il vient de publier *L'inceste et l'incestuel*, dans lequel nous avons encore retrouvé des développements magistraux de certains de nos thèmes. Dans le champ si aride des perversions, se trouver en aussi gratifiante compagnie est pour nous un honneur.

Ce travail a bénéficié des encouragements et de l'appui de la Fondation du Centre médico-social Pro Familia, à Lausanne, Suisse. Nous l'en remercions vivement.

Enfin, ce livre n'aurait pas pu être édité sans l'aide précieuse de Madame Maryline Parmiggiani et de Monsieur Pierre Leuzinger. Nous leur exprimons nos plus chaleureux remerciements.

PRÉFACE

Les auteurs de cet ouvrage ont pénétré dans un domaine de la vie psychique dont l'atmosphère est peu respirable. Ils ont eu le courage de continuer leurs explorations. Ils ont regardé ce qu'ils voyaient. Ils ont écouté ce qu'ils entendaient.

Ce qu'ils ont saisi sur le vif, ils ont su le décrire, sans complaisance et sans exclusion, mais avec la rigueur et la minutie de l'esprit clinique. Ils ont su le comprendre et l'analyser, sans fioritures, mais avec la précision et la profondeur de l'esprit scientifique. C'est ainsi qu'ils nous font entrer dans un monde à la fois proche et dérangeant, un monde que nous côtoyons souvent sans le voir: celui de la perversion relationnelle. C'est un domaine dont l'importance est capitale. La prescience en est fort ancienne (les poètes et les écrivains, comme souvent, ont fait œuvre de précurseurs). Cependant, sa connaissance approfondie est assez récente. Les auteurs mêmes de ce livre y travaillent de longue date, car il y a longtemps que Maurice Hurni et Giovanna Stoll œuvrent ensemble. Ils ont eu quelques prédécesseurs dans l'étude de la perversion, quelques défricheurs, qu'ils citent avec la plus grande honnêteté; mais rien en ce domaine n'avait encore été écrit d'aussi largement observé et d'aussi fortement travaillé.

Si la perversion relationnelle est encore si peu connue et si mal reconnue, ce n'est pas seulement parce qu'elle est nouvellement étudiée; pas seulement parce que les notions nécessaires pour l'apercevoir, les «instruments conceptuels», n'étaient pas encore disponibles – et je suis heureux pour ma part d'avoir pu par mes propres travaux aider les auteurs dans leurs élaborations. C'est aussi pour des raisons plus fortes et plus profondes: c'est parce que la perversion soulève de l'effroi, et même de la répulsion. De l'effroi, car cette perversion morale et narcissique vise non seulement à la suprématie sur l'autre afin de se grandir à son détriment, mais plus encore à la destruction progressive et minutieuse de l'autre afin d'exister à ses dépens. En effet, l'enjeu de cette perversion, c'est l'existence. Je dirais même: la surexistence. Mais si les sujets – les conjoints – s'attachent l'un à l'autre afin de surexister chacun aux dépens de l'autre, c'est, nous le saurons, c'est parce qu'ils n'ont jamais guéri de la souffrance, elle-même jamais reconnue, d'avoir jadis terriblement sous-existé.

Car ce sont des couples que nos auteurs étudient; c'est au sein de ces huis-clos à la fois aiguisés et feutrés qu'ils ont observé les duos, ou plutôt les duels d'enfer, dont ils nous décrivent les passes successives, les bottes secrètes et les motifs profonds. Domaine aride et âpre que celui-là, tout en actes, pauvre en affects et en sentiments, mais fertile en manipulations à la fois croisées et précises.

Le mérite des auteurs est d'avoir surmonté les réactions d'incrédulité ou de réprobation qui sont si fréquentes face à ce processus et qui ont tant contribué à l'occulter aux yeux du public et même des cliniciens. Rien n'est plus facile, par-devant les agissements de nature perverse, que d'en contester l'existence: «Ça n'est pas vrai, ça n'est pas possible!» Mais quand ce déni échoue, la défense change de nature. Et de se rabattre sur la morale, ou plutôt – ce qui est entièrement différent – sur le moralisme, lui qui est tueur de morale; il se produit alors un phénomène étrange et trompeur: tantôt l'on s'écrie que les sujets décrits sont par trop repoussants pour mériter qu'on s'y intéresse; tantôt l'on insinue que les auteurs sont eux-mêmes bien douteux pour s'intéresser à la perversion (rappelons-nous ce qui fut jadis insinué sur Freud lui-même, mais on voit bien qu'il n'est pas interdit de recommencer les mêmes insinuations sur d'autres personnes à propos de questions voisines); voire enfin on trouve les auteurs par trop moralistes.

Cependant, l'observation clinique ne doit aucun tribut au moralisme. Ne laissons toutefois pas croire qu'il n'y ait pour nous pas de morale qui vaille. Nous avons une morale et nous y tenons: c'est celle qui inspire le respect de l'autre, la valeur de la vie, la sauvegarde de la vie psychique, le culte de la vérité et le prix de l'amour. Telle est notre morale.

C'est pourquoi j'invite le lecteur à surmonter, s'il en éprouve, ses premières réactions négatives, ainsi que l'ont fait Maurice Hurni et Giovanna Stoll, pour accepter de regarder certaines réalités cliniques, pour les entendre et pour les comprendre.

Pour avoir moi-même, il y a plus de dix ans déjà, étudié et décrit la perversion narcissique, pour avoir, depuis plus de vingt années, et tout récemment encore, mis au jour les ressorts et les rouages de l'incestualité, je me crois bien placé pour mesurer l'extrême importance et la novation radicale des notions que nous voyons se déployer tout au long de ce livre.

Mais aussi, bien des lecteurs trouveront dans ces pages l'élucidation de certaines rencontres qui leur ont laissé d'irrésistibles relents d'amertume ainsi que d'immenses perplexités. Ils reconnaîtront avec soulagement ce qu'ils auront rencontré sans le comprendre ni même le croire. Car les manœuvres perverses demeurent totalement incompréhensibles tant que l'on cherche à les mesurer à l'aune de l'amour, de la sympathie, de la considération interindividuelle et de l'égard interhumain. Elles ne se comprennent qu'en termes de haine, de dénis et de disqualifications. On se heurte là à un monde fait de glace et de glacis et nourri de manœuvres et de mépris.

Ils découvriront également, ces lecteurs, pourquoi ils ont pu perdre bien des énergies et quelques plumes dans des relations qu'ils auront imprudemment engagées avec des sujets qui se sont révélés experts en manœuvres perverses. On ne joue pas à ces jeux sans risquer de perdre sa mise, si l'on n'a pas soi-même de dispositions perverses. Vous qui n'êtes pas doués pour la perversion, n'embarquez donc pas de pervers dans votre vaisseau; sinon, préparez-vous à souffrir...

Ce n'est pas l'amour, c'est l'amour de la haine qui se glisse avec insistance à tous les tournants des cas qui nous sont décrits, comme à toutes les pages de l'ouvrage qui nous est donné à lire. La haine de l'amour, c'est aussi la haine de tout ce qui fait dépendre d'autrui, faisant désirer le plaisir avec et par et pour l'objet; c'est enfin la haine de la tendresse et de tout ce qui fait fondre le cœur.

Les conjoints qui nous sont décrits se sont choisis. Ils ne se sont pas choisis pour leur qualités respectives, mais pour leurs défauts et pour leurs «faiblesses». Le terrain est ainsi préparé pour les combats à venir, pour les disqualifications, les prédations et tentatives d'asservissement qui organisent les rapports de ces couples – non-couples qui sont ensemble ligués contre le lien véritable, contre la libido, contre la tendresse et enfin contre l'amour.

Peut-être vaudrait-il mieux dire qu'en ces sortes de relations l'amour existe et même existe très fortement; mais il existe en négatif. Et les auteurs de ce livre le savent, qui montrent de quelle profonde défense, de quel combat d'enfance presque immémorial sont en vérité issues les batailles de tranchées que se livrent ces adultes rivés à leurs déceptions inextinguibles et souterraines.

Le fond des choses, Maurice Hurni et Giovanna Stoll le savent, ils le disent, et je le connais bien: c'est l'incestualité, une incestualité dont ces sujets ont été précocement et dangereusement imprégnés; or, l'inceste et l'incestualité, s'exerçant sur des enfants, ne sont qu'effraction des sens et disqualification du moi, abus majeur et même double abus: sexuel et narcissique; tueuse d'identité, telle est l'incestualité: c'est l'antimaternage par excellence et l'antilibido la plus radicale. De là cette défense absolue qui nous est décrite et qu'il nous est donné d'observer: ainsi l'abusé d'hier devient-il l'abuseur d'aujourd'hui.

Dans cette perspective, j'irai peut-être encore plus loin. Je proposerai l'hypothèse suivante: les êtres qui, dans leur enfance, dans le temps de leur croissance psychique et de leur constitution affective, ont manqué des éléments nutritifs qui sont ordinairement indispensables, ceux-là ne sont-ils pas amenés pour survivre à les remplacer par des éléments tout-à-fait différents? C'est avec ces matériaux inusités qu'ils vont construire leur identité et nourrir leurs relations. La confiance de base leur a manqué: ils se sont construits sur la méfiance; l'alliance narcissique fondamentale leur a fait défaut: ils se sont construits sur l'inanité; la place de désirer leur a été refusée: ils se sont construits sur la haine du désir; la tendresse leur a échappé: ils vivent de prédations. L'amour leur a manqué: ils se bâtissent avec des briques de haine.

Revenons à nos auteurs; nous ne les avons pas quittés. Au cours de leur périple, Maurice Hurni et Giovanna Stoll engagent trois démarches successives, qu'ils nous font partager tour à tour.

La première consiste dans la découverte et la mise au jour des manifestations, parfois banales dans leurs apparences et souvent cryptiques dans leur économie, de la perversion relationnelle mise en œuvre – puisque la perversion est toute dans l'action et dans l'agir, et nullement dans le fantasme et la pensée – au sein de certains couples reçus en consultation de couple. Ces couples – mais tel n'est évidemment pas le cas de tous les couples consultants – ont eu pour demande manifeste ou apparente d'améliorer leurs relations, mais pour demande profonde de perfectionner leurs stratégies ou de conclure par la victoire de l'un et la déconfiture de l'autre un match poursuivi de longue date et à l'issue toujours douteuse. C'est bien là que s'imposent la plus grande attention des praticiens et la plus grande minutie dans l'observation des phases du jeu qui se joue sous leurs yeux et à leur intention, dans un transfert complexe, dont les fils sont sans cesse à repérer, sans cesse, dirait-on même, à rattraper.

La seconde démarche consiste dans l'analyse de ces processus, dans la mise en place de leurs multiples facettes et de leur valence majeure, dans l'élucidation de leurs mécanismes, dans l'appréciation de leur économie dans la vie relationnelle des sujets et enfin – et peut-être surtout – dans la mise au jour de leurs origines. C'est ici que se dévoile l'incestualité qui règne en secret sur ces agencements; c'est ici que les auteurs décrivent et fouillent en détail le trépied associant psychose, psychosomatique et perversion. (J'applaudis à cette association, à cette coalition, dirai-je même, que je proclame depuis longtemps.)

Quant à la troisième démarche, elle consiste dans l'extension du concept de perversion relationnelle. C'est ici que vont être étudiés, exemples à l'appui, des développements groupaux, sociaux et politiques impressionnants. Leur action est collective. La perversion atteint des dimensions monstrueuses; le court-circuitage de la pensée et du rêve, la haine de l'individualité (mis à part celle du meneur ou du groupe de meneurs), la corruption des âmes, la disqualification des esprits, tout cela relève des procédés et des visées de la perversion. Quelque prudence que l'on doive observer envers l'extension à grande échelle de concepts recueillis sur une petite échelle, on ne peut qu'être saisis d'horreur devant la singulière ressemblance qui se retrouve dans les stratégies de la Mafia ou des gouvernements totalitaires, jusqu'à la description terrifiante d'un Etat entièrement pervers, description effectuée par Orwell dans son fameux livre *1984*, dont nos auteurs espèrent qu'elle est irréelle. Avec eux, on peut en effet l'espérer. On ne peut que l'espérer.

J'invite le lecteur à lire le livre de Maurice Hurni et Giovanna Stoll. Je l'invite avec chaleur. De la chaleur, certes il en faut, dans un domaine clinique tel que celui des perversions narcissiques, où l'oxygène est rare et le climat glacial. C'est une face cachée des relations humaines qui nous est ici décrite. Et pourtant elle existe. Elle est multiple. Elle resterait inconnue si l'on n'y prenait garde, car on croirait observer l'envers des relations humaines telles que nous les aimons. Ici, le lien cède la place à son contraire, qui est la ligature et l'oppression. L'œdipe (j'y ai souvent insisté) cède la place à son contraire, qui est l'inceste en acte. Et l'amour, comme on l'a vu, cède la place à son envers, la haine. Le titre même de cet ouvrage *(La Haine de l'Amour)* pourrait sans peine se retourner, et ce serait l'amour de la haine.

Y a-t-il un remède à ce mal? Ce serait la redécouverte de l'amour – ou sa découverte. Pour celles et ceux qui en ont manqué, qui ont construit leur existence à l'encontre de l'amour, quelle prodigieuse aventure! Peut-être même une souffrance.

Il est vrai que l'amour, si souvent qu'il soit médecin, ne l'est pourtant pas toujours. Du moins pourrons-nous espérer que des médecins réussissent à faire aimer l'amour.

Dr Paul-Claude Racamier
25 mars 1996

AVANT-PROPOS

> «La vie fourmille de monstres innocents. Seigneur, mon Dieu! Vous le Créateur, vous le Maître; vous qui avez fait la Loi et la Liberté; vous, le Souverain qui laissez faire; vous le Juge qui pardonnez; vous qui êtes plein de motifs et de causes et qui avez peut-être mis dans mon esprit le goût de l'horreur pour convertir mon cœur, comme la guérison au bout d'une lame; Seigneur, ayez pitié, ayez pitié des fous et des folles! O Créateur! Peut-il exister des monstres aux yeux de Celui-là seul qui sait pourquoi ils existent, comment ils *se sont faits* et comment ils auraient pu ne pas se faire.»
>
> Charles Baudelaire: *Poèmes en prose*

Poètes et écrivains ont de tout temps su percevoir avec grande finesse la dimension perverse de la psyché humaine. A nous, thérapeutes, elle ne s'est dévoilée que lentement, par bribes successives, chaque fois à la mesure de notre frayeur, puis de son dépassement. Il nous a fallu croire à la réalité des monstres. Ils ne se cachaient pas, ils se manifestaient clairement et crûment pour autant qu'on ose les regarder en face. Ils nous a fallu prêter foi à chaque expression par laquelle ils se décrivaient, tout incroyable ou grotesque qu'elle put nous paraître. Ils nous le disaient par leurs symptômes sexuels rebelles à toute thérapeutique, par la présentation de leur corps comme un assemblage de parties disparates, par leur comportement conjugal insensé. Ils nous le disaient par des interruptions abruptes du traitement, comme à l'inverse par un attachement farouche à une thérapie qui n'évoluait pas. Ils nous le disaient encore par la dynamique extrêmement complexe des entretiens, qui nous mettait à dure épreuve et en même temps nous glissait entre les doigts.

Mais comment comprendre ces patients? Un premier pas en ce sens fut le constat que c'était dans la relation qui se déployait devant nous, et entre eux et nous, que résidait le véritable symptôme. Mais nous restions captifs d'une attitude «neutre et bienveillante». Nous comprîmes alors qu'à notre insu, elle prenait la valeur d'une complicité. Il nous fallut dès lors déjouer en premier lieu le piège de l'apparence trompeuse qu'ils cherchaient à nous imposer en tant que réalité.

Il nous restait à comprendre les arcanes de leur fonctionnement. Processus long et plein d'embûches. L'observation et l'analyse minutieuses d'une foule de détails de tous ordres a abouti à en reconnaître la cohérence; nous les avons rassemblés dans le concept de *couple à relation perverse*. L'effort nécessaire pour comprendre cette relation a été énorme. On pourrait dire qu'il était proportionnel à la finalité, pour nous monstrueuse, de cette relation: *la jouissance au détriment de l'autre, grâce à sa destruction*. Le dévoilement et l'affrontement de la *violence* intrinsèque à cette relation était le pas suivant à franchir. Sa manifestation par des *actes* masquait une effroyable absence de représentations psychiques, entrave majeure au travail thérapeutique d'élaboration.

La compréhension de ce type de communication et de dynamique perverses nous ouvrit les yeux sur la multiplicité des ravages commis sur leur entourage par ces couples.

Si ces premières étapes nous avaient demandé le courage d'envisager une réalité clinique qui soulevait notre révolte et même notre horreur, elles nous permettaient paradoxalement de les reconnaître dans leur véritable identité et de mieux respecter celle-ci.

Comment avaient-ils pu en arriver là? Les patients eux-mêmes nous l'expliquaient, moins par les mots que par une *mise en scène symptomatique*, évidente à condition de pouvoir penser l'impensable: la réalité des *abus* infantiles dont le paradigme est l'*inceste*. Ces traumatismes faisaient partie intégrante de la relation perverse qui avait existé entre eux et leurs parents. Ils avaient transformé des êtres humains en enveloppes évidées de tout affect et de toute pensée, murés dans une *peur panique* de l'autre et de la sexualité. Encore actuellement, leur survie était au prix d'une *haine* destructrice de tout lien. L'espace relationnel s'en trouvait immanquablement transformé en «*arène*», en aire de combat, y compris dans la relation avec nous. Nous nous trouvions brutalement confrontés aux thèmes de la destructivité, de la méchanceté et du mal. Mais, derrière cette réalité, nous percevions alors la figure pathétique de l'ancienne victime.

Ces considérations ouvrent de nouvelles perspectives pour nos traitements. Comment faire coexister notre logique «normo-névrotique» et la logique perverse qui est propre à ces patients? Comment accéder à leur partie abusée et répondre à leur véritable demande, si loin de leur demande symptomatique initiale?

LA RELATION PERVERSE

I. INTRODUCTION

Lorsque, dans les années 1970, nous avons commencé à faire des thérapies de couple et des thérapies sexologiques, nos outils conceptuels et thérapeutiques étaient fort maigres. Leur indigence, due en partie au caractère hybride du couple, à mi-chemin entre l'individu et la famille ou le groupe, était de surcroît masquée par un enthousiasme quasi idéologique: des concepts simples et percutants, des thérapies nouvelles et efficaces avaient vu le jour, qui étaient censés améliorer facilement, presque magiquement, l'entente des couples, même si celle-ci était perturbée depuis des années.

Quelques points de repère nous permettaient de nous orienter dans la complexité des problématiques auxquelles nous confrontaient nos patients. W. Masters et V. Johnson (Masters et Johnson 1968), les célèbres sexologues américains, grâce à leurs études courageuses, s'étaient dégagés d'une foule de croyances archaïques ou terroristes sur la sexualité. Ils avaient aussi lancé les ponts d'une approche thérapeutique comportementale qui avait pour elle un certain pragmatisme, parfois naïf mais toujours honnête. Cette approche avait été perfectionnée, particulièrement par l'*école de Hambourg* (Schorsch 1975, Arentewicz 1980), par H. Kaplan (Kaplan 1977) ou par P.-A. Gloor (Gloor 1979 et 1982); nous-mêmes avons élaboré certaines réflexions sur le fonctionnement des couples qui nous consultaient pour des difficultés sexuelles (Hurni et Stoll 1987, 1988). Un autre repère dans les thérapies de couple a sans conteste été J. Willi (Willi 1982), psychiatre zurichois, dont la notion de *collusion* a été le premier concept décrivant spécifiquement la dynamique du couple. Enfin, des auteurs comme J.-G. Lemaire (Lemaire 1971, 1979, 1989) nous ont certainement aidés à mieux comprendre l'enchevêtrement, à l'intérieur de la structure dyadique, des diverses motions pulsionnelles, d'autant plus importantes qu'archaïques et secrètes. Celles-ci conditionnaient en effet tant le choix d'objet que la dynamique de la «lune de miel» ou que les thèmes d'éventuels conflits ultérieurs. D'autres thérapeutes, particulièrement d'orientation systémique, comme M. Selvini (Selvini 1988),

S. Cirillo (Cirillo 1989) ou Y. Boszormenyi-Nagy (Boszormenyi 1973), nous ont permis de mieux saisir les liens transgénérationnels étroits qui déterminaient en partie le fonctionnement des couples.

Toutefois, malgré ces avancées théoriques, nous nous heurtions à des difficultés opiniâtres, rebelles à une compréhension fondée sur les seuls auteurs mentionnés ci-dessus. Nous mîmes longtemps à comprendre que toutes ces approches avaient pour défaut de se fonder sur une logique que nous appelons maintenant *«névrotique»* (ou, autrement dit, «normale»), totalement opposée à la *logique perverse* qui caractérise le fonctionnement des couples réfractaires au traitement. A la logique névrotique appartiennent les malentendus, les inhibitions ou blocages évolutifs en tous genres, voire même le manque d'information ou la communication défectueuse. A la logique perverse appartiennent la prédation, les chantages et intimidations, une communication subtile aux fins d'emprise sur l'autre et de manipulation. Autant la première vise fondamentalement un soulagement de la souffrance, une amélioration, un mieux-être, cela grâce à un transfert libidinal autorisant des soins, autant la deuxième tend plutôt à l'exacerbation de la souffrance de l'autre et en définitive à sa destruction.

La découverte d'une logique aussi étrangère à la logique habituelle, particulièrement médicale, fut l'aboutissement d'un long et laborieux processus, toujours en cours. Dans cette direction, les travaux de D. Anzieu (Anzieu 1986, 1992), J. Chasseguet-Smirgel (Chasseguet-Smirgel 1980, 1984*a*, 1984*b*) mais surtout ceux d'A. Eiguer (Eiguer 1984, 1989, 1995) et de P.-C. Racamier (Racamier 1987, 1990, 1992*a*, 1992*b*, 1993, 1995) furent de véritables révélations. Enfin, nous trouvions, à travers leurs descriptions parlantes des perversions narcissiques et des interactions paradoxales, des outils qui collaient parfaitement à notre clinique et qui lui donnaient un éclairage passionnant – mais aussi effrayant. Peu à peu se fit jour une véritable compréhension non seulement de cette logique perverse, mais aussi des interactions destructrices, de la dynamique mortifère, de la violence subtile, des desseins machiavéliques, de la pensée vide, exilée chez des autres, et des patients eux-mêmes réduits à l'état de fétiche. Découverte d'autant plus saisissante que sans commune mesure avec les symptômes de mésentente ou sexuels, symptômes qui nous semblaient de prime abord relativement anodins.

La prise en compte de cette *dynamique perverse* qui opposait deux partenaires soudés dans une même visée destructrice nous fournit un tableau plus réaliste de la psychopathologie présentée. Cette vision se compléta rapidement d'une multitude d'autres constatations sur les graves troubles physiques ou psychiques concomitants qui affectaient non seulement les couples eux-mêmes, mais aussi leurs proches, et tout particulièrement leurs enfants: *maladies psychosomatiques* tout d'abord, comme asthme, allergies ou autres «constipations rebelles», mais aussi toute une cohorte d'autres maux: *troubles anorexiques ou boulimiques, opérations* itératives aux raisons souvent obscures, *accidents* multiples, souvent dus à la pratique de sports violents ou à la prise de risques inconsidéré, sans parler des traitements médicaux chroniques, fréquemment sur base de médecines dites alternatives; et, bien sûr, des *affections psychiatriques* franches. Ces troubles ou maladies avaient fait l'objet de soins individuels, aussi longs que peu fructueux. Même les psychanalyses, effectuées pourtant par de nombreux patients, ne semblaient pas avoir eu prise sur eux. Enfin, une cohorte de *morts* dans leur entourage proche, souvent d'origine peu claire, qui avait grevé leur enfance ou leur vie conjugale (suicides, accidents, disparitions, morts subites, etc.). Bref, répétons-le, à partir d'une symptomatologie relativement banale, nous aboutissions à un terrible champ de bataille dont les victimes ne se comptaient plus.

Nous en vînmes ainsi à étendre le concept de dynamique de couple perverse à un réseau tout d'abord familial, puis même social. Il nous devint évident que ces couples dont le fonctionnement pervers se déployait de façon saisissante pendant les séances utilisaient leurs enfants dans leur dynamique conjugale quotidienne. En outre, à travers leurs échanges incisifs, nous discernions de plus en plus souvent les traumatismes dont eux-mêmes avaient été autrefois les victimes et qu'ils nous restituaient dans une remise en scène malheureusement aveugle. Une sorte de filiation dramatique des violences subies puis infligées se fit ainsi jour. La nature de ces attaques ressortit comme souvent liée au symptôme, c'est-à-dire dans notre consultation, de nature sexuelle: *incestes* véritables, dont on sait maintenant qu'ils sont infiniment plus nombreux qu'on a voulu le croire jusqu'ici, mais aussi autres formes de violences plus raffinées prenant pour cible la sexualité de l'enfant en tant que partie la plus intime, donc vulnérable, de son être. En outre, l'identité, l'estime de soi, bref le narcissisme sous ses différents versants se trouvait avoir aussi été l'objet de destructions, pour ne pas parler d'annexions, aussi volontaires qu'aliénantes. Ces relations perverses qui s'attaquaient cette fois à des victimes faibles et dépendantes par définition rentraient dans le cadre générique des *abus narcissiques*. Ce type de violence doit, à notre sens, être clairement désigné, et sa réalité ne doit pas être escamotée dans un débat pseudo-philosophique sur les réalités «psychiques» ou «réelles», ou sur l'intrication des causes et des effets. Nous avons cherché, pour notre part, à comprendre ses mécanismes et ses impacts aussi scrupuleusement que possible, afin d'élaborer les *approches thérapeutiques* les plus adéquates qui s'attaquent de façon réaliste à ces véritables drames. Beaucoup reste à développer dans ce champ. Nous nous sommes astreints à transcrire dans le détail quelques interventions qui ne s'appuyaient pas sur une compréhension névrotique inadéquate d'une vérité inconsciente refoulée à restituer, mais plutôt sur des intentions à dévoiler et sur des faits déjà connus à «dé-réprimer». Comme nous le verrons, dans le domaine de la perversion règne plutôt le mensonge que l'oubli.

Enfin, cette logique perverse qu'il nous avait été donné de comprendre au sein de l'«arène» des consultations de couple nous est apparue avoir une propension à diffuser au sein des familles et des groupes ou à infiltrer des institutions de tous ordres. Ainsi, de multiples facettes de la *vie institutionnelle*, *politique* ou *artistique* mettent en œuvre des logiques perverses tout à fait analogues aux mécanismes analysés dans le champ thérapeutique dyadique. Là aussi, nonobstant toute la prudence nécessaire lorsqu'on applique un concept issu de la thérapie à d'autres domaines, un vaste champ de réflexion et, pourquoi pas, d'intervention semble s'ouvrir à la lumière de ces considérations sur la perversion sociale.

II. OBSERVATION DES COUPLES À RELATION PERVERSE

> «Que faisons-nous, dit-il, de ce poids inutile
> Et qui va balayant tous les sentiers fangeux?
> Que nous sert cette queue? Il faut qu'on se la coupe.
> Si l'on me croit, chacun s'y résoudra.»
> La Fontaine: *Le Renard ayant la queue coupée*

Chez les couples qui consultent pour des difficultés sexuelles ou pour une mésentente, le problème sexuel étant alors vu comme secondaire, on découvre très souvent une problématique infiniment plus grave, centrée autour de la *perversion narcissique.*

Cet ouvrage vise à étayer ce concept et, plus particulièrement, son application à une dynamique de couple particulière: la *relation de couple perverse-narcissique.* Les observations que nous allons rapporter, l'analyse des dynamiques prévalentes dans cette pathologie du lien forment à nos yeux un ensemble cohérent qu'il est légitime de regrouper sous ce nom. Nous avons considéré le terme de pervers comme le plus approprié et l'avons compris ici dans un sens plus vaste que celui de simple perversion sexuelle avec laquelle il entretient toutefois des liens étroits. Sa connotation morale ne nous gêne absolument pas et, comme Stoller (Stoller 1975), nous soutenons qu'elle ne gêne pas non plus les pervers.

Une remarque générale éclairera mieux notre démarche: tous les auteurs s'accordent à dire que c'est *dans la relation* que s'exerce mais aussi se révèle la perversion. Le couple et son lien intime vont par conséquent être un lieu privilégié de la mise en œuvre et de l'étude de cette grave pathologie. Les précisions de Stoller (Stoller 1975) sur les contours et l'étiologie de cette curieuse dynamique qui allie la cruauté la plus folle à l'attachement le plus fort nous le confirment:

> «Préserver son identité. Contre quoi? Contre l'humiliation (...) Seuls ceux qui sont assez forts pour avoir confiance laisseront en-

trer les autres, permettront l'intimité. Mais si l'on a des raisons de ne pas se sentir solide (si, par exemple, *on a été régulièrement humilié dans les premières années de la vie)**, on sera sur ses gardes, on aura peur de ce que les autres pourraient trouver et de la manière dont ils pourraient utiliser ce qu'ils trouvent si jamais on les laissait entrer. Alors, on s'enferme par un processus qui vous déshumanise. Ensuite, pour être doublement en sécurité, on déshumanise autrui. Les autres deviennent des fétiches.»

Et, plus loin :

«La perversion, pour moi, c'est la solution à *l'échec de l'intimité.*»

Nous allons donc esquisser une image de ces couples en détaillant quelques-unes de leurs caractéristiques récurrentes. Au préalable, une remarque importante s'impose. La description de vignettes cliniques, et même dans certains détails allant jusqu'au mot-à-mot du récit, nous a semblé nécessaire à la compréhension fine des dynamiques perverses. Pour respecter au maximum l'anonymat de nos patients, nous avons travaillé chaque vignette pour en modifier ou en supprimer les détails qui auraient pu être socialement trop précis; nous avons ensuite, autant que faire se pouvait, mélangé différents cas dont la pathologie présentait des analogies.

1. Traits pathognomoniques des couples à relation perverse

Avant d'aborder ce sujet délicat, nous aimerions préciser le point suivant. Il n'entre aucunement dans notre intention de définir une catégorie nosologique à partir de seules caractéristiques concrètes. Celles-ci ne sont bien sûr qu'une manifestation extérieure d'une pathologie interne. Elles n'ont aucune valeur en elles-mêmes mais, reliées entre elles et rattachées à un certain type de pathologie, elles prennent un sens, qui apparaîtra au fil de cet ouvrage.

---

* Souligné par nous; cf. plus loin «abus narcissiques».

Dissonances vestimentaires et habitus physique

L'habillement de ces patients nous est apparu d'emblée comme porteur d'une signification particulière. Le plus souvent, il s'agissait de certains *détails dissonants* par rapport au reste de leur habillement: lunettes bizarres défigurant le visage, boucles d'oreilles disproportionnées, grosses ceintures aux boucles en fer massif empêchant la patiente de s'asseoir confortablement, chaussettes d'enfant, par exemple bleu ciel avec de petits dessins, portées par un patient en complet gris, etc.

Ces détails étaient présents trop fréquemment pour être banalisés. Nous les comprenons, quant à nous, comme ayant pour les patients une valeur de *fétiches relationnels*, triomphalement exhibés.

En effet, dans la relation avec l'autre, ils tendent à produire une première déstabilisation: le thérapeute va se trouver en effet, souvent inconsciemment, incommodé par cette (minime) discordance, d'autant plus qu'elle se situe dans un registre difficilement interprétable; ou encore, son regard et son attention vont se trouver attirés vers ce fétiche, au détriment de ses capacités de penser.

Tantôt, au contraire, c'était l'habillement *dans son ensemble* qui nous interpellait comme un message, souvent paradoxal: une robe noire moulante de «femme fatale» portée par une patiente infantile au visage de madone de 15 ans; ou des survêtements dont la forme ou la texture évoquaient un pyjama, voire des langes de bébé, ou au contraire l'attirail d'une prostituée. Chez les hommes, c'était plutôt la discrépance entre l'habillement et la fonction professionnelle et sociale qui était surprenante. Là aussi, deux lectures se dégagent; l'une sur le versant à proprement parler pervers: on y relève l'incongruité avec son aspect de provocation, l'incohérence affichée entre l'habillement et la personne, peut-être la transgression des codes sociaux en vigueur (particulièrement ceux en vigueur dans une consultation). L'autre, sur un versant plus mystérieux, pourrait être comprise comme partie d'une mise en scène sur un niveau préverbal de situations traumatiques insymbolisables. Nous y reviendrons.

Ces particularités sont un premier exemple d'induction narcissique à l'égard des thérapeutes, telle que la décrit A. Eiguer:

> «Le champ d'opération de tout pervers est la réalité, l'environnement, le lien à l'autre (...). Le type privilégié de passage à l'acte du pervers narcissique est l'induction: le sujet provoque des sentiments, des actes, des réactions ou, au contraire, il les inhibe.» (Eiguer 1989)

L'induction s'opérerait ici grâce au fétiche qui est, selon nous, une défense instable nécessitant une constante réactualisation et une consolidation. R. Dorey relève en ce sens le jeu subtil du patient autour de ce fétiche, là un voile, qui

> «a, on le sait, pour fonction essentielle de maintenir l'illusion, le jeu de leurre, l'ambiguïté; il entretient l'incertitude, l'indécidable, le «comme si», c'est-à-dire ce qui permet l'édification de cette formation défensive qu'est la croyance en la mère phallique par laquelle est désavouée la réalité de la différence des sexes. Croyance fragile, toujours à la merci d'une révélation qui viendrait la détruire.» (Dorey 1989)

Dans cette hypothèse, l'obligation pour le pervers de constamment réaffirmer l'ambiguïté comme loi nous apparaît particulièrement parlante.

Nous pouvons d'ores et déjà anticiper qu'il ne s'agit là que d'un premier démasquage de l'utilisation de fétiches par ce genre de patients. Il en existe de multiples autres, y compris et surtout leur partenaire qu'ils visent à fétichiser, autrement dit à réifier, ou leur relation perturbée qu'ils exhibent triomphalement à de nombreux spectateurs obligés. E. Kestemberg (Kestemberg 1978) en a décrit quelques-uns des aspects fondamentaux. T. de Saussure (de Saussure 1993) voit aussi le fétiche dans la relation à l'autre et affirme que

> «l'amour est reporté sur [le fétiche], épargnant au sujet l'angoisse inhérente à la relation interpersonnelle vivante».

Pour revenir à l'aspect physique, au-delà du simple habillement, nous avons fréquemment constaté une grave discordance entre l'âge des patients et leur *apparence physique*: leur visage tout particulièrement était juvénile, le front lisse, la peau étonnamment exempte de rides; le temps ne semblait pas s'y être inscrit. Là encore, cette singularité nous est apparue trop fréquente pour être attribuée au seul hasard. Il nous semble vraisemblable qu'il s'agisse de la manifestation somatique d'un arrêt du développement psychosexuel, souvent contemporain de graves traumatismes qui auraient marqué l'enfant. D'autres blocages évolutifs, dans leur développement corporel, mentionnés à de nombreuses reprises par les patients, nous ont confortés dans cette opinion: arrêt du développement des caractères sexuels secondaires (règles) ou même primaires (utérus infantile, atrophique). Précisons toutefois, pour dissiper tout malentendu, que cette apparence contrastait avec certaines caractéristiques psychiques telles qu'un aplomb, voire une morgue qui, à eux seuls, écartaient définitivement le diagnostic d'une simple immaturité névrotique.

La haine des structures

Dès la première consultation, ces patients affichaient par leurs dires et leurs attitudes une aversion générale, fondamentale, pour tout ce qui était de l'ordre de la différence ou de la limite. Il leur était ainsi très difficile de se concevoir, en tant que patients, dans un statut différent du nôtre. Si on les interrogeait sur ce thème, ils nous disaient souvent très clairement que l'entretien avec nous était pour eux de même nature qu'une discussion entre «copains» au bistrot.

Leur relation perverse à la loi, dans le sens d'un jeu érotisé, est illustrée par le grand pourcentage, dans notre casuistique, de gens non mariés car ne voulant pas se plier à des *«tracasseries administratives stupides et superflues»*. Ce dénigrement du mariage contient bien plus qu'une opinion, en soi tout à fait légitime. Le pervers vise en fait par ce comportement à rabaisser le mariage, à attaquer devant nous son sens symbolique et à dénigrer les normes légales définissant le couple.

Une effrayante mégalomanie et un immense mépris sous-tendent ces propos. Le mariage est balayé d'un revers de main par les pervers, à l'instar d'innombrables autres coutumes et rituels, fruits d'un long consensus historique et culturel et réglementant toute la vie sociale. Ceux qui sont mariés le sont souvent pour la forme ou pour les avantages pratiques et administratifs liés à la naissance d'un enfant. Ainsi, l'un de nous fut consulté par un riche couple du «jet-set» aux difficultés aussi multiples que leurs endroits de résidence, répartis sur les cinq continents. L'évocation de la nécessité d'un domicile stable pour leur enfant fut balayée d'une phrase: *«N'êtes-vous pas un peu démodé, docteur?»* Non seulement les exigences légitimes d'un enfant, comme la stabilité, mais aussi les contraintes inhérentes à son éducation n'avaient aucune place dans leurs préoccupations, mais elles étaient raillées comme un problème désuet attribué à un thérapeute sot.

Cet escamotage des différences (pour traduire la «Verleugnung» de Freud) n'est d'ailleurs qu'une des facettes du jeu pervers avec la loi. Le pervers a besoin que la loi existe afin d'avoir le plaisir de la transgresser et la bafouer (Clavreul 1967, Assoun 1992, Chasseguet-Smirgel 1980, Dorey 1993). Ce point est déterminant en ce qui concerne le rapport du pervers à toute la société. En effet, celui-ci se joue non seulement de la loi symbolique de la différence des sexes et des générations, mais également très concrètement de toutes les lois civiles ou pénales, par exemple le code des obligations, la loi sur la circulation routière, le mariage, la procréation et même les lois biologiques.

Le couple grandiose

Le self grandiose des borderline peut, à notre sens, être également le propre des pervers. Comme il a déjà fait l'objet d'excellentes descriptions (Kernberg 1979, 1981, Kohut 1974), nous ne détaillerons pas cet aspect, mais nous soulignerons sa présence constante chez nos patients qui, tous, à un degré ou à un autre, riches ou pauvres, peu doués ou brillants, pensaient être, des personnes *exceptionnelles*. Dans la ligne de ce mouvement, leur couple aussi était véritablement idéalisé, soudé dans une *collusion grandiose*, se croyant hors d'atteinte de notre expérience; ils étaient certains que nous n'avions sûrement jamais reçu en consultation un couple semblable au leur. Les difficultés les plus graves qu'ils rencontraient, loin d'entamer ce sentiment, contribuaient au contraire à l'exalter.

A l'instar de l'évolution individuelle du pervers narcissique telle qu'elle a été décrite par Racamier ou Eiguer, le couple grandiose nécessite, pour se maintenir, une progression constante dans la mégalomanie, avec son corollaire, le danger d'effondrement. Nous verrons à quel point cette notion de couple en perte de vitesse (narcissique) au moment de la demande sera déterminante pour la compréhension de la dynamique du couple consultant et pour sa prise en charge.

Enfin, l'omnipotence et la mégalomanie doivent être comprises dans cette optique relationnelle qui veut que le patient se pose au-dessus des autres et ait le pouvoir sur eux.

Le goût du risque

Nous avons été surpris par la fréquence de l'évocation des risques importants que les patients prenaient dans leur vie en général ou même pour se rendre chez nous: *«Il aurait suffi de quelques millimètres, dans un tournant que j'ai pris trop rapidement, et je n'aurais pas été là ce matin»*, nous lança sur un ton provocant un consultant motocycliste en guise de préambule. De nombreux patients pervers affichent un goût immodéré pour les dangers liés à la conduite automobile rapide, aux sports périlleux comme le parapente, la plongée sous-marine, l'acrobatie aérienne, de même que pour ceux liés aux spéculations financières, aux investissements hasardeux ou encore aux rapports sexuels à risque (grossesse non désirée ou SIDA). R. Stoller, lui aussi, a été impressionné par cette caractéristique lorsqu'il formule que

«le risque est à la base de la perversion». (Stoller 1984)

Cette indifférence provocante par rapport au fait d'être vivant ou mort ne pouvait pas manquer de nous interpeller et de susciter de notre part des réflexions de plusieurs ordres. Tout d'abord, elle nous paraît être une forme extrême du jeu érotisé avec la loi (en l'occurrence celle de la vie et de la mort). De plus, elle contient vraisemblablement une provocation à l'égard de médecins dont l'identité est au contraire engagée vers la préservation de la vie. En abordant comme nous le faisons le défi implicite de ces propos, nous avons souvent entendu exprimer des doutes sur les compétences professionnelles des médecins, voire une véritable haine à leur encontre. Par un mécanisme d'inversion perverse de la réalité, ils les rendaient responsables des souffrances endurées à la suite d'accidents survenus de par leur témérité.

Enfin, en anticipant à nouveau dans notre conception que nous expliciterons plus loin, on pourrait y voir une remise en scène infraverbale d'un événement traumatique insymbolisable; autrement dit, elle pourrait avoir aussi valeur d'un message de type: «Regardez comme ma vie vaut – valait – peu de chose.» Nous verrons que, loin d'être une provocation adolescente, ce message est souvent *empreint de vérité*, particulièrement en ce qui concerne les désirs de leurs parents; ces derniers auraient souvent préféré ne pas les voir naître ou auraient carrément souhaité leur mort.

Anesthésie corporelle et affective

G. Abraham associe ce goût du risque à une certaine insensibilité physique chez les pervers:

> «Le pervers dit vouloir avoir des sensations fortes; il peut bien sûr avoir de la «sexualité normale» mais le moment d'extase pour lui, c'est quand il se sent imprégné, «démonisé» par cette crise perverse. En réalité, le pervers est un hyposensible; si vous le questionnez bien, masochiste ou pas, il supporte toutes les sensations: le froid, la chaleur, la douleur, les opérations chirurgicales (peut-être même sans anesthésie). Il a une hyposensibilité fondamentale qui se présente publiquement comme une sorte de niveau sensitif surélevé qui, en réalité, n'existe pas.» (Abraham 1992)

Ainsi, l'ami d'une patiente alibidinique nous déclarait ne rien ressentir sur tout son corps lorsqu'il était caressé. Il mettait cette sorte d'anesthésie en relation avec son habitude de conduire si intensément sa moto les matins d'hivers très rigoureux qu'il s'était retrouvé, à plusieurs reprises, pratiquement gelé, collé au guidon de son engin. Situation qui avait nécessité l'intervention de ses collègues de travail, puis même une hospitalisation (!) pour le «défusionner» de sa moto et le défaire de sa combinaison, soudée à l'épiderme, ce qui nous évoque les pathologies des enveloppes corporelles décrites par D. Anzieu (Anzieu 1985). A noter que ni ce comportement répétitif ni son insensibilité ultérieure ne suscitaient d'interrogation chez le patient; il semblait plutôt en retirer une certaine fierté.

Cette anesthésie corporelle reste très énigmatique. Serait-elle encore à comprendre en tant que séquelle d'un traumatisme infantile, et, en ce sens, comme une éventuelle façon de se mettre à l'abri d'un débordement excitatoire? Nous reviendrons à cette hypothèse au chapitre des troubles psychosomatiques.

Sur son versant relationnel, nous avons souvent constaté une sorte d'*anesthésie affective* équivalente, chaque partenaire se montrant insensible aux souffrances de l'autre comme aux siennes propres. Nous verrons qu'en fait ces réactions émotionnelles ne disparaissent pas tout à fait: elles ont le destin d'être expulsées chez les autres. Cela nous est apparu en premier lieu en étudiant la communication au sein des couples pervers.

2. La communication perverse au sein du couple

Nous allons tout d'abord examiner les facteurs en quelque sorte «extérieurs», dans leur relation avec le lien pervers du couple. Ensuite, nous aborderons la dynamique interne des échanges pervers.

La voix, l'intonation, la prononciation

Nous avons noté chez un grand nombre de nos patients une *voix particulière*: tantôt métallique, tantôt caverneuse, tantôt une voix de crécelle qui mettait mal à l'aise l'interlocuteur.

Sa résonance déplaisante, son usage presque exhibé, dissocié du locuteur, pourrait bien être le fait d'une absence de soubassement émotionnel. De plus, là aussi, les thérapeutes sont confrontés, du point de vue contre-transférentiel, à un nouvel élément dérangeant, apparemment ininterprétable, qui va contrarier l'établissement d'une relation d'empathie.

A noter encore, en ce sens, les très nombreux *accents*, étrangers ou locaux, exagérés jusqu'à la caricature. Eux aussi sont certainement investis du même rôle de fétiche à exhiber que nous avons déjà noté dans d'autres domaines.

Certains patients présentaient une forme de dysarthrie; mais, encore une fois, c'était surtout la façon d'afficher ce trouble d'élocution qui incommodait l'interlocuteur.

Cette particularité du discours des pervers a mis longtemps avant de nous apparaître: il est souvent *mal intelligible*. Nous avons progressivement compris qu'il ne s'agissait en aucun cas d'un hasard si nous étions si souvent obligés de tendre l'oreille ou de demander aux patients de bien vouloir nous répéter leurs propos; il s'agissait là aussi d'une technique de déstabilisation d'un interlocuteur mis ainsi en situation de demandeur. Althusser, dans son autobiographie, décrit très bien cette technique perverse qu'utilisait son père avec ses subordonnés:

> «Votre père, c'est à peine si nous le comprenions, bien souvent nous repartions sans avoir osé lui demander de répéter sa phrase. – «Et ensuite ?» – «Ensuite à nous de jouer!» Mon père «gouvernait» ainsi: sans jamais se faire vraiment entendre, façon peut-être de laisser de ses collaborateurs devant une responsabilité qu'ils savaient sanctionnée, mais non définie explicitement.(...) Dure école du gouvernement des hommes, que même Machiavel n'eût pas imaginée.» (Althusser 1992)

Si nous revenons maintenant à la communication de nos couples, nous y relevons une autre caractéristique: leur usage d'un *langage «technique»*, mécanique pour décrire leurs troubles, mais aussi leurs échanges amoureux, voire leur relation dans son ensemble. Un patient nous disait textuellement que son nouveau couple lui semblait *«avoir des chances de réussite, techniquement parlant»*. Cela pourrait être rapproché du *langage opératoire des psychosomatiques* selon Marty (Marty 1980, 1990). Nous reviendrons en détail sur cet aspect dans notre analyse des troubles sexuels.

Le versant agressif de ce langage était perceptible au travers de certaines *formulations crues*, inattendues et certainement intentionnelles au sein d'un discours qui pouvait être châtié: d'une amie commune du couple qui se plaignait de sa relation conjugale: *«elle ne devrait pas se plaindre»*, dit notre patient, *«à son âge, elle ne vaut plus rien sur le marché du cul»*; un autre, à sa sœur qui allait retrouver son ami en France: *«qu'est-ce qu'on ne ferait pas pour vingt centimètres de boudin»*; un autre encore, de sa fille qui venait de naître:

«*c'est trois kilos de viande*», ou encore, à sa femme: «*tu as la tête à la place du cul*». On le voit, ces expressions triviales s'attaquent activement à la relation affective qu'elles dénigrent et au corps qu'elles dévitalisent et restreignent à son seul aspect concret.

Dans un sens voisin, une patiente qui était allée rendre visite à sa mère et qui l'avait trouvée en train de faire le ménage avait été accueillie par les mots: «*Salut, je suis en train d'astiquer ton héritage.*» Par ces formulations qui court-circuitent toute élaboration secondaire, le pervers se pose comme un «réaliste», mettant d'entrée de jeu son interlocuteur dans la position d'un rêveur idéaliste. Plus précisément, on peut dire qu'il s'agit là d'une injonction qui vise paradoxalement à faire fantasmer l'autre tout en lui interdisant de le faire.

Certaines expressions ont attiré notre attention; il s'agissait de formulations teintées de sadisme: «*remuer le couteau dans la plaie*», «*serrer la vis*», «*attaquer le sujet*». Tantôt c'était plutôt une violence brute qui apparaissait brusquement au détour inattendu d'une phrase par ailleurs anodine: «*j'avais la tête qui éclatait*», «*ça m'a tué*»... Enfin, l'emploi régulier, aussi inattendu ou même incongru, du mot «merde» nous a frappés.

C'est dans les variations de l'*intonation*, registre difficilement descriptible, que le pervers excelle. Nous avons remarqué la subtilité de certaines inflexions, par exemple très méprisantes, qui contrastait avec un contenu apparemment anodin, voire conciliant ou aimable: «*Mais oui, ma chérie, tu as probablement raison*» pouvait, avec ce type d'intonation, être une phrase presque meurtrière; «*je vous remercie beaucoup de vos soins*» également.

Ce ton peut être discordant d'autres façons: ton badin pour évoquer des sujets graves; ton joyeux pour parler de maladies invalidantes; ton pénétré pour énoncer des banalités, etc. Toutes ces dissonances, encore une fois, sont calculées, jouées comme autant de manœuvres déstabilisantes et ne sont pas, ou en tout cas pas directement, des défenses psychiques de type psychotique. C'est un procédé qui appartient lui aussi au registre de la manipulation du cadre; il est de l'ordre de l'agir.

Cela apparaît encore plus clairement lorsqu'on prête attention au déroulement bien particulier des échanges, que nous allons analyser maintenant.

Le langage pervers

Outre l'emploi de mots crus, l'usage de certaines locutions évoquant des relations de manipulation est aussi significatif. Ce *langage pervers* prend ce type de forme: *«elle a l'air très motivée pour que j'apprenne quelque chose»*, relatait un patient de sa nouvelle patronne. *«Je vais être en fonction de ce que l'autre va aimer»*, disait crûment un autre. Les émotions sont transférées sur l'autre: *«le médecin m'a fait cette biopsie car il était inquiet que ce ne soit une récidive»*, le patient manifestant par là sa *déresponsabilisation* (cf. infra «Développements théoriques»). L'intentionnalité des actes également: *«on allait se séparer de moi»*, disait un autre patient qui s'était dépêché de donner sa démission après que son entreprise eut mis au jour certaines de ses manœuvres frauduleuses. Parfois, ce langage frôle le chantage: *«elle ne m'a pas quittée car elle avait peur qu'il ne m'arrive quelque chose»*. Au jeu de la manipulation stratégique, la culpabilité n'est pas de mise: un patient, au sujet de la femme d'un collègue qu'il avait séduite: *«C'est leur affaire si leur lien conjugal n'est pas assez fort et si elle s'est laissé attirer par moi... tout au plus je n'aurais pas dû laisser aller les choses.»* Tout est affaire de dosage: *«Elle ne m'a pas résisté, alors j'ai été de l'avant.»* Les paradoxes y sont bienvenus: *«Je voulais ouvrir la discussion, alors je lui ai demandé ce qu'il pensait.»* Les renversements y sont à l'œuvre dès les premiers instants, par exemple lors de la prise de rendez-vous: *«Quand est-ce que vous voulez me voir?»*

Dans toutes ces locutions, on perçoit un mouvement pervers qui transfère les affects de l'un sur l'autre et qui le manipule ensuite en conséquence.

Attaques et absence de réaction

Le discours de nos patients contenait fréquemment des éléments qui nous avaient choqués, mais que nous avions tout d'abord mis sur le compte de *maladresses*, telle l'évocation avantageuse et détaillée devant l'autre des rapports sexuels et des plaisirs connus avec un(e) partenaire antérieur(e). Ces récits étaient souvent faits avec un tel manque d'affect et de façon si «neutre», tant en ce qui concerne l'ancien partenaire que l'actuel, que nous n'avons pas tout de suite compris la *valeur sadique* de ce genre de propos. Nous pensions plutôt à un manque de tact, voire même à un impair de notre part dans la conduite de l'anamnèse. En fait, il n'en était rien et il s'agissait bien d'une utilisation perverse de la prise d'informations anamnestiques pour blesser insidieusement l'autre. Plus généralement, les conjoints parlaient souvent de façon très méprisante de leur époux comme s'il n'était pas là ou comme si sa participation active n'était pas requise.

Etonnamment, ces «maladresses» n'étaient jamais relevées comme désobligeantes par le partenaire qui semblait souvent à peine y prêter garde. D'autres fois, il les corroborait même, en mettant en évidence ses propres désavantages sexuels en regard de l'histoire amoureuse (prétendument) épanouie du conjoint: ainsi, un mari se vantait de ses nombreuses aventures sexuelles avec des partenaires qu'il prétendait *«très portées»*, connues avant le mariage avec sa femme, elle alibidinique. Sans relever cette offense, celle-ci acquiesça simplement. Cette attitude apparemment masochiste se révèle à l'examen être aussi une puissante attaque envers un mari incapable de susciter, malgré ses prétendus titres de gloire, une quelconque émotion érotique chez elle .

Tantôt, cette absence de réaction donnait plutôt l'impression que *ce partenaire n'entendait pas*. Rivé hermétiquement à son narcissisme, ne reconnaissant chez l'autre qu'une partie infime de sa personne (sa richesse financière, par exemple), il ne semblait atteint d'aucune façon par la partie affective qui s'exprimait. Souvent, après une diatribe enflammée de son conjoint, il reprenait le cours de son argumentation comme si de rien n'était, faisant état de l'*anesthésie affective* que nous avons décrite plus haut.

Un nivellement psychique de ce genre (affectif, mais aussi en partie intellectuel) se trouve en effet chez bon nombre de ces patients au point qu'ils ont évoqué pour nous une personnalité d'anciens enfants autistes – cela indépendamment de leur niveau professionnel. Les attaques massives de l'un pourraient dans ces cas aussi avoir une qualité vivifiante sur le psychisme de l'autre, par ailleurs «anesthésié». Mais cette anesthésie n'est que partielle, car nous nous sommes aperçus que certains pervers sont, derrière leur apparent détachement, en fait très attentifs aux accusations formulées contre eux. Ils les stockent, isolées de tout contexte émotionnel, *thésaurisées* comme armes en vue d'éventuelles luttes de pouvoir ultérieures – le cas échéant juste après la séance. Cela pouvait d'ailleurs rendre compte de l'aspect intemporel de leurs disputes, sur lequel nous reviendrons. Ainsi une patiente reprochait-elle avec véhémence à son mari son comportement sexuel prétendument brusque lors de la nuit de noces – cela vingt ans plus tard. Une autre, après douze ans de mariage, nourrissait une profonde rancune envers son mari, *«car le premier baiser n'avait pas été romantique»*. Cela participe d'une pensée *anhistorique*, telle que décrite par J. Chasseguet-Smirgel.

Ce fonctionnement mental reste pour nous passablement énigmatique. Nos réflexions actuelles nous portent à penser qu'il pourrait être le fait d'une personnalité plus profondément perturbée qu'il n'y paraîtrait, dissociée en plusieurs parts clivées les unes des autres. L'une d'elles pourrait, dès lors, être amenée à fonctionner sur un mode particulier, sans inscription temporelle, cela encore une fois en dépit d'une adaptation superficielle satisfaisante. Une patiente déclarait, en ce sens, être pleinement consciente de l'impossibilité de toute réconciliation avec son mari. Elle en avait même horreur et son identité semblait tenir au fait de ne jamais rien pardonner. Faudrait-il, là encore, imaginer un traumatisme infantile que la patiente aurait surmonté grâce à cet artifice? Tout pardon, toute réparation, toute cicatrisation pourrait, dans son esprit, correspondre à une sorte d'aval de l'abus subi, mais toujours intimement refusé. Nous tenterons, au chapitre des approfondissements sur la notion de perversion, de développer ce type de logique qui nous est apparu comme une logique de l'«anti-vie».

Ainsi avons-nous de mieux en mieux perçu à quel point le silence, la non-validation de l'énoncé de l'autre, le flou de la réponse pouvaient constituer des attaques sadiques. Dans plusieurs situations, l'homme se plaignait de l'ingratitude, de l'infidélité ou du manque d'amour de sa femme sans que celle-ci bouge un cil. Cette plainte, formellement adressée à nous, l'était dans les faits à elle, et son silence prenait donc une valeur désastreuse: il renvoyait l'autre à un statut de non-existence. Nous avons rencontré cette attitude hiératique, mystérieuse et inatteignable très souvent chez des femmes que nous avons appelées *«femmes-sphinx»*.

Stratagèmes et manipulations

Si la controverse, au sein d'un couple névrotique, évolue en négociation d'abord, en compromis ensuite et aboutit enfin à une décision commune, la communication perverse est, elle, au service de la recherche du pouvoir sur l'autre; elle nourrit la mésentente. Pour cette raison, les partenaires pervers ne souhaitent surtout pas exprimer clairement un désir qui leur appartient, et encore moins prendre position. Les stratégies sont nombreuses pour utiliser le langage à cet effet. L'une concerne *les mots* et leur utilisation.

> «Les mots sont détournés de leur signification de la même façon que dans les perversions les choses sont détournées du but qui leur est propre.» (Chasseguet-Smirgel 1984)

Une patiente, abusée sexuellement par son grand-père plusieurs années durant son enfance, se révoltait contre son ancienne condition qui faisait d'elle une véritable esclave des désirs des autres. *«Oui, c'est vrai, lui dit son mari, tu as toujours été très altruiste»*, verrouillant par ce mot détourné de son sens toutes ses velléités émancipatrices et paralysant en même temps les thérapeutes. Comme dans cet exemple, les mots sont souvent utilisés de façon à constituer un «doublebind» ou *paradoxe*. Connu surtout pour son effet psychotisant, le paradoxe assure ici la prise de pouvoir sur l'interlocuteur.

Il s'agit donc plutôt d'un simulacre de communication entre chacun des partenaires, comme d'ailleurs entre le couple pervers et nous. «*Il dit ce qu'il pense, moi je dis ce que je pense, et il fait ce qu'il veut*», décrivait de façon très réaliste la femme d'un mari pervers narcissique.

C'est avec une habileté consommée et calculée que le pervers va émettre de telles injonctions paradoxales, le message verbal étant par exemple conciliant, l'intonation véhiculant, elle, une intention méprisante (cf. l'exemple cité plus haut: «*Mais oui, ma chérie, tu as probablement raison*»). D'autres fois, il s'agira de l'emploi de mots chargés affectivement («amour», «merde», «joie», etc.) énoncés de façon totalement neutre et pour cela incongrue, ou encore le contenu même du propos constituera un véritable paradoxe.

D'autres stratégies tendent à déstabiliser l'interlocuteur en *s'attaquant*, elles, *au lien logique entre les différentes propositions*: ainsi un message conciliant sera-t-il cette fois immédiatement suivi d'une proposition contraire. Il en résultera un effet de «douche écossaise» qui paralysera l'interlocuteur qui ne saura pas s'il doit répondre au premier énoncé ou au deuxième: «*Ce que vous dites n'a aucune importance*», répondait un patient à l'un de nous – pour enchaîner immédiatement sur la proposition contraire: «*Ça me touche beaucoup.*» «*Mon chéri*», disait une patiente schizoperverse à son mari, «*je t'adore, tu es si bête.*» Prononcée d'un seul trait, cette phrase laissa ledit chéri – et les thérapeutes – pantois.

Une autre manipulation dans le même sens est la subversion de *l'agencement logique* des propositions: «*Je t'en veux de ne pas avoir réagi plus vite à mon égoïsme*», disait un patient à sa femme. La causalité logique du tort fait à l'autre y est inversée.

Ces différentes manœuvres s'appuient à première vue sur une ahurissante absence de scrupules d'ordre moral:

«Le pervers est le prototype de ceux qui aiment le mensonge.» (Chasseguet-Smirgel 1984*b*)

En réalité, souvent le problème, pour le pervers, ne se pose même pas: vérité ou mensonge ne l'intéressent aucunement, pourvu que ce qu'il affirme soit efficace. Nous avons constaté qu'il est courant au sein de ces couples que l'un ou l'autre exprime des propositions qu'il sait pertinemment être fausses – et dont il sait également que l'autre le sait. Par ces contrevérités qu'il maintient avec un aplomb sans faille, le pervers agit sur l'interlocuteur, cherche à l'irriter, à le faire réagir émotionnellement, voire à démonter sa pensée.

Un autre exemple illustrera ce type d'inversion morale: un couple consulta l'un de nous, sur les conseils conjugués du psychothérapeute qui suivait Madame depuis deux ans et du généraliste auquel Monsieur s'était confié après avoir appris que son épouse le trompait. Bien loin de l'accablement culpabilisé ou de la justification désespérée, Madame au contraire commença par expliquer posément que ce n'était pas la première fois qu'elle avait une liaison extra-conjugale; que le premier amant qu'elle avait eu pendant dix ans était en fait, lui, le véritable élu de son cœur et qu'elle n'y avait renoncé que parce qu'il ne se décidait pas à divorcer. Et, surtout, lorsqu'elle en vint à parler de sa relation adultérine actuelle, c'est elle qui reprocha à son mari de «*l'avoir découverte trop tôt*» (sic), alors qu'elle ne se sentait pas mûre pour divorcer et partir rejoindre cet amant à l'étranger.

Une autre patiente trompait également son mari depuis de nombreuses années; celui-ci décida de se séparer d'elle. Elle dit alors à sa fillette de dix ans: «*Tu vois, c'est la faute de papa si on se sépare, il n'accepte pas que j'aie des amants.*»

Il est important de constater que les manœuvres perverses ne se limitent pas au détournement du langage. D'autres types de double-binds jouent sur la gamme des *messages non verbaux*: par exemple, un couple pervers présenta, lors d'une séance particulièrement importante, une mise en scène désarçonnante; d'emblée, les conjoints se positionnèrent en face de nous d'une façon tout à fait discordante: Madame prit une posture accablée (ce qu'elle n'était en fait absolument pas), la tête presque sur ses genoux. Monsieur, lui, se mit au contraire le buste en arrière, passant avec désinvolture le bras derrière son fauteuil, très détendu et souriant. L'une et l'autre de ces deux attitudes n'étaient en rien adaptées à la circonstance. Cette sorte de *mise en scène* était destinée à faire perdre pied aux thérapeutes pour lesquels il était impossible de s'adresser de façon adéquate à l'ensemble des deux partenaires. Le fait que ce scénario soit *agi* dans la séance, ou plutôt démontré, le protège de toute analyse. Si d'aventure le thérapeute s'essaie à l'interpréter, il se heurte à un pur et simple déni.

Certains de ces stratagèmes, propres selon nous à la communication perverse, sont d'ailleurs détaillés par J.G. Lemaire :

– «pénétrer à l'intérieur de sa personnalité au moyen d'interprétations profondes, qui empêchent ou détruisent les mécanismes de défense protecteurs, le refoulement, la dénégation, les rationalisations (...), cf. «l'analyse sauvage»,

– provoquer des stimulations pulsionnelles à peine contrôlables par l'autre: par exemple provoquer des excitations sexuelles, ce qui rejoint le rôle du traumatisme et des séductions d'enfants par des adultes, surtout si le secret en est imposé. Ou encore: stimuler la colère, l'agressivité, la haine chez un sujet impulsif, susceptible de passer à l'acte et incapable d'un contrôle suffisant,

– provoquer des stimulations contradictoires simultanées ou alternant rapidement, jusqu'à provoquer la confusion chez l'autre, ou encore des sentiments internes d'impuissance ou de culpabilité, puis de rage (situations proches des injonctions contradictoires ou des double-binds).

– ou encore «passer brusquement d'une longueur d'onde à une autre». (Lemaire 1989)

Nous avons pu tous les observer chez ces couples et a fortiori dans leur communication avec nous.

La projection paralysante (l'injection déprédatrice)

«Penser: voilà l'ennemi (...) Il sera donc nécessaire d'anéantir la capacité de penser de l'autre.» (Chasseguet-Smirgel 1980)

Au-delà de la simple lutte de pouvoir, une autre visée, plus destructrice, se manifeste par des mécanismes précis, que nous allons décrire. En bref, il s'agit de l'*injection* chez l'autre d'une part de soi non acceptée, forme princeps du passage à l'acte pervers. Ce mouvement est une démarche interactive, une manipulation de l'autre qui se situe bien au-delà (ou faut-il dire «en deçà»?) des défenses intrapsychiques du type de la simple projection ou même de l'identification projective. Il s'agit, comme l'ont bien décrit Racamier (Racamier 1987) et Eiguer (Eiguer 1989), de la manœuvre caractéristique de la *perversion narcissique* qu'ils ont appelée l'*induction*. Elle s'effectue généralement par la séduction ou l'intimidation et vise à persuader le partenaire qu'il est *véritablement* porteur de la partie du moi éjectée. Cela une fois fait, le pervers narcissique pourra même lui offrir alors de le soigner, de le guérir de ce défaut, «verrouillant» ainsi cette opération, selon le terme de Racamier.

Il est toutefois, déjà à ce stade, nécessaire de noter qu'au-delà de leur fonction de domination de l'autre, ces stratagèmes ont une vertu protectrice contre un rapprochement sexuel vécu par les deux partenaires comme terrorisant et destructeur.

D'une façon générale, il nous est donc apparu que *la communication perverse n'est pas un pont entre deux individus qui tentent de se comprendre, de se rejoindre par le langage. Elle est plutôt l'outil qui va permettre à l'un des deux partenaires de dominer habilement l'autre, de se l'attacher, de se l'assujettir et éventuellement de le détruire.*

La tension intersubjective perverse

Nous pourrions enfin envisager que ces stratégies, avant d'abattre l'autre, soient plus modérément des moyens de l'embêter. Derrière cette finalité apparemment dérisoire se profile le besoin, commun aux deux partenaires, de maintenir une *tension intersubjective perverse*, faite d'attaques et de ripostes, qui tiendrait lieu d'échange et qui pourrait bien être l'équivalent du lien amoureux névrotique; à ce titre, il serait indispensable au maintien du couple pervers.

Le concept de tension perverse dans le couple nous apparaît comme tout à fait capital pour comprendre la démarche particulière des couples qui nous consultent. En effet, nous verrons qu'il faut comprendre leur demande comme *une tentative de restimulation de cette ten-*

sion, et non comme une souffrance parce que cette tension serait trop vive et donc douloureuse, comme une lecture névrotique de cette demande pourrait le donner à croire. Nous essaierons d'approfondir ce concept au chapitre de la dynamique de couple perverse; nous reviendrons dans le chapitre des thérapies sur les dangers qui guettent le couple lors d'une baisse de cette tension et sur la fonction d'accélérateur dévolue dès lors au symptôme sexuel.

D'autres observations concernant le choix du partenaire éclairent un autre aspect fondamental du lien pervers.

3. Le choix d'objet pervers

Dans ce domaine également, l'observation clinique fait apparaître des caractéristiques communes et récurrentes. Elle nous a montré que le choix du partenaire non seulement ne s'était pas fait au hasard (Lemaire 1979), mais qu'il s'était forgé en fonction de prémisses assez étrangères à la logique habituelle: là où on s'attendrait à de l'admiration devant une qualité, il y avait la jubilation devant une faiblesse; là où on escompterait un attrait amoureux, il y avait un calcul opportuniste et une répulsion sexuelle masquée: aboutissement défiguré de l'aspiration légitime à former un couple. Les récits de ces patients questionnés à ce propos nous livrent quelques thèmes-clés de la rencontre perverse.

Le contrat

Couple A: «*Balai neuf balaie bien*», nous répondit un patient interrogé sur sa rencontre avec sa nouvelle compagne. Ce qualificatif infamant fut dit sur un ton jovial et sympathique. L'attaque subtile fut malaisée à percevoir et ne fut pas non plus relevée par l'amie ravalée au rang de balai. Ce patient avait déjà été marié à plusieurs reprises et avait gardé avec sa dernière épouse une relation sado-masochique qui impliquait leurs enfants. La relation actuelle était, nous dit-il, «*menacée par la monotonie et la lassitude*» (thème typiquement pervers). Le couple était lié par un contrat vicié dès le départ: Monsieur avait fait accroire qu'il accepterait de l'épouser; Madame s'y était engagée à la condition d'avoir des enfants. «*Elle voulait des enfants*», dit-il en parlant de son amie-balai sur le ton d'un consommateur énonçant un défaut de qualité. En fait, par la suite, Monsieur avait clairement refusé de l'épouser. Dès lors, l'envie sexuelle de Madame disparut – probablement en guise de rétorsion. Interrogé sur les raisons qui l'empêchaient de l'épouser comme ils l'avaient convenu, Monsieur répondit *«ça coûte, un mariage»*, pulvérisant le contenu affectif de la relation.

Couple B: Monsieur, Israélien, épousa une Suissesse. Il s'agissait d'un mariage «blanc» en vue de pouvoir bénéficier d'un permis de travail – de nouveau en contournant la loi. Ce marché excluait toute affectivité. Les choses s'étaient gâtées lorsque, après les noces, Monsieur n'avait pas tenu compte du contrat et avait exigé des rapports sexuels, transformant ainsi la sexualité en terrain de bataille. Les affrontements étaient d'autant plus violents que sa femme souffrait d'une grave phobie sexuelle.

Couple C: Un patient suisse vint avec sa femme, Noire; il l'avait épousée en Afrique du Sud, en 1985. On aurait pu anticiper un scénario du type Roméo et Juliette qui aurait cette fois abouti à une fin heureuse. Il n'en était rien, et les deux se complurent seulement à évoquer les ruses et stratagèmes que l'apartheid impitoyable les contraignait à trouver pour contourner la loi alors en vigueur. Le mariage avait scellé leur triomphe, mais aussi la baisse de la tension intersubjective perverse et de l'attrait pour l'autre. Les problèmes sexuels surgis depuis lors étaient une façon de renouveler le jeu pervers avec la loi, cette fois celle du mariage.

Couple D: *«C'est une copine qui avait répondu à une petite annonce pour me faire une blague»*, raconta Madame; *«par curiosité, j'ai été quand même au rendez-vous»*. Elle était Hollandaise, en Suisse comme «hôtesse». Monsieur avait publié cette annonce, car il trouvait que *«c'était l'âge de se marier et, surtout, d'avoir des enfants»*. Après quelque temps, ce fut l'état civil qui les mit en demeure de régulariser leur union, sans quoi Madame aurait dû rentrer chez elle. Celle-ci était bien tentée par le passeport, mais rechignait devant la maternité. *«Vous avez alors fait pression sur elle pour qu'elle cède?»* demandâmes-nous au mari, passablement indignés (réaction projective de notre part, qui ne tenait pas compte de la dynamique perverse et du fait que Madame ne voyait aucune raison de s'indigner). *«Non, ça n'a pas été né-*

cessaire», répondit placidement son mari, *«ses parents s'en chargeaient bien assez.»* Depuis le mariage, Madame souffrait d'une alibidinie qui s'était transformée en aversion sexuelle depuis la naissance de leur enfant. On retrouve ici, à l'origine de la relation de pouvoir, une sorte de contrat paradoxal impliquant d'obéir à la loi en la transgressant.

<u>Couple E</u>: Monsieur avait, dans une attitude apparemment généreuse, payé ses études à sa femme asiatique de beaucoup plus jeune que lui. Il était à ses yeux évident qu'elle lui fût redevable de sa magnanimité toute sa vie (en d'autres mots: il l'avait achetée). Elle consentit à ce contrat mais, son diplôme en poche, ne tarda pas à refuser de s'y tenir et se prit des amants tout en se plaignant du mari qui la rendait alibidinique.

La fréquence de couples transculturels dans notre consultation n'est pas fortuite. Cette constellation facilite en soi la mise en œuvre des mécanismes pervers comme la prise de pouvoir sur l'autre, le jeu avec la loi et la mise en isolement de l'autre.

Ces exemples nous permettent d'aller plus loin dans l'élaboration théorique du choix d'objet pervers. En premier lieu, ils illustrent le rôle majeur du *contrat* pour la relation qui va s'ensuivre, y compris la relation sexuelle. Ses conditions implicites obéissent le plus souvent à d'autres critères que ceux énoncés explicitement et constituent une sorte de sujet tabou. L'importance de ces contrats est bien connue dans le domaine des perversions sexuelles, particulièrement depuis Sacher-Masoch. Nous la constatons également dans les perversions relationnelles en tant qu'élément qui permet la poursuite de la relation perverse et qui lie les deux partenaires. Ce contrat semble avoir une valeur paradoxale quasi délirante et en même temps antidélirante, sorte de gage ou de pacte sécurisant pour chacun des deux, mais dont la signification véritable serait secrète, un fétiche de couple. Toutefois, *il n'est conclu par chaque partenaire que pour être transgressé à l'insu de l'autre*. Nous avons souvent eu l'impression que les couples nous consultaient lorsque, dans le duel autour du contrat, l'un des deux partenaires prenait avantage sur l'autre. Mais, nous le verrons, cette interprétation est sujette à caution, le partenaire apparemment en difficulté pouvant bien être insidieusement l'instigateur de l'infraction de l'autre.

Ce contrat implique toujours une clause spécifiquement perverse qui est par exemple celle de la *transgression de la loi*: loi de l'émigration, loi (bien sûr inique, mais néanmoins existante) de l'apartheid. Ce «jeu» peut également trouver des variations dans le mélange des sphères professionnelle et privée, surtout lorsque la première implique une dissymétrie certaine entre les deux partenaires: patron épousant sa secrétaire (cf. infra couple K), infirmière son patient ou même tuteur sa pupille. Au-delà des bénéfices concrets non négligeables (secrétaire à domicile, promotion facile, etc.) et des possibilités d'interactions équivoques qui s'offrent au couple, nous aboutissons là en fait à un *équivalent d'inceste*, figure pour nous paradigmatique de la perversion, comme nous le verrons plus loin. Ce jeu avec la loi culmine donc dans la transgression des lois sociales, ethniques ou biologiques, comme dans certaines *adoptions* sordides dont un cas est décrit par M. de M'Uzan:

> «Un remariage avec une prostituée... se termine bientôt par un divorce... De ce mariage il ne conserve que la petite bonne qui les servait, et dont il fait sa fille adoptive.» (De M'Uzan 1977)

(Cf. aussi *Lolita* de W. Nabokov.) Nous verrons que l'adoption et certaines démarches concernant la fécondation artificielle se prêtent particulièrement aux pervers, d'une part en tant que possibilités de transgresser la loi biologique de la procréation, d'autre part en tant que preuve de leur toute-puissance narcissique.

Si le contrat lui-même et ses buts sont déniés, l'*ar-gent* constitue au contraire un sujet de première importance, abordé sans aucune réticence, voire même triomphalement. Il assure, dans la logique perverse, la raison première, ou même la justification de tout acte qui aurait, pour le couple névrotique, une signification affective. *«Pourquoi on s'est mariés après huit ans de cohabitation ? Tout le monde se le demande, il n'y avait en effet aucune raison; c'est simplement que, si je venais à décéder avant elle, vous comprenez, il y a des fois des petits-neveux ou cousins inconnus qui surgissent à ces moments-là, alors, je voulais que tout soit fait dans les règles, vous voyez ce que je veux dire, n'est-ce-*

pas?». Une autre patiente, qui avait suivi sans succès des traitements contre la stérilité, exigeait d'être soignée au plus vite de son alibidinie. Dépourvue de tout questionnement sur son symptôme, elle envisageait ce traitement à l'instar des thérapies somatiques, comme un moyen technique ultérieur pour accéder à la maternité. Cette dernière était en effet la clause *sine qua non* imposée par le beau-père pour qu'elle puisse accéder à un important héritage. La fonction de l'argent est dans toute relation perverse prééminente et radicalement distincte de celle de l'argent «obsessionnel»: il est ici un outil au service de la séduction, de l'emprise, du chantage ou du dénigrement de l'autre. Il se pourrait qu'il représente pour le pervers une sorte de substitut de la relation humaine qui lui est si essentiellement étrangère.

Toutes nos observations mettent en évidence que ce choix particulier comporte un bonne part de calcul, d'*opportunisme*. Un permis de séjour, un permis de travail, une secrétaire, une servante, un appartement, une position sociale, un héritage: chacun y cherche un avantage bien *concret*. Remarquons que cette attitude n'apparaît aucunement répréhensible à ces couples, mais au contraire plutôt astucieuse. On retrouve d'ailleurs cet aspect dans les ruptures: ainsi, une patiente pleurait à chaudes larmes, désespérée devant la révélation faite par son ami de sa décision de rompre – divulguée abruptement pendant la séance. En hoquetant, elle manifesta son désir de partir, partir rapidement, «*en Allemagne*» spécifia-t-elle. Intrigué, le thérapeute demanda si elle avait de la famille là-bas. Non, répliqua-t-elle, «*c'est pour apprendre l'allemand*».

Le récit des origines: l'anticouple

La question «*comment vous êtes-vous connus?*» fait toujours partie de nos anamnèses. Nous avons noté que tous les couples névrotiques se regardent à ce moment, partagent un bref instant d'intimité rétrospective, un bref sourire de connivence, cela même au plus fort d'une dispute véhémente. Les couples pervers au contraire accueillent cette question avec un embarras figé, chacun attendant que l'autre se lance, et finissent par évoquer telle ou telle circonstance extérieure qui aurait provoqué la rencontre.

Le *ton anecdotique* et l'*anaffectivité* sont caractéristiques du récit de la rencontre du couple pervers, comme chez ce patient, interrogé sur ce même sujet: «*On m'avait donné une adresse avant de partir pour Athènes; quand je suis arrivé, j'ai téléphoné, on m'a invité et puis, d'une chose à l'autre, on en est arrivé là.*» A relever, outre l'anaffectivité, l'emploi, probablement non fortuit, du mot chose. Ni joie, ni «événements-clés» autour desquels se cristallisent souvent les souvenirs et l'intimité des couples névrotiques. Ni a fortiori sacrifices ou démonstrations d'attachement amoureux. La connivence fait place à la complicité. *La rencontre perverse est narrée de manière résolument factuelle.* Dans ce sens, elle évoque la rencontre de type «*psychotique*», classiquement aussi décrite comme fruit du hasard. Eiguer en donne un très joli exemple:

> «Nous étions deux stagiaires un peu isolés et nostalgiques. Un jour nous avons décidé d'inviter à dîner deux secrétaires de la maison. L'une d'elles est devenue ma femme. Pourquoi elle? C'est simple, l'autre stagiaire était grand et moi je suis petit. Le copain a pris l'autre secrétaire de dix centimètres plus grande que ma femme.»
> (Eiguer 1989)

Mais souvent, chez les pervers, cette rencontre n'a du hasard que l'apparence. Son évocation tend principalement à ne donner prise à aucune manœuvre de l'autre qui pourrait, si l'un s'ouvrait alors rétrospectivement de ses intentions, en tirer avantage. Sa description les tient en dehors de tout engagement, surtout affectif. Ils se plaisent d'ailleurs à faire ressortir l'aspect *interchangeable* de leur partenaire. On n'y trouve *jamais de véritable choix*, dans le sens plein que ce terme peut prendre chez les «normo-névrosés». Ils évitent ainsi de prendre toute position qui les engagerait, cela dans une logique de type «*stratégique-perverse*» que nous approfondirons plus loin.

En fait, derrière son ton anecdotique, le récit de l'origine du couple est d'une précision terrible, car il *retrace les bases du contrat pervers-narcissique* qui a été conclu. Les époux s'entendent d'ailleurs fondamentalement à ce sujet, même si son énonciation explicite donne lieu à des récriminations. «*Lorsque j'ai connu mon mari, il vivait d'expédients. Grâce à ma bonne influence, il est devenu un grand chef d'entreprise»*, décrivit une patiente, entendant par là signifier à son mari qu'il lui devait entière obédience et que les velléités d'émancipation qu'il manifestait depuis peu étaient déplacées. Très souvent, nous avons entendu des contrats du type «sauveur»: *«Lorsque j'ai connu mon amie, nous disait ce patient prépsychotique très imbu de lui-même, elle était toxicomane et se prostituait; grâce à moi, elle est sortie du ruisseau»* (mais elle se refusait tout de même à l'épouser).

Ce sont donc les *défauts*, les *manques*, les *faiblesses* de l'autre qui sont déterminants dans cette évocation: insécurité de travail, statut politique précaire, mais aussi maladie, fragilité psychique, immaturité sont autant d'ingrédients du choix du partenaire. Même les qualités éventuelles sont paradoxalement retournées en failles. Ces défauts assurent la prise de pouvoir de l'un sur l'autre – mais aussi inversement, ce qui est pour nous plus difficile à conceptualiser (nous verrons plus loin l'habileté du «faible» à utiliser cette position pour en tirer avantage dans la lutte de domination). Ils déterminent, dès les premiers instants de la relation, la dynamique perverse qui s'ensuivra: *«J'ai rencontré mon mari au cinéma; il était devant moi, me gênait la vue, on s'est engueulés. Depuis, ça a continué»*, exultait une patiente. Une autre se souvenait avoir connu son mari en tant que client du bar où elle travaillait, un soir de réveillon: *«Il était saoul et rampait à mes pieds en vomissant»*; et lui de répondre: *«Oui, on avait été festoyer dans ce bar; avant, il y avait une autre serveuse.»* Stoller, dans l'observation individuelle qu'il avait faite de patients pervers, avait déjà noté ce type de choix d'objet:

> «Si le choix de cet objet (...) est motivé par le désir de faire du mal et ressenti comme un acte de vengeance, il s'agit alors d'un acte pervers.» (Stoller 1984)

Dès le début, la rencontre perverse obéit en effet à une dynamique éminemment destructrice. Loin de viser l'épanouissement de l'individu grâce à une rencontre enrichissante, loin de représenter cette promesse d'un idéal décrite si souvent dans la littérature (notamment celle sur les thérapies de couple), elle tend tout au contraire à la capture d'un autre, perçu comme un animal ou une chose, peut-être même réduit à cet état et dont les contre-attaques vont servir d'attache.

Le récit des origines du couple est en fait le récit d'une *anti-attraction*, d'une *anti-rencontre*. En séance, le couple nous livre une sorte de démonstration de *la haine de l'amour*, une tentative aussi désespérée que totalitaire de confirmation de leur credo selon lequel la relation humaine, la rencontre, l'amour mutuel, l'apport réciproque non seulement n'ont aucune valeur, mais n'existent pas. Leur union concrétise le paradoxe de l'existence d'un lien puissant entre deux êtres humains, quoique fondé sur *l'horreur et le déni de la relation humaine dans son ensemble et de la relation sexuelle en particulier*.

Un couple névrosé-pervers?

Une question reste cependant ouverte: plusieurs auteurs décrivent des cas où un pervers séduit un névrosé. Ainsi J. Chasseguet-Smirgel:

> «Le pervers fascine le névrosé non seulement parce qu'il a découvert une «solution» ingénieuse à ses conflits («une manipulation rusée de la réalité»), mais parce qu'il est souvent un être étincelant, un prestidigitateur, un enchanteur, un «artifex».» (Chasseguet-Smirgel 1980)

Cela est certainement vrai, à la restriction près de la vie de couple. Notre opinion est que cette fascination s'exerce bien sûr sur le névrosé et paralyse jusqu'à son fonctionnement psychique (notamment son jugement critique et ses réactions affectives). Mais le partenaire névrosé ne perd pas entièrement ses moyens qui ne sont qu'immobilisés; réactivés tôt ou tard par la souffrance névrotique, ils lui permettront de récupérer un fonctionnement normal pour se dégager de ce lien. Nous rencontrons une telle relation où cette fascination s'exerce autant dans certains couples constitués depuis peu ou temporaires que d'ailleurs dans certaines sphères artistiques, politiques ou financières.

La thèse d'un couple formé d'une névrosée et d'un pervers est aussi soutenue par M. Khan (cité *in* Stoller 1975) qui décrit la façon dont

> «grâce à la technique de l'intimité... le pervers amène et oblige l'autre à devenir complice [en créant] une situation feinte entraînant dans la plupart des cas la coopération consentante, obtenue

par séduction, d'un objet extérieur... Il y a cependant une condition. Le pervers lui-même ne peut s'abandonner à l'expérience et son moi garde un contrôle clivé, dissocié et manipulateur de la situation.»

Une telle perception de la dynamique de la rencontre cautionne l'idée d'un méchant pervers et d'une pauvre victime innocente. Ce type de relation existe certainement, mais probablement moins souvent que les thérapeutes ne le croient. Elle nous semble correspondre plutôt à un besoin, voire même une nécessité, de la part des thérapeutes, de chercher soit un interlocuteur, soit une «partie d'interlocuteur» de type névrotique, auquel ils pourraient s'adresser, et sur lequel ils pourraient fonder la construction de leur thérapie. Elle se révèle toutefois le plus souvent un leurre empêchant de percevoir la dynamique perverse et d'en tenir compte. En fait, il convient plutôt de reconnaître au partenaire «passif», erronément pris pour névrotique, sa part de sadisme aussi, masqué par sa propension, son appétence à se mettre à la disposition de l'autre, à s'offrir en quelque sorte à la gouverne de son partenaire, à abandonner – apparemment – tout contrôle sur soi au bénéfice de l'autre. C'est également ce que décrit F. Gantheret, même s'il parle d'une dialectique maître-esclave de type uniquement intrapsychique:

> «Notre argument est que si Pouvoir il y a, il est du côté du Désir de l'Autre. Un Maître est nommé, dont je me fais l'esclave, parce qu'il est celui dont je peux combler le désir d'être reconnu, en échange de quoi, et au prix de ma liberté, je recevrai cette complétude à laquelle j'aspire.» (Gantheret 1973)

Exemple clinique: couple K.

La dynamique perverse

C'est d'emblée par ses agissements sur le cadre que le couple K. se fit connaître à nous: nous fûmes sollicité en urgence, à notre domicile, de façon tout à fait inhabituelle, par un confrère urologue. Ce dernier souhaitait notre intervention de façon pressante: Monsieur K. présentait des réactions alarmantes après l'implantation d'une prothèse pénienne. Lorsque nous prîmes contact avec le patient, fixer l'heure du rendez-vous fut d'emblée utilisé comme épreuve de force. Intrusion dans notre vie privée et négociations ardues témoignent d'une tentative de dominer et de contester, dès les premières secondes, la relation de patient à médecin, de demandeur à sollicité.

> «Le pervers narcissique ne doit rien à personne. N'est le fils de personne... N'attend rien de quiconque... Il ne reconnaît de supériorité à personne.» (Racamier 1987)

Nous voyons là que le domaine de prédilection de la perversion est l'action et nous pensons particulièrement à l'action dans la relation: elle trouve dans la *manipulation du cadre* un terrain privilégié. Il nous paraît important de prendre note, dès les premiers contacts, de cette tentative de déstabilisation typiquement perverse, tout d'abord de l'urologue, mis sous pression par l'angoisse que le patient avait induite en lui après l'avoir déniée et expulsée, puis de nous-mêmes.

Monsieur K. se présenta comme un homme dans la soixantaine, avec un certain embonpoint, arrivé à notre cabinet en fumant un gros cigare et arborant une lourde gourmette en or. Il mentionna en passant sa Bentley, parquée en zone interdite. Inatteignable dans son narcissisme triomphant, tous les moyens lui étaient bons pour essayer de nous impressionner et de prendre de l'ascendant sur nous.

Il dirigeait une grande entreprise locale et faisait aussi état de hautes fonctions au sein d'une secte religieuse. Dès le début de l'entretien, il mit tout en œuvre pour diriger la discussion. Dans le contact, il se montrait envahissant, alternant séduction et volonté affichée de contrôle. Il émanait de toute sa personne un sentiment d'omnipotence narcissique ainsi qu'un mépris évident envers les femmes, son épouse et la thérapeute au premier chef. Paradoxalement, ce mépris n'apparaissait pas du tout dans son discours formel qui vantait au contraire, de façon très factice, les qualités de sa femme comme celles de leur couple *«uni par de très profonds liens de tendresse et d'estime»*. Si apparemment il cherchait le soutien du thérapeute, en réalité il attaquait le lien «névrotique» entre les thérapeutes en tant que source d'un fonctionnement créatif et du plaisir de penser, non seulement pour prendre les rênes du pouvoir, mais aussi pour le détruire (pour se l'approprier?).

Séduction et rabaissement sont les deux temps de la dynamique perverse-narcissique. Ils s'inscrivent de façon plus générale dans la technique du chaud-froid («douche écossaise»), attirance-répulsion, très utilisée par les pervers pour casser la résistance ou la personnalité de leurs interlocuteurs. Lorsque les deux mouvements ont lieu en même temps, cela aboutit à un double-bind. Tel était le cas de Monsieur K. lorsqu'il évoquait avec son affectation dédaigneuse les *«liens très profonds de tendresse et d'estime»* avec sa femme. Bien évidemment, cette dynamique était également prévalante à notre égard: il avait par exemple dénigré l'urologue consulté auparavant et tenté de nous flatter en nous qualifiant de *«véritables spécialistes»*.

Trois ans auparavant, Monsieur K. avait souffert de difficultés épisodiques de l'érection. Différentes investigations somatiques avaient été entreprises. Elles avaient abouti à la mise en évidence d'un kyste de la moelle épinière. Son ablation fut décidée, mais n'entraîna qu'une amélioration fugace des symptômes sexuels. Le patient poursuivit alors ses démarches somatiques, et ses troubles furent mis au compte d'un «syndrome de fuites veineuses». Une ligature fut effectuée (comportement du chirurgien induit par le patient?), mais n'apporta pas non plus l'effet bénéfique escompté. Au contraire, l'érection précaire de Monsieur K. disparut pour de bon (nous pourrions imaginer une réaction masochique triomphante du patient). Finalement, une prothèse pénienne fut implantée comme substitut mécanique de l'organe défaillant.

L'intervention en elle-même ne présenta pas de problème. Toutefois, six jours après l'opération déjà, transgressant l'interdit des médecins, Monsieur K. tenta de reprendre les relations sexuelles. Il y était poussé, nous dit-il, par un besoin incoercible. N'aboutissant cependant que difficilement à une décharge orgastique, il en multiplia les essais. Ce comportement compulsif de vérification (plusieurs fois par jour et pendant plusieurs heures) s'accompagnait de plaintes concernant le vécu orgastique lui-même, la longueur et la sensibilité de la verge. Il évoqua même la possibilité d'un procès contre l'urologue.

Un des aspects pervers de cette évolution apparaît dans la transgression des ordres médicaux et le sabotage de l'intervention (notamment de la convalescence). D'une façon générale, ces patients font tous régulièrement état d'une longue suite de traitements médicaux, toujours décrits comme inefficaces, mal suivis ou conflictuels. Nous retrouvons dans ce type de récit l'impossibilité des pervers d'être redevables à quelqu'un, leur indifférence face à la vérité et les mécanismes d'inversion projective de la réalité tout comme leur relation particulière au corps que nous détaillerons plus loin.

Madame K., ancienne secrétaire de Monsieur, apparaissait comme une dame très soignée, de quinze ans sa cadette, étonnament discrète. Elle avait une attitude accablée. Elle évoquait leurs relations sexuelles comme ayant été de tout temps bizarres sans toutefois émettre de véritable jugement critique: ainsi son époux aimait-il à recevoir chez lui de nombreux amis, dans leur propriété. Lui-même, cependant, ne mangeait pas avec eux mais un peu auparavant, prétendument pour ne pas déroger à ses habitudes horaires. En cours de soirée, alors même que Madame officiait en tant que maîtresse de maison avec ses invités, elle devait parfois les quitter brusquement pour satisfaire immédiatement aux exigences sexuelles impératives de son mari qui *«sentait la pulsion monter»*. Elle se devait ainsi d'être à toute heure à sa disposition et de se plier à tous ses désirs érotiques. Ces rituels n'étaient pas récents, mais s'étaient accentués ces derniers temps, augmentant les humiliations de Madame jusqu'à un seuil qui paraissait difficilement supportable. Paradoxalement pour nous, elle se disait parfaitement heureuse quoique dépassée par les exigences sexuelles toujours accrues de son mari, qu'elle ressentait également comme une menace grave pour l'équilibre de leur couple. Monsieur avait en effet formulé le projet de s'adjoindre une deuxième partenaire féminine pour accroître sa stimulation érotique.

Qu'en était-il véritablement de Madame K.? Il était patent qu'elle était exténuée: ses traits tirés, sa mine défaite, ses pleurs en témoignaient clairement. Mais de quel type exactement était cet épuisement? Son discours pouvait certes être entendu comme anxio-dépressif mais, à l'analyse, il nous est apparu différent: elle ne se plaignait de sa fatigue que dans la mesure où elle ne lui permettait plus de satisfaire sexuellement son époux. Autrement dit, elle n'était vraiment dépassée que par la *quantité* des exigences érotiques de son mari. Toute référence affective comme d'ailleurs toute critique envers les prétentions de son conjoint faisaient défaut. Il est donc possible de la comprendre comme le complément masochiste de l'attitude sadique du mari.

Cette description pose en outre le problème théorique de l'imbrication de la perversion narcissique avec la perversion sexuelle. La sexualité avait été *«de tout temps bizarre»*. Cette caractéristique ne s'était qu'accentuée au fil de la dérive maniaque de Monsieur. Cela corroborerait notre idée selon laquelle les perversions sexuelle, relationnelle ou caractérielle formeraient un tout. Nous y reviendrons.

La relation d'emprise

Le couple K. mit en scène, pendant les séances, les principaux mécanismes de la perversion narcissique. Au premier rang figurait l'étroite complicité qui cimentait ces deux partenaires en un système interactionnel hermétique, soudé par le narcissisme. Perversion relationnelle ou «folie à deux»? Le lien étroit entre les pathologies perverse et psychotique a été relevé par P.-C. Racamier (Racamier 1992*b*). Selon nous, on pourrait parler de *psychose blanche à deux* et comprendre le fonctionnement sexuel de Monsieur K. comme un *équivalent délirant* partagé par sa femme, sa mise en œuvre étant de nature perverse. Nous y reviendrons.

Monsieur K. se vantait d'avoir été le premier et unique homme dans la vie de Madame, de l'avoir initiée à l'orgasme et, plus globalement, de représenter à lui seul le sens de toute sa vie. Loin de s'offusquer de cette description qui la mettait en situation de dépendance extrême, Madame confirmait au contraire le bien-fondé de chacune de ces assertions.

Cela pourrait être interprété comme une généreuse attention de Monsieur à l'égard de Madame, mais il n'en était rien, bien sûr: l'aspect pervers apparaissait au contraire lorsque l'on comprenait par exemple que *l'orgasme de Madame n'avait de place qu'en tant que condi-*

tion explicitement exigée par Monsieur pour obtenir le sien. Loin donc d'être l'aboutissement jouissif d'échanges amoureux réciproques, cet orgasme signait au contraire d'une part l'assujettissement complet de Madame, mais d'autre part aussi le pouvoir exorbitant qu'elle avait grâce à lui sur son mari.

Madame K. collait en effet de façon très fidèle aux allégations, même paradoxales, de son mari. En quelque sorte, elle incarnait son reflet. Ce commensalisme était si étroit qu'en dépit de certains signes non verbaux de révolte ou d'épuisement, elle maintenait être en grande harmonie avec lui et n'avoir, de façon générale, aucune exigence personnelle. Monsieur, de son côté, désavouait brutalement les rares mouvements affectifs de détresse ou de revendication qu'elle exprimait et qui ne rencontraient strictement aucun écho chez lui.

Les deux s'accordaient à faire de Monsieur un personnage hors du commun, proche de ce que Eiguer, après M. Khan, appelle l'«idole». Ni l'un ni l'autre ne paraissait capable de remettre en question ce postulat.

Le *self grandiose*, dont nous voyons ici qu'il unit les deux protagonistes au sein d'une même illusion collusive, est à notre avis une des caractéristiques importantes de la perversion relationnelle.

L'évolution perverse

Du point de vue symptomatologique, l'évolution clinique fut rapidement favorable: les diverses angoisses corporelles s'amendèrent et Monsieur K. récupéra sa fonction orgastique.

En revanche, le travail d'élaboration de la problématique du couple se heurta à un déni massif. Freud parle, à propos du mécanisme de défense des pervers, de la «Verleugnung», généralement traduite par déni. Si cette notion, avec celle de clivage, est essentielle à la compréhension individuelle de la perversion narcissique, il nous semble qu'une autre traduction pourrait en être l'«escamotage», qui refléterait mieux en l'occurrence l'attitude de couple de nos patients. En effet, progressivement, Monsieur K. en vint à nier tout aspect psychologique dans son problème, puis à nous contester tout rôle dans son évolution. Madame, de même, dénia son état d'épuisement et sa demande par rapport aux exigences de son mari. Finalement, au cours de la dernière séance, dans une apothéose perverse de renversements et de disqualifications, Monsieur avait converti sa demande d'aide initiale en celle d'un aphrodisiaque pour sa femme. Par ce dernier tour de passe-passe, il cherchait à supprimer son rôle de patient, la souffrance exprimée par sa femme et enfin tout notre travail thérapeutique, en essayant par là de rabaisser et dévaloriser notre identité médicale.

En transformant ainsi la réalité, dans un mouvement que nous avons appelé l'*«annihilation rétroactive»*, Monsieur K. voulait éliminer toute dette à notre égard. Finalement, lorsque nous lui envoyâmes nos notes d'honoraires, Monsieur K. engagea avec nous une véritable évolution procédurière, essayant tout d'abord de nous rendre complices d'une escroquerie à l'assurance (il s'agissait de facturer les frais d'honoraires de son épouse, pour laquelle il n'avait pas conclu d'assurance, à la sienne propre), pour aboutir triomphalement à une contestation de tout paiement.

Quelques mois après la fin du traitement, nous eûmes un écho de ce patient par les journaux. Ils relataient sa banqueroute et sa faillite frauduleuse, qui entraînait à sa suite de nombreux employés ou clients. Ces personnalités provoquent des tempêtes sociales ou financières dont, tel le phénix, elles resurgissent intactes. L'impuissance dans laquelle elles plongent immanquablement leurs victimes fait partie de la dynamique sociale perverse que nous étudierons plus loin.

4. La dynamique de couple perverse

La communication perverse se fonde sur une dynamique dont nous allons analyser les éléments. Si ceux-ci sont assez patents chez l'un des partenaires, il est souvent plus difficile de saisir leur répondant complémentaire chez l'autre.

Rituels intemporels

En premier lieu, il nous apparaît de toute évidence que cette dynamique était bâtie autour de rituels rigides, immuables, ce qui justifiait par exemple des aspects *intemporels* de leurs disputes. D. Anzieu avait déjà relevé cet aspect dans son article consacré à la «scène de ménage»:

> «*Ce discours comporte la négation du temps («tu ne m'as jamais compris», «une fois de plus tu es toujours le même», «il aurait fallu que tel événement ne nous soit pas arrivé»).*» (Anzieu 1986)

Les couples *pervers* dont l'histoire ne montrait jamais une évolution au fil des années se distinguent des couples *névrotiques* ou *psychosomatiques*: ceux-ci égrènent une histoire centrée sur la maladie, les douleurs et leurs opérations; ceux-là se situent dans une chronologie temporelle, évoquent des étapes de vie commune, scandées par des événements significatifs. Chez les couples pervers, le fait qu'ils se soient connus la veille ou qu'ils aient eu vingt ans de vie commune n'est que peu perceptible. De même, nous avons déjà signalé que leur aspect physique juvénile ne concorde pas avec leur âge. Aussi leurs motifs de disputes restent-ils identiques, comme s'ils n'étaient pas soumis à l'épreuve du temps, et bien sûr encore moins à celle du pardon ou de la réparation. On peut en lire une description littéraire saisissante chez Mauriac qui dépeint le Nouvel-An chez des personnes que nous appellerions perverses:

> «Ces malheureux se moquent de l'année inconnue. Le temps ne les concerne pas; ils ont quitté le train qui emporte les autres créatures et croient avoir échappé à la fatalité des événements. Au vrai, ils ont créé une fatalité nouvelle; ils se sont assujettis à une puissance obscure et terrifiante... A eux sont réservés hors série, la folie, l'assassinat et le suicide... Ils ne sont plus de l'ordre du temps; ils appartiennent à l'éternité (quelle éternité!). Leur sombre Maître est un ange immortel.»(Mauriac 1934)

L'autre: objet-chose

Le pervers parle de son partenaire comme s'il était un objet, ou, au mieux, un animal. Cela indépendamment du contenu ou de la tonalité de ses mots qui, à l'extrême du paradoxe, peuvent être très amicaux, élogieux ou tendres. On ne voit pas toujours facilement à quel point l'«autre» est chosifié: un patient nous a amené sa partenaire qui n'avait pas d'orgasme comme on amènerait une machine défectueuse à réparer*. Un autre nous parla des femmes qu'il avait connues jusqu'alors sur le ton d'un amateur de voitures: «*La première, nous dit-il, était une très bonne mère, mais sexuellement inexpérimentée. La seconde me plaisait beaucoup physiquement et nos rapports sexuels étaient extraordinaires, mais elle n'avait pas du tout les mêmes goûts artistiques que moi. Avec la troisième, actuelle, nous nous entendons très bien pour nos sorties, mais sexuellement, elle ne m'attire pas.*» Le narcissisme y tient lieu de relation: «*Ma nouvelle compagne est admirable dans (sic) mes yeux.*» Très souvent, le mariage est conçu comme une transaction commerciale au cours de laquelle ils auraient été dupés: «*Elle me plaisait bien, je l'ai épousée; plus tard, j'ai découvert qu'elle buvait.*» Ou ce même patient, à propos d'une autre compagne: «*On s'est mis ensemble: trois mois plus tard, elle est tombée malade*», cela toujours sur le ton outré d'un consommateur abusé.

Plusieurs patients emploient des expressions qui confirment la distance non seulement affective mais aussi cognitive qui les sépare de leur objet amoureux. Certains hommes parlent de «*la femme*» comme d'un concept abstrait et vaguement redoutable.

Les patients pervers admettent volontiers avoir ce genre de relations avec les autres. «*Vous manipulez les gens comme des pions*» fut avancé à l'un d'eux qui se contenta d'acquiescer comme s'il s'agissait d'une banalité. Un autre dit, face à sa compagne: «*Je me sens comme un objet sur une étagère.*» Elle enregistra la chose comme une évidence.

---

* Attitude souvent notée par les sexologues, sans que, à notre connaissance, l'importance de la relation perverse ait été saisie.

Ce serait une méprise d'attribuer au pervers une quelconque sollicitude pour la souffrance de l'autre. Ni peine ni aucun affect ne sont imputés par le pervers à son objet; tout au plus lui assigne-t-il des qualités qu'il loue alors de façon disproportionnée, voire qu'il idolâtre, ou des désavantages qu'il décrit comme des défauts de fabrication.

Cette représentation de l'autre s'inscrit dans une forme de raisonnement logique très particulière, aberrante: elle s'étaie causalement sur des événements concrets, et l'existence de l'autre en tant que sujet est impensable. Ainsi un mari en était-il venu à avouer qu'il n'avait jamais pu combler sa précédente épouse sur le plan sexuel et mettait ce problème sur le seul compte d'un pénis trop petit. Par la suite, déplora-t-il, cette première épouse était partie avec un amant. Aussitôt cela énoncé, sa femme actuelle, loin de le consoler de cette mésaventure, renchérit en le menaçant, elle aussi, de partir, décision *«qu'elle aurait d'ailleurs dû prendre depuis longtemps»* et que seule la présence d'un enfant – et le projet d'en avoir un deuxième! – avait jusque-là différée. Elle confirma sur sa lancée l'insuffisance volumétrique du pénis de son mari, sur un ton indigné, comme s'il s'agissait là d'une offense qui lui était personnellement et intentionnellement destinée.

Il s'agit ici d'un des traits fondamentaux de la dynamique perverse-narcissique: la création du lien de dépendance à travers l'attaque à l'intégrité narcissique de l'autre, aboutissant à la destruction de son espace psychique. Dévitalisé, privé d'autonomie et, à la limite, de toute existence propre, celui-ci est réduit à un objet-chose. Satisfait dans son appétence à être fétichisé, il opérera de même en faisant de son partenaire une idole.

Le mépris

La relation est une occasion pour le pervers d'expulser son sentiment intérieur de dévalorisation narcissique dans le psychisme de son partenaire qu'il va mépriser. Cette opération lui permet aussi de vivre pleinement son versant mégalomaniaque.

Pendant la consultation, le mépris se manifeste de diverses façons: regards ennuyés par la fenêtre pendant que le conjoint parle (surtout si ce qu'il dit est important et authentique); recherche bruyante de mouchoir ou de bonbons dans le sac à main; interruption de l'autre pendant qu'il parle ou métacommunication paternaliste sur ce qui vient d'être dit.

Le pervers étend ce mépris à la famille de l'autre, à son pays d'origine, à ses anciens amis, à son passé, éventuellement aussi au thérapeute, toutes attaches dont il veut se débarrasser afin d'isoler sa proie, de parfaire sa chosification pour mieux pouvoir l'utiliser.

La peur

Dans l'éventail des émotions de ces patients, la peur joue un rôle privilégié. Ainsi, par exemple, un couple pervers (les deux étaient instituteurs) nous confiait prendre grand plaisir à s'effrayer mutuellement, chacun poursuivant l'autre autour d'une table, un couteau à la main. Il s'agit là d'une version érotisée de la peur qui rappelle la description par J. Arlow d'un type de perversion caractérielle, le «farceur»:

> «De telles personnes sont caractérisées par le besoin d'inspirer de la panique ou de l'angoisse aux autres, ce dont ils retirent un sentiment de gratification de l'agression et un sentiment de pouvoir.» (Arlow 1991)

Marcel Jouhandeau, connaisseur en la matière, décrit admirablement dans ses chroniques maritales le rôle de la peur dans la dynamique conjugale perverse:

> «Mais la seule chose que je ne lui pardonne pas, c'est de vouloir m'intimider. Dès que je le remarque désormais, je l'intimide à mon tour. Et dit-elle: – Heureusement rien ne me fait peur? C'est qu'elle a peur.
> Parfois, moi aussi j'ai peur d'elle; un être dont chaque pas ébranle la maison! presque sans cesse j'ai peur d'elle, de cette tempête qu'elle contient, mais toujours au même moment, je me révolte contre ma peur et naît l'audace, une audace qui à son tour l'épouvante. Autrement dit, notre vie commune est une continuelle et réciproque bravoure. Nous nous bravons sans repos, dos à dos, de profil, de face.» (Jouhandeau 1944)

Dans les couples qui nous consultent, c'est très souvent la peur suscitée par la *menace de séparation* qui sert de support à ce jeu pervers. Cette peur a naturellement une valeur excitante et entretient la tension intersubjective perverse.

Il ne s'agit donc pas de la prendre au pied de la lettre et de rechercher les raisons qui pourraient amener l'un ou l'autre des conjoints à vouloir se séparer.

La violence

Le mépris et la peur ne sont que des modalités d'application d'une violence intrinsèque à la relation perverse qui, tôt ou tard, se démasque. Tantôt violence réelle, concrète: nous avons constaté nombre d'assassinats, suicides, coups, blessures, amputations, interventions de police, tous thèmes proches du thème central de la perversion qui est la *mort*.

Tantôt violence plus subtile, masquée: *chantages, pressions, menaces voilées, intimidations qui sont les moteurs de la relation perverse.*

Sous l'une ou l'autre forme, cette férocité relationnelle est continuellement à l'œuvre. Elle détermine les pensées et attitudes dites «stratégiques» entre les conjoints. Leurs moindres actes sont élaborés en fonction de l'impact sur l'autre. Dans un tel contexte, la survenue d'une maladie est une véritable catastrophe: le malade n'avouera son état ni au conjoint ni à la famille, certain que les autres profiteraient de sa faiblesse pour prendre avantage sur lui.

La perception par les thérapeutes de cette violence est fondamentale. L'ignorer, la minimiser ou la banaliser constitue en soi une véritable *complicité* avec ces couples pervers. Contraire à toute thérapie, cette collusion serait d'ailleurs la finalité non formulée de la relation que les couples pervers essaient d'induire avec les thérapeutes, pour les manipuler à leurs fins.

Il faut toutefois bien comprendre que cette destructivité est à la mesure d'une opération de survie pour le pervers, aux yeux duquel *tout ce qui s'oppose à ses desseins vise à le détruire*. Soit on est d'accord avec ses vues, soit on est un ennemi à éliminer, parfois au sens très concret du terme. Cette sorte d'«équation terroriste» s'exerce tous azimuts, tant à l'égard de la parenté qu'à celui de l'environnement professionnel ou thérapeutique.

Intrication perverse-narcissique

Nous avons trouvé une illustration de cette relation d'*emprise narcissique* à l'autre dans le film *Citizen Kane* d'Orson Welles. Voici les dernières répliques du dialogue entre Kane et Susan qui veut le quitter:

KANE: – «Es-tu devenue complètement folle?»

Susan le regarde.

KANE: – «Ne réalises-tu pas que tout le monde va le savoir? Que tu as fait tes bagages et demandé la voiture et ...»

SUSAN: – «Et que je suis partie? Bien sûr qu'ils l'entendront. Je ne leur dis pas adieu – à part à toi – mais je n'ai jamais imaginé que les gens ne le sauraient pas.»

Kane se tient vers la porte comme s'il voulait lui barrer physiquement le chemin.

KANE: – «Je ne te laisserai pas partir.»

SUSAN *(tendant la main)*: – «Salut, Charlie.»

KANE *(brusquement)*: – «Ne t'en vas pas, Susan.»

Susan le regarde seulement.

KANE *(poursuivant)*: – «Susan, ne pars pas! Susan, je t'en prie!»

Il a perdu tout orgueil. Susan s'arrête. Elle est touchée.

KANE *(poursuivant)*: – «Tu ne dois pas partir, Susan. Tout sera fait exactement comme *tu* le veux. *Pas comme je pense que tu le veux – mais comme toi tu le veux**. S'il te plaît, Susan – Susan!»

Elle le regarde fixement. Elle pourrait faiblir.

KANE *(poursuivant)*: – «Ne pars pas, Susan, tu ne dois pas partir. *(Presque pleurnichant)* Tu – tu ne peux pas me faire ça *à moi**, Susan.»

C'est comme s'il lui avait jeté de l'eau glacée au visage. Elle frissonne.

---

* Souligné par nous.

SUSAN: – «Je vois – c'est *à toi* qu'on fait ça! C'est pas du tout de moi qu'il s'agit. De comment je ressens les choses. De ce que ça veut dire pour moi. Non – *(elle rit)*. Je ne peux pas te faire ça à *toi!* *(Elle le regarde).* Oh oui, je le peux.»

Elle sort, passe devant Kane qui se tourne pour la regarder passer, comme un vieil homme très fatigué. (Mankiewicz et Welles 1969)

Il s'agit là d'une petite anthologie de la relation perverse. On y retrouve la violence psychique (*«Es-tu folle»*, mais aussi *«Il a perdu tout orgueil»*), physique (il lui barre le chemin), le narcissisme (*«Tout le monde va le savoir»* – surtout en tant que première et unique préoccupation de Kane – puis le *«me faire ça, à moi»*), la menace (Susan menace de partir), le mépris (*«Salut, Charlie»*), l'emprise (*«comme toi tu veux»*), le triomphe sadique de la soi-disant victime (*«oh oui, je le peux»*), l'importance de l'agir (Susan part) et le démasquage spontanément opéré ici par Susan. Nous voyons à quel point l'idée d'un méchant et d'une pauvre victime est naïve et de quelle façon chacun contribue à faire monter les enchères.

Plus précisément, l'auteur a eu le génie de mettre en scène un fantasme important qui sous-tend certaines formes de relations perverses, lorsque le membre le moins pervers nourrit l'espoir que l'autre change, qu'il arrête de jouer avec les gens, qu'il se mette à ressentir des affects et des conflits à l'intérieur de lui-même, bref qu'il existe et que, du même coup, il admette l'existence de l'autre. C'est ce mirage qui a affleuré dans cette scène, avant que Susan ne réalise son illusion.

Falsification de la réalité

Le pervers substitue à une réalité psychique interne une réalité externe qu'il cherche sans cesse à manipuler à sa guise. Propulsé dans l'*action*, il devient un artiste de la manipulation du *concret*.

Cette altération sous forme de jeu à la fois destructif et compulsif avec la réalité peut prendre diverses formes. La plus patente est la falsification de données d'information: plusieurs patients avouèrent (plutôt fièrement) avoir commis des *faux dans les titres* (se prétendaient bacheliers, ingénieurs ou architectes alors qu'ils n'avaient jamais subi d'examen de ce type). Ainsi, une patiente, qui avait cru pendant de nombreuses années être la propriétaire de la maison héritée de ses parents, a appris au cours d'une consultation que son mari l'avait vendue en contrefaisant sa signature. Un autre couple avait falsifié ses documents d'état civil pour obtenir le logement souhaité. Le mari d'un couple de politiciens s'était, lui, targué d'un titre universitaire élogieux, et sa femme menaçait de divulguer la vérité. Nous verrons comment les chefs d'institutions pervers jouent, eux, avec la réalité (l'histoire, la finalité) de leur établissement.

Cette facilité de manœuvre au sein d'une réalité sociale offre à de nombreux patients des avantages inouïs: aucune loyauté ne les lie à aucune institution, dont ils exploitent les avantages et qu'ils quittent dès qu'ils n'y trouvent plus leur compte. Ils jouent en virtuoses de toutes les prestations que propose notre société démocratique pour les moins favorisés et qu'ils estiment leur être dues: «*J'ai assez travaillé jusqu'à présent pour la société pour qu'elle me rembourse sous une forme ou une autre.*»

Leur connaissance très précise de tous les rouages sociaux les aide également à obtenir un avancement étonnamment rapide. Dans de tels «plans de carrière», ils se traitent eux-mêmes comme leurs employeurs ou leurs collègues, comme des pions.

Stimulation de la tension intersubjective perverse

La tension qui existe entre les partenaires de n'importe quel couple est, chez nos patients, pervertie. Elle est de nature fondamentalement agressive et tend à la destruction de l'autre par son assujettissement et sa déprédation. Essentiellement polémique, elle se fonde sur le pouvoir et se joue sur la domination. L'altérité n'y est perçue que comme menace, jamais comme enrichissement ni complémentarité. Nous l'appelons «*tension intersubjective perverse*».

Comme nous l'avons déjà dit, elle est l'équivalent pervers du lien amoureux «névrotique». Sa fonction est celle d'un véritable ciment et a un sens existentiel pour les deux.

Ils doivent la maintenir à tout prix, moyennant la stratégie complexe que nous avons décrite: pour y être adéquate, la victime doit s'opposer à son bourreau. Domination et résistance, alternées et réciproques, sont les deux temps du scénario pervers. Ce jeu et cette violence, qu'on pourrait appeler fondateurs, font partie, nous l'avons vu, du *contrat de base du couple pervers*.

La tension intersubjective perverse ne doit donc en aucun cas diminuer. Soudés l'un à l'autre dans ce lien de dépendance réciproque vitale, les partenaires sont constamment à la merci des circonstances extérieures ou d'une évolution individuelle qui affaibliraient, plus ou moins momentanément, la perversion narcissique de l'autre (comme dans l'exemple du couple K.). Ce dernier devient alors insuffisant dans sa fonction de réassurance et de complétude narcissique. Les moyens habituels de stimulation de la tension intersubjective perverse n'ont plus assez d'impact et ils doivent être revigorés. Nous assistons alors à *l'escalade* de la violence par toute sorte de moyens sadiques et masochiques.

J. Benjamin met cette tension en relation avec l'expulsion chez l'autre d'une partie clivée du moi:

> «Chez l'adulte pervers sadique ou masochique, ce paradoxe n'est pas assimilé, et l'une des propositions est attribuée au partenaire: c'est le clivage dont nous venons de parler. Dès lors, les deux protagonistes vont se trouver réunis au sein d'une dynamique particulière, nécessitant un ajustement très serré afin de ne pas perdre entièrement la partie «refoulée-projetée», mais de ne pas s'y trouver confrontés non plus de trop près. Le fait que chacun des partenaires représente seulement un des pôles d'une unité fracturée est à l'origine de la difficulté essentielle qui est de maintenir la tension.» (Benjamin 1992)

On le voit, les limites de ces interactions sado-masochiques sont l'abandon, le vide et la mort. Cela nous éclaire peut-être sur l'incroyable ténacité avec laquelle les couples préfèrent se heurter sans trêve plutôt que de se retrouver confrontés à ces terribles perspectives.

> «Métaphoriquement donc, et parfois littéralement, la relation sado-masochique tend vers la mort, en tout cas vers ce qui en tient lieu: l'apathie, l'engourdissement, la mort des émotions.» (Benjamin 1992)

Cela ressortait dans les formulations employées par certains couples telles que *«il manque du combustible, nous avons tout consommé».*

Un autre facteur, génétique celui-là, plutôt que stratégique, resterait à mieux évaluer pour comprendre l'origine de la recherche constante de stimulation par ce genre de couples: le rôle de l'excitation incestueuse vécue au cours de leur enfance avec un parent, première mouture probable de la tension intersubjective perverse qui en résulte ultérieurement. Cette excitation pourrait être le fruit de plusieurs types de jeux pervers: une relation sadique globale, faite de frustrations et de vexations continues (une patiente nous disait: *«quoi que je fasse ou demande, c'était pour ma mère «toujours trop»; j'étais de trop et elle me le faisait sentir à chaque instant»*). Elle pourrait aussi provenir d'un reliquat d'excitation sexuelle non déchargée de l'enfant, à laquelle Freud avait songé lorsqu'il évoquait l'enfant abusé

> «prématurément éveillé à toutes les sensations, exposé à toutes les déceptions, souvent interrompu, dans la pratique des actes sexuels qui lui sont assignés, par sa maîtrise imparfaite des besoins naturels ». (Freud 1973)

D'autres auteurs modernes stigmatisent le rôle d'une excitation sexuelle trop précoce et jamais déchargée (Kluft 1990, Kramer 1990, Bach 1991).

Destruction de la vie

La dynamique perverse est centrée sur ce que nous nommons la «stratégie relationnelle», ou sur une *«pensée stratégique»*: un rapport calculateur étroit lie les deux protagonistes de la scène perverse; chacun de leurs gestes ou mouvements affectifs entraîne une réplique immédiate chez l'autre.

Cette règle générale souffre toutefois d'exceptions. Nous avons remarqué à plusieurs reprises des sortes de «dérapages névrotiques» au cours desquels l'un des partenaires, probablement entraîné par les thérapeutes, quitte ce terrain stratégique pour exprimer une souffrance ou un désir authentiques. Ces mouvements sont très saisissants et ne manquent pas d'interpeller vivement les thérapeutes. Mais cette ouverture déclenche une réaction immédiate du conjoint qui détruit sans merci l'embryon d'émotion, de relation vitale qui avait pu se manifester. Ces réactions prennent la forme soit d'agressions verbales particulièrement blessantes ou humiliantes, soit de manœuvres de diversion: ainsi Madame peut-elle se mettre soudain à pleurer (de façon très factice et théâtrale) ou sortir inopinément pour aller aux toilettes.

Cette «remise à l'ordre» nous semble plus spécifique qu'un simple ajustement relationnel. Elle manifeste l'essence de la perversion qui, au-delà du lien étroit qui enchaîne les deux protagonistes, vise la destruction de ce que nous appelons en général la vie ou les mouvements vitaux. Nous verrons que, mis à part le conjoint, les enfants sont souvent la cible d'une telle dynamique.

Les analyses développées jusqu'ici se sont attachées au versant pervers, adulte que présentaient nos patients. Cet aspect s'inscrit toutefois dans un cycle de violence relationnelle multigénérationnel: leurs parents aussi avaient été fréquemment victimes d'incestes, de maltraitances, mais aussi d'abus narcissiques; une dynamique qui ne laisse en général à l'enfant d'autre choix que la victimisation ou l'identification à l'agresseur.

Nous verrons que ces traumatismes s'attaquent au cœur même de l'individu, détruisent des fonctions vitales ou des pans entiers du psychisme de l'enfant. Celui-ci a recours à des mécanismes de dissociation et de clivage de l'affectivité pour survivre, voire même de destruction (sabordage) d'une partie de son psychisme. Il n'a d'autre choix que de développer par la suite des relations perverses. Ses comportements pathologiques ultérieurs apparemment aberrants sont donc à comprendre comme des *mises en scène actualisées*, jouées constamment, y compris dans le traitement, de traumatismes infantiles gravissimes.

Exemple clinique : couple L.

Cette vignette clinique concerne un traitement qui a duré du mois de janvier au mois de septembre de la même année. La transcription qui suit illustre, selon nous, un *choix d'objet pervers, une communication perverse et une dynamique de même type* (sans pour autant méconnaître certains aspects de type psychosomatique ou psychotique, dont nous verrons qu'ils forment une sorte de trépied avec la perversion). Nous allons montrer de quelle façon on peut percevoir la relation perverse et comment ses aspects s'étoffent au fil des séances. Nous nous sommes efforcés de restituer les citations mot à mot d'après les notes prises en cours de séance, car nous estimons qu'une grande attention doit être dévolue aux formulations, locutions ou mots employés par les patients pervers. Nous assumons bien sûr l'aspect subjectif de cette approche, ne serait-ce que par le choix du matériel noté. Elle nous semble toutefois valable car, malgré la subjectivité du choix, le matériel est, lui, bien réel, ces mots ont bel et bien été employés.

Par ailleurs, notre thèse, déjà ébauchée à plusieurs reprises, est que ces relations perverses ont leurs racines dans certaines relations abusives subies durant leur enfance par ces patients. Relations si traumatiques qu'elles ont échappé à une psychisation et à une symbolisation réparatrices et créatrices; dès lors, elles n'ont d'autre issue que d'être indéfiniment rejouées, remises en scène afin d'être décryptées par d'autres. Dans cette optique, nous nous sommes efforcés de ponctuer les interprétations sur la perversion actuelle de certaines hypothèses génétiques sur la relation parentale abusive – qui, pour différentes raisons, n'ont pas été formulées, du moins comme telles durant ce traitement. Le concept d'«abus», qui implique un jugement moral aussi délicat qu'inhabituel à des thérapeutes psychanalytiques, sera étayé plus loin.

L'investigation

Ces patients, dans la trentaine, formaient un jeune couple à la mode, élégants et d'apparence très soignée. Ils nous dirent d'emblée qu'ils exerçaient tous deux une profession libérale indépendante, ce qui contrastait avec leur aspect juvénile. Monsieur, visiblement tendu et agité, s'affaissa sur le fauteuil et nous fit part de l'extrême urgence de son problème sexuel qui *«l'envahissait complètement»*. Madame était assise rigide et muette à son côté elle n'était venue que sous la pression de son mari, mais *«ne voyait pas en quoi son problème aurait pu la concerner, ni en quoi elle aurait pu contribuer à sa résolution».*

Le couple nous consultait en raison d'une impuissance. Ils se connaissaient depuis treize ans, mais ne s'étaient mariés qu'un an et demi auparavant car il s'agissait *«d'une année opportune pour cette démarche»*, et ils précisèrent qu'*«ayant acheté une maison, le mariage était dans la suite logique des choses pour leurs parents»*. On retrouve dans la description de cet engagement la prudence des couples pervers qui ne veulent en aucun cas se dévoiler, leur propension à étayer leur pensée sur des faits ou des choses concrets ainsi que leur attitude opportuniste. Nous entendons également ce récit comme une sorte de *mise en scène symptomatique* d'un acte accompli presque malgré eux, sans aucune participation affective. Une sorte de démonstration, à nous destinée, que ce n'étaient pas eux qui avaient désiré ce mariage, mais bien plutôt leurs parents. Autrement dit, la représentation de deux enfants dépouillés de leurs désirs propres, exécutant ceux de leurs parents.

Il y avait *«toujours eu des petits problèmes sexuels»*, poursuivit le couple. Cette litote recouvrait pour les deux une sexualité source d'angoisses profondes mais déniées, dont l'un des symptômes avait été un agissement, en l'occurrence une circoncision censée corriger un phimosis incriminé comme source de l'impuissance.

D'une façon générale, *la sexualité* était appréhendée de façon très mécanique: *«la vie sexuelle marche, mais ce n'est pas merveilleux, nous ne nous sentons pas catalysés*»*. Plus précisément, Monsieur nous décrivit que ses problèmes sexuels se manifestaient sous la forme d'une *«fréquence diminuée»*, d'une éjaculation précoce et d'une diminution de sa puissance érectile qui compromettait la pénétration. Progressivement, il en était venu à faire une véritable fixation sur ce trouble et ressentait constamment la hantise que *«ça ne puisse pas marcher»* lors du prochain rapprochement

---

* Le souhait de stimulation externe, de «catalyse», est un thème typiquement post-abusif et sera repris plus loin.

sexuel. La description de cette pensée à ce point obsessionnelle pouvait évoquer une sorte d'équivalent délirant.

Quant à Madame, elle déclara sur un ton dégagé que, lors des relations sexuelles, elle n'avait *«pas d'orgasme, mais beaucoup de plaisir»*; *«on n'a jamais parlé de sexualité»*, nous confirma par ailleurs le couple, qui ajouta *«et nous avons sans cesse des visites pour éviter le sujet»*. La suite des explications des patients met plus clairement en évidence la dynamique sexuelle perverse. *«C'est depuis le mariage qu'il y a véritablement des problèmes.»* Cette particularité symptomatique, fréquemment signalée chez les couples pervers narcissiques, peut, à notre sens, s'expliquer de diverses façons: une explication serait l'angoisse éprouvée par certains partenaires que leurs traits pervers défendent (mal) contre une *phobie sous-jacente* et qui se sentent emprisonnés par le mariage dans un cadre où la sexualité pourra, pensent-ils, leur être exigée au titre du «devoir conjugal». Une autre explication sur un versant plus pervers serait que la sexualité aurait perdu sa qualité transgressive et excitante dès lors qu'elle aurait été avalisée légalement par ce mariage; ou encore que le fait de s'opposer à cette sexualité comprise comme ciment légal du mariage serait une façon de s'attaquer à la loi en tant que telle, et par là à la réalité même de leur couple.

Mais surtout Madame avança qu'elle avait *«renoncé à demander la sexualité pour le protéger et ne pas le déstabiliser»*. Il s'agissait là en fait d'une manœuvre particulièrement retorse, car il était très vraisemblable qu'elle-même n'éprouvait pour les rapports aucune envie, voire même plutôt une aversion qui, d'abord déniée puis clivée, avait été expulsée chez l'autre. Par cette attitude apparemment pleine de sollicitude, elle se dégageait donc de toute approche sexuelle en en imputant la responsabilité à Monsieur et elle se ménageait pour elle une attitude altruiste. En outre, en définissant ainsi sa position, elle se posait stratégiquement en détentrice d'une sorte de (toute-)puissance sur Monsieur: elle sous-entendait qu'elle avait le pouvoir de le stabiliser ou de le déstabiliser. Enfin, elle se présentait en femme frustrée, victime des troubles de son mari, donc susceptible de demander un jour réparation des torts subis. Comme dans toute bonne opération perverse, tout s'y trouve inversé et «verrouillé» (Racamier 1992a).

Questionné sur ses projets d'avenir, le couple se montra évasif. Souhaitaient-ils des enfants? *«Nous n'y voyons rien de bon car nous n'en avons pas l'expérience.»* Cette proposition contient une *inversion logique* caractéristique de la *pensée perverse*: c'est la réalité matérielle qui serait la source du désir et de la pensée. Là encore, l'analogie avec la situation de séduction infantile est possible: pour l'enfant abusé, la réalité de l'adulte prime en effet sur ses désirs, ou les désirs de l'adulte sur ceux de l'enfant.

En fin de première séance, la patiente se départit de son attitude distante pour évoquer un *«petit problème financier»*: elle sollicitait de façon séductrice, sous-entendant une certaine complicité entre nous au vu de sa profession, une dérogation pour que nos notes d'honoraires soient établies au seul nom de Monsieur. Elle nous demandait en fait de faire de fausses factures. Cette demande est une forme d'*attaque au cadre*; elle sous-entend une relation de complicité médecin-malade incompatible avec la relation thérapeutique.

Au début de la séance suivante, nous avons retrouvé le thème de la relation impossible, élément crucial de leur dynamique: *«Il n'y a pas de possibilité d'être ensemble.»* Il s'agit là en effet d'un condensé dramatiquement vrai de toute leur problématique. Malgré le ton détaché sur lequel il avait été fait, cet aveu lapidaire est bouleversant et montre, selon nous, que l'abus infantile et l'altération de la relation primaire à la mère auraient détruit la capacité ultérieure d'être en relation avec un autre. Mais quels sont les éléments d'attrait des deux partenaires et les *débuts de la relation perverse*?

«Avant, j'aimais son importance et sa force par rapport aux autres, mais maintenant il est en train de perdre tout ce qui faisait sa personnalité.» Ainsi Madame exprima-t-elle sur un ton dépité le fait de n'avoir pris en compte chez lui que certaines caractéristiques qui lui convenaient, pire, de les avoir surestimées. Ses attributs venaient-ils à manquer, elle se sentait légitimée à rejeter son mari-objet en entier. Elle précisa qu'au début elle avait fait semblant de se contenter du

pénis à demi rigide seulement de son mari, que cette attitude pseudo-satisfaite avait suffi à redonner confiance à son époux, mais que maintenant elle en avait assez et se refusait à ces rapports frustrants. Le seul risque qu'elle voyait dans cette prise de position était les problèmes qui surviendraient si elle souhaitait avoir un enfant, raison pour laquelle elle participait aux démarches thérapeutiques de son mari. Même à ce sujet, elle ne situait sa souffrance que par rapport à une norme extérieure, en l'occurrence «les autres couples» et le cinéma, la télévision, mais surtout les deux familles, qui leur renvoyaient une vision dérangeante de leur absence de progéniture.

Monsieur avait été attiré par *«la beauté et l'élégance de mannequin»* de sa femme. Nous ne sommes pas surpris de constater que leur *corps* était de longue date l'objet ou le support d'intenses préoccupations: Monsieur suivait sporadiquement un régime amaigrissant draconien ou complétait ses menus de force vitamines – fournies par Madame qui était médecin-dentiste. Elle-même surveillait aussi attentivement sa ligne et s'habillait de façon extrêmement soignée.

Interrogés sur la gestion de leurs pulsions agressives, ils nous dirent avoir de fréquentes *querelles*. Toutefois, les sujets en étaient toujours les mêmes et, loin d'une véritable controverse, le récit de ces disputes stéréotypées évoquait une sorte de décharge énergétique quasi psychosomatique n'aboutissant jamais à une réconciliation ou à un accord.

Lorsque nous revînmes sur les circonstances de leur *rencontre*, Madame précisa que celle-ci avait eu lieu dans un café qu'ils fréquentaient avec leurs amis, grâce auxquels ils étaient entrés en contact. Cette occasion apparemment banale s'intègre parfaitement dans une vie faite d'une suite d'agissements, tels qu'ils apparaîtront en cours de traitement. En effet, plus tard également, ils poursuivirent leurs sorties compulsives avec les copains: au théâtre, au cinéma, au concert ou au chalet qu'ils possédaient à la montagne (il s'agissait en fait du chalet des parents de Madame, ce que nous n'apprîmes qu'en fin de traitement). Madame enchaîna: «*Moi, je suis romantique: le premier baiser n'était pas romantique.*» Au-delà de l'aspect sadique de cette proposition énoncée comme un jugement catégorique et irrévocable, on peut se demander si, pour cette patiente, «romantique» n'était pas l'adjectif qui qualifiait simplement ce qui n'était pas violent, pas de l'ordre de l'abus sexuel; si ce mot constituait une sorte de repère fragile pour s'orienter dans le domaine psycho-sexuel. En témoigneraient d'autres troubles analogues: *«Comme il avait huit ans de plus que moi, je pensais qu'il avait déjà eu des rapports sexuels.»* Là aussi, au-delà du ton accusateur qu'elle employa pour se dire déçue par la sorte de marchandise que constituait à ses yeux son mari défectueux, ce collage entre l'âge et l'expérience amoureuse montre un type de pensée «concrète». De plus, le temps n'avait eu aucun impact évolutif sur ces premières interactions, restées enkystées dans une relation qui s'était ainsi poursuivie sans heurt pendant six ans.

C'est alors que Madame prit délibérément un amant, choisissant pour cela un play-boy connu pour son donjuanisme. Il se révéla, lui aussi, «décevant»: *«sexuellement, c'était bien, mais pas intellectuellement»*; *«il ne m'a rien appris»*. Nous retrouvons là le choix anaffectif, la relation déshumanisée et l'aspect technique attribué à la sexualité, le partenaire étant ici vu comme une sorte de professeur. Elle décida alors de revenir à son futur mari – tout en poursuivant, à son insu, une relation sporadique avec le play-boy. *«D'ailleurs, il en avait aussi une autre.»* Le ton du récit de cet aménagement était celui de la description d'un contrat. Strictement factuel, il ne comprenait aucune émotion. Cet arrangement reposait toutefois sur une utilisation perverse des hommes par Madame qui en survalorisait certains aspects partiels pour mieux pouvoir ensuite s'en débarrasser en les méprisant ou les détruire. Ce comportement associé à la phobie sexuelle nous renvoie au clivage sexualité-affectivité dont nous pressentons l'origine dans l'expérience traumatisante d'une relation abusive précoce.

En reconsidérant cette époque, Madame fit l'observation que le seul bon moment érotique qu'elle se souvenait avoir eu avec son mari était la période où elle avait senti qu'il lui échappait avec une autre. Elle avait alors mobilisé toutes ses ressources de séduction pour le récupérer: *«c'était bien»*. Nous saisissons à travers cette constatation froide et abrupte l'importance de la stratégie relationnelle, du jeu autour de la séparation et de l'utilisation de la sexualité à l'intérieur de ce jeu pour maîtriser l'autre. Ce type d'affirmation tend à laisser le thérapeute interloqué, ne sachant comment saisir ce qu'il a entendu. Il ne s'agit de rien de moins que de l'affirmation claire et nette du credo pervers, incompréhensible pour un thérapeute non averti. La perversion s'y voit affichée et affirmée comme «bien».

Interrogée sur son histoire sexuelle, la patiente se souvint qu'elle n'avait pas été prévenue par sa mère (aussi phobique?) de la survenue des premières règles qui l'effrayèrent, qui furent douloureuses et qu'elle tenta aussitôt de maîtriser en prenant la pilule contraceptive. Là encore, nous retrouvons le thème de la maîtrise des angoisses corporelles et sexuelles par un agir de type médical et qui vise le contrôle du corps. *«Je suis un garçon manqué»*, avoua-t-elle sans que cette forme de bisexualité nous évoque plus qu'une tentative désespérée de se définir, coûte que coûte, sexuellement. Cette affirmation contrastait d'un côté avec son aspect extérieur paré de tous les attributs féminins à la mode et correspondait de l'autre à son corps adolescent. Il s'agit là aussi d'une distorsion connue qui peut être induite par les abus, notamment sexuels, que nous retrouvons dans un grand pourcentage de cas. Tous ces patients éprouvent, d'une façon ou d'une autre, *des troubles de l'identité sexuelle.*

Madame enchaîna en décrivant une sexualité faite uniquement de séduction, phase qu'elle appréciait, mais dont elle redoutait qu'elle ne débouche sur un véritable rapprochement affectif et sexuel. Dès qu'elle en sentait les prémisses, elle rompait immédiatement la relation. Rationnellement, elle mettait cette attitude en rapport avec un désir sexuel atténué par son manque d'orgasme; elle évitait ainsi de se confronter à son alibidinie.

Dans l'évocation de son évolution psycho-sexuelle, Monsieur introduisit d'emblée ses relations familiales intriquées. Il le fit sur un ton «administratif» pour nous apprendre que son père était architecte et que sa mère dirigeait une grande gérance d'immeubles, que lui-même travaillait en association avec son père, que, sur le chemin du travail, il passait tous les matins prendre le petit déjeuner et aller aux toilettes chez ses parents. Ce curieux rituel ne fut pas commenté. Pour nous, il pourrait être l'indice, au-delà d'une symptomatologie obsessionnelle et régressive, de la marque d'un abus «hygiénique» de la part de sa mère. C'est ainsi que la littérature actuelle commence à identifier une forme d'abus sadique qui s'en prend particulièrement aux fonctions et aux orifices corporels. Nous sommes conscients que de telles associations peuvent paraître arbitraires, telles qu'elles sont sommairement énoncées ici. Elles témoignent en fait d'une prise en compte de la symptomatologie du couple différente de celle dont nous avons l'habitude chez des patients névrosés: dans la perspective de la perversion relationnelle, nous comprenons le symptôme non plus comme signe symbolique d'un ancien traumatisme élaboré psychiquement, mais comme un *acte* qui constitue une sorte de *«mise en scène actualisée»* d'un abus autrefois expulsé du psychisme. Cette compréhension qui se fonde sur des mécanismes bien différents du refoulement sera développée plus loin.

D'une façon générale, Monsieur se décrivit d'un tempérament flegmatique, voire apathique, ne se connaissant que peu d'intérêts dans la vie. Cette image de lui contrastait avec les nombreuses activités sportives et le rôle de boute-en-train qui lui étaient propres et qui avaient attiré en son temps sa femme.

Ses souvenirs en matière de sexualité étaient de type visuel: il se souvenait, très jeune, avoir regardé les jeunes filles au pair qui se dévêtaient. Nous connaissons, depuis Freud en tout cas, la possibilité de séduction d'enfants par les bonnes, et ce souvenir pourrait en être une trace sous forme de souvenir-écran. Monsieur enchaîna par une phrase curieuse, sur laquelle nous n'avons pas eu malheureusement de précisions: *«On m'a passé beaucoup de choses aussi sur le plan sexuel.»* Quels étaient donc ces comportements ou ces plaisirs qu'on lui aurait indûment autorisés?

Toujours est-il qu'il poursuivit en évoquant qu'il avait de tout temps pratiqué la masturbation, ce qui ne semblait guère le culpabiliser, mais qu'il concevait comme une solution de «facilité» par rapport aux relations sexuelles avec pénétration au cours desquelles il risquerait de *«ne pas être à la hauteur»*. Dans notre optique, cette préoccupation constante de ne pas être à la hauteur pourrait correspondre au sentiment prédominant d'un jeune enfant auquel auraient été demandées des prestations sexuelles qu'il aurait été incapable de fournir (interprétation se situant à l'opposé de désirs œdipiens refoulés en fonction d'angoisses de castration).

C'est peut-être au fil d'une association analogue que Monsieur ajouta qu'il avait éprouvé de tout temps un sentiment d'étrangeté sexuelle, d'*être différent des autres* (thème que nous rattacherons plus loin spécifiquement à des problématiques d'abus). En dépit du nombre de rencontres féminines qui avaient débouché sur des rapprochements sexuels, toutes s'étaient soldées par des échecs (non-érection). Il en était venu à se poser la question de son éventuelle homosexualité. Là aussi, à l'instar du «romantisme» de Madame, on ne sentait pas dans ce questionnement une véritable prise de conscience d'éventuels désirs refoulés, mais plutôt une tentative désespérée de se trouver une sexualité quelconque, fût-elle marginale ou perverse, plutôt que de rester avec cette identité sexuelle vacillante et floue. Comme dit plus haut, ces sentiments de bizarrerie sexuelle appartiennent au tableau classique des séquelles d'abus sexuels sur un enfant.

La compulsion de vérification avec son corollaire de l'interchangeabilité de l'objet avait fait place, depuis peu, à un manque de désir sexuel, *«surtout envers sa femme»*. *«Je ne comprends pas, car j'ai toujours aimé les beaux objets.»* Dévitalisation sadique de l'objet (sa femme en l'occurrence)? Double-bind intentionnel? En tout cas, self grandiose. Il se dit en outre *«déçu par l'évolution de la situation»*, probable formulation d'équivalent dépressif mais, corrigea-t-il aussitôt, *«tout allait bien à part la sexualité»*. On perçoit là l'extrême fragilité d'un aménagement face à la dépression, innommable et insupportable, probablement du registre de la dépression essentielle décrite par P. Marty (Marty 1980). *«On pourrait même voir ce problème sexuel comme une punition, tellement tout va bien ailleurs; mais j'ai peur qu'il ne finisse par faire tout sauter.»* A noter la violence des termes employés.

«On n'était pas ensemble, c'est pour cela que ça allait bien», expliqua Madame, réitérant le paradoxe d'une relation qui n'existe que dans la mesure où elle n'existe pas. Sa

mise en acte se fonde sur une collusion évidente du couple: les deux partenaires sont d'accord que le couple doit rester une entité vide, une apparence sociale les protégeant pour toujours de toute velléité de séparation d'avec les parents. *«Je mange tous les midis avec ma mère; de plus, nous nous téléphonons deux fois chaque jour»*, affirmait Madame; *«ça a toujours été légitime entre nous»*, confirmait Monsieur. La fixation de la femme sur sa mère (avec d'éventuels déplacements sur des équivalents comme la belle-mère, souvent véritable enjeu du mariage plus que le mari) est un trait constant des victimes d'abus narcissiques ou sexuels. Comme on peut s'y attendre, elle s'accorde avec une dépendance analogue de Monsieur à sa famille d'origine.

«Je pense qu'il lui faut une thérapie individuelle», conclut Madame au terme des trois entretiens d'investigation, regardant ostensiblement sa montre. Cette prise de position était la même que lors du premier entretien. Sa réitération qui disqualifiait tout le travail d'élaboration effectué depuis lors apparaissait aussi comme une tragique démonstration de son impossibilité de penser.

L'évolution

Premier thème: la phobie de l'intimité et son utilisation perverse dans la relation.

Au premier entretien de la thérapie proprement dite, les deux patients se présentèrent bronzés, détendus et déclarèrent sans ambages avoir été *«ensemble dix jours sans un moment d'intimité»*. Le récit de ces vacances fut particulièrement banal et mince. Ils étaient partis avec des amis *«car c'était prévu depuis longtemps»*. Pendant cette évocation, alors que Madame affichait une tranquillité détachée, Monsieur manifestait toutefois un vague malaise à notre égard. Aussitôt après avoir exprimé une ébauche d'affect, il évoqua en détail les nombreux troubles psychosomatiques qu'il avait endurés durant cette période: asthme tout d'abord, mais aussi hypertension; enfin, deux hernies discales s'étaient faites douloureuses et l'avaient obligé à un repos accompagné de prise de médicaments myorelaxants. Ces hernies étaient une ancienne préoccupation et il avait été décidé qu'à la prochaine poussée douloureuse il serait opéré. A ce moment, Madame intervint pour spécifier que ce genre d'opération *«pouvait provoquer une incontinence, une insuffisance sexuelle ou une impuissance».* Elle poursuivit, visiblement agacée: *«Avec ça, il ne peut même pas porter les bagages, moi j'en ai ras le bol.»* Interloqués devant cette réaction si peu compréhensive, nous apprîmes que ces maux psychosomatiques étaient l'occasion d'un déploiement de soins anxieux de la part de tous leurs proches et amis, attentions dont semblait apparemment jouir le patient, mais qui provoquaient l'ire de sa femme. Celle-ci précisa néanmoins que cette année, pour la première fois, aucun médecin n'avait dû intervenir en urgence au cours des vacances.

On perçoit aisément à travers ce type d'échange la violence auto- et hétéro-destructrice qui fait l'ordinaire des interactions perverses: ordinaire, dans son acception de banal, egosyntonique, ne donnant lieu à aucune récrimination. (Par exemple, Monsieur ne s'était pas du tout offusqué de l'intervention méchante de Madame qui pointait les éventuelles complications de l'opération de hernie discale; ou encore, Madame ne percevait dans les maladies de Monsieur qu'une atteinte agressive ou, pire, intentionnelle à son bien-être à elle[*].)

Deuxième thème: le «blanc» en tant que fonctionnement qui, au service de la perversion, garantit l'inexistence de tout lien.

Le couple nous dit avoir beaucoup parlé, après une des séances, sur le chemin du retour; malheureusement, ni l'un ni l'autre ne se souvenait du contenu de ces échanges. Monsieur nous fit part d'une grande amélioration, le désir sexuel s'étant à nouveau manifesté *«trois fois!»* (à noter l'accent mis sur la quantité au détriment du contenu); malheureusement, il n'avait pu l'exprimer à sa femme. Il disqualifiait de cette façon soit son vécu décrit précédemment

---

[*] Un autre exemple de ce narcissisme féroce chez la mère d'une autre patiente: lorsque sa fille (abusée) lui apprit que son beau-père (abusif, divorcé de sa mère entre-temps) avait un cancer de la gorge, celle-ci s'exclama: *«Heureusement que j'ai divorcé! J'aurais dû m'occuper de lui!»*

comme positif, soit notre intervention, qui n'avait donc en réalité rien changé entre eux.

Ces «blancs» ne sont pas des refoulements. A maintes reprises nous y avons été confrontés dans le déroulement même des entretiens où ils nous ont plutôt paru se rapprocher des phénomènes de barrage décrits chez les schizophrènes. Symptôme qu'on pourrait plutôt situer à la limite des troubles de la conscience documentés eux aussi comme séquelles des abus sexuels (Ferenczi 1990a).

Troisième thème: double-binds et troubles de la pensée visant à paralyser la compréhension des thérapeutes tout en leur signifiant qu'ils sont confrontés à l'impensable.

Un premier double message nous fut offert par Madame qui déclara avec un visage sombre que leur couple allait mieux.

Lui enchaîna: *«Nous avons échangé quelques caresses qui ont amené un petit plus; elles nous ont donné un coup de fouet.»* Là encore, on décèle un mélange de genres: laudatif et méprisant, constructif et masochique.

Madame poursuivit en déclarant que *«leur mariage avait bien commencé mais s'était progressivement dégradé à cause de son mari».* Il s'agit là d'une attaque sadique contre leur lien – et d'une utilisation perverse de la séance thérapeutique pour tourmenter le partenaire. Ils en vinrent toutefois à élaborer le thème de leur début de vie conjugale et à reconnaître l'influence excessive de leurs familles d'origine dans la détermination de leur mariage. D'une façon générale, tout leur aménagement de couple peut être vu comme une sorte de sacrifice des enfants aux parents, sacrifice bien plus dramatique que ne le laisserait entendre leur adaptation psychosociale superficiellement bonne ou le manque de souffrance exprimé à ce sujet. Il aurait par exemple amené chacun d'eux à renoncer au projet de fonder véritablement sa propre famille. Dans cette optique, leur non-désir d'enfant, bien qu'il nous fût signifié sur un ton narcissique et indifférent, pourrait être compris comme l'aboutissement d'histoires familiales cruelles, les deux refusant de perpétuer plus loin les abus subis de la part de leurs parents; sur le versant pervers, on pourrait aussi y voir une trace d'infanticide, comme nous l'analyserons plus loin.

Lorsque nous interrogeâmes Monsieur sur son vécu de l'intimité, il nous répondit qu'il redoutait les chatouilles. Là encore, nous constatons que Monsieur ne peut décrire sa relation à sa femme autrement qu'en employant cette pensée concrète, opératoire, psychosomatique. Madame soutint d'ailleurs ce discours en parlant alors de la bronchite dont elle souffrait depuis peu. Monsieur revint sur les chatouilles qui provoquaient chez lui *«une perte complète de contrôle»* qui l'inquiétait beaucoup. Cette perte de contrôle pourrait bien être semblable à celle engendrée par l'exposition à une excitation trop intense pendant l'enfance. Il s'agit là d'un thème primordial du débordement excitatoire subi par un enfant surstimulé.

Monsieur dit ensuite la curieuse phrase suivante: *«Les derniers échanges n'étaient pas très bien car j'ai regardé souvent ma montre.»* Cette formulation bizarre trahit une impossibilité gravissime de percevoir des affects (ici en l'occurrence l'angoisse) et, pour y obvier, le recours à des critères comportementaux extérieurs. Nous avons vu que ces patients, confrontés à l'impossibilité de déterminer le sens de telle ou telle sensation ou émotion ressentie, se réfèrent à une réalité externe, concrète, pour l'appréhender. Nous retrouvons plusieurs exemples de ce dysfonctionnement mental dans d'autres analyses de cas, parfois moins évidents, comme chez un patient qui disait *«j'ai vu que j'étais excité car j'avais une érection»*. Ces observations cliniques ne sont pas aisées à faire, ces phrases-clés étant énoncées sur le ton de la banalité légère, justement pour étouffer leur message alarmant. Il s'agit d'ailleurs là d'une manœuvre constante chez les abusés, sexuels ou non, qui consiste à dire des choses très graves de façon détachée. Nous verrons que c'est à cette malheureuse stratégie d'expression paradoxale qu'on peut, selon nous, imputer une partie de la dramatique méconnaissance de l'inceste.

Quatrième thème: attribution des symptômes psychosomatiques à la maladresse du partenaire pour le disqualifier.

Le couple revenait cette fois d'un voyage à Venise. Madame se contenta de dire que *«c'était très bien»*; quant à Monsieur, il avait de nouveau un blanc et ne se souvenait de rien.

Au sujet de leurs échanges intimes, Madame se plaignit d'un sentiment d'énervement, d'une pensée fugitive qui s'évadait sans cesse. En outre, elle avait ressenti des démangeaisons sur tout le corps et se décrivit comme *«allergique aux caresses»*. On le voit, ici cette phrase n'est certainement pas à prendre comme une métaphore, mais plutôt au pied de la lettre.

Elle déplora encore la brusquerie de son mari lors de ses caresses, en particulier sur le clitoris qu'elle lui reprochait de manipuler *«comme une sonnette»*. Elle ajouta imperceptiblement: *«une copine pourrait le faire aussi»*. On retrouve chez les deux conjoints le corps «mécanique», la sexualité technique et la dévitalisation de la relation, l'objet y étant interchangeable, tous thèmes toujours évocateurs de l'abus sexuel infantile.

Cinquième thème: manipulations et résistances renforcent l'aménagement pervers du couple pour le protéger de la phobie sexuelle.

Vers le milieu du traitement, Madame se montra oppositionnelle et résistante. Monsieur en revanche ne ressentait plus les angoisses du début. Ce renversement des rôles appartient à la dynamique des couples pervers: chaque partenaire délègue à tour de rôle sa phobie sexuelle à l'autre et l'attaque ensuite chez le partenaire.

Sixième thème: phobies corporelles et du regard exacerbent la tension intersubjective perverse.

Madame commença la séance en déclarant sans ambages qu'elle en avait *«ras le bol du traitement»*. Les caresses avaient provoqué chez elle de nouvelles irritations, une sensation d'énervement pénible qui avait dégénéré en dispute suivie d'une tension résiduelle. Monsieur fit diversion en nous communiquant son projet de commencer un traitement individuel avec l'un de nous.

Nous apprîmes toutefois que Madame avait particulièrement mal supporté de se voir les seins, le ventre et ses bourrelets qu'une position érotique lui avait fait apparaître. Le fait d'avoir pris une position avec les jambes écartées lui avait été en outre très pénible. Au lieu de la réconforter, Monsieur ajouta: *«oui, ce n'est pas esthétique».* Lorsque nous élaborâmes la suite du traitement, le patient nous dit: *«Oui, c'est essentiel que j'arrive à un résultat, que je sois de nouveau opérationnel, avec ou sans Madame.»* Ce type d'intervention, résolument technique, anaffective, sans égard ni pour la relation avec sa femme ni pour celle avec nous, avait de quoi décourager des thérapeutes qui auraient attendu une «psychisation» des symptômes, un étayage d'une relation affective susceptible de s'enrichir de quelques nuances – y compris dans le transfert. Mais il n'est pas impossible que des propos de ce type aient été en priorité destinés à son épouse dont les débordements d'angoisse compromettaient la poursuite du traitement.

Septième thème: persistance du vécu d'une sexualité dysfonctionnelle et inadéquate, symptôme et indice d'un abus infantile?

Les symptômes sexuels et relationnels s'amendèrent progressivement, et le couple put retrouver une vie érotique satisfaisante. La tension qui prévalait entre eux au début du traitement s'était apaisée et avait fait place à un sentiment de cohésion conjugale assez authentique.

Toutefois, cela n'entama en rien la conviction de Monsieur d'avoir une sexualité anormale. Il continuait d'exiger *«d'être réparé»* sexuellement. La persistance de ce souhait est surprenante. Relèverait-il d'une sorte de petit délire *«enkysté»*, à bas bruit? Nous en avions d'ailleurs émis l'hypothèse en début de traitement. Nous reviendrons sur ces aspects psychotiques, délirants, peu apparents, lors de l'analyse du trépied «psychose-psychosomatique-perversion».

Outre les différentes facettes de la relation perverse, ces extraits tentent d'illustrer notre hypothèse que ce type d'organisation de la personnalité et de la relation est le corollaire d'une intense *phobie sexuelle, elle-même issue d'attaques destructrices subies pendant l'enfance au sein d'une relation perverse avec les parents.*

# L'ABUS, LA SÉDUCTION NARCISSIQUE

I. A LA REDÉCOUVERTE DU TRAUMA

Les premiers chapitres de ce livre ont porté sur le dévoilement et l'analyse des interactions perverses au sein des couples, telles qu'elles nous sont apparues lors des consultations. Nous nous sommes rendu compte que cette compréhension jetait une lumière toute particulière sur les symptômes que présentaient nos patients ou même sur ceux de leur entourage.

A l'examen, un réseau de relations perverses nous sembla avoir de tout temps prévalu, y compris dans l'enfance de ces patients, à leur détriment cette fois.

Nous avons en effet régulièrement eu la conviction que cette relation perverse *avait existé* et *existait encore* entre nos patients adultes et leurs parents, *quasiment inchangée depuis leur enfance*. Ainsi une patiente de 42 ans, de forte corpulence, évoquait-elle les attouchements que son oncle abuseur maintenant grabataire lui infligeait encore actuellement au vu et au su de toute la famille, elle-même se décrivant comme paralysée, incapable de le remettre à l'ordre. Le temps ne semble avoir aucune prise sur ce type de relation qui se maintient inexorablement, d'une certaine façon même au-delà de la mort d'un abuseur que la victime finit souvent par introjecter. Sous cet angle diachronique, de nombreuses études ont maintenant bien étayé le fait que les victimes vont infailliblement perpétuer ces violences sur leur propre progéniture (Balier 1993).

L'immuabilité des relations perverses offre toutefois un versant positif pour la clinique: elle nous permet d'intégrer le récit d'éventuels sévices subis dans une vue d'ensemble des relations *actuelles et passées* des patients. La dynamique perverse que nous pouvons observer au sein du couple des patients est une forme de reproduction compulsive de ce qui s'exerce entre eux et leurs parents. Constamment à l'œuvre, elle se perpétue à travers l'abus. Cette perspective permet d'envisager une lecture nouvelle des histoires familiales habituellement chargées d'une incompréhensible concentration d'événements tragiques et de malheurs.

Une telle compréhension permet de se distancier du débat souvent captieux concernant la «véracité vraie ou la véracité fantasmatique» des traumatismes allégués par les patients. Ce débat a altéré toutes les discussions sérieuses sur la nature du traumatisme psychique depuis Freud et a donné lieu à bien des échappatoires plus ou moins conscientes de la part des thérapeutes au détriment des patients. D'autres auteurs, moins nombreux, ont développé la thématique du traumatisme externe.

Notre idée n'est évidemment pas de revenir à une conception psychologique naïve d'un traumatisme causal. Mais bien plutôt de reprendre le thème du traumatisme et de l'approfondir, cette fois, d'une part, en le situant au sein d'une chaîne interrelationnelle et, d'autre part, en prenant véritablement en compte la violence à l'œuvre, souvent escamotée.

Deux mots encore concernant le terme d'«abus». Il est pour nous le pendant de «pervers». Comme lui, il est chargé d'une connotation morale. Celle-ci ne nous gêne pas. Pour qui veut s'aventurer dans le domaine des perversions, elle constitue même un repère essentiel. Elle prend en compte la spécificité des relations objectales perverses qui veut que le pervers recherche avant tout des proies. Si celles-ci sont incarnées par des êtres démunis ou dépendants comme des enfants, des handicapés, des réfugiés, des pauvres ou même simplement des subalternes, nous sommes légitimés à parler d'abus de pouvoir. Le fait que ces victimes réagissent à leurs agresseurs, parfois de façon très maligne, ne change rien à l'affaire. Il est indigne et de surcroît inadéquat dans ces circonstances de parler de complicité, comme le font malheureusement tant d'auteurs psychanalytiques, ou de se réfugier de façon confuse derrière des concepts de «réalité psychique» ou d'«interaction circulaire».

Nous sommes toutefois bien persuadés du risque de dérapage que comporte l'emploi d'un tel substantif. A l'heure où nous écrivons ces lignes, il commence déjà à être «totémisé» et, dans d'autres pays, il est devenu une arme qui légitime déjà les pires agissements pervers ou procéduriers, y compris contre des proches. Ce détournement malheureux ne justifie toutefois pas le renoncement à une compréhension «morale» des interactions perverses, pour autant que celles-ci ne constituent qu'un des versants de cette compréhension. De plus, la perception clinique des enchaînements transgénérationnels d'abus qui font qu'un abuseur est toujours une ancienne victime nous permet de nous distancier d'une vision simplistement accusatrice. Enfin, le fait que chacun d'entre nous, pervers ou névrosé, ait été une fois au cours de son enfance un séducteur incestueux ou un criminel en puissance constitue assurément, pour tous ceux qui l'ont réalisé, un frein à toute velléité de jugement souverain, à l'emporte-pièce.

1. L'inceste

Le paradigme de l'abus est l'inceste. C'est à ce type de traumatisme que nous a de plus en plus souvent menés notre travail thérapeutique avec les patients. Nous avons retrouvé mot à mot les anciennes descriptions de Freud (Freud 1973): tout d'abord en ce qui concerne la fréquence de ces drames:

> «Il me paraît certain que nos enfants sont exposés aux agressions sexuelles beaucoup plus souvent qu'on s'y attendrait.»

Puis leur *contenu*:

> «Les scènes sexuelles infantiles sont évidemment difficiles à admettre pour la sensibilité d'un homme normal. Elle incluent toutes les transgressions connues des débauchés et des impuissants qui mésusent des cavités buccales et du rectum à des fins sexuelles.»

On peut regretter que Freud n'ait pas plus développé les caractéristiques de ces abuseurs, au-delà du fait qu'ils sont «débauchés» ou «impuissants» (?). Nous dirions quant à nous, et à l'instar d'A. Green (Green 1990), qu'ils sont pervers.

En ce qui concerne la *notion même d'abus sexuel*, Freud la décrit également assez clairement, faisant particulièrement ressortir la problématique inséparable de l'abus de pouvoir qui, en quelque sorte, utilise la sexualité pour se manifester:

« Un couple inégalement assorti (d'un côté l'adulte qui ne peut se soustraire à la part de dépendance mutuelle résultant nécessairement de toute relation sexuelle, mais qui, lui, est armé de l'autorité absolue et du droit de punir, et qui peut échanger un rôle contre l'autre afin de satisfaire librement ses humeurs; de l'autre côté l'enfant sans recours, à la merci de cet arbitraire, prématurément éveillé à toutes les sensations, exposé à toutes les déceptions, souvent interrompu, dans la pratique des actes sexuels qui lui sont assignés, par sa maîtrise imparfaite des besoins naturels), toutes ces incongruités grotesques et cependant tragiques impriment dans le développement futur de l'individu et de sa névrose, un nombre incalculable d'effets durables, qui mériteraient d'être étudiés dans leurs moindres détails. »

C'est précisément ce que nous nous proposons de faire, mais en essayant de restituer à la violence la place centrale qui lui revient. Elle ne se limite pas à un acte abusif, mais imprègne les relations familiales tout au long de l'histoire de nos patients. Ainsi, une patiente nous rapporta l'incident suivant: son grand-père avait abusé de ses deux petites-filles (parmi d'autres probablement). La sœur de notre patiente décida un jour de se marier. Ce grand-père, qui exerçait un chantage affectif sur toute sa famille en menaçant périodiquement de se suicider, appela cette sœur en urgence. Il guetta son arrivée depuis son balcon et, lorsqu'elle arriva devant la maison, se jeta du cinquième étage.

Dans ce sens, il nous semble important de tenter de reconstituer la dynamique de l'abus afin de pouvoir mieux en comprendre les conséquences. D'une façon générale, nous pouvons discerner trois temps dans ce processus: la *séduction* (dans le sens allemand de «verführen», beaucoup plus clairement violent) de la victime, le fait de l'amener progressivement à une *transgression* complice, puis *l'abus* proprement dit. C'est ce dernier stade précisément qui scelle le traumatisme de l'enfant, celui où le parent arrête de le séduire pour l'exploiter vraiment. L'enfant réalise alors la finalité de la séduction qui, loin de l'inclure en tant que partenaire, lui délègue le rôle de victime. C'est d'ailleurs ce que, selon nous, son corps va remettre ultérieurement en scène dans des symptômes du type de «blocages sexuels»: l'instant où il aura été confronté à l'horreur de réaliser que son parent dont il dépend vitalement, qu'il aime et dont il croyait être aimé, ne lui veut pas du bien, ne l'aime pas, mais veut au contraire l'utiliser, l'avilir et le détruire. C'est également l'avis de Balier:

> «Pour ce qui est de l'inceste, (...) c'est bien le caractère effrayant, véritable vision de la mort, qui marque l'enfant, plus que le fait sexuel, même quand il s'agit de séduction.» (Balier 1993)

Ces abus semblent induire une forme d'autodestruction de l'appareil psychique. C'est bien en ce sens que convergent d'ailleurs toutes les descriptions. Citons celle de Ferenczi:

> «Il semble que la première réaction à un choc soit toujours une *psychose passagère*, c'est-à-dire une rupture avec la réalité (...) sous la forme d'hallucination négative (perte de conscience ou évanouissement hystérique, vertige...).» (Ferenczi 1990*a*)

Disons d'emblée que pour nous cette psychose est loin d'être aussi passagère que l'entrevoyait Ferenczi. Nos recherches nous ont au contraire progressivement dévoilé de graves troubles persistants de la pensée, masqués par une symptomatologie apparemment uniquement sexuelle.

Ailleurs, Ferenczi décrit d'autres mécanismes effrayants mis en œuvre par les victimes:

> «Leur premier mouvement serait le *refus, la haine, le dégoût, une résistance violente (...) une peur* intense. Les enfants se sentent physiquement et moralement sans défense (...) la force et l'autorité écrasante de l'adulte les rendent muets et peuvent même leur faire perdre conscience. Mais cette peur, quand elle atteint son point culminant, les oblige à se soumettre automatiquement à la volonté de l'agresseur, à deviner le moindre de ses désirs, à obéir en se soumettant complètement et à s'identifier totalement à l'agresseur. Par identification, disons introjection de l'agresseur, celui-ci disparaît en tant que réalité extérieure et devient intrapsychique...» (Ferenczi 1990*b*)

Cette description est criante de vérité et, comme nous le verrons, c'est rigoureusement sous cette forme que les patientes adultes que nous rencontrons en sexologie nous décrivent leurs troubles. Nous analyserons ce thème en détail plus loin.

M. Hirsch (Hirsch 1990) décrit lui aussi les mécanismes de défense extrêmes utilisés par les victimes pour surmonter des excitations réelles (externes) insupportables et des frayeurs paniques en les distinguant nettement des mécanismes décrits usuellement pour affronter du matériel inconscient (interne): «abschalten», qu'on pourrait traduire par «couper le courant», ou, analogue, «tuning out», ou encore «blackout». Nos patientes décrivent, de façon semblable: *«je me faisais dure comme une planche»*, disait l'une, *«curieusement, je me sentais tranquille et vide»*, disait une autre, ou encore: *«je me séparais de mon corps comme d'un habit usagé»*. Toutes expressions que nous entendons aussi, *expressis verbis*, de la bouche de patientes décrivant leurs difficultés sexuelles actuelles. Et cela aussi lorsque, situation troublante, elle n'ont aucun souvenir (conscient?) d'abus.

Les mécanismes employés sont à la mesure de la menace, comme en témoigne Shengold qui relève lui aussi l'importance de la peur:

> «Lorsque l'appareil psychique se voit débordé par la peur, des opérations défensives affectant l'appareil psychique sont nécessaires, afin de permettre à l'enfant de continuer à penser et à ressentir. Lors d'incidents aigus, on peut perdre connaissance ou se couper de tout affect.» (Shengold 1979)

On voit par ces citations que, quelle que soit la définition de l'abus sexuel que l'on adopte (et nous verrons plus loin à quel point ces querelles byzantines à visée statistique sont non seulement éthiquement grotesques, mais scientifiquement dérisoires), ces actes entraînent de véritables dévastations psychiques qui ont amené plusieurs auteurs à en considérer les victimes comme de véritables «survivants»:

> «Ce qui se déroule là, sous nos yeux, c'est la reproduction de l'agonie psychique et physique qui entraîne une douleur incompréhensible et insupportable (...) Le patient nous relate alors les actions et réactions inadéquates des adultes, face à ses manifestations lors de chocs traumatiques infantiles (...)» (Ferenczi 1990c)

D. Dalleyrac (cité *in* Balier 1993), parle d'une *«douleur folle, dévastatrice, qui passe par-dessus tout (...) une douleur qu'il faut calmer à n'importe quel prix»*.

Notons déjà, à ce stade de nos réflexions, les dégâts manifestes à l'âge adulte qui peuvent apparaître sous forme de dysfonction de pans entiers de l'appareil psychique; ils justifient d'une analogie avec la description faite par Marty des patients psychosomatiques qu'il dépeint également comme des personnes «mortes-vivantes» (Marty 1980). Nous constatons aussi chez nos patients pervers un nivellement affectif et fantasmatique désastreux, insoupçonné derrière une façade de relative adéquation sociale.

Le scotome de l'inceste

Dire que l'inceste et les abus sexuels ont été largement scotomisés dans toute la littérature et les recherches psychologiques ou psychanalytiques n'est plus actuellement d'une grande originalité. Mais peut-être vaut-il quand même la peine de le souligner, au moment où la littérature scientifique anglo-saxonne ou allemande s'est saisie de ce thème et abonde en ouvrages où le meilleur côtoie le pire. Ce domaine ne s'est d'ailleurs pas trouvé confiné à des discussions de spécialistes; il a trouvé dans le grand public une tribune qui fait actuellement un large écho à ce type de drame familial. Les revirements abrupts, les révisions déchirantes s'y succèdent, et on voit même surgir des personnages qui prônent l'inceste, présenté comme un tabou archaïque à abolir à l'instar de la masturbation.

Nous sommes, pour notre part, particulièrement mal à l'aise avec certains textes, issus d'éminents maîtres, voire même de spécialistes de la perversion, dans lesquels l'inceste est bien *décrit*, mais jamais véritablement *pris en compte, notamment sous son angle abusif*. Il y a là une sorte de scotome partiel, presque plus gênant que le déni franc. De nombreux articles en témoignent. Nous nous sommes déterminés à en analyser l'un, non pour critiquer son auteur, mais surtout pour tenter de montrer comment l'inceste peut être banalisé ou au contraire pris dans sa vérité dramatique et quelles en sont les implications cliniques. C'est l'article de Masud Khan «L'œil entend» que nous avons choisi d'analyser en détail. Il y décrit le cas suivant:

> «Une patiente de dix-neuf ans, adressée par son gynécologue qu'elle avait consulté à plusieurs reprises depuis un an pour des symptômes divers dont aucun n'était d'origine somatique.» (Khan 1971)

Pour notre œil, qui entend différemment de celui de M. Khan, voilà un premier symptôme psychosomatique, compatible avec les fantasmes, parfois voisins du délire, couramment suscités par les incestes, de dommages à l'intérieur du système génital.

«Je vis arriver une ravissante jeune fille, grande et mince (...) elle était mannequin.»

Cette profession n'est pas anodine et évoque pour nous l'utilisation du corps dans la relation – ici professionnelle. Beaucoup de jeunes filles abusées finissent même prostituées, thème dont nous verrons l'actualité également dans ce cas.

«Lorsqu'elle eut cinq ans, ses parents se séparèrent; ils divorcèrent six ans plus tard. Malgré la séparation, elle garda des relations étroites avec son père qui mourut subitement lorsqu'elle eut douze ans. (...) Peu après sa mère se remaria avec un homme plus jeune qu'elle; elle mourut lorsque la patiente eut seize ans; sa mort fut soudaine comme celle du père. *Pour l'aider à surmonter la douleur* * que la jeune fille éprouva à la mort de sa mère, son beau-père qu'elle aimait bien, l'emmena pour un long voyage à travers l'Europe. Lors de ce voyage, *il devint son amant* et le resta depuis lors. Au retour, il l'installa dans un appartement confortable de deux pièces et, grâce à ses relations, il lui permit de débuter comme mannequin.»

Tel est le récit que nous livre Khan, ahurissant soit de perversité, soit d'aveuglement. On y retrouve, après une hécatombe de morts subites, toutes les composantes de l'emprise perverse sur l'enfant: le beau-père (dont on oublie dans l'histoire qu'il est aussi veuf – mais pas triste pour autant) s'empare de sa victime et inverse les données de l'abus en prétendant que c'est «pour son bien», argument que la victime va bien intérioriser et même répéter à un psychanalyste – sans malheureusement que celui-ci y trouve à redire. La patiente était en effet, après cette enfance terrible et ce dernier drame, une proie particulièrement vulnérable. Les voyages font bien sûr partie d'une stratégie perverse d'isolement de la victime et de renforcement de la dépendance (stratégie admirablement décrite dans *Lolita*) (Nabokov 1959). De plus, la victime est rendue complice par des avantages matériels auxquels elle cède, ce qui l'identifie en effet à une prostituée: appartement confortable, passe-droits professionnels. Enfin, un regard rendu doublement méfiant sur ce cas nous interroge sur toutes ces morts subites et sur ce mari plus jeune que sa femme.

---

* Souligné par nous.

Les abuseurs savent si bien falsifier cette relation violente, l'inverser, qu'ils arrivent souvent à donner une image très bonne d'eux-mêmes; certains, un peu moins habiles, jouent la carte du pauvre homme malheureux qu'il faut consoler; la victime va alors intérioriser un lien très curieux qui fera qu'au lieu de le dénoncer ou de se révolter contre lui, elle va au contraire le protéger. Il en va exactement de même chez la patiente de M. Khan:

> «Il la laissait entièrement libre et ils étaient bon amis.»

«Libre» pour un abuseur qui l'avait tenue sous sa coupe pendant une année... Quant à «bon amis» alors qu'ils sont toujours amants, montre à quel point M. Khan est entré sans critique dans cette confusion des rôles telle qu'elle a été montée par le beau-père. Plus loin:

> «Elle ajouta, pensive *«et mon beau-père aussi a été très gentil avec moi. De toutes façons un jour quelqu'un m'aurait séduite.»* Je fus frappé par la dignité et l'indulgence de cette remarque.»

M. Khan est frappé par cette indulgence, mais n'en voit pas l'aspect symptomatique. A signaler d'ailleurs sur ce registre que, lorsque ce lien a été travaillé et élaboré, lorsque les victimes réalisent à quel point elles ont été abusées, trompées, il se mue en une rage froide, meurtrière, jusque-là réprimée et perceptible uniquement à travers des symptômes d'aversion sexuelle – ou au contraire de promiscuité sexuelle. Nous retrouvons d'ailleurs ces deux symptômes chez cette patiente:

> «Elle eut de nombreuses aventures, toujours avec des hommes qu'elle connaissait de fraîche date. Il lui était presque impossible de résister aux hommes qui étaient gentils avec elle et qui la désiraient. Elle appréciait leur compagnie et leur prévenance, mais ne portait que peu d'intérêt aux relations sexuelles.» (...) «Elle demanda *«est-ce que vous pensez que je suis une putain?»* (...) Réflexion faite, elle ne put s'empêcher de penser que l'image qu'elle m'avait présentée de sa vie et de ses nombreuses aventures sexuelles – elle avait même oublié le nom de certains de ses partenaires – pourrait à mes yeux la faire passer pour une putain.»

Nous retrouvons les troubles de l'identité sexuelle décrits plus haut qui affectent des couches très profondes de la personnalité. M. Khan a reconnu là *«qu'en tant qu'objet, elle se présentait à elle-même et aux autres comme une fille; mais qu'en tant que sujet, elle était un garçon».* La seule nuance que nous apporterions serait de comprendre ici le mot objet dans un sens beaucoup moins métaphorique que psychanalytique. Plus loin, la patiente avouera que toutes les filles, que ce fût à l'école ou à son travail, avaient toujours cru qu'elle était lesbienne et qu'elle en avait toujours beaucoup souffert.

Mais ce qui, encore une fois, frappe principalement dans cet article est l'absence de prise de position ou simplement de connotation quelconque de l'inceste, si ce n'est d'une façon que nous pourrions qualifier de perverse: ainsi, la patiente, qui pourrait bien avoir les mêmes doutes que nous, après une dizaine de mois de traitement, apporte à son thérapeute, dans une sorte d'«acting-in» typique de ces patients, un article de journal sur les coutumes de certains vieux chefs «pathans» du nord de l'Inde qui

> «adoptaient un jeune garçon qui devenait leur protégé, les accompagnait partout et qu'ils exhibaient *(sic)* comme un petit être angélique. Cela ne signifiait pas forcément que le vieux chef Pathan et ce garçon pratiquaient la sodomie ou se livraient à d'autres pratiques sexuelles. Elle me demanda si c'était vrai. Je répondis que c'était vrai, mais *que tout le monde ne pouvait pas se permettre un tel luxe.*[*] Elle rit.»

Et plus loin, alors que la patiente apporte à M. Khan un rêve traumatique qu'elle avait fait la première nuit au cours de laquelle son beau-père avait abusé d'elle, dans un «Schlosshotel», l'auteur écrit:

> «Elle se souvenait de l'avoir rêvé (...) peu après avoir été *initiée à la sexualité génitale par son beau-père.»*[*]

Cette formulation manifeste aussi l'adoption sans critique par le thérapeute du langage de l'abuseur; on sait en effet que ces pervers travestissent souvent leur abus, perpétré de façon éminemment égoïste et aux seules fins de satisfaire leurs propres envies sexuelles, en «éducation sexuelle» ou en «initiation» faite dans l'intérêt de leur victime.

Enfin, mentionnons d'autres particularités qui ne sont signalées qu'allusivement par M. Khan malgré leur importance

---

[*] Souligné par nous.

– à nos yeux en tout cas. En ce qui concerne le corps de la patiente, il évoque qu'

> «elle menait une vie très réglée: elle faisait de la gymnastique tous les matins pour garder la ligne, nageait, jouait au tennis, faisait de l'équitation...»

Les graves troubles du schéma corporel engendrés par des abus sexuels et leurs conséquences sur le comportement alimentaire et le contrôle du poids commencent à être bien connus; la description ci-dessus pourrait bien s'y référer. Au registre des troubles du comportement, l'auteur mentionne encore, sans commentaire, la consommation régulière de haschich et des vols. Ces différents symptômes pourraient aussi être compris comme des pratiques perverses. Leur interprétation passerait évidemment par la perception de la relation perverse avec le beau-père.

En définitive cependant, tous les troubles présentés par cette patiente sont ramenés à une «dissociation du moi», concept dont M. Khan retrace minutieusement l'historique dans les pages suivantes et dont nous savons en effet la pertinence dans ce genre de traumatismes, au point qu'il est probable qu'il puisse dans certains cas aboutir à des «personnalités multiples»; mais à aucun moment cette dissociation n'est explicitée historiquement, ni par rapport à l'inceste, ni par rapport à bien d'autres antécédents familiaux dont nous ne savons pas grand-chose; notons malgré tout une certaine clairvoyance en ce qui concerne le (contre-)transfert:

> «Cette femme, jeune et belle, ne faisait naître en moi aucun désir (...) elle ne voulait pas être touchée, encore moins pénétrée, fût-ce par ma perspicacité. Elle voulait seulement être reconnue.»

L'a-t-elle véritablement été?

Cette vignette a en tout cas le mérite de poser un grand nombre de questions sur le plan de la compréhension clinique et du traitement. Nous y reviendrons au chapitre consacré à ce thème. Nos remarques ne visent ici qu'à souligner les différences de ces approches de la thématique perverse.

Il est indéniable par ailleurs que ce cas présente beaucoup d'analogies avec ceux que nous décrivons dans notre casuistique, et cela est un argument, parmi beaucoup d'autres, qui nous permet de soutenir que nos propositions ne sont en rien limitées à une clientèle de sexologie ou de thérapie de couple.

Si nous revenons maintenant à l'inceste et à ses conséquences, il nous faut encore définir et détailler d'autres formes de relations abusives – encore une fois, d'une part telles que nous avons pu les reconstituer à travers les récits de nos patients adultes, d'autre part telles qu'elles se poursuivent sous une forme ou sous une autre dans toutes leurs relations actuelles.

L'inceste latent, l'incestuel

A l'instar de nombreux auteurs (Racamier 1992*b*), nous avons remarqué que l'inceste ne se présentait pas comme un acte isolé, survenu inopinément. Loin de là, au contraire, il n'était que la partie la plus agie d'un ensemble de comportements familiaux qui tous participaient de la même violence perverse. Ainsi, le climat de telles familles nous a-t-il souvent été décrit par nos patients comme indûment érotisé: récits insistants de blagues érotiques, pincements, caresses, jeux physiques tous perçus comme malsains par les enfants qui tentent en général de s'y soustraire. Ces comportements peuvent être très variés: un père prenait sa fille avec lui lorsqu'il allait voir des prostituées et elle devait attendre dans la voiture. A signaler aussi les nombreux abus sexuels commis sous couvert «hygiénique»: inspection régulière des orifices naturels, contrôle compulsif du corps de l'enfant: une mère qui voulait que sa fille soit «libérée» avait réussi à persuader un gynécologue de la mettre sous pilule dès avant sa puberté. Parfois, contrôle aussi en sens inverse, comme cette patiente qui se faisait régulièrement inspecter la vulve par ses enfants qui devaient lui décrire en détail l'état de ses lésions herpétiques.

Parfois, ces comportements semblent plus anodins: une mère se faisait caresser les pieds par son enfant, mais de façon si jouissive que l'enfant avait bien perçu le caractère érotique de cet acte. D'autres victimes évoquent des climats où l'on trouve une attaque constante de l'intimité et de la sexualité de l'enfant: critique de son anatomie, surtout à l'occasion de la puberté: «*Tu as l'air d'une vache à lait*», disait une mère à sa fille à laquelle elle reprochait ses trop gros seins. Elle-même ne se gênait pas de vanter au contraire les poitrines plus petites, comme celle dont elle était pourvue.

Par le biais de l'introjection de la culpabilité, ces patientes se décrivaient ultérieurement culpabilisées de leur alibidinie, car, disaient-elles immanquablement, elles avaient eu la chance d'avoir des parents «très libérés». Sous ce vocable se cachaient en fait des parents exhibitionnistes qui se promenaient ostensiblement nus devant leurs enfants. La mère d'une patiente se contemplait à loisir nue devant un miroir, détaillant son anatomie avec complaisance devant sa fille à la fois ignorée et utilisée comme spectatrice. D'autres parents faisaient l'amour en laissant la porte de leur chambre pernicieusement ouverte: le passage obligatoire de leur enfant pour aller se laver les dents avant de dormir les remplissait probablement d'excitation. Les salles de bains semblent les lieux privilégiés de ces transgressions: pas de clés, intrusions répétées pendant les ablutions de l'enfant, y compris (post)pubertaire (ce que les Anglo-Saxons ont appelé «home voyeurism»). La récente épouse d'un mari divorcé s'insurgeait – en vain – contre l'habitude qu'avait sa belle-fille de 17 ans de mettre ses tampons hygiéniques devant son père prenant un bain. Ledit père n'y voyait rien de répréhensible et ne modifia en rien cette coutume.

Ces équivalents d'incestes prennent parfois la tournure de confidences érotiques des mères à leurs filles sur les détails de leur vie intime, comme les différences d'orgasme avec leur amant ou leur mari. Plusieurs patientes avaient alors ressenti une gêne d'être ainsi impliquées dans la vie de leur mère, mais aussi une sorte de fierté. Plus tard, tout en déplorant superficiellement cet état de fait, elles jugeaient que leur mère «avait le droit» de se comporter de la sorte et qu'elles-mêmes étaient là pour satisfaire ses besoins.

<u>Exemple:</u> une patiente à l'habitus anorectiforme nous consulte avec son mari pour alibidinie. Elle exhibe son symptôme sur un mode triomphant, plein de morgue. L'anamnèse révèle des troubles alimentaires chez leurs enfants: «*l'aîné nous danse sur le ventre*», déclare-t-elle en riant, pour dire qu'il fait des caprices. «*Mais le cadet est une*

poubelle, il mange tout, même le vomi de son frère.» «*Un enfant n'est jamais une poubelle*», s'insurge le thérapeute. La patiente s'arrête, interloquée, et enchaîne après un moment en associant avec le souvenir d'orgies qu'organisaient ses parents quand elle était petite et dont elle entendait les bruits à travers une mince cloison; et surtout les récits détaillés qu'en faisait la mère le lendemain à sa fille, à table. C'était bien sûr elle qui, alors, était la poubelle (érotique) de la mère (des parents). Notons, du point de vue thérapeutique, que l'intervention volontairement «surmoïque» du thérapeute a permis à cette patiente d'évoquer ce souvenir douloureux. A l'inverse, un silence aurait certainement pu être compris par elle comme une forme d'acquiescement à son comportement abusif envers son enfant.

Par des actes répétitifs, par des comportements spécifiques et surtout par l'induction d'un climat de complicité malsaine, l'abuseur transgresse face à sa victime la différence des générations et l'emprisonne dans une relation analogue à l'inceste. Ces comportements peuvent être très variés: une mère utilisait sa fille comme objet contra-phobique lorsqu'elle était seule (l'enfant devait dormir avec elle et la mère ne pouvait sortir qu'avec elle) – tout en disant qu'elle faisait cela pour sécuriser son enfant anxieuse. Ces comportements ne sont en aucun cas le seul fait des mères; bien au contraire, les pères sont régulièrement partie prenante de ces dynamiques. Par exemple: une mère comprit au cours d'un traitement individuel le tort qu'elle faisait à son garçon (qui présentait de graves troubles du comportement et d'adaptation scolaire) en se couchant tous les soirs dans son lit pour l'endormir. Elle mit un terme à cette habitude; mais ce fut alors le père, indigné, qui prit la relève.

Au registre des équivalents d'inceste appartiennent encore selon nous des utilisations perverses de soins psychologiques. Une patiente avait été entraînée, lorsqu'elle était jeune, à des thérapies de groupe qu'elle effectuait avec ses parents et au cours desquelles on lui demandait de raconter toutes ses difficultés avec eux. Comme elle était gênée de le faire, son père l'apostropha vivement et la taxa d'infantile. Mentionnons brièvement l'horreur que constitue le fait de psychanalyser sa propre fille, ce que Freud n'a pas hésité à faire à deux reprises. La vie sentimentale et familiale ultérieure d'Anna en démontre bien les ravages.

Encore une fois, ce n'est guère tel ou tel comportement, statistiquement comptabilisable, qui peut être taxé d'abusif, mais bien l'*intentionnalité* perverse qui le sous-tend (l'excitation de l'adulte) et le déni qui le scelle (*«c'est naturel, la sexualité»*, par exemple) ou d'autres mécanismes pervers comme la falsification («c'est pour t'apprendre») ou l'inversion («il faut te soigner»). Ce déni empêchera tout mouvement de révolte de la victime et la culpabilisera de ressentir de la gêne (ou de l'excitation!). C'est l'enfant qui va se sentir inadéquat et, dès lors, il n'aura pour seul recours que d'adhérer à cette forme d'idéologie perverse en se coupant de tout son vécu affectif authentique. Pire, il devra se désavouer lui-même; de là, la crainte de devenir fou qui nous est si souvent exprimée par nos patients, surgissant justement aux moments où ils ressentent des affects authentiques ou lorsque se fait jour une évaluation personnelle de la réalité. Il s'agit même là d'un moment pathétique du traitement lorsque le patient formule sa terrible perplexité entre ce qu'on a voulu lui faire accroire dans sa famille et ce qu'il peut maintenant en exprimer de façon critique.

Richter fournit une description très parlante qu'il vaut la peine de citer in extenso de ce que nous appellerions un «inceste latent»:

> «Une observation de Levy constitue un autre exemple de conflits sexuels graves provoqués à la puberté par le lien intime imposé par une mère à son fils. Ce garçon de 14 ans a grandi «en contact excessif avec sa mère». Elle le caressait et l'embrassait très souvent. Il dormait avec elle lorsque le père était en voyage d'affaires. Lorsque, à l'âge de deux ans, elle le surprit pour la première fois en train de se masturber, elle le menaça d'un chat noir qui viendrait lui dévorer le doigt. Un peu plus tard, elle lui pinça le doigt en lui disant que c'était le chat noir. Depuis lors le petit garçon n'osait plus toucher son pénis, même pour uriner.» (Richter 1972)

Nous retrouvons quelques éléments caractéristiques des abus dans ce début de vignette: actes perpétrés pendant l'absence du conjoint; finesse pour capter les fantasmes (de castration) qui préoccupent l'enfant pour les utiliser sadiquement. Nous notons, quant à nous, la précocité du début des interactions abusives qui correspond en effet tout à fait à ce que nous trouvons chez nos patients.

> «L'amollissement de l'enfant et les cajoleries durèrent jusque dans la période pubertaire. Mais la mère conservait toujours dans leurs relations le rôle dominant et voulait aussi être «le chef» de ses camarades de jeux. A l'âge de 13 ans, un soir que, en l'absence du père, elle lui demandait de venir dormir avec elle, il pâlit soudain en franchissant le seuil de la chambre conjugale et tourna les talons. Comme sa mère lui demandait pourquoi il ne voulait plus dormir avec elle, il répondit que «cela le rendait malade».
>
> (...) Un examen catamnestique de contrôle à l'âge de 23 ans confirma la persistance d'une angoisse particulière pour tout ce qui concernait le domaine sexuel.»

Nous soulignons, quant à nous, l'importance de l'absence de limites intergénérationnelles claires, non par absence psychotique de repères concernant ces limites, mais surtout pour le plaisir de jouer perversement avec l'enfant. Richter poursuit en relevant ce que nous désignerions comme des double-binds pervers:

> «Cette mère (...) révèle elle aussi l'ambivalence si fréquente dans la demande au fils: d'une part elle se comporte de manière à attiser la sexualité de l'enfant, et d'autre part elle le traumatise par des tabous répressifs. L'effet sur l'enfant est en quelque sorte double. Sa sexualité est stimulée précocement et exagérément par ce contact excessif. Les pulsions se portent sur la mère (...) mais doivent être refoulées. (...). Le garçon (...) reste (...) fixé au partenaire de cette séduction traumatique. Mais comme la mère, en contradiction avec son interdit général concernant la sexualité, lui demande de maintenir le contact étroit avec elle et recourt sans cesse à de nouvelles séductions, elle augmente le désarroi et l'angoisse du garçon. C'est là le dilemme qui – dans le cas cité par LEVY – rend ce garçon «malade» selon sa propre expression.»

Nous avons vu que le paradoxe est l'arme spécifique de la communication perverse. Nous en avons ici une illustration. A notre point de vue, cet exemple ne rend pas vraiment compte des dégâts terribles infligés à l'enfant. Nous avons eu connaissance de plusieurs situations de patients schizophrènes aux antécédents incestuels tout à fait analogues.

Un autre auteur est encore à signaler, R. Fliess (Fliess 1973), fils de Wilhelm Fliess, l'ami ambigu de Freud; il décrit ceux qu'il nomme des «psychotiques ambulatoires» mais qui semblent très proches de nos pervers. Ainsi par exemple, cette mère qui se masturbe devant son fils, puis lui reproche de la regarder vicieusement. Nous voyons ici dans quelle mesure la manipulation perverse est focalisée sur la destruction de la sexualité de l'enfant.

Stratégies de l'incestualité

Quelles sont les voies précises qui sont empruntées pour que cette incestualité se développe? C'est ce que nous avons cherché à mieux comprendre. Pour ce faire, nous nous sommes fondés sur l'analyse minutieuse de la clinique.

Avant d'entrer dans le détail de ces mécanismes, nous aimerions faire une remarque liminaire à leur sujet. Le mot de *stratégie* relève de l'art de la guerre et nous verrons, en mesurant les dévastations auxquelles ces stratagèmes aboutissent, que ce terme n'est malheureusement pas métaphorique. Mais, surtout, cette expression implique une intention belliqueuse à l'égard d'un autre qu'on entend pour le moins maîtriser, sinon détruire. C'est donc dire que, dans notre acception, les mécanismes que nous allons décrire sont clairement *vectorisés*. Autrement dit, ils ne sont en aucun cas «mutuels», et encore moins «symétriques», mais bien d'origine parentale et s'effectuant au détriment des enfants – qui, bien sûr, à leur tour vont riposter.

Exemple clinique: cas F.

Une jeune pharmacienne nous avait consultés en premier lieu pour son comportement sexuel compulsif à risque mais aussi pour son mal-être fondamental, accompagné de multiples symptômes psychiques et psychosomatiques graves.

Nous nous limiterons ici à évoquer quelques exemples de stratégies incestuelles apparues en cours de traitement.

Souffrant de ce qu'elle appelait *«un «vide de souvenirs» de son enfance»*, elle se plaignit d'emblée de *ne pas avoir de mémoire*. Elle entreprit alors de reconstruire son histoire en interrogeant concrètement sa mère et son père. Elle se trouva rapidement en possession d'une biographie faite à partir des récits des parents et de souvenirs fragmentaires, qu'elle ne parvenait pas à relier entre eux. C'était au thérapeute, et plus précisément à son appareil psychique, qu'était déléguée la fonction de faire le lien entre ces différents fragments de vie juxtaposés.

Progressivement, cette jeune femme se rendit mieux compte de la dynamique familiale particulière dans laquelle elle était impliquée. C'est ainsi qu'elle se trouva confrontée à plusieurs stratégies parentales, toutes au service de l'incestualité. Elle en vint à livrer un récit qui démontre une première stratégie incestuelle. Nous l'avons appelée «*l'antœdipisation* de l'enfant». Il s'agit d'une manipulation de l'histoire individuelle de l'enfant induisant l'inversion de la responsabilité des générations; autrement dit, l'enfant se voit imposer une version falsifiée de ses origines, qu'il va reprendre à son actif. Pour la perpétuer, il essaiera de détruire en lui-même toute pensée autonome.

Voici le récit de la mère que la patiente me rapporta: «*Déjà quelques mois après le mariage, j'étais déçue par ton père..., comme ça n'allait pas bien entre nous, nous avons fait un enfant pour nous souder (il s'agit de la patiente). Mais tu es venue trop tôt, compliquant notre projet de fonder une entreprise. Pendant la grossesse, j'ai beaucoup saigné et j'ai dû passer quatre mois couchée, pleine d'angoisse de te perdre, puis finalement tu es venue au monde dix jours trop tard! Nous avons dû te laisser chez Pauline pendant une année et nous nous sommes énormément culpabilisés de t'abandonner, surtout car tu pleurais beaucoup. Plus tard encore, nous sommes partis en vacances en te confiant à ta grand-mère et nous étions de nouveau très culpabilisés parce que tu pleurais toujours et ne voulais pas dormir.*»

En fait, dans le récit que la mère fait de l'enfance de sa fille, celle-ci n'a d'existence que par les répercussions que sa venue au monde a eues sur sa mère et dont elle est rendue responsable: le récit ne contient que des faits, des attributions, des reproches et des attaques. On n'y décèle aucune tendresse, ni l'ombre d'un désir. L'attribution qui lui est faite de sa responsabilité d'être au monde et de ses conséquences fâcheuses pour les parents ne lui laisse aucun espace vital. Elle l'exclut de toute chronologie. Ses réactions émotionnelles sont simplement remarquées mais pas réellement prises en compte; seules existent celles de la mère.

Par cette mystification perverse, l'enfant n'a qu'un début, l'acte sexuel, mais pas d'origine psychique dans un désir partagé et assumé par les parents.

Cette thématique se retrouve dans d'autres stratégies, telles que les *confidences sexuelles*. Sa mère lui avait de tout temps beaucoup parlé des difficultés relationnelles et sexuelles de sa vie de couple. Elle lui avait confié lorsqu'elle avait 10 ans que son père avait des *«des problèmes pour jouir et autrefois il avait dû se faire soigner»*.

Il s'agit là d'une forme de désaveu du père géniteur. Elle n'est de loin pas anodine et porte atteinte à l'un des fantasmes que Freud appelait «originaires» (la scène primitive), autrement dit à l'un des éléments essentiels du psychisme de l'enfant.

A la suite de l'intervention d'un pédopsychiatre consulté à l'époque, la mère s'était excusée auprès de sa fille de ses confidences intempestives, ce qui ne l'avait pas empêchée de persévérer comme si de rien n'était en lui racontant dans les détails les relations sexuelles frustrantes avec son mari. Cette forme de persévération, qui fait semblant de tenir compte des points de vue de l'interlocuteur mais qui surenchérit dès que l'autre a baissé sa garde, est une stratégie perverse narcissique très fréquente (peut-être aussi dans d'autres domaines, par exemple en politique).

D'autres stratégies utilisaient pour détruire la sexualité de l'enfant des mises en scène de *coalition* avec lui contre l'autre parent. Ainsi, une grave crise conjugale avait secoué le couple parental, lorsque la patiente avait à peu près 13 ans. A cette occasion, sa mère lui avait appris qu'à cause de son père qui avait eu une liaison extraconjugale, elle aussi, par réaction, avait eu un amant d'un soir; et qu'enfin les amis des parents qu'elle connaissait bien se trompaient aussi réciproquement. Elle saccageait ainsi ses idéaux sur la vie de couple tout en se déresponsabilisant complètement.

On voit que ces confidences correspondent à une stratégie incestuelle particulièrement retorse; elles appartiennent au genre qu'on pourrait appeler le «*cadeau empoisonné*». En effet, recevoir une confidence de quelqu'un est apparemment élogieux; en réalité, ce type d'épanchement tue la sexualité de l'enfant.

D'autres formes de stratégies incestuelles étaient mises en scène lors des fêtes de famille. Celles-ci étaient organisées régulièrement et donnaient lieu à toutes sortes de coalitions à tonalité incestuelle (mère - fils, père - grand-mère, oncle - nièce..., contre le reste de la famille), traversant même plusieurs générations (grand-mère - petit-fils). Nous avons appelé ce type de rencontres comportant l'exhibition de la mise en acte de l'idéologie familiale perverse le «*rituel incestuel groupal*».

Au fil de son traitement, la patiente évoqua des stratégies incestuelles de plus en plus directes visant la *captation de la sexualité de l'enfant*.

En effet, elle raconta que sa sexualité à elle était l'objet de l'intérêt constant des parents. Ils ne lui en dépeignaient qu'une image terrifiante à cause des risques de grossesse et du SIDA. C'étaient eux qui se préoccupaient à outrance des précautions qu'elle aurait dû ou devrait prendre, qui l'interrogeaient sans arrêt à ce sujet, lui téléphonaient même pour qu'elle n'oublie pas de se protéger et de prendre sa pilule. Le préservatif était devenu le centre de controverses «passionnées» entre elle et ses parents. Elle l'employait aussi comme moyen de les choquer, de les inquiéter et de leur faire opposition. En omettant son utilisation, elle poursuivait la mise en acte de la violence destructrice dirigée contre sa sexualité et contre elle-même par ses parents.

Au registre de ces attaques directes appartiennent aussi ce que nous pouvons appeler des *identifications abusives*. Ainsi, elle en vint à réaliser avec colère que c'était sa mère qui avait convaincu le médecin de lui donner des hormones pour faire venir les règles; c'était sa mère qui s'était, en quelque sorte, approprié sa sexualité biologique qui, dès lors, ne lui appartenait plus vraiment.

Ces sortes d'ingérences dans la sexualité de la fille pouvaient encore prendre la forme d'*inductions incestuelles*: «*ma mère dit que mon premier ami ressemblait à mon père; elle prétend qu'on cherche toujours son père dans son amoureux. Elle affirmait aussi que mon père était très jaloux de mon copain.*» Par ce biais, la mère tente de banaliser l'idée de l'inceste tout en en attribuant le désir aux autres.

Enfin, il devint progressivement clair que la patiente se trouvait enserrée dans un *réseau de relations incestuelles* extrêmement concret dont elle ne pouvait plus se dégager. Ainsi sa mère s'était-elle arrangée pour faire engager l'ami de la patiente dans son entreprise; il travaillait même dans le bureau de la mère. Il s'agissait là d'une manœuvre particulièrement perverse. En effet, ce faisant, elle prenait fait et cause pour lui et ne tenait pas compte des nombreuses réticences que sa fille avait exprimées à l'encontre de cet ami, notamment après avoir subi des violences sexuelles de sa part. De plus, le père lui avait proposé de travailler avec lui sans tenir compte de sa formation dans un autre domaine ni de ses projets professionnels.

Toutes ces stratégies convergent vers une *attaque de l'identité sexuelle*.

«*Chez nous, il nous arrivait souvent de nous retrouver tous, nus, à la salle de bains. Alors que je prenais ma douche, mon père se rasait. C'était normal; ça ne serait venu à l'idée de personne de fermer la porte. Ça aurait même été comme enfreindre une loi. A moi, ça ne me plaisait pas, mais mes parents ne pouvaient pas le deviner; ça aurait dû être moi qui aurais dû leur en parler.*» Nous voyons ici l'inversion de la culpabilité typique de ce genre de stratégies.

Ce récit révèle une nouvelle stratégie incestuelle: *le paradoxe de l'«érotisation de la sexualité désexualisée»*: il s'agit d'une mise en acte d'une situation de proximité sexuelle concomitante avec le déni de toute sexualité. «*En fait, il fallait faire comme s'il n'y avait pas de sexualité; ça ne devait pas exister, il ne fallait pas la montrer.*» Nous voyons là une forme d'attaque à la fois contre la sexualité et contre la pensée.

Déstabilisés par les signes d'autonomisation de la fille et ses prises de positions plus critiques, les parents répondirent par la banalisation et le mépris à ses questionnements, lui laissant néanmoins comprendre qu'ils détenaient un secret qui aurait éclairé la patiente sur ces troubles. Ils le lui dévoilèrent lors d'un conflit, dans une sorte de rétorsion: le père menait une double vie, s'adonnant à des pratiques sado-masochiques avec des prostituées et aussi des homosexuels. Il s'agissait d'un secret de polichinelle, que tout le monde connaissait, y compris la patiente, mais dont personne ne parlait. On pourrait appeler cette stratégie *l'érotisation du secret*.

Cette révélation clarifia certaines ambiguïtés mais, en définitive, ne changea pas grand-chose. Cette stratégie était plutôt une ultime *attaque contre l'identité sexuelle de la patiente,* déjà fragilisée par les manœuvres antérieures.

Généralités sur les mécanismes

Si nous considérons maintenant l'ensemble des stratégies décrites, on peut dire qu'elles ont en commun les caractéristiques suivantes:

- elles sont toutes *entièrement paradoxales,*
- elles se perpétuent constamment et sont *continuellement entretenues,*
- elles concernent *tous* les membres de la famille, rendent frères et sœurs tous complices,
- elles durent toujours, identiques à elles-mêmes à l'âge adulte,
- elles se perpétuent de génération en génération.

Commentaire

Mais quelles sont les *finalités* de ces stratégies incestuelles?

En premier lieu, on peut dire que, quoiqu'elles empruntent les voies de la sexualité, c'est bien l'individu tout entier, en l'occurrence l'enfant, qu'elles visent.

Cet enfant se voit ainsi
- *annexé, éviscéré,*
- attaqué dans son désir, sa capacité de penser,
- mis en situation d'être responsable des attaques subies, qu'il doit même s'employer à réparer sa vie durant.

Ces manœuvres ont pour but de *tuer la sexualité* de l'enfant et en cela elles sont l'équivalent d'une forme de *meurtre psychique*. Nous tenons à marquer l'aspect révoltant, pour ne pas dire intolérable, de telles dynamiques.

La dynamique perverse du jeu de projection-expulsion de la sexualité chez l'autre puis de sa destruction, de son annihilation ou de sa maîtrise (jeu pervers incestuel) est probablement une source de *plaisir* pour les parents pervers.

Il s'agit néanmoins selon nous d'une *stratégie anti-sexuelle*, mise en œuvre par des parents qui manifestent ce que nous avons appelé une «phobie froide» (autrement dit, l'aversion horrifiante de la sexualité, mais sans angoisse).

Sous un angle encore plus global, on peut dire que ces stratégies servent une forme d'*idéologie* où les parents s'extraient de toute responsabilité; ils ne sont pas plus parents que l'enfant n'est enfant. Les générations sont soit mélangées, soit, de façon opportuniste, inversées, de même que la responsabilité fondamentale de la création d'un être humain. En cela, on peut dire que les stratégies incestuelles sont des stratégies d'anticréation.

L'équivalent d'inceste

D'autres formes subtiles d'abus de l'enfant sont aussi analysables. Il s'agit dans tous les cas d'un jeu avec les sentiments, les désirs œdipiens de l'enfant, jeu destiné, dans une visée plus sadique que proprement sexuelle, à le blesser dans son narcissisme. Ces désirs sont tour à tour excités puis brimés comme inconvenants. Plus tard, les patients se croiront effectivement porteurs de tels désirs coupables.

On retrouve ce type d'interactions même à l'âge adulte. Ainsi, une jeune patiente nous décrivait la situation suivante: son père lui racontait les merveilleuses qualités d'une voiture de sport dont il allait faire l'acquisition en lui évoquant le plaisir qu'elle aurait à la conduire et en laissant entendre qu'elle serait à sa disposition. Quelques mois plus tard, lorsque la patiente manifesta le désir de l'essayer un moment, le père, indigné, se récria en disant qu'elle lui cassait les pieds avec ses caprices et invoqua d'un ton excédé toutes sortes d'arguments fallacieux pour refuser. La patiente, alors en thérapie, raconta cet incident, révoltée contre elle-même, se reprochant d'être tombée une fois de plus dans un piège dont elle connaissait par cœur les ficelles. Nous avons là un exemple d'interaction entre un père et une fille adultes qui évoque un équivalent incestueux: le père excite le désir de son enfant tout en lui faisant simultanément introjecter son propre désir (c'est lui qui voulait s'acheter la voiture; elle-même n'avait pas d'attrait particulier pour ces engins). Les deux temps de cette manipulation sont désastreux pour l'autre: le premier, au cours duquel il se sent flatté d'être mis sur un plan d'égalité avec son père, est doublé de la gêne d'être envahi par ce désir qui est d'un autre ordre que celui qui pourrait être le sien. Puis, lorsque la fille demande clairement l'objet que le père a réussi à lui faire convoiter, il le refuse. Elle se retrouve avec le sentiment très spécifique d'avoir été «eue», démunie, sans possibilité de réaction, honteuse d'avoir manifesté une envie devenue soudain incompréhensiblement répréhensible. En effet, elle avait cru à la bonne foi du père. Elle se trouve humiliée d'avoir été entraînée à formuler une demande qui se retourne contre elle.

En fait, comme l'a bien relevé Racamier, l'incestualité trouve pour s'agir les voies les plus étranges, parfois trop évidentes pour être remarquées. Ainsi, cette patiente qui gardait au-dessus de son lit conjugal un bois gravé par son père ou ce patient qui, souffrant d'un célibat incompréhensible, dormait dans les draps que lui offrait sa mère. Un autre père laissait à dessein traîner les lettres érotiques échangées autrefois avec sa femme dans des livres qu'il savait être utilisés par ses filles.

On le voit, les exemples ne manquent pas. Beaucoup pourraient bien sûr être également le fait de personnalités normo-névrotiques; c'est bien leur insertion dans un réseau de liens de violence masquée qui leur donne leur connotation perverse.

L'abus par personne interposée

Dans plusieurs situations cliniques, nous avons constaté que les enfants avaient été abusés par des amis des parents. Si parfois ces abus étaient évidents, comme chez ce père qui proposait ouvertement à ses amis de coucher avec sa fille d'une dizaine d'années, d'autres fois l'abus était plus subtil. Ainsi une patiente nous raconta-t-elle qu'elle s'était éprise d'un homme de 22 ans son aîné, elle-même étant alors âgée de 15 ans. Très vite, cet homme devint un grand ami des parents qui, à aucun moment, n'émirent d'objection à cette liaison. Plus, lorsque la jeune fille, très perturbée par les relations sexuelles qu'elle se sentait forcée de concéder à cet homme mais dont elle ne ressentait aucune envie, souhaita le quitter, les parents s'y opposèrent farouchement. Devant sa détermination, ils s'y résignèrent, mais restèrent toujours amis intimes avec lui.

Une autre patiente évoquait ses parents qui l'envoyaient aider un vieux voisin à faire son ménage. Elle y subissait des abus sexuels. N'osant pas dénoncer clairement cet ami de ses parents, elle essaya de s'y soustraire en refusant avec véhémence et à plusieurs reprises de s'y rendre. Rien n'y fit, cette opposition ne fit que susciter une contrainte toujours plus dure de la part des parents qui lui reprochaient son «manque d'altruisme».

Dans un autre cas, le patient fut envoyé par son père, sous un prétexte fallacieux, dormir chez un voisin, pédophile avéré, qui viola l'enfant. Plus tard, le patient comprit que son père, homosexuel caché, avait probablement convenu la chose avec ce voisin.

Pour tout dire, ces incestes «par personne interposée» ou par délégation pourraient bien être dans la réalité des formes de poursuite d'un inceste parental préexistant.

Dans une autre situation, les parents envoyaient régulièrement leur fille en vacances chez le frère de son père, célibataire bizarre aux mœurs notoirement dépravées et qui, en effet, faisait participer la fillette à ses ébats avec des prostituées; il la menaçait, si elle le révélait à quiconque, de se suicider. De toute évidence, le père et la mère savaient très bien le rôle qu'ils assignaient ainsi à leur fille. D'ailleurs, lorsque celle-ci, au cours du traitement, prit son courage à deux mains et leur en fit la révélation, elle fut catastrophée de constater qu'elle ne suscitait qu'une réaction d'incrédulité et d'indifférence.

Cet exemple démontre la véritable raison pour laquelle les victimes ne se plaignent pas à l'autre parent des incestes ou violences subies: elles ont besoin de le croire étranger à l'abus et craignent, en cas de confidence, d'être cruellement, mortellement déçues. La complicité de la mère lors d'inceste est pour nous une évidence: telle cette mère qui, au cours d'une émission télévisée, disait d'un seul trait n'avoir jamais été au courant de rien, puisqu'elle *«était dans la pièce d'à côté et qu'elle devait même repasser frénétiquement pour ne penser à rien»*. Une autre victime nous disait en consultation avoir vu arriver avec peur mais surtout soulagement sa mère dans la grange où son père était en train d'abuser d'elle; malheureusement, la mère y prit quelques objets, fit semblant de ne rien voir et partit. Cette complicité avait d'ailleurs déjà été décrite par P. Aulagnier:

> «Quant à la mère, la définition qui me paraît le mieux la caractériser est celle de «complice». Il n'y a personne d'aussi volontairement aveugle que ce type de mère. (...) Je pense à un exhibitionniste que j'avais en analyse et qui me racontait, comme la chose la plus naturelle du monde [cf. ton banalisant des victimes], que sa mère ne pouvait jamais fermer la porte des W.C., lui non plus d'ailleurs; cela se passait entre eux, en pleine lumière si l'on peut dire.» (Aulagnier 1966)

Ces abus peuvent aussi être des abus narcissiques, et la littérature recense maintenant de plus en plus de descriptions de cas de «syndromes de Münchhausen par délégation». Des mères font subir à leur enfant une kyrielle d'interventions chirurgicales immotivées. On peut bien sûr s'insurger contre les médecins qui s'y prêtent mais, dans la réalité, les informations fournies aux praticiens sont biaisées ou manipulées de façon à entraîner la décision.

2. L'abus narcissique

L'adulte abuseur joue avec l'estime de soi de l'enfant, par essence délicate. Flatteries et mépris alternent avec violence. Nos patients ont, au cours de leur enfance, régulièrement été des enfants *«fétichisés»* ou *«idolâtrés»*, selon l'expression de M. Khan (Khan 1973). On retrouve cette caractéristique dans les anamnèses de pervers décrites dans la littérature; citons par exemple R. Dorey:

> «C'est ainsi que Jean-Marie est un sujet entièrement assujetti au discours maternel (...). La mère dont il était, comme elle se plaisait à le dire, son «enfant Jésus».» (Dorey 1989)

Ou encore:

> «... de tout temps, elle se plaisait à lui dire qu'il était son «rayon de soleil», lumière tombant du ciel qui s'en venait magnifier l'univers morne et décevant que lui faisait partager un mari insignifiant et impécunieux. En vérité, elle pensait avoir fait une véritable mésalliance...»

Dans l'optique de l'abus, on pourrait dire que cette mère utilisait son fils pour se venger des frustrations qu'elle ressentait de son mari. D'ailleurs, Dorey précise lui aussi que

> «dans la perversion, la séduction exercée par la mère ou son substitut est une action *effective*[*], généralement très précoce, massive, intense, polymorphe». (Dorey 1993)

Par ses qualités exceptionnelles soit positives soit négatives (cf. «mouton noir»), l'enfant se voit assigner par ses parents abuseurs une identité en marge de la famille et au ban de la société. Plus tard, beaucoup d'anciennes victimes se sentent encore, à l'âge adulte, «a-normales». A de nombreuses reprises, elles nous ont même avoué avec grande honte s'être toujours senties des «monstres». Nous verrons qu'en effet c'est tout à fait ainsi qu'elles ont été induites à se considérer par leurs parents durant leur enfance.

Ces attaques destructrices envers le narcissisme de l'enfant par un parent sont également décrites par Searles. Il voit ces abus narcissiques comme d'éventuelles causes d'évolutions schizophréniques ultérieures. Il décrit tout d'abord que,

---

[*] Souligné par nous.

pendant la période de symbiose mère-enfant, un climat affectif d'adoration est normal, même souhaitable entre la mère et son enfant. En revanche, la mère abusive

> «porte une adoration irréaliste à tous les aspects du nourrisson qui lui permettent d'espérer une quelconque satisfaction de ses tendances transférentielles narcissiques, en même temps que, par dépréciation, elle ne reconnaît pas le nourrisson comme personne réelle – et surtout ne reconnaît pas en lui les premières ébauches d'individualité. Ainsi, à mesure qu'il prend conscience de la manière dont sa mère réagit à lui, il découvre avec désespoir le fossé gigantesque qui sépare, d'une part, l'idolâtrie de sa mère – idolâtrie de quelque chose qu'elle voit en lui, mais qui, pour l'enfant, ne fait pas réellement partie de lui-même – et d'autre part le mépris profond qu'elle a pour des attributs qu'il ressent comme étant les siens propres.» (Searles 1977)

Et, plus loin:

> «L'enfant ne peut donc que sentir qu'un gouffre insurmontable sépare des émotions et des percepts opposés; tout ce qu'il peut faire, c'est s'efforcer de les maintenir séparés, au lieu de les synthétiser comme parvient à le faire l'enfant normal...»

Nous voyons à quel point cette description se rapproche de nos hypothèses concernant la genèse de la perversion. Toutefois, quelques points pourraient l'en distinguer: tout d'abord, Searles décrit des mères pathogènes, mais à aucun moment il ne décrit dans quelle mesure elles sont conscientes de leur attitude abusive. Plus, il ne mentionne jamais le plaisir que la mère perverse (ou le père) a à jouer avec le narcissisme de l'enfant – ni l'absence totale de scrupules qu'elle a à le faire. Toutefois, sous d'autres points, Searles décrit des mères qui nous semblent plus perverses que narcissiques ou borderline. Ainsi

> «la mère qui, consciemment, se ressent comme sans valeur exige en apparence de l'enfant un respect exagéré, mais qui, secrètement, exige son mépris pour être confirmée sans cesse dans son sentiment d'être un individu digne de mépris».

Nous dirions que cette mère est masochique et utilise son enfant comme partenaire – obligé – de sa perversion.

Richter décrit trois types d'*abus narcissiques*:

> «1. L'enfant est conçu comme une *partie de soi*; de tels parents narcissiques se voient au centre de tout et ne peuvent pas supporter que leurs enfants, censés être une part d'eux-mêmes, s'en distinguent.

2. L'enfant en tant que substitut de l'*Idéal du Moi*; autrement dit, l'enfant doit (...) réaliser tous les désirs inassouvis et les idéaux des parents.

3. L'enfant en tant que substitut de l'*identité négative des parents*; autrement dit, l'enfant doit incarner la partie du moi des parents qu'ils se refusent d'accepter et qu'ils refoulent, de façon à ce que cette partie devienne visible pour les parents et puisse être attaquée.» (Richter 1972)

Des études récentes tentent de détailler les effets des interactions narcissiques perverses: G.O. Gabbard et S.W. Twemlow (Gabbard et Twemlow 1994) ont étudié l'incidence du sentiment d'*omnipotence narcissique* sur le garçon abusé sexuellement par sa mère. Ce sentiment d'être «le roi du monde» semblerait, selon eux, être plus fréquent chez les garçons abusés que les filles abusées.

Ces *abus narcissiques* peuvent prendre des formes multiples. Si elles sont les plus facilement identifiables, les *attaques physiques* ne sont de loin pas les plus rares: plusieurs patients nous ont décrit des scènes d'une violence inouïe: la gamme épouvantable de ces maltraitances commence maintenant à être bien connue. Un père avait fait un croc-en-jambe à sa fille qui débarrassait la table; elle tomba et brisa des assiettes. Pour la punir bien entendu, autrement dit se parant d'une autorité légitime, comme l'a bien démontré A. Miller (Miller 1986, 1988), il la fit manger pendant plusieurs jours dans l'écuelle du chien sous menace de la frapper. Le beau-père d'un patient (devenu pédophile criminel) rentrait périodiquement saoul et voulait tuer sa femme et ses enfants qui se calfeutraient dans une chambre; d'autres fois, il se contentait de réveiller abruptement son beau-fils pour le passer sous une douche froide. Un autre patient, homosexuel, avait lui aussi vécu des scènes de ménage analogues entre ses parents, qui toutefois finissaient rituellement par une reddition de Madame et des rapports sexuels sous les yeux médusés des enfants. Ces scènes paraissent issues de récits misérabilistes du début du siècle; ils sont pourtant la stricte réalité vécue par certains de nos patients, pour autant qu'on se donne la peine de les écouter.

Les animaux domestiques ou familiers auxquels les enfants sont attachés sont des failles régulièrement utilisées par les parents sadiques pour blesser l'enfant: animaux tués, jetés vivants dans le feu, abandonnés, etc. Les patients précisent bien que c'était parce qu'ils s'étaient attachés à ces animaux que ceux-ci ont été détruits. Les objets auxquels ils tiennent, objets transitionnels, souvenirs, cadeaux précieux, subissent eux aussi régulièrement et délibérément le même sort. Les prétextes invoqués vont d'une préoccupation pseudo-éducative, prétendant renforcer la force de caractère des enfants, à des soucis domestiques ou hygiéniques.

Sous l'angle abusif *psychique*, l'enfant se voit ouvertement stigmatisé; la famille a le droit de se moquer de lui*, de le conspuer ou de l'utiliser pour des tâches dégradantes.

A plusieurs reprises, des patients nous ont relaté, alors même que leurs familles étaient parfois fort aisées, n'avoir pas disposé d'une chambre lorsqu'ils étaient petits. Ils couchaient alors dans le salon ou dans le hall d'entrée et n'avaient même pas une table de nuit ou un meuble à eux; d'autres dormaient dans la pièce réservée au repas des domestiques.

Paradoxalement, plus tard, ces enfants ne se plaignent que rarement de ce type de mauvais traitements. Ils apparaissent au contraire comme aveuglément attachés à leurs parents qui, selon eux, étaient «durs mais bons» ou «sévères mais justes». Nous tâcherons de comprendre plus loin les déterminants de cette curieuse relation qui évoque la relation «addictive» selon J. McDougall (McDougall 1993). En ce qui les concerne, ces patients ont intériorisé une image d'eux-mêmes très négative, comme «ayant mérité par leur attitude ces réprimandes». Pour qui sait écouter les récits de ces victimes, il est ahurissant d'entendre les propos chargés de haine qui leur ont été adressés tout au long de leur enfance: enfant sale, dégoûtant, braillard, etc. La mère d'une

---

* Il se voit souvent attribuer des sobriquets dégradants comme «tape-cul», «vampire», «cochonneau», lorsque ce n'est pas son prénom même qui est infamant.

patiente lui disait qu'elle était à sa naissance un *«monstre poilu qui s'accrochait à elle»*.

Ces mêmes enfants étaient en outre régulièrement *parentifiés*: ils se voyaient attribuer des tâches normalement dévolues à des adultes et souvent ils avaient même, au cours des ans, pris des fonctions de soutien de toute leur famille. Plusieurs patientes nous ont affirmé avoir été de tout temps *«la grande sœur de leur mère»*. Une autre était – et restait encore en tant qu'adulte – entièrement dévolue au soutien et à la consolation de sa mère «dépressive» (cf. thème du «terrorisme par la souffrance»). Une autre patiente, enfin, avait totalement impliqué dans ses démêlés conjugaux sa fille de 8 ans. Celle-ci avait été particulièrement affolée de voir sa mère s'effondrer régulièrement en larmes. La patiente mit au courant sa fille de la démarche qu'elle et son mari entreprenaient auprès d'un thérapeute de couple. Le jour du rendez-vous, la fille, au petit déjeuner, entourant les épaules de sa mère, lui déclara avec une sollicitude bouleversante: *«Alors, maman, ce matin, tu ne craqueras pas, hein, chez le médecin.»*

Mais ces *attaques narcissiques* étaient aussi souvent infiniment subtiles. Les occasions de réjouissance et de valorisation de l'enfant (examens réussis par exemple, ou, plus tard, naissance d'enfants) n'étaient accueillies qu'avec indifférence, voire donnaient même lieu à des brimades. Une mère disait qu'elle n'avait pas félicité son fils devenu père car le téléphone coûtait trop cher. Un autre père, lorsque son fils revint, arborant fièrement une montre gagnée comme prix dans son internat, la lui prit en disant que, comme il avait payé cette école, c'était à lui qu'elle revenait. Toute joie de l'enfant semble insupportable à ces parents, menaçant probablement l'investissement fétichique de leur enfant, et se voit donc cruellement réprimée dès l'ébauche de sa manifestation. Nous avons évoqué, au chapitre de la dynamique de couple perverse, la même répression sauvage d'expressions authentiques d'un des partenaires du couple par l'autre que nous avons observé au cours des thérapies.

Chez nos patients, ces attaques narcissiques avaient fréquemment une connotation qui visait leur *identité sexuelle*: à sa fille qui venait d'accoucher d'un garçon, une mère assena: «*Tu aurais mieux fait d'avoir une fille*»; la mère d'un patient l'avait obligé pendant toute sa scolarité à porter des pantalons sans braguette qu'elle avait cousus comme ceux de ses sœurs. Plusieurs parents avaient donné un nom de fille à leur garçon – et vice versa. Et nous verrons qu'en effet les troubles de l'identité sexuelle constituent une marque régulière des victimes d'abus (y compris la patiente de M. Khan).

Nous constatons dans cette dynamique l'aspect proprement pervers du parent qui, loin de simplement projeter ses désirs inassouvis sur son enfant ou de s'identifier – fût-ce de façon excessive ou maladroite – à lui, le brime quoi qu'il fasse et quoi qu'il soit; il lui fait sentir que ce qu'il produit (et à la longue il le fera toujours plus compulsivement) n'est jamais suffisant pour qu'il mérite d'être véritablement et pleinement reconnu. Il s'agit là d'un *jeu pervers* («le parent frustrant») d'essence éminemment sadique auquel l'enfant est particulièrement sensible. A l'âge adulte, nous retrouvons ces patients toujours en quête d'une improbable reconnaissance par leur père ou leur mère qui jouent encore avec ce désir légitime inassouvi – qui le restera malheureusement toujours, le parent en question étant bien incapable d'un mouvement affectif autre que purement narcissique. Ainsi une patiente étudiante demanda-t-elle à la suite d'un accident une aide financière momentanée (très modeste) à sa mère; celle-ci accepta dans un premier temps, puis, quelques jours plus tard, se récusa sous des prétextes fallacieux. Une autre patiente alla, elle, le cœur battant, trouver sa mère pour demander des explications au sujet de graves atteintes corporelles subies de sa part durant son enfance. Sa mère prit immédiatement l'initiative: «*J'aimerais que tu me dises l'image que tu as de moi en tant que mère; tu peux tout me dire, j'ai ma séance de psychothérapie tout à l'heure comme filet de sécurité.*» La détresse ou la rage de la fille n'avaient aucune place. Seuls existaient les mouvements affectifs suscités chez la mère par les déclarations de sa fille. Souvent, cette dynamique est de surcroît verrouillée par le parent qui prétend que c'est l'enfant qui a des désirs insatiables pathologiques. (Et malheureusement, il est aussi possible qu'un psychanalyste aille plus tard dans le même sens, en «interprétant» au patient ses «désirs oraux d'incorporation cannibalique»...)

Ces enfants n'ont en général *pas été désirés*. D'autres l'ont été – trop*. Mais surtout, ceux qui n'étaient pas désirés ont toujours été chargés du poids de leur présence comme si c'étaient eux qui l'avaient imposée injustement à leurs parents. Ces derniers ne se gênaient aucunement de leur rappeler leur statut de surnuméraire qui justifiait à leurs yeux les brimades ou sévices mentionnés plus haut. D'autres, plus raffinés, réservaient pour la bonne bouche la révélation: tel ce père auquel sa fille, adulte, reprochait son inceste subi pendant de nombreuses années et qui lui répondit «*de toutes façons, tu étais un accident*». D'autres encore jouent sur le paradoxe: «*Je t'admire, ma chérie, de t'être si bien accrochée alors que je faisais tout pour avorter de toi*», ironisait la mère d'une patiente.

Ce rejet de l'enfant est exprimé souvent avec une cruauté ahurissante. Une patiente avait perdu son frère dans un accident de montagne; sa mère, perverse, lui disait depuis lors, à de nombreuses reprises, sur un ton accablé: «*Quel dommage que ce soit lui et pas toi qui soit mort* Simenon** pourrait bien avoir vécu un destin analogue: «*Quel dommage, Georges, que ce soit Christian* [le frère] *qui soit mort*» disait leur mère». (Assouline 1992)***

Cette absence de désir de l'enfant se poursuit à travers de multiples éléments, telle l'absence totale de *projet d'avenir* pour lui ou de représentation de son évolution vers un adulte exerçant pleinement ses droits. J. McDougall (McDougall 1993) a bien étudié l'impact de ces attaques narcissiques précoces sur la genèse du vide existentiel ressenti par de tels enfants et leurs conséquences au niveau d'une conduite ultérieure addictive.

Ferenczi a relevé un autre type d'abus que nous avons aussi retrouvé, le chantage à la souffrance. Dans son fameux

---

* Cf. thème des grossesses précieuses et de l'enfant à tout prix.
** ou Van Gogh ou Salvador Dali...
*** Cet abus a été appelé par Racamier l'enfant «paradeuil» qui «de son existence sert surtout à nier la non-existence de l'autre» (Racamier 1992).

article «Confusion de langue entre les adultes et l'enfant», il spécifie:

> «A côté de l'amour passionné et des punitions passionnelles, il existe un troisième moyen de s'attacher un enfant, c'est le *terrorisme de la souffrance*. Les enfants sont obligés d'aplanir toutes sortes de conflits familiaux, et portent, sur leurs frêles épaules, le fardeau de tous les membres de la famille. Ils ne le font pas, en fin de compte, par pur désintéressement, mais pour pouvoir jouir à nouveau de la paix disparue, et de la tendresse qui en découle. Une mère qui se plaint continuellement de ses souffrances peut transformer son enfant en une aide soignante, c'est-à-dire en faire un véritable substitut maternel, sans tenir compte des intérêts propres de l'enfant.» (Ferenczi 1990*b*)

L'enfant se voit rendu coupable, de par sa simple existence, d'un malheur ou d'une maladie qu'il doit, sa vie durant, réparer: telle mère sera devenue «cardiaque» ou «malade des nerfs», voire dépressive après l'accouchement par exemple; en général, l'affection en question sera bien plus mystérieuse. Nous reviendrons sur ce thème qui nous paraît particulièrement complexe. En effet, de nombreux auteurs ont décrit l'incidence fâcheuse que pouvait avoir une relation mère-enfant perturbée par une maladie mentale de la mère. Ainsi, P. Marty cite, dans l'étiologie de personnalité psychosomatiques

> «[des] excès, [des] carences ou [des] dysharmonies des accompagnements affectifs de la mère vis-à-vis de l'enfant. On trouve ici les multiples problèmes posés par les mères somatiquement malades ou par les mères déprimées ou excitées ou dirigistes ou indifférentes...» (Marty 1991)

Mais nous avons affaire ici à une interaction d'un ordre beaucoup plus pervers: il s'agit de *l'utilisation* d'une maladie (réelle ou imaginaire) aux fins de manipulation, de culpabilisation et d'exploitation de l'enfant. Cela peut aller jusqu'à la répression immédiate de toute émancipation, tout mouvement agressif de sa part en lui rappelant cette pseudo-culpabilité originelle. D'autres enfants portent le poids du divorce de leurs parents, demandé pour satisfaire la mère dans son désir de blesser son mari, mais présenté comme «pour protéger les enfants de la brutalité du père».

Exemple: c'était là exactement ce qu'avait subi une patiente après que, s'étant plainte à sa mère de l'inceste qu'elle endurait depuis plusieurs années de son père, celle-ci eut décidé de divorcer. Par la suite, sa mère lui avait imposé un rôle de servante, constamment humiliée, véritable «poubelle affective», auquel elle ne pouvait se soustraire car sa mère lui rappelait continuellement que c'était *«sa faute si elle se trouvait alors sans mari»*. En cours de thérapie, la patiente fit une sorte d'enquête rétrospective et s'aperçut que ce récit n'était qu'une construction mystificatrice de plus et qu'en réalité, contrairement à ce qu'elle croyait, après sa révélation de l'inceste, ses parents avaient encore repris un magasin et vécu deux ans ensemble, et que ce n'étaient que des difficultés financières qui avaient amené au divorce.

L'existence même de l'enfant peut être compromise aussi par d'autres manipulations affectives parentales. Nous avons souvent retrouvé des enfants substituts d'une personne morte: enfant décédé en bas âge, père, amant, comme Louis Althusser. Voici comment celui-ci le décrit dans ses Mémoires (en protégeant son abuseur, ici la mère, comme toutes les victimes):

> «Ma mère m'aimait profondément, mais ce n'est que beaucoup plus tard, à la lumière de mon analyse, que je compris comment. En face d'elle et hors d'elle, je me sentais toujours accablé de ne pas exister par moi-même et pour moi-même. J'ai toujours eu le sentiment qu'il y avait eu maldonne et que ce n'était pas vraiment moi qu'elle aimait ni même regardait. Je ne l'accable nullement, notant ce trait: la malheureuse, elle vivait comme elle le pouvait ce qu'il lui était advenu: d'avoir un enfant qu'elle n'avait pu se retenir de baptiser Louis, du nom de l'homme mort qu'elle avait aimé et aimait toujours en son âme.» (Althusser 1992)

(Elle récidiva d'ailleurs avec la sœur de Louis à laquelle elle donna le prénom de son amie morte peu auparavant de tuberculose.)

Cet enfant n'a donc pas droit à une véritable existence. Il doit réincarner le mort (la morte). On voit là une opération qui se réfère aux «expulsions et délégations» du deuil, telles que décrites par Racamier (Racamier 1992*b*). Quoi d'étonnant, dès lors, que cet enfant manifeste plus tard une véritable *culture de la pulsion de mort?* Nous reviendrons plus en détail sur la relation thanatique.

3. Autres formes d'abus

D'autres formes d'abus sexuels ou narcissiques existent encore et commencent à être décrites. Nous avons été plusieurs fois confrontés à des récits impliquant des parents gravement perturbés psychiatriquement: schizophrènes, paranoïaques, maniaco-dépressifs... Mais notre compassion devant ces affections psychiques s'effaçait lorsque nous apprenions la façon perverse dont ils en avaient fait usage au sein de leurs familles: mère mélancolique menaçant constamment – et sans raison particulière – son fils de se jeter par le balcon (et le fils n'osant plus la quitter pour aller à l'école, mais craignant, s'il restait avec elle, qu'elle ne se suicide avec lui), enfant terrorisé, délégué par la mère pour empêcher le père violent, paranoïaque, de mettre le feu à la ferme. Les enfants sont alors sous terreur, d'autant plus que leurs parents jouent sur leur aspect imprévisible et menaçant. On peut dire, dans ces cas, que la psychose est au service de la perversion.

II. PERVERSION FAMILIALE

La compréhension de la relation perverse du couple se trouve donc étoffée de la vision d'ensemble des relations avec les familles dont chaque partenaire est issu. Ces relations *sont*, au moment de la consultation, et *ont été*, de tout temps, perverses. Les enfants y sont utilisés par leurs parents au détriment de leurs aspirations propres; leurs désirs se voient retournés contre leurs intérêts comme autant de failles ou permettant à leurs parents (ou oncles, ou frères et sœurs...) de jouer avec leurs sentiments profonds. Le développement et le bien-être des uns ne se trouvent assurés qu'au détriment de ceux des autres. Ces liens de contrainte et d'assujettissement sont instables («métastables» diraient les systémiciens), c'est-à-dire constamment menacés dans leur semblant d'équilibre. Ils doivent donc être continuellement confirmés. Dans certaines dynamiques familiales perverses, ces interactions sont rigidement ritualisées; ainsi cet époux de 48 ans qui se devait d'aller avec ses trois frères, chaque dimanche, depuis trente ans, trouver sa vieille mère; celle-ci leur donnait alors à chacun une pièce de cinq francs. Ce rituel était intangible, et ce n'était que superficiellement que le patient le trouvait grotesque. Sa femme n'y avait aucune part. Il s'agit là d'un rituel qu'on peut qualifier d'incestuel. Plus précisément, on pourrait avancer que le caractère sadique, apparemment pénible, était mis en avant pour masquer les bénéfices secondaires relatifs à l'incestualité. Celle-ci était d'autant plus jouissive que grâce à ce paravent-alibi, elle pouvait s'exercer au vu et au su de tout le monde. Un exemple analogue serait celui de cette patiente, elle aussi dans la cinquantaine, qui souffrait de différentes difficultés conjugales. Elle allait régulièrement pleurer dans le giron de sa mère qui la prenait sur ses genoux et la dorlotait tout comme un poupon. Là non plus, ce rituel n'était pas questionné; tout au plus, la patiente estimait-elle avoir, elle, des besoins maladifs d'être cajolée.

On le voit, c'est à de véritables systèmes familiaux pervers organisés que nous avons affaire, qui impliquent, à des degrés et des titres divers, une foule de protagonistes. Les victimes qui, parfois poussées par des thérapeutes (trop) zélés, veulent se révolter abruptement en font les premières les frais. Ainsi cette patiente qui avait été abusée sexuellement par son père pendant de nombreuses années. Adulte, elle se décida enfin à dénoncer son père, ce qu'elle fit au cours d'une réunion familiale. Las, loin de recueillir le soutien de ses proches qu'elle sollicitait, elle s'y vit accusée d'être une perturbatrice de l'harmonie générale, d'injurier ses géniteurs et d'avoir toujours eu un caractère impossible; bref, elle fut mise au ban de sa famille. Effondrée, elle rentra chez elle et s'y cloîtra pendant deux jours. Survint alors le téléphone d'un oncle qui avait participé à la réunion et qui avait alors mollement pris sa défense. Il la consola, se proposa de lui rendre visite. Il vint, l'écouta... et abusa sexuellement d'elle. Le thème de la victime réabusée par ses sauveteurs est d'ailleurs amplement corroboré par les recherches statistiques. Celles-ci ont d'ailleurs également mis en évidence l'incidence de certaines configurations: victime multi-abusée (par le grand-père, l'oncle et le frère aîné par exemple), des abus multiples par une même personne (grand-père ayant abusé de son fils, de sa fille, de ses petits-enfants, des enfants du voisin, par exemple) ou encore des générations d'incestes:

grand-père abuseur de sa fille qui épouse un homme qui abuse de sa fille, etc. (Mrazek et Kempe 1987, Finkelhor 1991, Goodwin 1989).

Ces incestes sont donc de véritables *constructions familiales* au sein desquelles le père n'a souvent qu'un rôle d'exécutant alors que, dans l'ombre, la mère orchestre l'abus. Ainsi, celle d'une patiente abusée par son père traitait constamment sa fille de traînée, la harcelant néanmoins de questions sur ses fréquentations qu'elle érotisait de façon inadéquate; elle l'induisait ainsi, en quelque sorte, à devenir cette fille de mauvaise vie. Un soir d'hiver, alors que sa fille rentrait légèrement en retard, elle ferma la porte, l'obligeant en définitive à aller coucher chez son ami. Elle avait alors ainsi obtenu de pouvoir légitimer sa condamnation en tant que traînée, condamnation qui la soulageait d'une (éventuelle) culpabilité de l'avoir poussée dans le lit du père. Nous tenterons plus loin d'analyser en détail ces abus qui se fondent en définitive sur une annexion du psychisme de l'enfant par sa mère qui prétend mieux savoir que lui qui il est.

Même au-delà du système familial, nous constatons l'existence de véritables *réseaux pervers*. Ainsi, à titre d'exemple, peut-on évoquer cette patiente qui se plaignait d'un manque de libido. L'investigation mit en évidence que son enfant de 2 ans avait été récemment victime d'un baby-sitter pédophile. Mais la patiente ne mentionna ce drame qu'anecdotiquement et insista au contraire sur de mystérieuses pratiques perverses que lui faisait subir son mari et qu'elle trouvait excessives (mais qu'elle ne dévoila pas – pensant probablement nous exciter et nous frustrer). Progressivement, nous apprîmes que, malgré de nombreux signes ou indices accablants, elle n'avait jamais réagi pour mettre fin aux sévices sur son enfant. C'est la mère de jour de l'enfant qui avait fini, voyant que les parents biologiques ne réagissaient toujours pas, par alerter les autorités. Cet exemple illustre l'attitude de complicité probable de plusieurs protagonistes d'un réseau, cassée cette fois-ci par une personne courageuse.

L'exemple suivant permettra de mieux illustrer la complexité des interactions en jeu dans un tel système pervers.

Exemple clinique: cas M.

Une patiente souffrait de nombreux et graves symptômes somatiques récidivants (mycoses, vaginites). Elle consulta un médecin généraliste qui prit son cas à cœur et devint rapidement le médecin du reste de la famille (mari, enfants). Il constata que malgré une guérison clinique, la patiente continuait à se plaindre. Affirmait-il qu'elle n'avait plus rien, une rechute survenait immanquablement. Il comprit alors que ce symptôme exprimait autre chose, qu'il avait probablement un sens. Il l'adressa à un thérapeute corporel (un physiothérapeute qui faisait de la relaxation) pour qu'il la suive en parallèle avec lui. Puis il lui conseilla de s'adresser au service de sexologie pour ses problèmes sexuels. Un aménagement du cadre thérapeutique fut alors discuté, et elle fut suivie par l'un d'entre nous. Elle fit rapidement des progrès considérables; ses symptômes physiques disparurent au fur et à mesure qu'elle s'approchait de la compréhension de son vécu familial de type abusif. Il paraissait même hautement probable qu'elle ait vécu un véritable abus sexuel avec son père entre l'âge de 7 et de 14 ans. Sa mère était décrite comme fortement phobique de la sexualité (mais de façon non déclarée), et plusieurs éléments de son récit rendaient vraisemblable qu'elle l'ait déléguée à l'assouvissement sexuel du père. De plus, comme dans une sorte de surcroît de violence parentale, les parents l'avaient toujours traitée en garçon, lui coupant de force les cheveux et l'obligeant à s'habiller de la sorte. En cours de traitement, la patiente put progressivement en parler. Ces abus commençaient à lui apparaître dans leur réalité: des traces mnésiques, des traces oniriques (rêves de sperme), des traces de réactions corporelles curieuses (réactions disproportionnées de dégoût en voyant le sexe de l'homme, réactions émétiformes) s'ébauchaient et prenaient un sens. Ces élaborations engendrèrent des changements dans ses relations avec sa famille ainsi que certaines prises de position de sa part. Elle imposa notamment une plus grande distance et mit des limites plus claires entre ses enfants et son père dont elle redoutait (et en fait avait toujours redouté) qu'il n'abuse sexuellement de ses petites-filles.

A ce moment, la mère déclara qu'elle n'allait pas bien et demanda à voir le médecin de famille de sa fille. Celle-ci y consentit, lui prit même le rendez-vous. La mère alla le voir mais, au lieu de parler de ses maux, elle lui raconta sa vie conjugale et son enfance, histoire dans laquelle elle se posait comme victime. Elle disait avoir été insatisfaite sexuellement de son mari *«peu porté sur la sexualité»*; après quelques années, elle s'en était ouverte à son gynécologue qui, disait-elle, lui avait conseillé de prendre un amant. Soi-disant déchirée entre le conseil de l'homme de l'art et sa conscience, elle décida «stoïquement» de renoncer à son assouvissement sexuel pour se consacrer dignement à l'éducation de sa fille. Elle se consacra aussi aux œuvres d'église. Elle fit cependant semblant d'admettre que cette sexualité ainsi noblement réprimée la tourmentait et concéda que peut-être son apparition et ses manifestations chez sa fille avaient suscité chez elle des réactions d'aversion involontaires, éventuellement néfastes. Bref, elle mystifia ce médecin crédule ou complice en faisant porter à la fille, par son existence même, le poids de son renoncement héroïque: c'était *«pour son bien»* qu'elle avait sacrifié sa sexualité. L'abuseur devenait la victime et la victime la cause de l'abus.

Mais le verrouillage n'était pas encore complet: le médecin convoqua la patiente; lors de la consultation, il lui dit qu'il avait maintenant la solution à toutes ses questions: que ses troubles pouvaient être expliqués au travers des difficultés que lui avait avouées sa mère et qu'elle n'avait désormais pas à chercher plus loin. Qu'elle devait maintenant se donner du temps, et arrêter toutes ses consultations, chez la sexologue comme chez lui. Il se préparait d'ailleurs à écrire lui-même à la sexologue pour annuler son prochain rendez-vous.

La patiente en fut malade pendant trois jours et se sentit devenir folle. Elle se décida finalement à venir quand même. Son discours avait complètement changé: elle disait alors comprendre sa *«pauvre maman»* qui ne supportait pas qu'elle ait une sexualité. Autrement dit, elle avait accepté d'endosser la culpabilité de la répression sexuelle sauvage qui avait eu lieu à son encontre. Le thème de l'abus était lui aussi mis de côté en adhérant au discours lénifiant du médecin. Son mari (grand ami de son beau-père) lui avait dit aussi d'arrêter de parler toujours de violence minimisant et banalisant les avatars de son enfance.

Nous voyons là une ébauche de réseau pervers, coalisé pour empêcher la victime de percevoir et définir les choses clairement: la mère tout d'abord, qui a utilisé sa fille pour se distancier de la sexualité, au service de sa phobie: au lieu de dire *«je ne supporte pas ma sexualité»*, elle dit *«je sacrifie ma sexualité pour ma fille»* – qui du coup lui est débitrice, à vie. En effet, elle se sentait dans les faits encore actuellement tous les droits sur elle, et il allait de soi dans cette famille que sa fille lui devait tout. Elle était continuellement informée de tous les détails intimes de la vie de sa fille et réglementait jusqu'aux serviettes de toilette que la patiente partageait avec son mari. En outre, elle la critiquait constamment sur son hygiène, la tenue de son ménage, etc.

Nous constatons donc une sorte de *réseau pervers* entre la mère, le père, le mari et le médecin généraliste.

III. LES RÉSEAUX MICROSOCIAUX PERVERS

Le concept de réseau pervers peut certainement être encore élargi. Ainsi avons-nous eu connaissance d'une école où plusieurs jeunes enfants avaient subi, de la part de certains camarades de classe, des abus ou sévices sexuels. Par recoupements successifs, il nous est apparu qu'ils appartenaient tous à une même classe, dirigée par une maîtresse dont les agissements sadiques sur les élèves étaient connus.

Que des *institutions* aussi puissent devenir perverses a été décrit par Racamier (Racamier 1992*a*). L'auteur a relaté la (douloureuse) expérience de sa clinique parasitée par un noyau pervers qu'il est parvenu à identifier et à «expulser» *(«quand on trouve un noyau pervers, on le crache»).*

Un autre exemple d'une institution psychiatrique dirigée par un pervers nous a été transmis par une collègue: ce directeur avait perverti le fonctionnement de cette institution de façon telle que personne ne faisait ce pour quoi il avait été engagé: le physiothérapeute faisait de la relaxation, les infirmiers des psychothérapies, les médecins de la gestion, etc. La collègue avait, par un magistral double-bind, été chargée engagé: le physiothérapeute faisait de la relaxation, les infirmiers des psychothérapies, les médecins de la gestion, etc. La collègue avait, par un magistral double-bind, été chargée de développer les psychothérapies de groupe, méthode qu'elle savait par ailleurs contraire aux goûts de ce chef et donc condamnée à brève échéance. Son seul recours, avouat-elle, avait été le *retrait* et une ardente *réflexion* pour comprendre la dynamique à l'œuvre. Enfin, le dirigeant fut muté (il bénéficia en réalité d'une promotion) et fut remplacé par une personne «normo-névrotique»; tout le monde réintégra ses rôles et fonctions pour lesquels il avait été engagé: la physiothérapeute la physiothérapie, l'infirmier les soins infirmiers, le médecin la thérapie. Seul subsista un collègue qui, protégé par l'ancien directeur, avait développé sa propre clientèle privée au sein de l'institution; de plus en plus mal à l'aise dans cette nouvelle dynamique de respect des règles institutionnelles, il menaçait de la quitter pour s'installer à son compte. Racamier a également décrit magistralement le soulagement que vit une institution débarrassée de son noyau pervers:

> «Un rideau s'entrouvrait. Là où le flou, le secret, le mensonge et le non-dit avaient naguère étendu leur ombre, un rai de lumière filtrait. Puis un autre. Des projecteurs, en s'allumant les uns après les autres, révélaient sous une lumière tout à coup éclatante des manipulations obscures, longtemps tenues secrètes (...) les yeux se dessillaient, la compréhension revivait (...) le passé se recomposait; une foule de détails fragmentaires et longtemps cachés chez les uns et chez les autres refaisaient surface (...). A la consternation devant les dégâts commis par les membres du trio pervers... au dégoût sans cesse grandissant qu'inspiraient les prédateurs... à cette consternation s'opposait le soulagement d'avoir collectivement échappé à cette marée noire.» (Racamier 1992*b*)

La vignette précédente illustre quelques stratagèmes utilisés par les *dirigeants* (d'entreprises, d'institutions, peut-être même de pays) *pervers*. Par la séduction et la menace, ils parviennent à déstabiliser les structures. Ils les font évoluer vers l'indifférenciation et le chaos, attaquant les différences hiérarchiques (des générations) ou de fonction (des sexes). Leur recherche d'omnipotence suit des stratégies raffinées: chaque employé est mis en situation de précarité, soit en lui faisant exécuter des tâches qui ne sont pas de son ressort (cf. supra), soit en le nommant par des faveurs et des passe-droits qui le rendent ensuite débiteur de ce dirigeant – et donc soumis. La peur joue, comme de juste, un rôle central: peur d'être licencié, bien évidemment (et même parmi les plus hautes instances de l'institution), mais aussi d'autres peurs, plus subtiles: peur du ridicule chez le subalterne qui ne se moule pas dans un discours abscons et incompréhensible imposé. Après tout, tout le monde n'est pas le petit enfant du conte d'Andersen qui peut dire «le roi est nu» et révéler l'ineptie consternante de certains langages institutionnels (de «management» ou d'«optimalisation des ressources (humaines!)» pour ne pas parler du psychanalysme plus ou moins «lacanien» ambiant de certains hôpitaux ou policliniques), tous à fonction de mystification et de décervelage. Il existe aussi des peurs plus concrètes: peur d'être attaqué par le biais des avatars de sa vie privée; peur du chantage d'être dénoncé à la police ou aux médias par un chef au courant de certaines éventuelles turpitudes de sa vie sexuelle.

Le désir est subtilement déplacé sur l'employé: c'est lui qui est mis en charge de prouver son utilité, de définir son champ d'action, en fonction de ses «motivations». Au supérieur revient dans une telle dynamique, le seul rôle de censeur ou de gratificateur selon ce qu'aura produit le subalterne. On voit là l'analogie avec le parent qui n'a pas souhaité la venue de son enfant, a mis sur les épaules de celui-ci le souhait d'exister et qui, surtout, manipule ensuite l'enfant en jouant sur le thème de l'acceptation ou du rejet.

Si l'on étend encore le champ d'action de ces mécanismes à un groupe social tout entier, c'est au terrible tableau de la société décrite par Orwell dans *1984* ou à des types de sociétés ayant malheureusement existé, comme l'Allemagne nazie, qu'on aboutit. D'autres exemples, plus actuels, peuvent être éclairés de la sorte. Nous y reviendrons. Bien sûr, une énorme prudence est de mise lors de l'extension de concepts issus de la clinique à des domaines politiques. Mais s'en abstenir pourrait aussi, comme le silence clinique avec les pervers, être le signe d'une complicité involontaire et inappropriée.

Mais peut-être, avant de clore ce chapitre, faut-il encore mentionner un aspect de dynamique groupale de ce type de perversion, qu'on pourrait appeler la *«contagion» de la perversion*. Citons à cet égard Macbeth, annonçant à sa femme le meurtre prochain de Banquo:

> «La lumière s'obscurcit et le corbeau vole vers son bois favori; les bonnes créatures du jour commencent à s'assoupir et à dormir, tandis que les noirs agents de la nuit se dressent vers leur proie. Tu t'étonnes de mes paroles; mais sois tranquille: les choses que le mal a commencées se consolident par le mal.»

En effet, nous avons l'impression que la perversion exerce un véritable effet d'entraînement, d'amplification. Cela s'applique certainement aux individus qui, nous l'avons vu, sont en quelque sorte emportés dans une spirale de la stimulation, parfois jusqu'à la mort. Il en va de même, semble-t-il, pour les couples ou les groupes que la logique perverse entraîne vers des excitations de plus en plus fortes. Mais au niveau des grands groupes, ce phénomène pourrait bien prendre une ampleur insoupçonnée, chaque abus étant utilisé par un autre pervers pour en perpétrer un autre, le tout constituant une forme d'escalade mortifère, apocalyptique. Les guerres pourraient fournir de nombreux exemples de cette dynamique perverse.

L'INTRICATION ABUSIVO-PERVERSE:
conséquences tardives de l'abus et implications psychopathologiques

I. LE LANGAGE CODÉ DU SYMPTÔME

C'est maintenant une évidence que d'affirmer que ces abus endommagent gravement le psychisme de la victime. Celle-ci n'a par la suite que des moyens à la fois limités et compliqués pour survivre et pour exprimer les conséquences de ces traumatismes. Dans cette perspective, nous comprenons maintenant beaucoup mieux nombre de signes ou symptômes qui nous avaient frappés, dont nous avions fait état en début d'ouvrage, mais sans pouvoir alors les rattacher à une étiologie.

Ainsi avions-nous noté que ces patients se distinguaient par un langage stéréotypé, un récit *plat* d'une enfance présentée avec conviction comme parfaitement heureuse. Leur histoire se résumait à quelques formules qu'ils répétaient au gré des séances. Leur énoncé «neutre» ne donnait prise à aucune opinion véritablement personnelle.

Dans cette forme de récit, c'étaient les vides qui étaient les plus parlants. A la réflexion, il nous est progressivement apparu que, contrairement aux névrosés qui mettaient en œuvre des mécanismes psychiques complexes du type du refoulement, ces patients pervers évitaient de se confronter à leurs souvenirs grâce à des mécanismes défensifs d'un tout autre ordre. Ils avaient, dans leur for intérieur, une conscience beaucoup plus présente qu'un examen superficiel ne l'eût laissé croire des avanies subies durant leur enfance. Mais seulement, tout pour eux eût été préférable plutôt que les affronter: leur prise en compte aurait été pour eux l'équivalent d'un arrêt de mort. Les mécanismes de déni, de clivage, de répression et de dissociation qui en étaient le fruit étaient des défenses à la fois massives et fragiles. Ce n'était que très indirectement, à travers leur habitus, leurs plaintes corporelles et une forme de récit très particulière, qu'ils en faisaient l'aveu. En quelque sorte, on était en droit de comparer ces formes d'expression à un *langage codé*.

Ces troubles se traduisaient d'une part dans le domaine verbal et d'autre part dans le domaine du comportement. Nous allons en détailler quelques exemples.

En début d'ouvrage, nous avions noté la survenue de certains mots un peu incongrus lors de la description des symptômes sexuels. Ces mots nous ont semblé avoir valeur de signe. Par une métaphore à peine audacieuse, on pourrait comparer ces patients à des internés d'un camp de concentration qui parleraient à des envoyés de la Croix-Rouge, mais dans un local dont les parois seraient susceptibles de receler des micros espions. Ils évoqueraient ainsi leur vie au camp de façon lénifiante tout en parsemant leur discours de mots-clés destinés à tromper la vigilance de leurs gardiens et à alerter discrètement leurs sauveteurs. Nous avions relevé l'usage fréquent de certains mots ou de certaines locutions: «*Ça me détruit*», «*On aurait pu me couper un bras, je n'aurais pas poursuivi*», «*Ça me tue*», «*Survivre*», «*Ecrabouillé*» ou, dans un registre voisin, «*Je me sens ficelée*»; «*Je sers de bouche-trou*», «*Ça me terrifie*», «*C'est comme un viol*», «*Je ne vis pas*», «*Je panique pour tout*», «*Je dois me prostituer*», «*C'est comme un détournement de mineur*». Ces locutions dramatiques qui pointent vers une expérience de violence et d'abus sexuel émaillaient un récit par ailleurs totalement anecdotique et factuel. La métaphore des internés d'un camp s'applique à nos patients qui, au moment de la consultation, sont toujours insérés dans un réseau actif de relations familiales perverses. De plus, elle est toutefois complétée par le fait que ces patients ont intériorisé leurs propres geôliers.

Ces mots insolites doivent être saisis au vol et compris comme témoignant de la vérité vécue par ces patients, tant dans leur enfance qu'à l'instant de la consultation et ayant échappé à la répression dont ils faisaient l'objet.

Cette opération relève d'un mécanisme direct et reflète sans médiation le traumatisme réel, dans son impact sur le corps ou l'esprit de la victime. On n'y trouve pas trace d'une symbolisation ni d'un compromis entre différentes instances, si ce n'est la répression par le Moi dont nous avons déjà parlé. Le symptôme a simplement pris la place d'une dénonciation impossible, il incarne le traumatisme. On peut rejoindre par ce biais l'«effet désymbolisant de l'événement traumatique» décrit par S. Amati dans des situations de traumatismes actuels (Amati 1989).

Un autre exemple d'une forme de ce langage codé de la victime d'abus est la *dissociation entre la mimique et le langage*. A de très nombreuses reprises, nous avons eu affaire à des patients qui, évoquant un événement apparemment marquant de leur vie, avaient les larmes aux yeux. Amenés par le thérapeute à exprimer l'émotion qui semblait les affecter, ils répondirent régulièrement que non, il n'y avait rien, qu'ils avaient *«un moucheron dans l'œil»*, *«un rhume»* ou, de façon analogue, *«non, non, rien de spécial, je pleure souvent pour un rien»*. Un patient avait même consulté de nombreux spécialistes ORL pour cette étrange affection qu'il n'envisageait que sous l'angle d'une anomalie congénitale. Une autre patiente larmoyait continuellement durant les séances et essuyait ses larmes d'un geste machinal comme elle se serait mouchée.

Cette dissociation entre la mimique, l'affect et le langage des patients peut aussi se manifester à l'inverse par des *sourires inadéquats, voire des éclats de rire*, en racontant par exemple des choses tristes ou affreuses, contradiction s'exprimant par des contractions sur leur visage qui leur donnaient l'air *grimaçant*. Ce qui peut apparaître comme un double-bind reflète en réalité l'effort fait par l'enfant pour s'attribuer une mimique qui ne correspond en rien à ses véritables sentiments intérieurs. Au cours de la consultation, ces signes peuvent prendre le sens de manifestations symptomatiques destinées à suggérer à l'interlocuteur une réalité différente de celle exprimée ouvertement.

Enfin, de façon plus radicale, certains patients arboraient un visage amimique, dénué de toute expression propre. On pouvait le comprendre comme un signe d'éradication des affects.

Le symptôme est donc *agi dans la réalité, mais sous une forme subtile, difficilement identifiable*. Cette mise *en acte*, si elle n'est pas le fruit d'un travail psychique symbolisant, n'en est pas moins complexe et raffinée. Elle peut prendre la forme de véritables scénarios pour lesquels l'entourage social (conjoint, enfants, collègues, médecins, protagonistes plus ou moins volontaires...) va être mis à contribution. Scénographie tardive de l'abus, elle peut légitimement être envisagée comme une manifestation de la compulsion de répétition. Ainsi, du point de vue conjugal, ces patients vont se choisir un partenaire bien spécifique avec lequel l'abus sera susceptible d'apparaître, d'être mis en scène. Ce sera cet époux qui, par son insistance à obtenir des relations sexuelles, va le mettre au jour, sans que la victime ait à en faire la révélation; ou cette compagne insatiable avec laquelle Monsieur revivra l'inadéquation de ses possibilités sexuelles.

Exemple: nous allons tenter d'illustrer ce type de (re)mise en scène à travers un exemple. Nous y mettrons l'accent sur les parallèles entre le vécu actuel d'une patiente et les abus sexuels qu'elle nous a dit, plus tard, avoir subis de la part de son père au cours de son enfance.

Elle se plaint d'alibidinie. Comme nous venons de le voir, le choix du symptôme peut être décodé comme indication d'une atteinte globale de la sexualité. Son mari nous dit tout essayer pour obtenir des relations sexuelles dont il ressent le besoin et dont il se sent le droit. Elle s'y oppose. Autrement dit, son mari veut absolument quelque chose d'elle, qu'elle se refuse à donner. Ce scénario, qui se répète de façon identique depuis le mariage, rejoue inlassablement, court-circuitant sa représentation psychique, ce qu'elle a vécu au cours de son enfance, avec son père. La mise en scène se poursuit dans le détail: «*Nous nous aimons beaucoup, à part cela, mais cette sexualité, ça me tue*», énonce-t-elle légèrement (en effet, la sexualité la tuait à petit feu lorsqu'elle était soumise aux avances sexuelles de son père). Le mari la harcèle, mais son désir est inacceptable pour elle (idem). Les plus rébarbatives ou horrifiantes pour elle sont les manœuvres d'approche, les préliminaires, les caresses (les attouchements subis de la part du père) au cours desquels elle devrait se montrer active (complice). Si son partenaire insiste (brise ses résistances), elle cède à ses désirs et parvient alors, malgré elle, à un intense état d'excitation qui lui fait dépasser son aversion et elle supporte alors le rapport. Cette pénétration et l'éjaculation rapide de l'homme en sont même devenues progressivement souhaitables; elles signent la fin du calvaire (répétition de l'impossibilité de la résistance infantile). De toute façon, la situation est sans issue; elle se sent piégée dans ce terrible dilemme: sacrifice d'elle-même dans un rapport sexuel abhorré ou sacrifice de la relation, son mari menaçant de la quitter pour une autre, plus consentante (encore une répétition de la situation infantile avec le chantage du parent abuseur: soit elle endure ces abus sexuels au détriment de son existence, soit elle dénonce son père et brise le lien essentiel avec lui). La patiente se sent alors vaincue et humiliée, mais tire une sorte d'orgueil du fait que *«jamais un homme ne l'a faite jouir»*. (C'est probablement le but que recherchait son père qui cherchait par là à sceller une sorte de complicité.)

On voit que la relation avec son mari est dominée par l'affrontement sexuel. Madame prend de plus en plus ses distances par rapport à lui, sépare les lits; finalement, ils font chambre à part: il se sent délaissé et furieux. Tout prend valeur de manipulation: ouvre-t-elle sa porte, il est autorisé à lui faire l'amour, sinon, elle la ferme à clé. Le couple ne connaît pas d'autre représentation de la relation conjugale que cet enjeu, de plus en plus exacerbé: «remake» de l'ambiance de son enfance ou revanche? Cette question, nous le verrons, est d'importance et détermine le pronostic. Toujours est-il que l'autre y fait figure d'ennemi nécessaire pour rejouer ces drames.

A noter que la fonction de message chiffré ayant trait à l'abus infantile n'est pas l'apanage des symptômes sexuels. La patiente présentait une autre particularité du comportement au premier abord incongrue: alors qu'elle était mariée à un homme occupant une position professionnelle de prestige, elle se refusait obstinément au rôle social et aux obligations qu'impliquait son statut d'épouse. Ainsi, elle n'accompagnait jamais son mari à aucune manifestation; s'il recevait des amis, elle préparait le repas, mais refusait d'y prendre part. Lorsqu'il insistait, elle lui en voulait et lui reprochait avec véhémence de le lui demander (elle reprochait à son père de lui avoir fait prendre la place de sa mère).

II. LE TRÉPIED PSYCHOSOMATIQUE-PSYCHOSE-PERVERSION («P.P.P.»)

1. Description

Nous nous sommes jusqu'ici attachés à décrire et analyser les divers présentations et rouages de la perversion. Nous avons ensuite tenté un décryptage avec une mise en perspective de ce tableau, considéré en tant que résultante de terribles violences subies au cours de l'enfance. Il convient à ce point d'élargir notre point de vue et de considérer d'autres aspects de la personnalité de ces victimes. En effet, en considérant l'ensemble de notre casuistique, nous pouvons avancer que, dans tous les cas, la symptomatologie issue de l'abus sexuel ou narcissique fait *simultanément* référence, à différents degrés, à trois axes nosologiques:
l'axe de la psychosomatique
l'axe de la psychose
l'axe de la perversion
Cette observation est tout à fait fondamentale. En effet chacun de ces trois domaines apparaît *spécifiquement* affecté par les abus subis durant l'enfance:

a) Sous l'angle *psychosomatique*, nous trouvons un langage pauvre, une pensée anidéatoire, factuelle et concrète, l'action privilégiée, telle que la décrit P. Marty:

> «Les faits et gestes, perdant leur valeur imaginaire, renvoient au domaine des mouvements plaqués sur l'action directe, dans un espace rationnel dont les dimensions paraissent davantage apprises qu'évolutivement vécues. L'absence de communication avec l'inconscient constitue une véritable rupture avec sa propre histoire. Le factuel et l'actuel s'imposent à l'ordre de chaque jour.»
> (Marty 1980)

Nous en avons cité de multiples exemples dans les illustrations cliniques précédentes. La perception *quantitative* des affects et des relations humaines apparaît de façon particulièrement frappante dans le domaine sexuel: un patient dont la jeune épouse se relève d'une brusque décompensation post-partum déplore une *«période trop courte»* de sexualité normale avant cette crise; une autre déclare avoir impérativement besoin de *«trois rapports par semaine»*; *«entre mon bébé et mon mari, je n'avais pas assez d'amour pour les deux, il fallait partager»*, dit encore une troisième.

On peut encore mentionner ici une perception elle aussi «quantitative» des relations psychothérapeutiques: *«lors de la dernière séance, il a parlé plus que moi»*; *«elle a aussi fait une psychothérapie, mais plus courte que la mienne»* justifiait, aux yeux de ce mari que sa femme assume l'actuel traitement sexologique seule.

Cette conception liée à un «quantum relationnel» amène à celle d'«épuisement» et d'*«ennui»*, vécus aussi sous un angle énergétique et quantitatif comme la nécessité d'une stimulation toujours renouvelée, voire même accrue, pour entretenir une relation affective, ou la recherche de techniques érotiques inédites pour parer à l'épuisement de la relation sexuelle; ce thème est toutefois aussi du registre pervers.

b) Sous l'angle *psychotique*, nous observons principalement ce que nous appelons des *équivalents de délire*: des idées devenues fixes, suivant un cours indépendant de la volonté du patient et inatteignables par la logique et le dialogue – notamment thérapeutiques: idée obsédante de concevoir un enfant, indépendamment de la réalité biologique ou sociale; certains griefs concernant des actes aussi anciens qu'irréparables; ou encore des jalousies pathologiques paranoïdes, etc. A noter que ces équivalents délirants, intimement plaqués sur la réalité, sont très malaisés à identifier en tant que tels, d'autant qu'ils sont la plupart du temps relayés par le partenaire au sein d'une sorte de délire à deux. Par leur position à cheval sur la perversion narcissique (utilisation narcissiquement perversive de l'objet réel) et la psychose (création d'une néoformation délirante), ils pourraient bien être une forme de ces *délires dans le réel* tels qu'ils sont décrits par P.-C. Racamier:

> «Dans certains cas, remarquables en ce qu'ils sont à cheval sur les deux méthodes, un délire se crée, mais au lieu d'instaurer une néo-réalité et d'inventer sa coquille, il se glisse comme un bernard-l'ermite et se tapit dans le tissu d'une réalité objectivement présente; c'est ce que j'appelle délirer dans le réel.» (Racamier 1990)

Ou dans un autre ouvrage:

> «En plus du délire d'interprétation, qui est bien connu, cette façon de délirer, qui est beaucoup moins apparente qu'un délire de néoformation, se voit chez les anorectiques mentales, qui délirent dans leur corps; chez certains inventeurs fous, qui délirent dans leurs

machines; tout comme enfin, chez les chefs paranoïaques qui délirent... dans leur peuple.» (Racamier 1993)

c) Sous l'angle *pervers* enfin, la débilité affective et idéatoire apparaît ici compensée par une grande intelligence *stratégique*: la pensée est dirigée sur la manipulation des autres, sur leur mise en opposition, sur leur utilisation à son profit. Le pervers se vit comme le joueur manipulant les autres tels des pions sur un échiquier (et il le reconnaît volontiers lorsqu'on le lui dit). La mégalomanie, la volonté de détruire les liens ainsi que la mise en œuvre concrète du déni des différences et des limites sous-tendent en outre la pensée perverse. Enfin, la non-reconnaissance triomphante de la valeur des lois et l'exercice de la terreur en sont des corollaires.

Nous allons maintenant décrire dans le détail certains symptômes en montrant leur articulation sur chacun de ces trois axes (polymorphisme).

2. Polymorphisme des symptômes

Les symptômes sexuels

Aspects psychosomatiques du symptôme sexuel

Sous l'angle *psychosomatique*, on peut constater que ces troubles sont généralement perçus et présentés par ces patients comme le dysfonctionnement d'un organe isolé, destiné à être réparé, dépourvu de toute connotation affective et relationnelle. Les consultations de sexologie regorgent de ce type de patients pour lesquels le symptôme ne se rattache en aucune manière ni à une histoire personnelle ni même à un contexte relationnel. Cette caractéristique que nous avions notée en début d'ouvrage peut maintenant être mise en rapport avec des traumatismes sexuels endurés au cours de l'enfance. Comme le dit S. Kramer:

«Je propose que chez certains patients qui ont souffert d'abus sexuels durant leur enfance, la mémoire en tant que telle n'est plus disponible, ou n'est que partiellement disponible. Toutefois le «souvenir somatique» du trauma persiste et porte avec lui certaines des sensations actuelles de peur, anxiété, colère, révulsion et plaisir qui accompagnaient la séduction infantile.» (Kramer 1990)

Ou, sur ce même thème, J. McDougall qui poursuit l'analyse:

> «L'affect ne peut être conçu comme un évènement purement mental ou purement physique. L'émotion est essentiellement psychosomatique. Ainsi, le fait d'éjecter la partie psychique d'une émotion permet à la part physiologique de s'exprimer comme dans la première enfance, ce qui conduit à la *resomatisation de l'affect.*» (McDougall 1989)

A noter par ailleurs qu'elle aussi trouve que

> «l'incidence des maladies psychosomatiques se montre, sur le plan clinique, inhabituellement élevée chez les patients présentant une perversion structurée». (McDougall 1972)

Chez ces patients, la chronologie des traitements suivis fait office d'histoire sexuelle. Leurs échecs sont imputés à des erreurs de la technique médicale, domaine qui semble les fasciner. Curieusement, ces actes qu'ils ont sollicités en vain et les interventions chirurgicales pourtant sans effet, comme les circoncisions, les déflorations «chirurgicales» (pour «hymen fibreux»), les «élargissements du vagin», l'«ablation d'adhérences» ou les implants péniens ne sont pas remis en question. On retrouve donc une situation mettant en scène – cette fois à l'instigation des patients – un intervenant extérieur qui agit de façon intrusive, d'une manière proche du sadisme et inappropriée par rapport à la véritable demande de ces patients. Malheureusement, nous verrons que, du point de vue thérapeutique, ces agissements masochiques ne sont pas interprétables et n'améliorent en rien la compréhension du sujet sur lui-même.

Comme dit plus haut, l'aspect *quantitatif* est manifeste dans leur demande: érection de tant de minutes, volume du pénis, nombre de rapports par semaine, etc. En revanche, la responsabilité de toute souffrance est projetée sur les médecins, qui sont régulièrement présentés comme uniquement intéressés par l'appât du gain, incompétents, profitant de leurs patients pour s'exercer ou refusant de reconnaître leurs erreurs et fuyant leurs responsabilités.

De plus, ces patients font état d'une *conception uniquement biologique de la sexualité*; celle-ci est comprise comme une fonction analogue à la fonction digestiveanale, soumise aux mêmes impératifs instinctifs. «*C'est normal qu'il ait besoin une fois par jour, c'est un homme*», alléguait par exemple une patiente alibidinique qui justifiait ainsi sa mise sous contrainte par le partenaire. Cette conception biologiquement terroriste est souvent d'ailleurs commune à toute la famille, notamment à la mère qui incite sa fille à s'y soumettre comme elle. «*Toutes les femmes doivent y passer*», disait une mère à sa fille. «*Ma mère me méprise car je ne suis pas capable de faire un enfant, pourtant je devrais fonctionner normalement*», constatait une autre patiente*.

Nous avons été impressionnés par le *nombre* d'affections psychosomatiques signalées par ces patients, cela au sens large, mais aussi dans la sphère uro-génitale. De plus, ces problèmes étaient régulièrement décrits comme ayant une apparition ou une recrudescence après chaque coït. Enfin, plus frappante encore était la façon dont ces ennuis étaient évoqués en tant que conséquence inéluctable, quasi logique, de tout rapprochement sexuel. Ils s'intégraient d'ailleurs dans une conception dévitalisée, mécanique et bizarre de leur corps: vagin «*trop chaud*», pénis «*trop petit*», «*comme un os dans le vagin*» ou encore «*manque de tonus sexuel*». Morceaux hétéroclites de corps, inexplicablement affectés par le rapprochement: «*échauffement vaginal après le rapport entraînant des mycoses, des cystites et des urétrites mais sans germes détectables*», «*cystites à répétition après toute pénétration, dues à une faiblesse de la vessie*». Ces affections faisaient régulièrement l'objet de soins chroniques, itératifs, compliqués, très souvent par des médecines parallèles dont la logique ésotérique semblait répondre à un fonctionnement somatique perçu comme mystérieux. L'abus sexuel semble avoir entraîné chez ces patients une altération grave de leur vécu corporel. Les organes, en l'occurrence sexuels, sont perçus comme doués d'une vie propre: sources de besoins à la fois incompréhensibles et immaîtrisables, sièges aussi d'une mémoire douloureuse mais vitale, intrigante autant qu'indéchiffrable, ils sont les moteurs d'un comportement compulsif de maîtrise et d'agression qui passe

---

* Nous retrouvons la soumission à une idéologie biologisante dans un grand nombre de systèmes politiques totalitaires (nazisme par exemple) ou sociaux (sectes) pour justifier les pires exactions sur leurs sujets.

par les actes des autres. Parfois, ces soins ont été pervertis en actes destructifs masochiques.

Nous aimerions, à travers quelques éléments illustratifs issus de consultations cliniques, restituer l'aspect psychosomatique des symptômes sexuels qui nous ont été présentés.

Exemple clinique: couple N.

Une femme consulta pour alibidinie. Son mari s'installa à côté d'elle, sortit une longue liste de sa poche sur laquelle il avait recueilli très scrupuleusement, depuis des années, une «anamnèse» de la pathologie de son épouse et ses observations méticuleuses sur ce que, pour lui, était son fonctionnement gynéco-sexuel: survenue d'infections après les rapports, état mental altéré par les règles, désir stimulé par un bon repas, influence de l'alcool sur le désir... Tout y était consigné comme sur une caricature de feuille d'observation de malade. Son exposé faisait en outre apparaître une forme de délire d'altérité: il se substituait à la fois à sa femme (qui, elle, se laissait traiter en objet d'observation et d'expérience sans broncher) et aux médecins (perplexes).

Exemple clinique: couple O.

Ce patient vint, accompagné de sa femme. Il se présentait comme un homme au teint jaune et maladif; déprimé, mou, sans tonus, transpirant, il ne regardait jamais son interlocuteur.

Précisons que cette description n'est ni fortuite ni le signe d'un contre-transfert mal maîtrisé. Elle rend compte du fait que ces patients incarnent entièrement leur symptôme et nous le proposent d'emblée à travers leur présentation corporelle. Ainsi, l'aversion suscitée chez les autres n'est que le reflet de celle qu'on a pu éprouver à son égard et dont il s'épargne ainsi la conscience. Nous y voyons aussi un message fondamental visant à ne pas laisser se développer une relation de sympathie avec l'autre. D'emblée, c'est à travers la répulsion, la mise à distance qu'il instaure la relation. Le thérapeute se trouve alors en même temps sollicité et repoussé.

Le récit du patient se centra dès le début sur les médecins, catégorie socioprofessionnelle qui semblait constituer le centre de ses intérêts. La relation de consommation effrénée qu'il avait établie avec la médecine, doublée de la dépendance dont il faisait état, nous fit penser à une forme de *toxicomanie*.

Les attaques contre le corps médical, sous forme d'identification projective, en faisaient partie: les docteurs Hurni et Stoll, dit-il, étant *«vraiment très occupés»*, n'auraient *«certainement pas beaucoup de temps à accorder à leur couple»*. Il enchaîna sur l'urologue consulté précédemment, en regrettant qu'il soit, lui aussi, trop occupé. On trouve ici le double mouvement d'idéalisation et de haine de l'objet-fétiche que nous constituions à ses yeux.

Très vite, c'est lui qui nous questionna sur notre pratique, ses spécificités et ses différences par rapport au somaticien. Nous sentîmes dans ce questionnement, apparemment légitime, un effort d'identifier notre savoir et nos attentes, non dans le désir louable d'être informé, mais plutôt dans le dessein d'y adapter ensuite sa demande, qu'il semblait considérer comme quasi secondaire. Au-delà de la manœuvre de prise de pouvoir ou de l'inversion des rôles, nous sommes ici surtout sensibles à son intention de se proposer comme un objet de soins valable pour nous. Là encore, on peut y distinguer une tentative compulsive de reconstituer le type de relation abusive dont son psychisme et son corps portent l'empreinte.

Il s'inquiéta de savoir si l'urologue nous avait bien transmis son dossier. Dans cette demande, nous perçûmes d'une part une certaine angoisse qui le faisait se raccrocher à un style de consultation de type somatique dont il était plus coutumier, mais aussi, d'autre part, une volonté de la poursuivre et de nous imposer ce mode de relation médicale. Bien entendu, une certaine forme de mégalomanie et d'exhibitionnisme n'était pas absente d'une requête où l'on sentait percer la fierté de son symptôme devenu partie intégrante de son identité; ni, encore une fois, l'inversion, le médecin étant mis en situation d'exécutant. Enfin, le dossier, substitut corporel et sorte de double de lui-même qu'il propose au désir de l'autre, lui faisait faire l'économie du langage. A l'inverse, lui se définissait comme un corps-objet dépourvu de fonctionnement psychique (avait-il été traité de la sorte lors d'une relation abusive?) et en ce sens, non signifiant, non existant par rapport à ce dossier.

Invité à évoquer son histoire sexuelle, il dévida un récit axé sur la maladie concrète et sur les émissions de télévision y ayant trait et qu'il avait toutes vues, n'omettant aucun détail de date ni d'heure. Son historique opaque et hermétique nous livrait apparemment toutes les informations souhaitables tout en rendant son problème inaccessible. On percevait chez lui une immense volonté de contrôle et l'attente paradoxale que nous le soulagions de son symptôme sans rien y changer.

Le récit des injections de papavérine* qu'il s'était faites, sur prescription de l'urologue, afin de provoquer artificiellement une érection ne suscita pas plus de connotations émotionnelles ou relationnelles que le reste (ni d'ailleurs de remarque sur la douleur inhérente à leur application concrète, ce qui témoigne de cette hyposensibilité des pervers déjà mentionnée). Un conflit se déclara cependant entre lui, qui déniait tout effet à ces injections, et sa femme, qui en voyait le résultat dans une érection survenue trois mois plus tard. Différend sur base quasi délirante qui, lui aussi, avait plus pour fonction de mettre les thérapeutes à distance que de véritablement leur expliquer leur vrai problème.

Un autre aspect de ce qu'on peut aussi percevoir comme une grande fragilité nous apparut lorsqu'il évoqua l'incident suivant: alors qu'il croyait son père en bonne santé, on vint lui apprendre brusquement qu'il était en réalité très malade. *«Je me suis presque effacé»*, nous dit-il, mais sur un ton joyeux. Il en resta d'ailleurs à ce constat, et ce fut sa femme qui poursuivit et nous apprit que ce père était mort peu après. Monsieur nous précisa alors qu'il avait connu, à l'annonce de ce décès, trois minutes d'aveuglement. Cet incident fut encore une fois rapporté sur le ton d'un patient qui énonce un symptôme uniquement physique – pour complé-

---

* Substance utilisée il y a quelques années pour provoquer des érections artificielles; l'injection se fait à la base du pénis.

ter son dossier. Nous avons compris que toute élaboration psychique de la perte de son père lui étant inaccessible, il avait été livré à une somatisation brutale. Dans son récit, on remarque que l'importance qu'il donne à cette manifestation psychosomatique avait effacé jusqu'à la trace de l'affect (il n'était pas triste).

Il revint d'ailleurs bien vite à son discours compulsivement médicalisé en nous déclarant fièrement avoir été choisi comme cobaye par un professeur de médecine, en fonction de son taux de calcium inhabituellement élevé. «*C'est un taux rare*», déclara-t-il. On retrouvait là son besoin masochique d'être instrumentalisé. De plus, il avait rencontré une situation où, effectivement, dans la réalité, son corps uniquement était l'objet de l'intérêt de l'autre, en l'occurrence le désir de recherche dudit professeur précédant sa demande de soins. Cette primauté forcément attribuée au désir de l'autre nous renvoie, une fois encore, à la situation paradigmatique de l'abus où l'enfant s'est trouvé aliéné de son propre désir et soumis à celui de l'autre.

Sa femme intervint alors pour évoquer sa propre déprime, ou du moins ce qu'elle appelait de la sorte. Pendant qu'elle parlait, il paraissait absent, indifférent, peut-être ennuyé. Elle l'attaqua alors explicitement, lui attribuant l'origine de cette dépression qu'elle voyait comme une conséquence de sa frustration sexuelle. L'équivalence entre une énergie qui ne pouvait se décharger et son affection dépressive était pour elle une évidence. Cette affirmation contenait implicitement une attaque massive contre son mari considéré comme «insuffisamment fonctionnel». Nous observons ici l'intrication raffinée de la psychosomatique et du sadisme.

Elle poursuivit d'ailleurs ses accusations et se plaignit du manque d'attentions de son mari, de son insensibilité, de son égoïsme, le tout sur un ton badin qui contrastait avec la force de ses paroles blessantes. Les thérapeutes se sentirent utilisés comme spectateurs d'une scène sado-masochique presque routinière, où la souffrance émoussée avait perdu sa place normale. Tout au plus pouvait-on percevoir chez Madame un certain désarroi face au manque d'érection de Monsieur qui l'angoissait, car, dans la perception psychosomatique de la réalité, le bon fonctionnement sexuel tenait lieu de manifestation affective; à l'inverse, son mari avait compris que, par ce manque, il la tenait à sa merci. En dépit de tous ses efforts apparents pour y remédier, il ne renoncerait certainement jamais à son pouvoir sur elle.

Nous apprîmes qu'ils s'étaient déjà rendus chez d'autres sexologues qui leur avaient prescrit des exercices de caresses mutuelles très simples. La description méprisante de ces échanges faisait bien apparaître à quel point ils avaient jugé ces prescriptions absurdes. On sentait là, au-delà d'une forme d'attaque rétroactive contre les thérapeutes qui avaient cherché à les aider, à quel point surtout il leur était inimaginable d'entreprendre quelque chose pour leur bien. Ce n'étaient que des mesures accroissant leurs souffrances ou la paradoxalité de leurs liens (avoir une érection spontanée pour obéir au désir de sa femme) qu'ils attendaient de nous.

A ce compte, la présence d'érections sporadiques que mentionna Monsieur, loin de servir d'encouragement à leur démarche, n'était perçue par Madame, dans une forme quasi délirante, qu'en tant que preuve de la mauvaise volonté de son mari à son égard. Cette affirmation fait encore une fois référence à un corps-machine maîtrisable et réparable à volonté. De son côté, Monsieur semblait jouir de l'imprévisibilité de ces érections qui suscitaient un surplus d'inquiétude chez son épouse.

Au cours de la consultation, les attaques s'amplifièrent, entre eux comme à notre égard, se propageant à tous les aspects de leur relation. *«Il est très émotif»*, constata-t-elle par exemple, comme s'il avait eu un défaut de fabrication. Toute tentative de notre part d'élaboration de la symptomatologie ou du lien était ignorée ou détournée comme arme de destruction relationnelle.

Peu à peu, les thérapeutes eurent la conviction de se trouver face à un couple inaccessible, sans faille, dramatiquement lancé dans une destruction éperdue de lui-même. Ils nous avaient momentanément utilisés, après beaucoup d'autres médecins, et avant bien d'autres, en cherchant à pervertir notre intervention, et cela quoi que nous disions ou fassions. Il était visible que ce symptôme incarnait la partie paradoxalement la plus vitale d'eux-mêmes, probablement l'ultime témoignage de multiples violences subies, et, à ce titre, ne devait en aucun cas être soigné.

Lorsque vint le moment de conclure la séance, nous leur fîmes part de notre prudence quant à un projet thérapeutique. Ils continuèrent imperturbablement à parler de leurs symptômes, insensibles à l'évolution du cadre, comme retranchés dans une carapace sans faille. Seule pour eux avait probablement compté l'enveloppe de cette consultation «médicale»; le contenu leur était indifférent ou inaccessible. Madame, dans un mouvement d'annihilation rétroactive, nous demanda pour terminer l'adresse d'un endocrinologue qui pourrait résoudre ce problème sexuel.

Pour terminer, une dernière pique à l'égard des médecins que nous sommes: au moment de la prise des renseignements administratifs, ils mentionnèrent avec un air jubilatoire leur appartenance à un nouveau conglomérat d'assurances-maladie dont la presse avait à cette époque amplement commenté la constitution, faite, au dire de ses présidents, *«pour faire pièce au pouvoir des médecins»*. Lorsque nous leur en fîmes la remarque, ils acquiescèrent triomphalement. Nous avons alors relevé que si cette caisse-maladie s'en prenait dans un premier temps, publicitaire, aux médecins, elle ne tarderait certainement pas à s'en prendre aux patients. *«C'est vrai,»* concédèrent-ils plus piteusement, *«ils ont déjà refusé de rembourser certaines factures.»*

Cette vignette peut apparaître rébarbative et notre description comme peu empathique. En effet, nous ne pensons pas adéquat d'attribuer une souffrance et, a fortiori, une demande à ce type de couple. Le fait de se présenter à notre consultation, certes significatif en lui-même, n'y suffit pas. Si les thérapeutes ne font pas mystère d'un sentiment de répulsion, mêlé parfois d'irritation ou d'impuissance, c'est principalement, avec le recul, un sentiment tragique qui a dominé leur contre-transfert. Comme cela a été bien étudié par Racamier (Racamier 1990) puis par d'autres (Sassolas 1988), tous ces affects contre-transférentiels sont des «transplantations» de sentiments, d'interactions même, subies par ces patients et désormais expulsées sur leur entourage, particulièrement médical. La part de tragique qui leur revient est la confrontation avec des forces d'autodestruction actives mais inabordables.

Quelle est la dynamique de cette persévérance mortifère? Une relation sado-masochique chronique et indéracinable? Un délire à deux? Un délire utilisé sadiquement contre l'autre? Une relation sado-masochique protectrice contre une décompensation psychotique? Et quel est l'impact des consultations? Les excitent-elles, leur sont-elles un ingrédient vital qui alimente leur relation constamment menacée d'épuisement? Pour nous, ces questions restent ouvertes. Une forme de *réactualisation de la situation traumatogène infantile*, de l'abus sexuel ou narcissique sur l'un ou l'autre des époux durant leur jeune âge serait en tout cas à nos yeux plausible; particulièrement parlante serait ici l'hypothèse d'un plaisir pris par un adulte à leur détriment. Cette hypothèse aurait du moins le mérite de donner un sens à des symptômes difficilement compréhensibles et de permettre un début de réponse aux questions soulevées.

Si l'on considère toutes ces situations à tonalité psychosomatique, ce serait à un contexte infantile qu'il faut bien imaginer comme extrêmement violent et terrorisant qu'il faudrait imputer ce clivage effroyable entre corps (dys)fonctionnel et corps psychique. En effet, dans la situation d'abus, seul ce corps «concret» est l'objet de l'intérêt de l'abuseur. Les exemples de ce type d'intérêt morbide foisonnent: tel père qui, détaillant avec un intérêt malsain l'anatomie de sa fille adolescente (la patiente le vit comme un marchand d'esclave appréciant les qualités ou les défauts d'une marchandise), l'attaqua sur la lourdeur de ses seins («*tu es une vache à lait*»). À l'inverse, ce «corps-objet» était parfois exagérément valorisé dans certains détails: «*tes chevilles sont superbes*», disait une mère à sa fille, «*des chevilles de cheval de course*» – juste avant de dénigrer ses mollets trop forts. Un autre père, dans le même esprit, prenait des photos de sa fille nue (actuellement, cette patiente pense qu'il se masturbait ensuite en regardant ces photos). Très souvent, le corollaire ultérieur d'un rapport au corps tel qu'il a été induit par ces outrages est une ou plusieurs interventions de chirurgie esthétique ou de multiples formes de mutilations corporelles. Nous y reviendrons.

Ce désastre existentiel aurait eu deux conséquences: d'une part, ce corps vidé de pensée aurait été, depuis lors, condamné à répéter inlassablement l'atteinte subie à l'intégrité de son fonctionnement; d'autre part, le psychisme endommagé dans son évolution propre et coupé de ses liens avec le soma ne pourrait désormais plus remplir sa fonction d'élaboration et de réparation.

De plus, d'une façon plus générale, l'impact de ces agressions somatiques sur l'enfant doit être compris dans un contexte infantile dans lequel l'existence même d'une vie psychique et affective autonome a été au préalable sapée. Les patients expriment cette réalité souvent par des expressions crues telles que *«je n'existe pas», «nous sommes deux sacs vides»*.

Enfin, c'est de la sorte que le corps semble pouvoir assumer la fonction de dernier réceptacle possible de la mémoire de l'abus, de gardien des traces mnésiques qui vont être ultérieurement proposées aux médecins ou autres thérapeutes – mais sous forme codée.

Ces atteintes psychosomatiques se doublent dans la plupart des cas d'une utilisation concomitante perverse du corps. Masochiste bien évidemment, mais aussi aux fins d'emprise et de pouvoir sur le partenaire. Ainsi, cette patiente (*Cas Z.*) qui s'insurgeait: *«Après que j'ai découvert sa tromperie, j'ai fait des infections vaginales pendant trois ans. Je faisais presque exprès.»* Elle avait en effet une histoire gynécologique extrêmement lourde, grevée d'infections itératives, de biopsies, de cautérisations et d'autres interventions ou traitements pénibles mais infructueux qui lui avaient de tout temps servi de justification pour se soustraire aux demandes sexuelles de son partenaire. En revanche, on retrouve l'aspect de dysfonction psychosomatique lorsqu'elle s'exaspérait: *«Ces douleurs* – elle souffrait aussi de vaginisme –, *ces infections, mes règles, j'en ai par-dessus la tête de tout ça, tout me déborde.»* On sentait dans ce type de formulation l'incapacité de son appareil psychique à faire front à des conflits graves et le recours presque intentionnel au corps en tant que relais.

Toujours est-il qu'on voit bien ici la complexité que peut prendre l'intrication de ces trois registres, psychosomatique, pervers et psychotique. Nous avons vu plus haut l'utilisation perverse qui peut être faite d'un délire.

Aspects pervers du symptôme sexuel

D'une façon générale, il est essentiel de saisir que le symptôme sexuel est une partie intrinsèque de la *relation* à l'autre et a fortiori de la relation au sein du couple. Ce n'est que sous cet angle qu'on peut véritablement en comprendre les aspects pervers.

Nous allons analyser sa fonction spécifique au sein de la relation perverse. (Par là, nous admettons l'existence de symptômes sexuels dans un cadre non pervers.) Nous verrons également qu'en tant qu'altération du fonctionnement de la *sexualité*, il est porteur d'une spécificité, désignant une étiologie de même type, en l'occurrence d'abus sexuel (au sens large).

Stratégies phobico-perverses

Les différents symptômes, qui souvent coexistaient, donnaient lieu à des stratégies complexes d'évitement – par l'attaque, la projection ou le paradoxe – impliquant nécessairement le partenaire. Les prescriptions qui sont inhérentes à la sexothérapie* confrontent ces patients à leur sexualité et les mettent particulièrement en évidence. En voici quelques exemples à titre illustratif, tirés de séances qui suivaient nos prescriptions «comportementales» de caresses mutuelles sur le dos:

- semer la *confusion* en altérant la logique de la dispute:
    - *«Nous avions pourtant décidé de faire ces caresses jeudi soir, mais tu n'as pas bougé de devant ton poste!»*, accuse Madame, apparemment indignée.
    - *«Mais tu m'as dit que tu étais fatiguée et que tu voulais aller te coucher!»*, s'insurge Monsieur.

---

* Sur les détails de notre technique de sexothérapie, cf. Hurni et Stoll, 1988.

- «*De toute façon, tu savais très bien que je t'attendais.*»

- faire *diversion* en évoquant un autre problème:
  - «*Pourquoi n'es-tu pas venue me rejoindre?*»
  - «*Et pourquoi ça aurait été à moi de le faire? D'ailleurs, c'est moi qui dois déjà tout faire pour notre gosse*»...

- *projection* de la résistance sur l'autre et utilisation perverse de la prescription:
  - «*Je ne vois pas pourquoi c'est moi, une fois de plus, qui aurais dû faire le premier pas! J'attendais, je voulais voir si tu te déciderais enfin.*»

- ou encore, *défense par une attaque* narcissique massive:
  - «*Tu étais tellement ridicule sous la douche que je n'ai pas insisté.*»

D'autres manœuvres étaient plus proches de la psychose et d'une communication immédiate, magique (cf. infra):
- «*J'en avais envie, tu aurais pu le deviner.*»

Avec certains degrés intermédiaires, «schizo-pervers» – très fréquents:
- «*Je voyais bien que tu avais peur, alors je n'ai pas voulu insister.*» Ou même, plus finement: «*Il transpirait, docteur, et même tremblait, c'était dégoûtant, je n'ai pas pu continuer.*» Ou pire encore: «*Il était tout excité, docteur, vous comprenez, c'était parce qu'on était dans le chalet de sa mère, j'en suis sûre, c'était son image qui l'excitait.*»

Le vaginisme, l'alibidinie ou la dysfonction érectile, outre la manifestation d'une peur réactualisée, peuvent donc être utilisés pour contrôler l'autre, le rejeter, l'humilier, le détruire. Fuyant toute interrogation sur ces symptômes, écartant tout questionnement ou explication et se défendant vigoureusement contre toute douleur psychique qui accompagnerait une réflexion à ce sujet, ces patients expulsent au contraire avec violence toute leur problématique dans la relation. Le symptôme, désaffecté, est ravalé au rang de dysfonction alors que la souffrance est attribuée à l'autre: c'est son désir qui est perçu comme persécuteur.

Nous constatons dans ces exemples bien plus que de simples projections. Il arrive ainsi que la peur panique ressentie par l'un des partenaires à l'occasion d'un simple rapprochement soit expulsée *in toto* du psychisme et attribuée à l'autre. Ce dernier, masochique ou psychotique, endosse d'autant plus facilement cette angoisse qu'il s'y sent gagner un pouvoir de contrôle sur son partenaire. Mais il doit accepter de se voir accusé, incriminé et rejeté violemment comme étant, lui, phobique, peureux ou dégoûtant. «*Tu transpires des mains, ça me dégoûte; je suis sûre que tu as peur de moi.*» En outre, ce mécanisme semble se compléter encore par plusieurs crans de «verrouillages». Non content de son opération d'expulsion extra-psychique et d'injection chez l'autre, le sujet paniqué va chercher à détecter chez son partenaire les ébauches d'excitation susceptibles d'émerger, pour en faire façon immédiatement. Dans ce but, tous les moyens sont bons: on a vu l'exemple de l'interprétation «œdipienne-incestueuse» sauvage. Nous avons aussi entendu des suspicions d'homosexualité pour dénaturer les pulsions sexuelles naissantes chez l'autre. Quant aux malheureux conjoints qui, dans un tel contexte, avaient eu la maladresse d'avouer les abus sexuels qu'ils avaient pu subir, ils s'en voyaient stigmatisés leur vie durant. Bref, nous pourrions dire que la sexualité prenait chez ces couples des formes extrêmes de violence psychique, la peur panique probablement sous-jacente justifiant tous les moyens, même les plus pervers, pour y faire face.

Ce type d'utilisation de la phobie sexuelle comme arme pouvait parfois être mentionné par les couples d'une autre façon, plus physique: celle de provoquer une querelle farouche avec des coups pour aboutir à un rapport sexuel. Celui-ci n'était en effet possible que grâce à la violente contrainte exercée sur l'autre, qui permettait le dépassement de l'angoisse.

Mais la prise en compte de l'histoire traumatique antécédente nous autorise une compréhension différente de ces interactions. Son versant auto-agressif nous apparaît aussi dramatiquement comme l'expression d'une volonté des victimes d'achever elles-mêmes l'œuvre de destruction entamée par l'(les) abuseur(s). Nous avons vu que des expressions telles que *«ça me tue»*, *«ça m'achève»*, *«ça me détruit»* sont courantes chez nos patients. Une patiente qui se droguait et se prostituait disait *«je me finis»*. Les traitements douloureux et parfois mutilants qu'ils s'infligent en sont un autre témoignage.

A travers leur symptôme sexuel, ces patients manipulent les relations, nous éclairant ainsi sur la façon dont eux-mêmes ont été autrefois utilisés. Ainsi, un autre aspect sadique du trouble sexuel réfractaire à tout traitement tient à la mise en échec des thérapeutes. Ceux-ci vont être mis dans la situation d'impuissance et de frustration dans laquelle les patients se sont vus placés autrefois.

En définitive, on comprend que derrière l'apparente anaffectivité psychosomatique, le puissant moteur des agissements est la *haine*. C'est elle qui apporte à ces patients des gratifications de triomphe.

Le symptôme sexuel participe, dans ce contexte, d'une réduction de soi-même ou de l'autre à l'état de *fétiche*. Nous avons déjà évoqué ce type de mainmise sur l'autre par son intimité sexuelle. De la même façon qu'ils l'ont subi, ils dénient à leur partenaire fétichisé toute qualité vivante.

> «En somme, l'on passe de la personne à la chose, et l'objet interne psychique inclus dans le narcissisme devient à l'extérieur du sujet un objet au sens matériel du terme. C'est à partir de là que nous reviendrons plus loin sur la relation fétichique à l'objet qui implique la même ambiguïté: animé/désanimé, mais dans un mouvement inverse en même temps que similaire en son essence et qui consiste au sein d'une relation avec une personne privilégiée, à la rendre comme désanimée pour en assurer la perpétuité et pour l'investir en tant que garante du narcissisme du sujet.» (Kestemberg 1978)

Ce type de description, pour exact qu'ils soit, ne doit pas nous masquer ou édulcorer l'incroyable violence qui est à la base d'une telle manœuvre relationnelle. Rendre une personne vivante désanimée, fût-ce pour se rassurer, revient à une forme de crime, peut-être encore plus horrible dans la mesure où ce crime se perpétue constamment, parfois sous nos yeux, parfois en sollicitant notre complicité. Parfois encore, sur nous-mêmes. Un couple qui avait interrompu les prescriptions en cours de traitement nous avait comparés à une paire de béquilles dont il n'avait plus l'usage et dont il s'était débarrassé.

Ce partenaire réduit à l'état de fétiche (ou, plus précisément de «fétiche - non-fétiche», autrement dit qui résiste, se dérobe à cette attaque) devient, quoi qu'il en soit, vital pour l'équilibre du premier. Ce rôle capital lui donne secondairement barre sur son agresseur. Il va utiliser ce pouvoir en menaçant son partenaire, désormais à sa merci, de le quitter. Ce pouvoir de la victime est d'autant plus redoutable que peu apparent. De plus, les thérapeutes ont généralement tendance à s'identifier à la victime, sous-estimant ses bénéfices secondaires ou, à l'inverse, la fragilité de la position de l'agresseur sadique.

Pour illustrer le thème de l'aspect pervers des symptômes sexuels, nous nous proposons de détailler maintenant un cas qui nous semble illustratif de ce type de compréhension.

Exemple clinique: cas P.

Nous en tenterons une description chronologique et thématique à la fois.

Le début: des thérapeutes dans le collimateur

Dès les premières minutes de l'entretien, ce jeune couple, qui venait d'un autre canton, nous plongea dans une atmosphère saturée de tension. Ils se dirent très motivés et prêts à aller «jusqu'à Paris» chercher de l'aide, tant la situation était urgente: en réalité, il s'agissait là d'une première manœuvre visant d'emblée à nous disqualifier et à nous mettre sous pression. Tout au long de l'entretien, tels des acteurs consommés, ils jouèrent de toutes les nuances de la voix et de la mimique pour altérer et pervertir le sens des mots sous la forme d'un discours de patients demandants. C'est par ce paradoxe qu'ils agissaient sur notre psychisme.

La demande masquée: un couple en manque de souffrance

Au dire de Madame, le *«blocage»* qui caractérisait alors la situation sexuelle engendrait une spirale dans laquelle Monsieur se faisait toujours plus demandant et elle d'autant plus réticente, devenant comme une huître toujours plus *«perméable»*. Par ce lapsus, qu'elle corrigea immédiatement en *«fermée»*, elle nous signifiait le véritable problème du couple: la tension intersubjective perverse qui constituait leur relation était, en quelque sorte, en danger de baisse de «voltage». Lorsque Monsieur enchaîna sur un ton très agressif que le problème venait du côté de Madame, il parlait, en réalité de son souci qu'elle s'affaiblisse, qu'elle ne tienne plus son rôle dans leurs jeux de pouvoir qui, du coup, étaient menacés de perdre leur valeur excitante. Il nous demandait effectivement de rétablir l'équilibre relationnel pervers, ce que nous aurions immanquablement fait si nous nous étions naïvement attachés à la «soigner de sa frigidité».

Pour Monsieur, dont le ton méprisant se doublait d'une mimique condescendante, les relations sexuelles avaient été *«satisfaisantes, bien qu'il y aurait eu mieux»* et qu'elles eussent suivi une *«courbe descendante»* jusqu'à la naissance *«du fils»*, après laquelle elles étaient devenues *«catastrophiques»*. Il introduisait de cette façon d'emblée le thème de l'enfant utilisé (en l'occurrence, à la réactivation de la tension intersubjective perverse). Avec une absence véritablement stratégique de réaction, Madame enchaîna sur l'histoire du couple. Ils *«étaient ensemble»* depuis quatre ans, et leur garçon avait deux ans et demi. Ils s'étaient connus en février, à la Saint-Valentin, et mariés en septembre. Elle ne fit aucun commentaire sur la rapidité de cette démarche, ce qui nous renvoie à l'importance de ce qui est absent du discours, ici la notion de temps et d'évolution temporelle du couple (et bien sûr de tout sentiment). Madame avait à l'époque un ami qui avait donné une fête dans le but *«de se taper une autre fille»* et elle s'était retrouvée *«plaquée et projetée dans les bras d'un autre»*; son futur mari avait été celui qu'elle avait désigné comme remplaçant. De son côté, Monsieur avait ressenti à son égard un *«coup de foudre»*; le couple avait passé la nuit ensemble, mais *«rien ne s'était passé»*, nous dit-elle avec mépris. La patience que manifestait Monsieur avec elle l'avait d'abord énervée; peu à peu, elle s'était *«transformée en amour»*, dit-elle avec dédain.

Insensible jusque-là aux attaques contenues dans chaque proposition énoncée par Madame, Monsieur s'anima alors pour affirmer de façon très menaçante que *«l'amour entre eux était toujours intact»*. Il dénaturait à son tour le mot «amour» en lui attribuant la signification d'«emprise». Madame y réagit par un subtil changement logique, déclarant avec une apparente attitude de soumission son impossibilité de donner spontanément de la tendresse, mais en réalité évitant de cette façon de confirmer le mari dans son affirmation. *«Lorsqu'il est par-dessus moi, c'est étouffant.»* Cette phrase, plus encore que toutes les interactions sadiques, dévalorisant la sexualité pour en faire une arme, la dévitalisant en un outil mécanique, cette phrase signe à nos yeux un ancien abus sexuel par un adulte qui a effectivement écrasé sa victime sous son poids. En effet, elle suscita en écho la prétention légitimante d'un abuseur: *«j'en ai besoin»*, rétorqua le mari.

Sous leur apparence anaffective, les descriptions techniques et factuelles du dysfonctionnement sexuel et de leur rencontre que nous livre le couple sont chargées de violence et de haine. La prise de renseignements anamnestiques donne lieu à une véritable passe d'armes dont la destructivité nous touche de plein fouet. Le symptôme même est déshumanisé, dépouillé de souffrance et utilisé sadiquement pour meurtrir l'autre et nous aussi, indirectement, en nous démontrant le peu de cas qu'ils font de toute relation interhumaine.

Nous apprîmes par la suite que Monsieur n'avait plus de famille, excepté un frère qu'il décrivit comme tout-puissant grâce à ses moyens financiers, et auquel il s'opposait dans une confrontation sans merci. Dans sa famille, l'argent remplissait la fonction perverse de substitut relationnel. Ses deux parents venaient de décéder à l'époque où il avait connu Madame qui, de son côté, venait de perdre son père; on peut dire sans emphase que leur rencontre était d'emblée placée sous le signe de la mort. Les parents de Madame avaient divorcé lorsqu'elle était petite, et la mère s'était remariée à un homme violent, qui avait abusé sexuellement de la patiente. L'inceste avait débuté lorsqu'elle avait 12 ans. Elle n'établissait toutefois aucun lien entre ce vécu, énoncé comme un événement banal, et son dégoût du sexe masculin. Ce fut son mari qui, loin de tout mouvement de sollicitude, l'utilisa immédiatement pour relancer ses attaques revendicatives et clamer sa frustration: *«Elle évite la sexualité car elle trouve le liquide séminal gluant et dégueulasse et je dois crever d'envie.»* L'alibidinie de Madame n'était ressentie que comme une attaque personnelle et toute approche du sexuel comme une menace vitale qui soulevait à son tour haine et volonté de destruction de toute relation humaine. Nous constatons ici la déshumanisation de l'autre, sa transformation en fétiche, qui sont les corollaires de cette solution perverse. Nous-mêmes, les thérapeutes, n'étions pour lui que des instruments de sa volonté de pouvoir, censés par nos connaissances l'aider dans son projet de remodelage de sa femme. Prétendument frustré par l'effort qu'il disait devoir faire pour *«créer l'envie de Madame»*, en réalité il triomphait: *«Moi, par les bonnes techniques, je lui ai fait découvrir l'orgasme.»* Insupportable mais excitant défi à sa toute-puissance, la «capacité sexuelle» de sa femme diminuait, et il nous demandait *«de lui enlever ses préjugés»*. C'est en effet par cette appellation qu'il dénaturait ses réticences sexuelles, s'arrogeant du même coup le droit ou le devoir de passer outre.

Il dit l'avoir déjà envoyée chez un radiesthésiste, démarche qu'il avait toutefois interrompue car il le suspectait de *«manipulations psychiques»*, idée qui l'inquiétait. Par là, il nous révélait certes sa fragilité, ses angoisses paranoïaques et son hémorragie narcissique, mais ses dires comportaient aussi en sourdine une menace à notre égard. Il se demandait d'ailleurs s'il avait *«sonné à la bonne porte»* (cf. chapitre «Le langage de la manipulation»).

Madame poursuivit et attisa la dynamique perverse pour eux un rien languissante en faisant semblant de n'être pas concernée, tout en attaquant son époux par le biais de l'enfant, zone de fragilité du mari et victime prédésignée de la loi impitoyable de la transmission de la perversion d'une génération à l'autre.

En effet, quoique cet enfant eût été désiré par les deux, Madame se plaignit que son mari ne s'en fût jamais occupé, la contraignant à *«donner pour deux»* (cf. notion quantitative de la relation). En arguant de l'épuisement dû à *«cette surcharge»*, elle revendiquait la légitimité de *«n'avoir plus envie de rien!»* (utilisation de l'enfant comme outil de la castration du mari). Pris au piège, ce dernier nous dit abruptement que *«l'enfant lui faisait peur»*. Cette réaction bizarre nous fait penser à l'ancien enfant abusé en Monsieur qui craindrait de devenir lui-même abuseur à son tour. Ne pouvant toutefois en rester là, il contre-attaqua en critiquant la relation de Madame et avec sa mère: selon lui, elles étaient coalisées autour de l'enfant pour l'exclure. Il termina la séance en menaçant *«de tout laisser tomber»*.

Face à un tel couple, il est important pour les thérapeutes, en premier lieu, de ne pas être instrumentalisés et rendus complices. Complicité qui nous forcerait à réprimer notre perception de la réalité violente et à montrer de la complaisance face aux jeux du couple. La description que nous avons tenté de faire de cette séance témoigne de cet effort, notamment de décryptage des interactions perverses entre les conjoints. Ce démasquage constitue une astreinte considérable durant la séance[*], le couple s'employant à nous présenter l'image de deux êtres en «difficulté de communication» et souhaitant «améliorer leur entente» – piège dans lequel tombent d'innombrables psychiatres trop bien intentionnés. Il est en effet très difficile pour des thérapeutes névrotiques d'observer justement et d'être en relation avec des patients pervers, car ils ont très souvent la tentation, parfois même le besoin, de leur prêter des sentiments (culpabilité, tristesse, sollicitude...) que ces patients n'éprouvent absolument pas.

Les thérapeutes sont en outre confrontés à un autre paradoxe, les patients leur demandant de mettre en œuvre le contraire de ce qu'ils prétendent. Ils se trouvent dans une situation fort malaisée: d'une part, les affects forclos par les patients (rage, désespoir, avilissement, peur...) leur sont délégués avec le danger qu'à leur faveur, ils se laissent entraîner dans la spirale de la lutte de pouvoir et du sadisme ou, à l'in-

---

[*] Et aussi dans la description clinique écrite!

verse, de la résignation masochique (et stérile). D'autre part, les mouvements d'ordre névrotique que nous pourrions leur imputer ou leur suggérer ne sont pas perçus, si ce n'est au titre de reproche existentiel. Face à la relation perverse, toute référence à un fonctionnement névrotique et à un transfert – dans son acception habituelle – est vouée à l'échec: compassion, remords, culpabilité, tristesse, mais aussi affection, confiance, gratitude sont non seulement étrangers à ces personnalités, mais viscéralement haïs en tant que tels. Leur mention est inadéquate dans un tel contexte et ne peut que soulever des réactions d'indignation, de révolte et de rejet destinées à rester infructueuses.

Dans un premier temps, la compréhension, sinon le dévoilement des stratégies perverses, est indispensable pour créer la distance nécessaire permettant l'évitement du risque majeur: l'envahissement émotionnel ou la paralysie de la pensée chez les thérapeutes. La perception du dessin en filigrane de l'abus sur les enfants qu'étaient nos patients et ses conséquences désastreuses sur leur fonctionnement psychique actuel sont des repères précieux dans l'abord de la pathologie individuelle et relationnelle à laquelle ils nous confrontent et peuvent nous préserver de graves malentendus.

Quoi qu'il en soit, la perversion de chacun mise en acte dans la relation de couple se révèle une construction bétonnée, d'une solidité à toute épreuve, devant laquelle il convient d'être d'une extrême modestie thérapeutique. Nous y reviendrons au chapitre des traitements.

En l'occurrence, au vu de la fragilité et du refus de Monsieur de s'impliquer dans tout processus et de l'utilisation sadique par chacun de toute faille apparaissant chez l'autre en cours de séance, nous proposâmes deux entretiens individuels pour Madame avec l'un de nous, suivis d'un bilan en couple avec les deux thérapeutes (qui n'eut jamais lieu).

Les entretiens avec Madame: de l'enfant victime à l'épouse perverse

Le discours de Madame s'agença autour de l'abus avec l'émergence des thèmes qui en sont le corollaire, comme la relation d'emprise de la part de la mère, la violence, le secret, etc.

La mère abusive

Madame aborda en premier lieu sa relation avec sa mère, dont elle était la fille *«préférée»* et décrivit de sa part une relation perverse narcissique d'emprise. Nous avons vu que, face à son mari, Madame se rabaissait constamment à cause de ses difficultés sexuelles; elle faisait exactement de même face à sa mère, personne qu'elle craignait énormément mais qui lui inspirait une immense déférence car *«c'était comme si elle avait toujours une oreille dans leur appartement»*. Pire: pour être en paix avec elle-même, Madame se sentait obligée de lui demander conseil à tout propos. Inversion des rôles et verrouillage: c'est la victime qui est persuadée d'avoir besoin du pervers narcissique pour exister. Peut-être aussi rétorsion par utilisation sadique du symptôme pour harceler la mère.

Elle perdait tous ses moyens face à une mère qu'elle ne comprenait pas, tout en disant lui ressembler beaucoup, qui la *«persécutait»* et des *«griffes»* de laquelle elle *«n'arrivait pas à se sortir»*.

A noter que ce tableau de forte dépendance détonnait dans une personnalité qui ne montrait par ailleurs aucun signe d'infantilisme ni d'immaturité.

Nous tenterons plus loin d'approfondir la compréhension de ce type de relation maternelle abusive.

La violence et l'inceste

Les parents de Madame avaient divorcé lorsqu'elle avait 4 ans. La mère avait vécu par la suite avec plusieurs amis, avec l'un d'entre eux pendant plus de dix ans. Ce dernier était un alcoolique violent qui la frappait, déchirait ses habits, la couvrait d'hématomes et la blessait, sans pour autant épargner la patiente et sa sœur qu'il terrorisait. Un soir, après avoir brutalisé la mère et l'avoir éjectée de la voiture, il était rentré seul et avait abusé sexuellement de la patiente qui avait alors 12 ans et qui était paralysée de peur pour elle-même et pour la vie de sa mère. De ce traumatisme qui s'était reproduit à de nombreuses reprises au cours des années suivantes, il lui était resté une répugnance pour les relations sexuelles; mais aussi et surtout la conviction qu'il fallait à tout prix protéger sa mère. Enfant parentalisée (ce qui est une autre forme d'abus), il lui était encore impossible en tant qu'adulte d'imaginer de parler à sa mère des sévices subis; *«notre relation ne s'y prête pas»*, dit-elle justement.

Au bout de deux ans, ne pouvant plus faire semblant d'ignorer la violence du beau-père envers ses filles, la mère s'était vue contrainte de ne plus habiter avec cet homme qu'elle *«adorait»* néanmoins et qu'elle continuait quoi qu'il en soit à fréquenter. Par une manœuvre perverse d'inversion de la responsabilité, elle était parvenue à culpabiliser ses filles rendues responsables de cette douloureuse décision de séparation alors qu'il ne s'agissait selon toute vraisemblance que d'une variante du jeu pervers sur thème de séparation (cf. p. 74, la peur). Plus, ses filles lui étaient dès lors redevables à vie de son abnégation.

La mort

Il s'agit là d'un thème omniprésent dès qu'on aborde la perversion. Ainsi le beau-père de Madame s'était-il suicidé quelques mois après la séparation. *«Un bon débarras»*, commentera la patiente. Mais ce drame, au lieu de mettre fin à son exploitation, avait au contraire amplifié les attaques perverses subies, en provenance cette fois de tout l'environnement familial. En effet, les membres de la famille de Monsieur avaient imputé à la mère de la patiente d'avoir tout mis en œuvre pour amener son mari à se tuer. Ce faisant, ils attribuaient à la mère (à juste titre) leur propre fonctionnement pervers et prétendaient la *«forcer à être coupable»*. Cette délégation de la culpabilité était doublée de celle du triomphe pervers que cette famille lui octroyait aussi: *«tu es contente, tu as réussi.»* On voit ici se dévoiler les mécanismes destructeurs opérant certainement depuis longtemps au sein des générations précédentes. La mère de la patiente avait été par la suite hospitalisée en psychiatrie pendant deux mois.

Son père biologique était mort à 43 ans d'un cancer de la gorge: «*Il est mort beaucoup trop vite, je ne l'ai eu qu'à moitié*», dit-elle. Il ne s'était pas remarié et avait maintenu des contacts ambigus avec son ex-femme et ses enfants, qui l'avaient même assisté dans ses derniers jours. Cet arrangement met en évidence une autre particularité du fonctionnement des familles à interaction perverse: le flou des limites et la disqualification de la loi (divorce demandé puis prononcé au nom de la loi, mais inopérant). Par ailleurs, nous retrouvons régulièrement des enfants abusés utilisés et délégués comme gardes-malades, particulièrement dans des circonstances extrêmes ou dramatiques. Plusieurs de nos patientes ont ainsi vu leur père expirer dans leurs bras. Ce souvenir leur était très pénible, réifiant et condensant probablement des fantasmes d'inceste et de meurtre.

A cette même époque, les parents de Monsieur étaient décédés, les deux en même temps, mystérieusement. Nous avons vu que c'est à ce moment-là que le couple s'était formé. (A noter l'occurrence, déjà relevée, des morts énigmatiques au sein des familles perverses, probablement souvent d'origine criminelle quoique rarement apparues devant la justice.)

Le secret: d'autres incestes?

«*Pour quelle raison exacte mes parents ont-ils divorcé?*», s'interroge Madame depuis son enfance. Sa mère avait promis de le lui expliquer un jour mais ne l'a jamais fait. Que s'est-il passé ? Le père se trouvait de façon patente sous l'influence de sa propre tante (la sœur de sa mère) pour laquelle il délaissait sa famille et chez laquelle il était même allé habiter après le divorce. Cette tante et lui étaient décédés à huit mois de distance. Madame aurait eu envie d'en savoir plus: «*quelque chose n'est pas clair*». Comme dans son propre cas, la figure d'une relation incestueuse entre son père et cette grand-tante plane comme un secret paralysant qu'il est impensable de questionner – et encore moins d'éclaircir.

Le paradoxe implicite de ce genre de secret est du type «on devait tout le temps cacher ce que tout le monde voyait» et il est l'une des clés du rapport particulier de ces patients à la réalité qu'ils considèrent comme manipulable à leur gré. L'enfant se retrouve ligoté dans une complicité avec l'abuseur, doublée d'une loyauté à toute sa famille. Sa seule issue affective face aux conflits insoutenables qui en découlent sera la perversification de tout lien interpersonnel humain non pervers: *«Je hais ma mère»*, nous dira la patiente, qui en même temps lui est complètement livrée dans une relation d'emprise.

La drogue dans le couple

Les fêtes de Noël avaient été une *«sale passe»* pour Madame. Sa mère était inopinément partie en vacances, l'empêchant ce faisant d'aborder la discussion qu'elle eût souhaitée; les remontrances sexuelles du mari lui avaient *«envoyé le moral sous les talons»*; au travail, l'ambiance était détestable et, de surcroît, son enfant ne dormait plus.

Elle s'était sentie, à cette époque, hantée d'une part par le souvenir de la mort de son père, décédé le 23 décembre, et d'autre part par celui d'un Noël particulièrement violent où avait eu lieu une rixe terrible entre son grand-père et le beau-père au sujet de sa mère (le contenu de cette dispute était lui aussi tabou). Pour y faire face, elle *«s'était située au-dessus de tout»* en prenant des barbituriques et d'autres médicaments. Ce comportement addictif s'était perpétué depuis lors. Elle avait pu l'arrêter une première fois dix ans auparavant avec l'aide d'un médecin. Au cours de ces dernières vacances, frustrantes, elle avait repris sa consommation de tranquillisants, mais avait arrêté au bout de trois semaines car elle avait honte d'elle-même et que le mari s'était fâché. Sous l'angle thérapeutique, on peut noter la démarche très concrète (visite à sa mère) que la patiente effectue pour tenter de se sortir de la relation perverse, ainsi que la réaction perverse masochique réactionnelle à la frustration.

L'annihilation rétroactive

A la séance suivante, Madame vint avec son fils, l'arborant comme un véritable fétiche et sabotant de cette façon ipso facto le cadre et l'entretien lui-même. Son comportement désinvolte, comme si elle était en visite de courtoisie chez nous, était aussi une façon d'annuler l'existence de tout ce qui avait précédé. Nous n'avons pu que prendre bonne note de l'acting et constater avec souci pour l'enfant l'inabordabilité de la relation perverse qui semblait avoir retrouvé son «équilibre». Attentifs à ne pas entrer dans le jeu pervers et à lui offrir un cadre non manipulable, nous avons remis l'entretien à une date ultérieure. Madame le décommanda, car elle venait de faire hospitaliser le jour même son mari à la suite d'un tentamen (tentative de suicide). Sans angoisse et sans demande, elle nous déclara: *«il s'en sortira».*

Nous n'avons plus eu de nouvelles pendant plus d'une année.

L'apothéose perverse

Selon ses premiers mots, Madame revint car nous étions pour elle une *«bouée de sauvetage»*. *«Etes-vous bien assis?»*, poursuivit-elle avec un sourire triomphant, nous faisant comprendre qu'elle cherchait plus un public à épater qu'une véritable aide. Elle nous raconta que, peu après nous avoir vus la dernière fois, elle avait constaté qu'elle était enceinte. Le couple avait, selon ses dires, *«pris des risques»* en fin de cycle, même si ce n'était pas le moment propice pour avoir un deuxième enfant, Monsieur se trouvant notamment dans une situation financière désastreuse, au bord de la faillite. A la suite de la nouvelle de la grossesse de Madame, il avait fait une tentative de suicide en avalant des médicaments. *«Ce geste égoïste n'était même pas sérieux»*, affirma Madame avec emportement, *«et je n'ai pas été d'accord de le garder à la maison. Je l'ai fait hospitaliser.»* Voyant qu'à l'hôpital il se laissait couler, elle avait du coup cessé de lui rendre visite. Grâce à cette *«stimulation qui l'avait secoué»*, il s'en était sorti. Le mari au chômage, la surcharge de travail et les problèmes de santé avaient rendu cette grossesse *«catastrophique»*. Elle aussi avait pensé au suicide, mais ne l'avait pas fait à cause de son fils, qui lui donnait beaucoup de *«pep»*. Tout ce récit montre dans quelle mesure le maintien de l'excitation est une question de vie ou de mort pour ces patients suspendus dans une sorte de néant émotionnel et existentiel.

La grossesse a donc été pour ce couple une occasion d'intensifier leurs interactions sado-masochiques. L'arrivée du bébé aussi.

Madame avait accouché d'un deuxième petit garçon qui avait alors six mois: *«Un bébé horrible, qui pleure jour et nuit; c'est l'enfer!»*, s'exclama-t-elle. *«Il est tellement pénible, tout petit, tout maigre... je ne dis pas que je lui en veux, mais il m'énerve.»* Elle conclut par une inversion perverse de la responsabilité: *«Il est arrivé au mauvais moment.»* Pire, elle prétendit que c'était la faute de l'enfant si elle avait perdu son travail après le congé maternité, si elle se sentait *«ficelée par sa présence»*, si elle n'avait plus de vie de couple. Elle lui reprochait en outre de ne pas être *«génial»* comme son frère.

Madame dessine ici le portrait typique d'un enfant qui dira plus tard avoir été le «mouton noir de la famille», autodéfinition courante des enfants abusés. Signalons que si apparemment le frère aîné a le beau rôle, il n'est pas pour autant épargné de l'emprise maternelle: il n'aura le droit d'exister que dans la mesure où il incarnera le fétiche idéalisé de la mère, soit une défense durable contre ses traumatismes, frustrations et conflits – au prix de sa vie à lui.

En l'occurrence, les deux enfants sont manifestement déjà abusés: la maltraitance pour l'un et l'abus sexuel pour l'autre en sont les développements ultérieurs potentiels et malheureusement probables, étayés par la complicité des deux parents.

Dans une optique de prévention, nous avons quant à nous centré notre intervention sur la relation avec l'enfant, ce qui a permis, après une élaboration délicate, de faire prendre conscience à Madame des souffrances que manifestait déjà son enfant et de l'adresser avec lui à une consultation de pédopsychiatrie.

Commentaire

Nous retrouvons dans cette vignette clinique bon nombre de paramètres des relations perverses: l'utilisation de la sexualité en tant qu'outil stratégique de la relation, les refus ou sollicitations en tant qu'excitants, la stimulation de la tension intersubjective perverse en tant que défense contre l'angoisse (grossesse) ou la dépression, la sexualité déshumanisée réduite à une fonction biologique incoercible. Ce dernier thème nous renvoie aux aspects psychotiques de la relation perverse; ce type de conviction, revêtant généralement l'aspect inébranlable d'un délire (celui d'une sexualité tyrannique exerçant une sorte de «pression sexuelle»), est en tout cas constante chez les anciennes victimes d'abus sexuels. Nous verrons qu'il constitue la défense probable mise sur pied par l'enfant qui tente ainsi d'absoudre son parent: «*Il ne peut probablement pas se conduire autrement, il est sous l'emprise de la sexualité*»...

Dans un sens un peu analogue, mais de façon moins évidente, on constate souvent chez de tels couples la sexualité utilisée comme «baromètre» de la relation. Là aussi, on peut comprendre ce recours apparemment absurde comme une tentative d'entrer en relation et de maîtriser un partenaire aussi lointain et inaccessible qu'un martien, leurs capacités relationnelles ayant été réduites à zéro par les multiples abus subis. L'argent, ou plus précisément l'achat vénal, la prévarication, donc l'argent en tant que pouvoir sur le partenaire, en est une autre.

Pour revenir au cas clinique présenté ci-dessus, ces patients nous avaient donc consulté pour alibidinie et blocage sexuel chez Madame (qui se disait pouvoir être par moments aussi «*une bête sexuelle*») engendrant une diminution de la fréquence des rapports sexuels, insupportable pour le mari qui de son côté manifestait un intense «besoin» sexuel. Nous avons déjà explicité notre compréhension de leur demande, mais nous voudrions ici l'étayer à la lumière des éléments apparus par la suite. La sexualité, avec ce qu'elle comportait de failles pour chacun d'eux, avait été dès le début le terrain de choix des interactions perverses, jusqu'à constituer l'essentiel du lien du couple. Pervertie dès la première rencontre par le mépris, la revanche et l'hostilité, sa fonction était de nourrir la tension interpersonnelle en lui donnant l'impulsion nécessaire à la poursuite de la relation. La première rencontre intime déjà n'avait pas été l'aboutissement du désir, mais bien l'occasion d'une mise en échec de l'autre, sous-tendue par le mépris et le désir de revanche. Ce bras de fer s'était poursuivi dans une relation de type «maître-élève», où Madame était censée apprendre l'orgasme, mais en même temps détenait le pouvoir de frustrer Monsieur. Dès que la tension intersubjective perverse nourrie par cette dynamique avait commencé à s'essouffler (Madame avait des orgasmes), ils avaient eu leur premier enfant. Cet événement, relaté comme «catastrophique» pour la relation sexuelle du couple, avait été en réalité un moyen (agissement) de rétablir chacun des deux protagonistes dans le rôle prévu par le «script» pervers: lui en tant qu'amant frustré faisant pression pour faire céder Madame, elle en tant qu'épouse-élève pas assez soumise et se refusant.

Au moment de la consultation, ce rapport de forces était vraisemblablement de nouveau remis en cause par une prise de pouvoir de l'un ou de l'autre qui était insupportable. Venir nous voir était pour Monsieur un moyen d'affirmer sa puissance en chosifiant un peu plus Madame, et pour elle une façon de l'attaquer dans son narcissisme; pour les deux était présente la stimulation exhibitionniste de nous prendre à témoin. La relation sexuelle aliénée se révèle ici en tant que véritable comportement stratégique. A la suite de ce que nous pouvons appeler l'agissement de cette demande (et de ses suites, dont la consultation individuelle de Madame faisait partie), le couple avait en effet retrouvé son fonctionnement. Le changement survenu par la suite dans leur approche de la sexualité avait produit un nouveau dérapage et, par réaction, une spirale d'autres agissements pervers rééquilibrants: la prise de médicaments de Madame, la prise de risque dans les relations sexuelles avec la conséquence de la grossesse, la prise de risques financiers de Monsieur et sa tentative de suicide. En effet, au dire de Madame lors de la dernière consultation, le couple s'était retrouvé après les premières consultations plus uni et plus fort aussi par rapport à la sexualité. La naissance du deuxième enfant a vraisemblablement mis un terme à cette apparence d'harmonie insupportable, et a donné une nouvelle occasion à Madame de se situer dans une position inexpugnable, son désir ayant disparu «*à cause de la fatigue et de l'enfant*»; Monsieur était, quant à lui, de nouveau en situation de revendiquer son dû sur le plan sexuel. Ainsi, tout au long des séquences dont nous avons eu connaissance, nous assistons à une accélération et à une intensification de la spirale perverse. Le maintien de la tension, élément vital pour les deux partenaires, nécessite en effet une stimulation toujours plus forte. Pervertie et aliénée, l'excitation qu'ils appellent sexuelle n'est pas nourrie par l'érotisme ou l'attraction sexuelle, mais par la violence et la haine.

Pour de tels couples, chaque diminution de ce qu'ils apportent comme symptôme sexuel, donc chaque amélioration à nos yeux, réactive une autre défense perverse pour prendre la fonction qu'avait le symptôme sexuel dans la relation. Grâce à ces nouvelles manœuvres, ils parviennent en fin de compte à rétablir le symptôme sexuel dans son aspect symptomatique, souvent même encore plus dysfonctionnel qu'avant: le mari, qui au départ s'occupait quand même un peu du premier enfant, s'en détache totalement dès la survenue du second; Madame, de son côté, n'avait plus un seul enfant dont elle devait se préoccuper, mais deux. Exacerbation aussi des comportements provocants: le mari mettait les pieds sur la table, regardait ostensiblement la télévision au lieu de l'aider, etc.

Après tout, la fonction défensive du symptôme («homéostatique» diraient les systémiciens) est connue de longue date. Gardons peut-être simplement à l'esprit qu'au sein des relations perverses plus que dans tout autre contexte, il convient de ne pas toucher impunément au symptôme, de crainte de le voir décupler d'intensité – et de perversité.

Nous avons déjà avancé à plusieurs reprises que derrière ces manipulations perverses nous postulions des angoisses «phobiques» de la sexualité (agies mais non perçues psychiquement). Ici aussi, nous pourrions affirmer que chacun des protagonistes avait, au-delà de sa soif de revanche ou d'excitation perverse, une sorte de terreur d'un rapprochement sexuel et tendre. En l'occurrence, cette partie souffrante, et éventuellement curable, ne fut toutefois pas accessible.

Tout au plus est-on en droit de prêter une attention soutenue à une autre forme de demande, proche d'une demande «névrotique», celle de ne pas passer à l'acte sur les enfants, de ne pas reproduire sur eux les abus dont les patients savent qu'ils ont été eux-mêmes victimes. Nous avons chaque fois été surpris de la conscience très claire que ces pervers avaient des avanies subies durant leur enfance et du risque effectif de les perpétuer sur leur progéniture. Leur enfant représentait pour eux tantôt l'imago de leur parent abuseur (avec la possibilité de rétorsion cette fois), tantôt leur identité en tant qu'enfant victime (avec souhait d'y échapper).

Nous aborderons plus loin les quelques points de repère dont nous disposons du point de vue thérapeutique. Nous admettons volontiers que dans ce cas les résultats furent maigres. Le recadrage du symptôme en tant que moteur de la dynamique sado-masochique du couple a permis de baisser significativement la tension – mais était-ce judicieux? Notre souci pour l'enfant a, semble-t-il, été entendu et nous pensons que Madame cherchait vraiment une aide pour éviter de passer à l'acte sur lui.

Enfin, ce cas illustre la paradoxalité des relations perverses. Dans ce jeu avec l'emprise qui leur est indispensable et vital, l'autre n'existe que pour être détruit. Il doit y être réduit à l'état inorganique de fétiche, mais il doit aussi s'y opposer farouchement et manifester une sorte de rage de vivre. La sexualité est bien, comme chez les névrosés, le domaine le plus fragile, sensible, mais ici, en tant que tel, barricadée chez soi et attaquée chez l'autre. Elle se révèle en tant que véritable arène impitoyable dans laquelle le couple nous convie.

Restent ouvertes une multitude de questions. Entre autres: quelle forme de plaisir un tel couple trouve-t-il à ces joutes? Est-ce un exercice de survie ou existe-t-il une prime de jouissance de type sexuel? Force nous est de constater qu'à ce stade de nos recherches, nous manquons d'éléments de réponse.

Aspects psychotiques du symptôme sexuel

Outre les aspects psychosomatiques et pervers décrits, les symptômes sexuels comportent toujours chez les couples à relation perverse un versant plus ou moins développé que l'on est en droit d'appeler psychotique. Ce versant est le plus malaisé à identifier. Très souvent, ce n'est qu'après de longs traitements que se sont progressivement dévoilés certains pans bizarres de l'activité mentale et conjugale de nos patients. Leur thème en effet était jusque-là en quelque sorte «mimétisé» sur la réalité, dans laquelle il se fondait dans une forme de «délire dans le réel».

Nous allons essayer de décrire certains de ces troubles dans les grandes lignes; puis nous restituerons plus précisément, à travers une vignette clinique, la façon dont ils se sont présentés à nous.

Les symptômes sexuels participent souvent d'une altération du schéma corporel. Cette distorsion se révèle souvent bien plus dramatique que ne l'aurait laissé supposer le symptôme initial. Un patient se plaint: *«j'ai trop de salive»*; une patiente: *«je sens mon corps comme une peau suspendue sur un cintre»*, *«comme un bloc de pierre non façonné»*, *«un monstre»*, *«insensible comme le bois de cette table»*.

D'autres troubles mettent en cause les limites entre eux et leur partenaire (cf. ex.: *«puisqu'il aime me caresser, j'aime aussi»*...). L'émergence d'un désir suscite souvent une véritable désorganisation psychique avec le recours à des mécanismes défensifs très primitifs. *«Je me suis levée lorsqu'il m'a caressé les seins: j'en avais marre car il pensait de nouveau à son ex-femme.»* Des formulations reflètent ces confusions: *«je voulais qu'il me prenne dans mes bras»*[*]. Ces patients sont dans l'incapacité d'exprimer un quelconque désir personnel: *«ça me plaisait car je le sentais détendu»*. Nous avons vu que cela pouvait correspondre à une prudence stratégique visant à laisser l'autre s'exposer d'abord. Mais il est important de comprendre que, dans de nombreux

---

[*] Merceron, Husain et Rossel citent dans le cadre de tests de Rorschach de pervers, un exemple analogue: «je vais me contrarier».

cas, cette attitude se double d'une véritable incapacité à situer en soi-même une motion pulsionnelle, à en déterminer les aspirations et à la mettre en œuvre dans son entourage. C'est là la source d'une attitude d'adhésion avide au partenaire censé représenter une partie plus vivante et plus consciente qu'eux-mêmes: *«Ça s'est bien passé aussi pour moi, car mon mari a dit que j'étais contente.»* Nous voyons que nous nous situons là dans une perspective plus grave qu'une expulsion partielle d'un mauvais objet clivé du moi. Ce moi est d'ailleurs consciemment reconnu comme lacunaire, abîmé: *«il y a des périodes entières de ma vie dont je n'ai strictement plus aucun souvenir»*, avançait une patiente. Ces détériorations n'affectent pas que les traces mnésiques; la curiosité, le raisonnement critique, le «bon sens» ou le sens moral sont souvent absents et délégués à l'entourage: *«pour toute décision, je m'adresse à ma mère»*, disait une patiente mariée, dans la quarantaine, qui téléphonait plusieurs fois par jour à sa mère; *«c'est elle qui sait».*

On constate encore, dans cette même lignée, que ces symptômes sexuels s'inscrivent dans une série de troubles de la pensée logique (déni des liens de causalité par exemple) et de la relation avec la réalité: ainsi une patiente justifiait-elle des attaques continuelles à son mari par son manque d'égards lors de sa défloration, vingt-cinq ans auparavant. Aucun argument ne pouvait entamer cette conviction du tort subi. Ce tort, en réalité bien plus ancien, se trouvait concrétisé dans cette nuit de noces, et la fixation empêchait à la fois l'oubli forclusif et l'élaboration du traumatisme réel.

C'est d'ailleurs à ce type de problématique que fait allusion René Roussillon en élaborant la problématique du traumatisme «réel» qui donnerait lieu à la fameuse «crainte de l'effondrement» décrite par Winnicott, qui concerne

> «la crainte de la répétition d'un *événement qui s'est déjà produit*[*] mais n'a pu être véritablement symbolisé. La tendance à la destruction des psychotiques et «cas limites» répéterait indéfiniment cet échec primordial du détachement primaire de l'objet, non symbolisable car enkysté dans le narcissisme primaire du sujet (...).»

---

[*] Souligné par nous.

Dès lors,

«le processus [analytique] ne confronte plus à des représentations, mais à des *perceptions (traumatiques, hallucinations, phénomènes psychosomatiques, néo-réalité délirante**, etc.) qui signent l'échec du refoulement originaire...»

Roussillon pointe là une évolution psychotique. Il termine d'ailleurs en spécifiant que

«Freud l'avait bien noté dans la troisième partie de «Construction en analyse» lorsqu'il émit l'hypothèse que «hallucination et délire seraient des modes de retour du refoulé *«d'événements vus ou entendus**» (il désigne des perceptions et pas des représentations)....» (Roussillon 1991)

Exemple clinique: cas Z.

Nous allons, à partir de cette situation clinique, tenter d'isoler le thème des «équivalents délirants», autrement dit des signes qui, considérés dans leur ensemble, évoquent, derrière une apparence souvent banale, la forme préoccupante d'un trouble profond du cours de la pensée. Sous chacun des angles étudiés, nous esquisserons des réflexions sur le lien étiologique possible avec un abus sexuel ou narcissique.

Equivalents de délire

«*Mon ami m'a trompée une fois, il y a six ans. Depuis, la relation sexuelle se dégrade constamment. La relation dans les autres domaines est bonne.*» Tel fut le discours de Madame, lorsqu'elle vint consulter l'un d'entre nous avec son ami. On discerne déjà la coexistence de plusieurs propositions passablement contraires. Elle surenchérit d'ailleurs: «*Nous nous entendons très bien*», mais elle ajoute aussitôt: «*Je pense que de temps en temps je le hais.*» Plus tard encore: «*Il n'y a jamais eu de problème sexuel auparavant*», contredit par l'assertion suivante: «*Mais moi j'ai des problèmes sexuels de longue date.*» Plus tard encore, après l'évocation de la profonde aversion que lui inspirent actuellement les relations sexuelles, elle change du tout au tout et, épanouie: «*Le premier rapport sexuel a été magique, j'étais*

---

* Souligné par nous.

vierge, il a été très gentil. Une protection ou contraception? Non, je n'avais aucune crainte de tomber enceinte.»

La coexistence de différents discours contradictoires témoigne de l'effet de dissociation qu'a eu l'abus sexuel, dont nous faisons ici l'hypothèse, sur la victime. Et le thème de la tromperie est particulièrement bien choisi pour actualiser cet abus incestueux dont il est une composante essentielle (mari trompant sa femme avec sa fille). Quant au premier rapport sexuel adulte, il nous apparaît comme particulièrement traumatique chez toutes les personnes abusées. Leur récit témoigne, bien des années plus tard encore, de l'intensité de l'angoisse vécue, soit par des sortes d'amnésie, soit par une évocation teintée d'irréalité comme chez cette patiente. En fait, la plupart du temps, ces patientes n'étaient, ce jour-là, plus vierges, du fait des attouchements ou pénétrations subis durant leur enfance; cette angoisse se référait dès lors à l'éventualité que cet incident soit découvert et qu'elles soient confrontées à ce pénible souvenir.

«Je souffre depuis six ans car il m'a trompée et, je ne sais pas pourquoi, je suis absolument fixée sur cette idée. J'ai déjà été consulter une psychologue qui a essayé de relativiser cet incident, mais rien n'y fait; je suis restée sur mon idée fixe.» Nous avons là, à première vue, quelques arguments étayant l'aspect délirant de ce problème sexuel mais, d'emblée, une autre interprétation, plus relationnelle, se fait également jour en fonction du lien de cette femme avec son ami. Ce lien était en effet clairement assimilable à une relation de phagocytose – que nous décrirons plus loin. Dans cette optique, la relation extraconjugale de Monsieur nous apparut comme une attaque audacieuse, sorte de révolte vitale contre sa domination, qui utilisait ce qu'il avait perçu comme faille dans ce domaine chez sa compagne. Cette bravade avait réussi: il l'avait insécurisée et, par là, l'avait contrainte d'admettre une ébauche d'existence indépendante d'elle. Ce n'est que par ce biais qu'il avait pu entamer l'idée qu'il n'était pas qu'une partie d'elle entièrement contrôlable. La patiente s'en rendait d'ailleurs bien compte. Mais ce mouvement autonomisant en était resté là, à la mise en œuvre chez elle d'un sentiment d'insécurité usant qui, à la longue, avait pris une coloration persécutive: *«Je me suis améliorée: avant, si on sortait dans un dancing et qu'il allait*

aux toilettes, je regardais ma montre. Ce que je voudrais, dans une situation pareille, c'est le mettre sous une bulle et le garder pour moi, qu'il ne regarde pas les autres femmes.» Et lui: «*Mais ce n'est pas un bon exemple, on ne va jamais au dancing.*» Si chez Madame on note que la seule solution envisageable semble être une sorte de retour au *statu quo ante*, on peut suspecter Monsieur d'entretenir chez elle l'inquiétude qui la taraude, puisqu'il ne se prononce pas du tout sur le fond du problème de sa fidélité, ni même ne prend en compte son inquiétude à elle dans sa propre réponse strictement concrète. Il est vraisemblable que cette façon de l'inquiéter contribue à lui assurer un sentiment d'existence. A un certain moment, Madame utilisera une expression très curieuse, mais aussi alarmante, pour décrire l'impact de cette tromperie: «*Il m'a infectée dans la tête.*» Nous y reviendrons.

Du côté de Monsieur, ce type d'interaction évoque les «jeux» pathétiques de certaines victimes avec l'abuseur: susciter son inquiétude est une de leurs seules défenses (peur d'être dénoncé, d'être rejeté sexuellement, d'être abandonné, etc.). Souvent, ces enfants agacent et provoquent le parent abuseur par une attitude ostensiblement aguicheuse à l'extérieur (sorties avec les garçons ou les filles à des heures et en des lieux indus ou interdits) contre laquelle le parent est évidemment mal placé pour intervenir. D'une façon plus générale, cela peut être raccordé au thème très vaste de ce que nous appelons l'«*identité négative*»: c'est par ce que Monsieur n'est – ou vraisemblablement aussi n'était – pas (mais aussi ne désire pas, n'assume pas, etc.) qu'il affirme son existence. Cette négativité pourrait être analysée dans l'optique des pères de psychotiques ou d'homosexuels qui sont classiquement décrits comme «absents». Nous dirions plutôt «négatifs», c'est-à-dire activement absents, non signifiants.

Pour Madame, on pourrait discerner derrière ce scénario le thème phobique du clivage de la sexualité; autrement dit, le fantasme d'avoir un mari, mais «sans sexualité», quitte à supporter, voire même à encourager la satisfaction de ce «besoin» ailleurs. Parallèlement, le fantasme des rapports sexuels illicites et transgressifs de son mari semble une importante source de stimulation érotique pour elle, sous forme de fantasmes avec lesquels elle entretient un rapport de fascination. Enfin, la transgression du code de fidélité par son mari peut être vue comme une sorte de reconstruction d'une transgression plus ancienne, celle de son père, à laquelle elle viendrait se superposer. Cette réédition serait d'autant plus active et inabordable que l'abus primaire serait, lui, totalement réprimé et intouchable.

Une autre proposition émise par la patiente nous semblant pointer vers la psychose était que *«si la relation sexuelle était bonne, il n'y aurait aucun problème»*. La valeur quasi incantatoire donnée à cette solution évidemment amplement idéalisée, exprimée rigidement et répétitivement, nous a alertés. On y trouve bien sûr une forme de déni; toutefois, ici encore, une lecture perverse est autorisée: la patiente souhaitait en effet imputer à son ami la responsabilité de son refus réitéré du mariage. En ce sens, on pourrait dire que cette proposition participe d'une rhétorique relationnelle complexe, formulable de la sorte: *«Tout allait bien, il m'a trompée, je m'en suis trouvée affectée, ou plutôt infectée par des réactions psychosomatiques diverses, notamment gynécologiques, qui empêchent les relations sexuelles, relations dont dépend le bon équilibre du couple et, finalement, la décision de se marier ou non.»* On voit dans ce montage retors comment elle avait amené Monsieur à endosser à lui seul la responsabilité de tout ce qui posait problème dans le couple et réussi à escamoter ses propres problèmes sexuels. Nous reviendrons encore sur l'utilisation d'idées délirantes pour éviter une confrontation avec sa propre sexualité (psychose au service de la «phobie»?).

Nous sommes en droit de considérer ce tableau psychopathologique comme une reproduction quasi photographique de la situation infantile: à cette époque en effet, c'était probablement bien grâce à la sexualité qu'il *«n'y avait pas d'autre problème»*. A ce prix, ces enfants victimes maintiennent la paix, l'équilibre du système familial. A l'inverse, s'ils n'accèdent pas au désir du père, celui-ci donne libre cours à sa violence (en l'occurrence, chez la patiente, il la frappait ou battait la mère, par exemple).

Dans son couple, elle allait jusqu'à sacrifier l'existence de l'autre à son besoin vital d'harmonie: tout en affirmant ne pas pouvoir s'imaginer de vivre sans lui, à la moindre dissension elle envisageait dramatiquement la séparation: *«Je ne supporte pas les tensions entre nous, ça me rappelle mes parents. Ils n'arrêtaient pas de se disputer, toujours au sujet des enfants; c'était insupportable, ça me faisait fuir. C'était terrible, après, ma mère allait vomir.»* Mais elle rectifia aussitôt: *«c'était du faux, pour qu'on s'occupe d'elle».* (On notera, au sujet des vomissements, l'intrication des réactions psychosomatiques et perverses.)

Au cours de la consultation, l'éventualité d'une séparation fut soulevée. Elle donna lieu à des prises de position effarantes et carrément sadiques, fondées sur une impossibilité foncière de se quitter car elle avait besoin de lui pour vivre – autant que lui vraisemblablement d'elle: *«tu ne saurais jamais te débrouiller sans moi»*, posa-t-elle comme une évidence, avec un grand sourire, lorsqu'il en ébaucha la menace. Il lui était inconcevable que son ami, qui n'avait à ses yeux que la valeur, à la fois dérisoire et vitale, d'un fétiche, puisse s'animer au point de revendiquer une véritable autonomie. *«Tu ne peux pas me quitter.»* Et, se tournant vers la thérapeute: *«Lui, il ne peut pas vivre seul; s'il me quitte maintenant, cela ne peut être que pour avoir des rapports avec une autre fille qui lui pose moins de problèmes pour la sexualité. Je ne vois pas pourquoi il me quitterait autrement.»* – *«Non»*, se rebiffa-t-il, *«je pourrais aussi te quitter pour te quitter.»* Mais cette récrimination n'entama en rien la conviction de Madame: *«non c'est pour les rapports sexuels».* Interloqué, le thérapeute intervint pour souligner l'impact nul des propos de Monsieur sur Madame, comme si son existence réelle ne comptait pas. Sans s'émouvoir, elle clôt le sujet: *«Ma fois, c'est comme ça; les choses se sont mises en place comme ça, les rôles se sont inversés, c'est tout»*, voulant dire par là que c'était elle qui, une fois pour toutes, au sein du couple, décidait – mais aussi vivait – pour deux.

Nous avons là un exemple du modèle relationnel de type *d'annexion du partenaire*. L'autre s'y trouve réduit à l'état de «fétiche - non-fétiche» et son existence autonome est *constamment* bafouée. Selon toute évidence, il s'agit du modèle subi par la victime elle-même et intériorisé par elle.

«Je l'ai pris», poursuivit-elle imperturbablement, *«il était comme un bébé, j'en aurais fait une poupée.»* *«Autrefois, il était très fragile, il était tout le temps malade, il avait des palpitations, des angoisses, maintenant il devient un homme.»*

Lorsque purent être abordées les difficultés sexuelles qui avaient existé précédemment à la tromperie de Monsieur, elle déclara: *«La sexualité était impossible car il était si infantile que je me sentais comme si je faisais l'amour avec un enfant.»* Cette *évocation incestueuse* crue ne comportait pas l'ombre d'une interrogation. Elle enchaîna d'ailleurs: *«Autrefois, il devait être constamment materné, mais il fait des progrès.»* Le thérapeute intervint rapidement pour souligner la gravité du problème abordé. Sa tentative de problématiser l'inceste se heurta au simple constat: *«Oui, ce serait comme avoir des relations sexuelles avec un enfant.»* L'indignation, l'angoisse, l'excitation (?) restèrent du côté du thérapeute. Nous retrouvons plusieurs caractéristiques perverses déjà mentionnées: l'absence de curiosité étudiée par Searles chez les psychotiques, mais surtout l'externalisation de l'affect gênant sur l'autre, ce qui constitue, nous le verrons, une problématique qu'on peut élargir à l'infini: à la morale, à la santé publique, à la politique – nous serions quant à nous prêts à l'envisager comme le mouvement paradigmatique du mal.

En ce qui concerne cette patiente, ce que nous pouvons relever est la densité sans faille de cette construction délirante («mon ami est un enfant, donc je ne peux pas faire l'amour avec lui»), en soi apparemment logique, mais inaccessible dans son ensemble au raisonnement et au questionnement.

Outre la figure d'une équation symbolique, nous notons surtout le thème de l'inceste quasiment révélé – sans vraiment l'être[*].

---

[*] Une autre patiente, plus franchement psychotique, qui se refusait à toute relation sexuelle avec son mari, nous disait: *«J'ai donné mon corps à Dieu.»*

Les clivages et dénis masquaient mal une réalité familiale trouble: *«Je n'ai aucun souvenir de ma sexualité avant, dans l'enfance; la sexualité n'existait pas. Je me sens stupide, car mes parents n'ont jamais rien caché, il n'y avait pas de tabous.»* On retrouve l'inversion typique des victimes qui ont intériorisé un sentiment d'incapacité face à des transgressions sexuelles parentales perverses, probablement affichées comme des attitudes novatrices et audacieuses.

Beaucoup des plaintes de Madame avaient une teinte *persécutoire*: *«S'il me reproche quelque chose, ça me fiche un coup pendant dix ans.»* Le moindre signe d'existence propre de l'ami était perçu comme une attaque personnelle. *«Pendant les rapports, j'ai l'impression que nous sommes trois; il y a comme un œil sur moi, je ne suis pas tranquille dans la tête.»*

A noter bien sûr l'évocation à la fois évidente et inaccessible du thème incestueux. *«Ma mère était une véritable bombe à retardement; elle a beaucoup détruit mon couple.»* Si son ami était nerveux à cause de son travail, elle pensait: *«il a quelque chose contre moi»*; *«il m'en veut car je ne fais pas l'amour.»* La situation était véritablement paradoxale: elle avait besoin de lui pour vivre, mais la condition pour rester ensemble était la sexualité qu'elle abhorrait; s'il n'y avait pas de sexualité, une séparation s'ensuivrait immanquablement, proche équivalent de la mort pour elle. Situation identique à celle de l'enfant abusé qui se trouve également devant un choix impossible: en ayant des rapports sexuels (en faisant le sacrifice de sa sexualité), il meurt; s'il s'y refuse, il perd ses parents et risque aussi la mort.

«Il faut que je sois quelqu'un d'autre.» C'est dans cette formule totalitaire que se condensaient les seules possibilités qu'elle entrevoyait de changement. Elle résumait aussi l'impossibilité de coexistence de sa logique délirante avec le monde externe. Elle développa ce thème en imaginant *«partir à l'étranger»*, voire *«faire le tour du monde»*, ce qui aurait été une solution désespérée envisageable à ses yeux. On voit ici qu'il ne s'agit pas, ou plus, de ce qu'on pourrait appeler une névrose de comportement, mais, plus gravement, d'une échappatoire délirante à une réalité insupportable. On pourrait également discerner dans cet agir une

amorce de ce qui pourrait prendre la forme d'un syndrome de personnalité multiple, l'idée de «se mettre dans la peau d'une autre personne». Ces deux solutions (partir au bout du monde ou se mettre dans la peau d'une autre) évoquent bien entendu des systèmes défensifs mobilisés par des attaques abusives parentales. Ceux-ci correspondent à la réalité de l'époque où la patiente vivait ces traumatismes et se sont maintenus, identiques, chez elle, adulte, confrontée à la sexualité de son ami.

Un autre trouble de la relation à la réalité apparut lorsqu'elle mentionna, au sujet de l'infidélité, qu'*«il aurait mieux fait de rien lui dire»*. Chez elle, cette proposition contient en germe une possibilité de *négation de la réalité tant qu'elle n'est pas formulée*: s'il ne l'avait pas révélée, cette infidélité n'eût probablement, à ses yeux, tout simplement pas existé. Dans ce registre, on peut aussi relever la persistance inaltérable de cet acte: il n'avait aucune possibilité d'inscription dans une histoire de couple et était évoqué comme s'il avait eu lieu la veille.

Ce type de défense nous fait suspecter un équivalent de la formulation de l'abus par le père; tant que l'enfant peut croire qu'il a rêvé, le clivage fonctionne. Nous aussi, en tant que thérapeutes, même après des thérapies de plusieurs années, sommes parfois confrontés au dilemme analogue: faut-il formuler l'hypothèse d'un abus sexuel *expressis verbis*, alors même que tout nous y engage et qu'elle est quasiment indubitable, mais alors que le patient ne s'y risque pas? Ou devons-nous respecter les défenses psychiques mises en place – quitte à adopter alors un rôle délicat, proche de la complicité[*]? Nous reviendrons sur ce dilemme crucial, dont la solution est loin d'une simple et trop commode attitude «neutre».

Une certaine forme de *paradoxalité*, à la frontière de la psychose et de la perversion, était perceptible dans le discours de la patiente. Ainsi, elle reprochait à son ami de ne pas avoir pris contact avec le thérapeute, spontanément mais

---

[*] Au sens de Roussillon: «Dans ce cas-là de [traumatisme réel] la technique psychanalytique classique est de connivence avec le processus pathogène». (Roussillon 1991)

aussi en cachette d'elle, dans l'idée d'élaborer la meilleure façon de se comporter vis-à-vis d'elle. D'autant plus paradoxal que, par ailleurs, elle exigeait qu'il ne pense rien ni ne fasse rien par lui-même. Mais aussi psychotique dans le présupposé – non réalisé – que Monsieur aurait dû comprendre son désir sans qu'elle eût à le formuler explicitement.

Au-delà de tous les troubles des limites ou des enveloppes psychiques, ne pourrait-on y déceler l'attente qu'a l'enfant abusé d'être aidé par l'autre parent sans avoir à le demander? Mais ce parent reste généralement aveugle malgré ses signes de détresse – et pour cause, puisqu'il s'agit à notre avis du véritable instigateur de l'abus (cf. Hurni et Stoll 1992).

Pathétique, la patiente l'était lorsqu'elle évoquait les conséquences pour elle de cette tromperie: *«Je me sens seule au milieu du monde; c'est comme de mourir.»* Soit elle arrive à faire valoir sa réalité à la fois despotique et délirante, soit c'est elle qui doit s'effacer. Un choix s'impose, draconien. Cette impossibilité de faire coexister une logique délirante et la réalité se pose aussi dramatiquement au cours des thérapies. Nous verrons que certains traitements nous ont permis de créer avec les patients une sorte de «zone neutre», en quelque sorte «extraterritoriale», plus ou moins désanimée et supportable, qui a permis la poursuite d'une relation, tant avec nous qu'entre eux. Nous y reviendrons.

La domination des processus primaires était perceptible dans son exigence de résoudre ses problèmes immédiatement, tout en protestant qu'elle *«en avait marre de remuer tout ça»*, qu'elle ne voulait plus en parler et que c'était cette thérapie qui la confrontait à ce problème. Le mécanisme projectif sous-tend l'idée magique que si elle ne venait pas en thérapie, le problème n'existerait pas. Du coup, c'était le thérapeute qui était rendu responsable de ses malheurs et qui était visé par sa charge agressive. Mais ce système défensif semblait s'épuiser, ce qui la poussait à venir quand même nous consulter.

Enfin, il convient de préciser que ces multiples thèmes délirants trouvaient un écho certain chez Monsieur, le tout formant une sorte de *délire à deux*. Lui aussi juxtaposait des logiques contraires: tantôt il réduisait le problème à des condylomes dont l'ablation leur permettrait une vie de couple heureuse; tantôt il se présentait comme l'unique responsable, de par son infidélité, de tous les malheurs du couple.

De fait, nous comprenons que le couple se livre là à un jeu subtil que nous pourrions appeler le *«délire alterné, jamais congruent»*. Par exemple, l'un d'eux en vient-il à supposer une étiologie psychique à leurs maux, l'autre le contredit immédiatement pour invoquer une origine somatique et vice versa. Cette non-adéquation des deux délires était probablement, au-delà d'un simple jeu de pouvoir et de destruction, leur moyen de ne pas basculer entièrement dans la folie et de maintenir une manifestation symptomatique entre eux qui justifie un recours à un thérapeute.

Mais la contribution de Monsieur à la folie à deux s'étendait à d'autres domaines. Ainsi se complaisait-il à évoquer dramatiquement sa propre fragilité physique et psychique (il avait connu une période d'angoisses et de précordialgies récurrentes), la nécessité impérative et bienvenue de l'intervention active de sa compagne. Il surenchérissait sur ses effets bénéfiques pour son équilibre. Le tout constituait une véritable sollicitation à l'envahissement de sa personnalité. Les auteurs allemands utilisent, pour décrire ce type de mouvement pervers, le mot «Hörigkeit», littéralement le fait de «se mettre à disposition de...» (utilisé surtout dans le cadre de l'étude des perversions féminines).

Mais ces jeux alternés sur fond de folie à deux ont, eux aussi, des facettes perverses ou phobiques. En effet, lorsque Monsieur énonça que, pour lui, lorsque les condylomes auraient été brûlés, le problème serait résolu, la guérison surviendrait dès la fin de la période d'un mois d'abstinence préconisée par le gynécologue et autoriserait la décision du mariage, Madame se récria dubitativement que *«si ça ne marche pas encore dans un an, on se sépare»* et compléta: *«Dans la tête il y a pas mal de choses qui ne vont pas.»* Ce nouvel échappatoire mit Monsieur hors de lui: *«Mais tu as peur de quoi?»* C'était mal la connaître: *«Que ça continue avec les problèmes physiques.»*

Nous constatons donc que ce jeu de cache-cache apparemment délirant sur l'étiologie biologique ou psychologique des troubles sexuels est en fait impitoyable. Il pourrait bien avoir pour moteur la hantise de Madame de se trouver mariée et, dès lors contrainte, dans son esprit, de satisfaire sexuellement son époux.

En conclusion, il nous apparaît que le trouble sexuel, individuel ou de couple, constitue plus souvent qu'on ne le croit ce qu'on peut légitimement appeler un équivalent délirant. Ce délire est constitué autour de la sexualité et des différentes modalités qui la constituent. Ses liens avec un traumatisme infantile dramatique nous apparaissent évidents, au point qu'on pourrait en tenter la dénomination sous le terme générique global de *«délire sexuel post-abusif»*. Ces troubles de la pensée ne sont que mal perceptibles au premier contact, d'autant qu'ils se calquent sur la réalité et qu'ils restent emboîtés et intriqués au sein d'un domaine peu visible, par essence secret et privé.

Dans l'optique de l'abus infantile, la constitution d'un délire en réaction aux traumatismes était probablement la solution la plus adéquate qui permette la coexistence des deux logiques en présence, celle des parents abuseurs et celle propre à l'enfant. Au contraire même, l'absence de ce type de défense aurait probablement entraîné l'impossibilité d'assurer des fonctions physiques ou psychiques vitales. Cette fonction protectrice du délire se perpétue à l'âge adulte et se retrouve dans notre clinique. Ce compromis permet apparemment aux patients de fonctionner conformément à une certaine réalité, mais se révèle à travers de multiples dysfonctionnements de la sphère psycho-sexuelle.

Les troubles de la procréation

Les champs de la procréation et celui de la sexualité sont relativement clairement délimités chez l'adulte (moderne). Chez l'enfant, au contraire, ils sont indissociablement entrelacés, et toute atteinte à la sexualité infantile va avoir de terribles répercussions sur sa vie procréative, sur un plan fantasmatique en tout cas, et, qui sait, peut-être même sur un plan biologique.

Il n'est dès lors pas étonnant que le projet et surtout la difficulté d'avoir des enfants constituent chez nos patients un thème tout à fait central. Pour un grand nombre d'entre eux, l'enfant, son projet, les éventuelles difficultés pour l'avoir et les soucis après l'avoir eu étaient des sujets de choix pour des disputes ou des manipulations entre eux.

*Aspects psychosomatique
des troubles de la fertilité*

Sous l'angle *psychosomatique*, les difficultés de procréation constituaient une tentative collusive de réduction et de focalisation de la sexualité à un fonctionnement opératoire, rassurant. Tant que ce projet existait, il sollicitait le couple pour des rapports sexuels ayant un but extérieur et concret, le cas échéant sous prescription médicale. Dans ces conditions, l'exercice d'une certaine forme de sexualité lui était possible. Au bout de quelque temps, ou après quelques grossesses, ce type d'aménagement semblait trouver ses limites, et la phobie sexuelle sous-jacente apparaissait. Ainsi s'expliquent à nos yeux bon nombre d'aversions sexuelles dites «post partum», soit après la survenue du premier ou du second enfant.

Par ailleurs, toujours sous l'angle psychosomatique, on ne pouvait qu'être saisis du nombre impressionnant de stérilités plus ou moins «psychogènes», mais aussi d'avortements spontanés, d'interruptions de grossesse, de morts *in utero*, de morts subites du nouveau-né qui jalonnaient le parcours maternel de nos patientes.

En effet, les abus sexuels subis avaient habituellement suscité des craintes d'endommagement des organes sexuels justifiant ultérieurement des comportements compulsifs de vérification (par des grossesses dites «d'essai» notamment).

Aspects pervers des troubles de la fertilité

Sous l'angle *pervers*, nous voyons que l'enfant fait déjà l'objet d'utilisations et de manipulations avant sa venue. Certaines patientes avaient «extorqué» un enfant à leur ami, arrêtant de prendre la pilule à leur insu; parfois avec des motivations du genre *«j'espérais qu'il serait moins brutal après».* Dans ce type de fantasme préconceptuel, l'enfant n'a d'existence que dans la mesure où il est l'instrument d'un stratagème, parfois d'une véritable machination. D'autres enfants sont carrément conçus dans le dessein d'embêter (le conjoint, ou même une tante...).

Nous constatons que les instruments que la médecine moderne met à leur disposition sont fréquemment utilisés par les couples pervers comme un outil pour bafouer les lois biologiques: les enfants sont réduits à des objets, obtenus sur commande (ou par séduction) des médecins, souvent après d'innombrables traitements éprouvants. Il en va de même pour l'adoption, véritable chemin de croix (au cours duquel ces couples rencontrent souvent plus pervers qu'eux). Ces sacrifices et ces souffrances endurées vont souvent être par la suite le prétexte d'exigences parentales exorbitantes d'amour en retour. L'enfant adopté va, lui, être une proie évidente, encore plus docile que n'importe quel enfant, encore plus facilement manipulable et exploitable. Enfin, au registre de la violence contre l'enfant, sur laquelle nous reviendrons, mentionnons encore plusieurs accidents bizarres survenus à des bébés, tel cet «étouffement en mangeant» pour lequel la justice avait soupçonné une patiente de meurtre.

Aspects psychotiques des troubles de la fertilité

Sous l'angle *psychotique* enfin, le thème du désir d'enfant constitue beaucoup plus souvent qu'on ne le croit, celui d'un délire, souvent d'un délire à deux. Inquestionnable, il se pare d'une apparence légitime et se justifie par le roc d'un besoin biologique – ou psychologique – ou de limitations temporelles pressantes. L'enfant n'y a de place que par son manque, que parce qu'en ne venant pas sur demande, il déroge à la toute-puissance maternelle. Dans cette optique, on pourrait même reprendre le concept que nous avons ébauché, celui de *délire alterné, jamais congruent.* Ici, le couple se montrerait en règle générale uni, parfois après une période de ce type d'aménagement dyadique. Et c'est alors à la médecine «insuffisante», et pour autant qu'elle le reste, que reviendrait le rôle de «partenaire de discrépance». En acceptant ses manques, elle jouerait ici le rôle d'une sorte de garde-fou, empêchant les patients de verser dans une psychose franche.

Comme pour le choix du conjoint, le souhait d'enfant relève, sous l'angle psychotique, du strict circonstanciel. Dans plusieurs situations, nous avons entendu des patients le verbaliser sous la forme: *«Comment on s'est connus? Eh bien, j'avais 37 ans, j'ai pensé que l'âge approchait où il fallait avoir des enfants»*; ou *«Ça faisait cinq ans qu'on était mariés, c'était le moment d'avoir des enfants.»*

Dans la littérature, cet enfant est souvent appelé à tort «œdipien». Il s'agirait plutôt d'un enfant «incestueux», puisque marqué dans son essence même par des terreurs de ce type. Objet en tout cas de beaucoup plus de craintes ou d'horreur que n'en laisseraient suspecter les expectatives frustrées clamées à grand bruit.

Voici pour terminer un exemple qui condense les trois facettes décrites plus haut:

Exemple clinique: cas R.

L'illustration suivante montre l'intrication de ces aspects tels qu'ils se présentent dans la clinique.

Le désir pervers d'enfant

Au cours d'un des traitements contre la stérilité qu'elle suivait depuis huit ans, une femme dans la trentaine, à l'apparence très juvénile, vint consulter l'un d'entre nous *«car elle était en couple depuis onze ans mais attendait un enfant pour se marier»*. Sur un ton anaffectif, elle nous dit que jusque-là le couple n'avait pas voulu de mariage *«pour des raisons pratiques»*. A sa place, ils avaient investi dans une maison commune. Dernièrement, elle en était venue à envisager de se marier *«pour des raisons financières»*; de plus, une nouvelle loi lui permettait de ne pas changer de nom, condition qu'elle posait comme tout à fait essentielle. Elle venait consulter seule, ne souhaitant pas être accompagnée par son partenaire, qui d'ailleurs *«n'aurait eu aucune envie d'une démarche psychologique»*: façon subtile de dévaloriser la consultation sans en prendre la responsabilité. Monsieur aurait en effet voulu adopter un enfant. En revanche, elle avait, d'une part, *«encore de l'espoir»* et allait se soumettre à une fécondation *in vitro* et, de l'autre, elle aurait plutôt renoncé à avoir un enfant que d'adopter. Elle définissait ainsi d'emblée l'enfant comme celui auquel était déléguée la responsabilité d'un mariage qui pour elle semblait dépourvu de toute signification symbolique et qu'elle ne désirait foncièrement pas. En même temps, elle désignait cet enfant comme l'enjeu du terrible bras de fer engagé avec son partenaire depuis des années.

Le désir psychosomatique d'enfant

Madame avait *«choisi»* de ne pas avoir d'enfant, car elle voulait d'abord être sûre d'avoir un partenaire qui convienne exactement à ses critères. Après quelque temps de vie commune, ayant changé d'idée et l'enfant ne venant pas, elle avait commencé et poursuivi pendant presque dix ans sans discontinuer toutes sortes de démarches thérapeutiques *«naturelles»* ou médicales. Des investigations hormonales, des traitements, des stimulations (suivies deux fois d'une grossesse extra-utérine), de multiples interventions chirurgicales avaient été entreprises. Malheureusement, elles avaient toutes été immanquablement suivies de la venue des règles. Les traitements étaient décrits avec une foule de détails et sans aucune distance critique ni émotion, mis à part une sorte de rancune pour leur inefficacité. Toute évocation du mot «règles» remplissait ses yeux de larmes, pleurs qu'elle imputait à sa *«constitution d'émotive au fonctionnement labile»*. A chaque survenue des menstruations, elle *«avait la déprime car elle n'arrivait pas à bien dormir mais n'était pas triste»*, et ça *«ne l'empêchait pas de manger ni de bien travailler»*. *«Je vis d'une règle à l'autre»*, disait-elle, en soulignant que l'événement concret du saignement était le déclencheur de cet état désagréable. C'était là une des raisons qui l'avaient poussée à venir nous voir, tout comme le fait suivant: une amie lui avait prêté un livre qui postulait une composante psychologique aux affections physiques. Elle ne l'avait pas terminé car cette lecture la déprimait. De surcroît, elle n'arrivait pas à se trouver de blocage psychologique vu qu'elle *«avait eu la chance d'avoir une enfance sans problèmes»*. Tout au plus, il aurait pu concerner son ami, qui *«au vu de son histoire aurait bien plus de raisons qu'elle-même d'être bloqué»*. Les questions portant sur la sexualité du couple mirent en évidence des rapports sexuels ayant lieu sans aucun plaisir, selon *«les bons jours»*, parfois rendus difficiles par des blocages de la part de Monsieur et l'absence occasionnelle d'éjaculation. Les seuls moments d'angoisse évoqués par la patiente concernaient les situations où elle avait cru momentanément être enceinte. Elle décrivait cette angoisse de façon ambiguë comme un *«espoir-desespoir»*. Ce terrible «parcours du combattant» pourrait correspondre à la nécessité de vérifier que son corps et surtout ses organes génitaux étaient intacts. Ce souci était porté à un tel paroxysme que la patiente, qui disait *«mon unique but est d'être enceinte»*, déniait totalement la réalité de l'enfant à venir.

Le désir psychotique d'enfant

Dans le discours de Madame apparaissaient de temps à autre des affirmations au premier abord incongrues, énoncées sur le mode de convictions inébranlables, sur le thème de la confusion entre elle et sa mère: *«Ma mère aimerait que j'aie un enfant, car je souffre.»* Encore plus bizarrement – véritable déni de la différence des générations –, elle était catastrophée de ne pas avoir eu d'enfant à l'âge auquel sa mère avait eu son premier. En réalité, elle venait d'arrêter la contraception à ce moment-là. A l'époque de la consultation, quelques années plus tard, elle se trouvait dans une situation de grande contrainte car elle était parvenue à l'âge que sa mère avait lors de son dernier accouchement. Cette échéance justifiait à ses yeux l'intensification de ses démarches et la mise sous pression des médecins. Elle prétendait obtenir d'eux des entorses aux procédés thérapeutiques usuels. Après cette date fatidique, elle *«ne pouvait envisager aucun futur»*. Ces argumentations avaient le caractère d'affirmations dont l'exactitude et l'évidence étaient indiscutables. Cependant, le thème de l'âge lui avait permis l'expression d'un vécu personnel: comme enfant, elle avait mal ressenti le fait d'avoir une mère âgée. Sans logique apparente mais selon un raisonnement de type «quantitatif», elle souhaitait donc des jumeaux pour que cette difficulté se trouve ainsi partagée en deux. En outre, elle craignait qu'en fonction de son âge, elle ne soit plus en mesure de pratiquer des sports avec sa progéniture. Pour la première fois, elle ne parlait plus d'elle-même, mais des enfants. Toutefois, cette ébauche de fantasmatisation désirante, quoique limitée à un plan concret, avait tout de suite provoqué une répression brutale: *«Dans un monde aussi cruel il ne faudrait pas mettre au monde des enfants.»* Le mariage n'aurait pu être pour elle que la fête couronnant sa grossesse, et il lui était *«très dur»*, voire impossible, de le concevoir autrement. Cette idée apparaissait délirante dans la mesure où toute considération relationnelle concernant le partenaire était bannie. L'enfant ne venant pas, la patiente avait trouvé une issue perverse dans l'idée d'un mariage pour l'argent. Celui-ci, de plus, lui aurait permis de déjouer plusieurs lois administratives en vigueur. *«Ce qui nous arrive n'est pas par hasard, n'est pas innocent»*, affirma-t-elle énigmatiquement. Le partenaire n'apparaissait dans le discours de la patiente que comme «donneur de sperme». Elle se révoltait contre le fait de *«ne pas être à égalité avec lui pour subir les tracasseries et les souffrances des démarches de la fivette»*. Ce faisant, balayant la différence des sexes, elle aurait voulu entraîner son partenaire dans ses déboires pour se faire justice.

Mais une interrogation d'un autre ordre avait traversé abruptement son discours à plusieurs reprises, que nous avons entendue comme l'expression de sa véritable préoccupation: *«Je veux savoir pourquoi je n'ai pas d'enfants.»* L'affirmation paradoxale qu'elle lui juxtaposait – *«je veux oublier tout ça, je veux penser à autre chose»* – ne faisait qu'en souligner l'importance. Elle cherchait ainsi à éviter une réponse à cette interrogation lancinante. Seules subsistaient la conviction d'une injustice et la revendication légitime d'un droit, celui d'avoir un corps qui fonctionne normalement.

Toutes ces idées pourraient constituer un délire dans le corps et dans la réalité et protéger la patiente d'une décompensation psychotique franche. Elles lui permettaient d'exprimer, en les vidant de leur sens, des perceptions très justes d'une vérité qui avait en son temps dû être désavouée.

Commentaire

Force est de constater l'absence de possibilité d'élaboration psychique et de tout affect chez cette patiente. Seules sont à l'œuvre les pensées opératoires ou stratégiques porteuses d'une extrême violence à l'encontre de soi-même, de l'enfant à venir et a fortiori de tout être humain. Sa «monstruosité» se révélait dans la relation transférentielle qui réduisait tout thérapeute à un pion qu'elle essayait de manipuler.

Par la suite, inatteignable dans sa toute-puissance, elle poursuivra ses démarches de fertilisation comme une lutte dans laquelle chaque échec était un triomphe, accompagné de mépris pour les soignants, d'attributions perverses aux médecins (c'étaient eux qui voulaient la soigner et qui soumettaient son corps à tant d'épreuves insupportables), de manipulations et aussi d'attaques par des procédures pénales. Le déni actif et destructeur de la relation humaine était le reflet du déni d'un psychisme propre: le blocage psychologique qui l'amenait à consulter était envisagé comme un obstacle mécanique dans la tête (qu'il fallait déplacer) interposé à l'aboutissement du traitement somatique: elle réprimait activement toute pensée et vivait «*tout à fait normalement*» entre une insémination et la suivante, c'est-à-dire «*sans y penser*».

Plus tard, il y eut encore une amplification de l'escalade perverse qui impliqua des manipulations autour de l'adoption, de la relation de couple et du mariage.

Mais comment comprendre cette patiente qui se présente comme un robot calculateur, avide d'argent, pour laquelle les autres n'étaient que des objets inanimés à utiliser et, pour autant qu'ils fussent un peu vivants, à détruire?

Cette grave pathologie du désir se situe dans un psychisme atteint dans sa globalité et fonctionnant dans le déni de la différence des générations, des sexes et des êtres. Il est selon nous une des manifestations tardives d'une relation précoce de séduction narcissique, dans son acception pathogène, sorte d'équivalent du meurtre psychique décrit par Ferenczi. Quelques éléments dans l'anamnèse personnelle paraissaient en indiquer la composante traumatique incestuelle.

Les symptômes somatiques

Aspects pervers des troubles somatiques

Les troubles liés à la procréation ne sont qu'une des multiples facettes d'importantes détériorations au niveau plus général du vécu corporel tel que le mentionnent, ou plutôt le démontrent, nos patients pervers. Leur corps, son aspect, son fonctionnement, sa perception ou son unité semble pour eux une source constante de préoccupation et donne lieu à toutes sortes d'interventions médicales ou d'utilisations souvent délétères. Ce cortège symptomatique impressionnant n'est certainement pas le fruit du hasard ou d'une simple évolution malheureuse; il fait clairement penser que ce corps a été autrefois l'objet de perturbations, d'intrusions, de stimulations horrifiantes, bref de traumatismes qui, depuis lors, se répètent inlassablement selon de nombreuses modalités.

Exemple: Une patiente de 23 ans consulta pour alibidinie. Tout rapprochement sexuel lui faisait horreur, ce qui compromettait gravement sa vie sentimentale. Au cours du traitement, elle exprima son dégoût pour son corps, qu'elle ressentait comme extérieur à elle-même, particulièrement lorsque son ami l'abordait amoureusement. Progressivement, la thérapie mit en évidence de graves attaques de toutes sortes subies au cours de son enfance de la part d'une mère perverse. La patiente se décida à discuter de sa petite enfance avec sa mère; celle-ci lui dévoila, dans un surcroît de sadisme, qu'en effet, à l'époque où sa fille était bébé, elle avait ressenti à son égard de fortes pulsions d'attirance sexuelle. Elle surenchérit en décrivant que, pour s'en défendre, ainsi qu'elle l'avait compris au cours d'une thérapie, elle avait aussi élaboré d'horribles fantasmes sadiques, se complaisant à imaginer son bébé délaissé, pourrissant dans ses déjections et rongé par des vers. Ces révélations furent faites sur le ton soulagé d'un aveu enfin partageable. La fille en fut malade, à la fois saisie d'horreur et censée remercier la mère de ces confidences scabreuses. A la lumière de ces informations, les symptômes de la fille deviennent bien sûr très clairement compréhensibles; ils expriment fidèlement ce que devait déjà ressentir le bébé, objet des pulsions sexuelles et sadiques maternelles.

Des troubles liés à la nourriture *(boulimie-anorexie)* sont très fréquents chez ce type de patientes. Les travaux d'E. Kestemberg (Kestemberg 1972), puis d'autres (Brusset 1991, Eiguer 1994), ont bien mis en évidence les aspects pervers de ce type de pathologie. Il est d'ailleurs intéressant de noter que, bien auparavant, René Laforgue avait fait les observations suivantes, attribuées à la névrose mais qui, selon nous, appartiennent de fait à la perversion:

> «L'influence de la névrose maternelle s'exerce dès le premier âge de la vie de l'individu. Cette névrose pousse la mère à contrarier systématiquement tous les élans de l'enfant, à les étouffer dans l'œuf pour ainsi dire. Tout ce qui est bien est considéré comme mal, tout ce qui va dans le sens de la vie fait instinctivement horreur, toute joie devient un crime. Bref, l'échelle des valeurs morales se trouve inversée et joue à contresens par suite de l'influence de la mère sur l'enfant. Ce dernier sera en proie à un intense sentiment de culpabilité en ce qui concerne toute pulsion allant dans la direction normale du développement affectif. Ce serait donc contre ce sentiment de culpabilité cultivé par la mère que l'ego de l'enfant devrait apprendre à se défendre, et cela dès ses premiers mois, dès les premiers conflits souvent déterminés par un allaitement difficile, un sevrage brusqué, une discipline incompréhensive des nécessités élémentaires de la vie, une alimentation d'autant plus désordonnée que les premiers mécanismes de défense prennent souvent la forme de l'anorexie mentale.» (Laforgue 1953)

Dans cette description magistrale, le seul point sur lequel nous divergeons de Laforgue est la notion de «culpabilité», concept ici loin d'une manifestation surmoïque et auquel nous préférons celui de *culpabilisation*, en tant que stratégie consciemment et délibérément mise en œuvre par la mère.

La maîtrise violente et compulsive recherchée sur le corps apparaissait d'ailleurs sous de multiples formes chez nos couples consultants: bodybuilding, jogging effréné, performances cyclistes forcenées, mais aussi cures d'amaigrissement drastiques, tatouages ou prise de pilule pour contrôler les règles. A vrai dire, nos patientes faisaient surtout état d'anciennes crises d'anorexie-boulimie, parfois traitées par des hospitalisations, mais dont l'origine n'avait jamais été élucidée. Elles en avaient gardé certains stigmates: maigreur ou obésité, vêtements amples dissimulant le corps, etc.; elles mentionnaient aussi certaines crises qui resurgissaient épisodiquement, au cours desquelles elles «craquaient» et pouvaient par exemple se goinfrer de tout ce qui leur tombait sous la dent.

Sous l'angle de l'abus, nous reconnaissons dans ces manifestations des tentatives pour s'enlaidir et, ainsi, échapper au désir et à la séduction du père (ou de la mère complice, voire incitatrice, comme nous l'avons vu dans toutes les familles incestueuses). Si cette séduction a effectivement eu lieu, l'anorexie-boulimie peut être l'une des rétorsions que la victime inflige à son corps, responsable à ses yeux de l'attrait exercé sur le père. Beaucoup d'études ont montré les liens qui existent entre l'anorexie (moins fréquemment la boulimie) et l'inceste (Sanderson 1990).

Au chapitre des troubles de l'alimentation, il faut encore mentionner l'*alcoolisme* ou d'autres formes de *toxicomanie*, très fréquents dans notre casuistique. Les liens de ces pathologies avec la perversion sont de plus en plus clairement établis dans la littérature analytique. Nous ne souhaiterions qu'évoquer quelques réflexions au sujet des toxicomanies médicamenteuses. Nous avons vu, lors de certains exemples cliniques, leur aspect pervers en tant que modalités d'un jeu érotisé avec son état physique (veille-sommeil), avec son humeur ou pour échapper à certaines contraintes biologiques. Nous avons examiné leur emploi relationnel, tour à tour chantage ou domination de l'autre. Et enfin, nous est apparue en filigrane l'horreur sexuelle qui justifiait le recours à n'importe quel moyen pour échapper soit au rapprochement sexuel, soit à la remémoration d'un abus effrayant. Mais, pour aller encore plus loin dans ce registre, il nous faut évoquer la possibilité d'une réactualisation subtile de l'abus. Beaucoup d'abus sexuels ont en effet été commis après que la victime eut été endormie par des somnifères, ou du moins après que sa vigilance eut été amoindrie à l'aide de médicaments. Lors de nombreux autres abus, l'abuseur profitait simplement du sommeil de sa victime. Dans un tel contexte, l'état de perte de conscience était d'ailleurs souvent aussi activement recherché par la victime qui y trouvait une échappatoire lui permettant de s'illusionner sur la réalité de l'abus subi. Il est tout à fait plausible que, chez nos patients du moins, ce type d'altération de leur état de conscience soit une forme de mise en scène de ce qui leur est effectivement arrivé au cours de leur enfance.

Ces rétorsions autodestructrices sur le corps peuvent prendre des formes bien plus cruelles ou démonstratives encore. Nos patients avaient à leur actif un cortège impressionnant d'interventions chirurgicales plus ou moins motivées: esthétiques (correction du nez, des seins, des fesses, circoncisions), élargissement ou rétrécissement du vagin, déflorations chirurgicales, «ablations d'adhérences» abdominales, mais aussi opérations des yeux pour myopie, etc. Ces opérations multiples évoquaient l'entité maintenant connue du *syndrome de Münchhausen*, syndrome lui aussi mis en rapport dans la littérature actuelle avec des abus vécus au cours de l'enfance. Un terrible dérivé de cette pathologie est le syndrome de Münchhausen *par délégation*, en l'occurrence à l'enfant, entité qu'il nous a été donné de suspecter à de multiples reprises: soit que les patients fissent état de nombreuses maladies qui affectaient leurs enfants et pour lesquelles ils n'arrêtaient pas de solliciter les interventions des pédiatres ou des chirurgiens; soit qu'eux-mêmes, au cours de leur enfance, eussent été l'objet de soins aussi inopportuns qu'intrusifs: une patiente s'était vu mettre sous pilule sous l'insistance de sa mère alors qu'elle n'avait pas encore ses règles, afin qu'elle *«soit libre de faire l'amour sans entraves»*; lorsqu'elle vint nous consulter, à l'âge de 27 ans, elle n'avait jamais eu spontanément ses règles, et l'arrêt de la pilule fut pour elle une expérience bouleversante. Une autre mère avait réussi à faire opérer en même temps ses deux fils d'une prétendue appendicite, cela malgré l'opposition du médecin de famille à cette indication.

Les agressions qu'infligeaient ces patientes à leur corps pouvaient aller jusqu'aux *automutilations*. Une patiente, qui avait été contrainte par son père à des attouchements pendant de nombreuses années, en était venue ainsi à se taillader les bras à plusieurs reprises – sans parler d'autres formes de tentative de suicide (médicamenteuses) qui avaient nécessité de multiples hospitalisations en psychiatrie. Au cours de celles-ci, l'inceste fut bel et bien mentionné, mais presque anecdotiquement, à l'instar des nombreux déménagements ou de l'âge des ménarches (premières règles), mais à aucun moment ces automutilations ne furent par exemple mises en parallèle avec leur survenue lors des rentrées de la patiente chez son père. Encore une fois, nous pensons que ce fait malheureux n'est pas tant à mettre sur le compte du refus chez les médecins de voir l'inceste (qui existe bel et bien) que sur celui du mode de présentation dissociée et clivée de ces traumatismes propre à ces patientes elles-mêmes.

Aspects psychosomatiques des troubles somatiques

Ces patients faisaient preuve d'un *état de maladie* quasi constant: les rhumes alternaient avec les sciatiques, les indigestions avec des rhumatismes, les migraines avec les cystites, etc. Toute maladie était appréhendée comme une fatalité inéluctable. Relatée avec une foule de détails concrets de type médico-technique, elle monopolisait tout discours, se substituant presque à l'identité même du sujet. Ce corps était présenté de façon à la fois érotisée et lointaine. Les patients le considéraient comme une *machine* extérieure à eux-mêmes qui pouvait s'enrayer. En quelque sorte dévitalisé, le corps paraissait débranché des affects. (A l'inverse, la pensée était toujours ressentie comme potentiellement dangereuse: *«si je parle de mes problèmes, ça me donne mal à la tête»*, disait une patiente.)

Cette santé précaire était toujours source d'agissements complexes, qui faisait intervenir une pléthore d'amis, de voisins, de belles-mères, de médecins, pour ne pas parler des enfants ou petits-enfants. Nous en avons donné plusieurs exemples précédemment (cf. cas L. et cas O.).

Mais ce serait une erreur de ne considérer que les troubles psychosomatiques sans prendre en compte leur utilisation secondaire relationnelle perverse. Ainsi, une grand-mère avait maintenu son autorité tyrannique sur toute sa famille qui, petits-enfants compris, était constamment tenue au fait de ses moindres états d'âme ou de santé. Cette modalité d'assujettissement était élevée au rang de dogme par notre patient, le fils de 50 ans, qui le déclamait avec grande fierté (son épouse, elle, se révoltait: non pas contre l'emprise de cette belle-mère, mais au contraire contre le relatif ostracisme qui l'empêchait de participer à ce culte autant qu'elle l'eût souhaité). Ces «maladies» étaient l'occasion d'exercer un despotisme ahurissant: une autre patiente, de 38 ans, non mariée, se devait de s'occuper de sa mère pendant ses vacances. Non contente de cette sollicitude, cette dernière maintenait sa fille dans l'expectative et l'empêchait d'arrêter tout projet, en fonction de son état de santé variable et imprévisible.

Devant l'impossibilité de son appareil psychique à faire face à cette situation, il ne reste à l'enfant que le recours à la somatisation.

Pour en revenir à un aspect physique très concret, il convient de mentionner, au sujet de la santé et de la *longévité* des pervers, que nous avons plutôt l'impression que ce type de pathologie, lorsqu'elle est présente au sens plein et caractériel du terme, permet de vivre en général très vieux, aux dépens d'un entourage qui, lui, meurt au contraire jeune. Les exemples de tyrans et de despotes abondent, en politique comme dans les arts ou ailleurs, qui vivent jusqu'à un âge très avancé, maintenant leurs sujets sous leur férule jusqu'à leur dernier souffle. Et comme nous l'avons relevé au début de l'ouvrage, ces relations perverses se poursuivent inchangées, quel que soit l'âge de l'abuseur: une patiente qui travaillait dans la haute couture se sentit le devoir – comme toute bonne victime – de rendre visite à sa mère abusive, hospitalisée, en fin de vie et à moitié démente. Mais les réflexes sont tenaces: à peine entrée dans la chambre, la mère l'apostropha par une attaque narcissique: «*Qu'est ce que c'est que ces guenilles que tu as mises?*», et la patiente, paralysée, ne put que bredouiller quelques justifications.

Ces états de maladie s'accordaient avec une multitude d'*approches thérapeutiques marginales, parallèles, «douces»*. Nous voyons dans les modalités mêmes de ces prises en charge des caractéristiques qui les rendent attirantes pour ce type de patients. Elles se fondent sur le paradoxe: s'opposant à une médecine décriée comme «technique» et froide, elles prétendent prendre au contraire en compte l'individu dans son ensemble. En réalité, elles ne font, de façon particulièrement «technique», donc particulièrement extrapsychique ou partielle, qu'appliquer une forme de grille nosologique plus ou moins simpliste aux plaintes énoncées par les malades.

Un autre paradoxe est patent: ces méthodes s'annoncent souvent comme mettant le malade activement à contribution pour se «prendre en charge lui-même», alors que, dans les faits, il se trouve quotidiennement tributaire d'une panoplie d'ingrédients à ingérer ou de mesures à prendre (diététiques, mais aussi concernant une forme d'hygiène intime ou ménagère, comme des lits à orienter en fonction des rayons telluriques). Ces paradoxes et cet équilibre de «maladie - non-maladie» correspondent à la logique des victimes d'abus, dont la quête de moyens pour «s'en sortir sans rien changer» est éminemment paradoxale. Atteintes jusque dans leur chair par ce qu'elles ont vécu, elles l'ont réprimé au point de ne plus ressentir de souffrance; au contraire, elles ont le plus grand mépris pour ces gens qui ont des problèmes psychiques.

Le substrat théorique magico-ésotérique de ces médecines fournit une grande quantité de métaphores et d'images probablement précieuses à des esprits en manque de symboles: «purifier le sang», «restaurer l'équilibre», «détoxifier le sang», «nettoyer l'intestin», etc. Protosymboles de la gamme anale et paranoïde qui conviennent bien à des victimes cherchant à maîtriser et éliminer en elles les traces d'abus corporels. On retrouve par ailleurs cette possibilité d'infiltrer la réalité par une forme discrète de délire – ce qui éclairerait l'incroyable manque usuel de critique face à des traitements notoirement inopérants ou nocifs.

Aspects psychotiques des troubles du corps

Nous le voyons, ce corps autrefois excité, bafoué, critiqué ou infiltré de désirs et d'angoisses provenant de l'entourage des patients se révèle un lieu particulièrement approprié au développement d'idées délirantes. Celles-ci toutefois tendront à être masquées, soit en fonction de la gêne ressentie par les patients à les dévoiler, soit en fonction de leur camouflage idéologique. Ce dernier registre est particulièrement malaisé à analyser: plusieurs patients étaient naturistes, par exemple. Ce qui inclinait notre jugement dans le sens d'un délire était leur présentation de cette particularité en tant que conviction inébranlable et surtout leur mention discrète et égosyntonique, alors même qu'il s'agissait de patients aux difficultés sexuelles pourtant majeures. Ce type de conviction se rapprochait d'une forme d'idéologie silencieuse qui, en règle générale, s'étendait à toute la famille. Il n'était pas rare que celle-ci infiltrât toutes les vacances ou les loisirs de tous les membres sur le mode d'un équivalent délirant incestuel. Plusieurs parents de nos patients ont été décrits comme prônant un régime alimentaire à la fois draconien et aux logiques mystérieuses. Des soins sadiques ont également été dépeints: clystères humiliants, douches froides, boissons nauséabondes, toujours présentés pour «fortifier l'organisme» ou le purifier. L'exemple décrit par R. Laing de la mère baignant ses trois enfants dans un baquet d'eau bouillante pour le premier et simplement chaude pour les suivants, mais qui déniait cette chaleur brûlante en prétendant que l'eau était à la bonne température a été particulièrement parlant pour bon nombre de nos patients. Ils y retrouvaient des souvenirs à l'identique et nous rapportaient d'autres manœuvres de disqualification de leurs sensations par un entourage où la folie le disputait à la perversité. Des enfants grelottant de fièvre avaient été envoyés à l'école par des parents qui n'y voyaient qu'un caprice pour les embêter. Une patiente qui souffrait atrocement d'une rectocolite ulcéro-hémorragique (syndrome de Crohn) était terrorisée à l'idée d'avouer ses souffrances; elle se levait en cachette la nuit pour aller à selles ou vomir. Elle dut son salut à l'intervention d'une tante qui remarqua l'amaigrissement épouvantable de la fillette et intervint énergiquement pour qu'elle soit hospitalisée et traitée.

Il en résultait, pour nos patients adultes, une forme de méfiance face à leurs perceptions qu'ils avaient tendance à prendre pour erronées. A la limite, ils interrogeaient leur partenaire pour savoir ce qu'ils étaient censés ressentir. Nous avons déjà évoqué cette attitude chez certaines patientes incapables de décrire leur vécu sexuel. Cette défiance allait jusqu'à un sentiment d'étrangeté chez certaines femmes qui ne percevaient plus une partie de leur corps comme leur appartenant en propre. Une patiente sentait ainsi son ventre «mort», une autre le percevait même pourrissant.

Quelle que fût la théorie «pédagogique» en vigueur, les parents de ces patients se paraient alternativement des identités de thérapeutes, d'éducateurs quand ce n'était pas celle de prêtres ou de gourous. Dans de tels systèmes de pensée totalitaires, toute velléité de révolte passait encore pour un symptôme nécessitant un surcroît de soins.

Les exercices de caresses sur tout ou partie du corps qu'il nous arrivait de prescrire à ces patients mettaient aisément au jour un vécu corporel très perturbé. Tel ce mari, invité à caresser sa femme sur le dos, qui fut essentiellement préoccupé de réunir un organisme qu'il percevait comme morcelé en s'allongeant sur elle pour la sentir partout à la fois.

Les symptômes relationnels

Mais c'est dans le type de relation à l'autre que se manifestent de la façon la plus évidente, la plus spectaculaire, les troubles liés aux abus vécus durant l'enfance. A travers ses avatars, ses incongruités, ses drames, ils donnent à lire, à l'instar d'une relation transférentielle, jusqu'au détail du vécu infantile.

C'est d'ailleurs au thème général de la relation pervertie que peuvent être ramenées toutes les manifestations décrites jusqu'ici. La perversion, les abus sont des actes perpétrés sur un autre et sont donc difficiles à saisir et à comprendre à partir d'un seul protagoniste. De plus, nous l'avons vu, ils détériorent gravement les possibilités d'élaboration psychique post-traumatique et favorisent au contraire une forme de répétition aveugle agie, elle aussi, sur l'entourage. Là encore, nous avons donc à analyser des phénomènes relationnels.

Cet aspect se révèle souvent délicat à décrire, vu notre relatif dénuement concernant des critères nosologiques spécifiques, appropriés à la description de la relation entre deux êtres. Nous allons néanmoins essayer d'exposer et d'analyser cette relation perturbée selon les trois axes définis plus haut, celui de la perversion, celui de la psychose et celui de la psychosomatique.

Aspects pervers des troubles de la relation

Les cas les plus simples montraient une relation de *pouvoir* sur l'autre, d'emprise, mais sur un partenaire qui, perfidement, s'effaçait toujours. D'autres relations, de type pervers-narcissique, alliaient subtilement séduction, envahissement, expulsion d'une part mauvaise du Moi et verrouillage. Cette séquence a été décrite par Racamier (Racamier 1987, 1992*a*, 1992*b*).

Quelle que fût la modalité de la violence relationnelle à l'œuvre, elle nous paraît se fonder sur une complète et ahurissante ignorance de l'autre, de l'être humain en général et d'une quelconque relation avec lui. Nous avons vu que de nombreux patients nous décrivaient des partenaires qu'ils ressentaient *«sur une autre planète»*, voire *«comme des martiens»*. D'autres se vivaient *«comme dans une bulle»*, métaphore qui nous faisait immanquablement penser à un éventuel ancien *autisme infantile*. Toute possibilité d'identification avec l'autre, avec ses désirs comme avec ses souffrances, leur était impossible. Un exemple nous en a été fourni par un couple qui, en cours de traitement, mentionna anecdotiquement que lors des leçons de conduite automobile que Monsieur lui donnait, Madame avait fauché une piétonne sur la route. Ce ne fut qu'à la suite de notre questionnement que nous apprîmes que la malheureuse était à l'hôpital, victime d'une fracture de la colonne vertébrale. Les deux patients nous narraient ce drame avec un détachement total, vaguement interloqués de notre curiosité.

On pourrait même avancer que, dans un tel contexte d'incertitude, le recours à la perversion en tant que modalité relationnelle était probablement leur unique ressource. Ainsi mettaient-ils à profit leur redoutable capacité de «dépistage» stratégique pour s'efforcer à tout prix de déceler et d'étouffer dans l'œuf d'éventuelles manœuvres pernicieuses. Lorsqu'un mari, en consultation, s'effondra en sanglotant devant l'annonce d'un départ de sa femme, celle-ci ne broncha pas. Sollicitée sur sa position, elle répondit que, de toute façon, elle savait qu'*«il faisait exprès»*, qu'il ne se comportait de la sorte *«que pour l'émouvoir»*.

L'*argent*, par exemple, avec le pouvoir d'attraction qu'il était censé exercer sur les autres, leur servait de schéma relationnel parfois unique. Pour cette raison, la vénalité de leurs partenaires, loin d'être blâmée, était au contraire souhaitée, voire même instillée. (Nous pensons par exemple aux enfants toujours soupçonnés par leur parent pervers de ne manifester à leur égard qu'un amour intéressé par l'héritage à venir – et qui jouent pendant des années sur de prétendues faveurs, octroyées à l'un ou l'autre des frères et sœurs; ou encore aux situations d'inceste où l'argent est souvent le moyen sordide d'«échange» qui scelle une relation de complicité, d'humiliation et de chantage.)

On pourrait dire que, chez ces couples, l'argent avait une fonction de prothèse relationnelle. Toutefois, loin d'être perçu comme une souffrance, ce handicap était vécu chez eux comme un atout dont ils étaient fiers. Et, au contraire, tout éventuel mouvement relationnel d'un autre type (chaleureux, empathique ou «gratuit» par exemple) se voyait sauvagement critiqué et réprimé. A ce titre, on pouvait dire chez eux qu'ils détestaient l'amour.

En fait, c'était toute la *séduction* mise au service de la manipulation stratégique qui avait ce but d'équivalent d'*anti-relation*, vitale pour eux. Ce qui explique pourquoi, lorsqu'elle s'épuisait ou se montrait sans effet, elle entraînait une telle débâcle existentielle chez le manipulateur. On se souvient par exemple de *Citizen Kane*, l'homme puissant et redouté qui s'effondre lorsque sa proie (Susan) lui échappe (voir p. 76). Beaucoup de récits de patients reprennent cette thématique de l'abuseur démasqué qui meurt (ou se suicide)*. Une première lecture de ces drames nous avait plutôt fait penser aux craintes concrètes de rendre des comptes à la justice, peut-être de subir l'emprisonnement. Mais cela n'exclut pas une dynamique plus fondamentale, qu'on pourrait qualifier comme celle de *«l'impossibilité d'être deux»*: soit l'un existe, mais au détriment de l'autre, soit il meurt. Ou à l'inverse, soit on sacrifie tout son psychisme à l'autre et on n'existe pas soi-même, soit on perd l'autre. Cette sorte de loi abominable semble avoir été inté-

---

* Cf. aussi plus loin l'étude du livre *Le troisième homme*.

riorisée par tous les membres de la famille. Elle justifie non seulement l'assujettissement ahurissant de tous à un parent pervers, mais aussi les sentiments terribles de culpabilité vécus par les victimes lorsqu'elles se départissent de leur statut. Car en effet, à ce moment (lors de la dénonciation de l'inceste, par exemple), il n'est pas rare de voir de telles familles se disloquer, l'un des parents mourir, l'autre sombrer dans la dépression ou l'alcoolisme, etc. L'existence (peut-être la survie) des uns n'y semble possible qu'au détriment des autres.

Ce même type de logique autorise ces patients à abuser à leur tour de leur progéniture, exigeant d'elle ce qu'eux-mêmes ont dû donner à leurs parents. Sa mise en œuvre est de l'ordre de l'agir psychique ou physique et nécessite des stratégies mentales et relationnelles d'une extrême violence. Déniée, elle sera attribuée à l'autre et perversement attaquée en lui. En voici un bref exemple.

Exemple: Un couple marié depuis une dizaine d'années vint nous consulter. Madame, petite femme frêle, décrivait son mari comme à la fois violent et indifférent. Ne pouvant plus faire face à la tension qui régnait entre eux, elle disait avoir «fait» un cancer pour qu'il lui prête enfin attention. A l'encontre de ses attentes, la situation n'avait fait qu'empirer. Elle craignait continuellement qu'il mette en acte la menace de la tuer. Du moins avait-elle finalement obtenu qu'il l'accompagne à la consultation conjugale. Le mari, homme grand et fort, tout en admettant de rares passages à l'acte sur sa femme, se défendait énergiquement de l'accusation d'être quelqu'un de brutal. Le recours à la force physique, argua-t-il, n'était pour lui que le dernier moyen de se défendre d'un harcèlement impitoyable de la part de sa femme, qui voulait constamment «communiquer» avec lui. La description de leur dynamique conjugale fit apparaître en effet une extrême violence de la part de Madame: face à l'attitude de retrait de son mari, elle cassait tout ce qu'elle trouvait autour d'elle, enfonçait portes et fenêtres et, si besoin encore, le frappait. Seule la réaction encore plus brutale de Monsieur mettait un terme à ce déferlement de violence. Confrontée à ce récit, elle avoua alors, sans la moindre prise en compte de l'autre, qu'en effet, grâce aux réactions de Monsieur, elle se sentait mieux, soulagée d'une angoisse qui, sans cela, l'accompagnait toujours.

Mais le masochisme du mari, qui se définissait à la merci de sa femme et sans moyens pour y faire face, se révélait alors une arme redoutable: par son attitude, il pouvait à tout moment déclencher ces crises. Non seulement il contrôlait la situation, mais il maintenait sa partenaire dans un état de dépendance cruelle. Inutile de préciser que par ailleurs leur discours était totalement anaffectif, la description des passages à l'acte uniquement phénoménologique, l'autre déshumanisé et les enfants utilisés.

Bien sûr, ces manifestations de la violence relationnelle perverse se retrouvent dans d'autres exemples déjà évoqués, comme le cas P.

Au sein du couple, il va en résulter une dynamique destructrice, qu'on pourrait appeler «de type *couple - noncouple*»: quoique se présentant sous des dehors de couple, les deux protagonistes de cet aménagement n'en partagent en aucun cas les données essentielles. Ils imitent désespérément la *forme* d'une relation conjugale telle qu'ils l'observent dans leur entourage, comme des sortes de figurants d'une pièce de théâtre. Le *contenu* est au contraire une mise en scène criante de l'«impossibilité d'être deux». Tout mouvement signifiant un tant soit peu l'existence propre de l'un suscite immédiatement chez l'autre une réaction brutale de répression. Celle-ci débouche sur une interaction intense, souvent un passage à l'acte violent qui est un véritable simulacre de relation pour le couple. Nous avons déjà précédemment décrit la tension intersubjective perverse comme son moteur existentiel. Elle est entretenue par la possibilité de chaque partenaire de faire réagir l'autre de la sorte. On pourrait même dire, avec beaucoup d'emphase, que la relation abusive engendre des personnes déguisées en êtres humains mais qu'en fait, elles n'y comprennent rien. Nos patients l'expriment souvent de façon pathétique au sujet d'eux-mêmes: *«Je suis un sac vide»*, *«Je ne sais pas ce que c'est que l'amour»*, *«Je ne comprends rien à mes réactions»*; ou au sujet de l'autre: *«Il ne sait pas ce qu'il fait»*.

Les troubles psychotiques de la relation

Outre leurs visées perverses, ces stratégies relationnelles présentent des mécanismes de type psychotique où le déni occupe une place centrale. Ce déni est, selon nous, intimement lié au vécu de l'inceste en tant que réalisation concrète du déni de la différence *des générations, des sexes, de l'altérité de l'existence*. Il est en ce sens le témoignage de l'intériorisation d'une relation où règne la confusion entre amour et séduction. Il s'ensuit une perturbation du sens du réel. Nous avons rencontré à plusieurs reprises des exemples où l'autre, en premier lieu le conjoint, était considéré comme un fétiche. Son existence propre était constamment niée. L'emprise, la phagocytose, nous dirions plus volontiers l'*annexion* de l'autre – ou, à l'inverse, la soumission, l'offrande de soi, l'éviscération – sont les thématiques de ce registre.

En effet, si certains patients semblaient prendre un malin plaisir à bafouer les lois de base de la relation humaine, plusieurs ne semblaient avoir recours à ces formes d'emprise que par impossibilité foncière de s'engager de toute autre façon dans une relation avec un être vivant. Ainsi, de façon un peu analogue à ce que constatait Racamier au sujet des psychotiques:

> «Aucune image de base d'autrui et de soi-même ne constitue le fond, l'assise et la trame de sa relation vécue avec le monde vivant qui l'entoure.» (Racamier 1990)

On peut dire qu'à ce moment, leurs troubles relationnels prenaient la forme d'un délire dans la réalité, en l'occurrence dans la réalité de l'autre.

Cette forme de délire est, dans la plupart des cas, subtilement soutenue ou même encouragée par le partenaire, le tout pouvant aboutir à la dynamique de folie dyadique que nous avons appelée le *« délire alterné jamais congruent»* (cf. p. 196). Cette construction, à la fois équilibriste et impénétrable, pourrait être une forme d'ultime rempart contre une psychose floride.

Les troubles psychosomatiques de la relation

L'ensemble de nos observations cliniques a montré comment le fonctionnement psychosomatique, avec sa forme de pensée opératoire et concrète, ses difficultés de mentalisation et son absence de symbolisation, constitue la toile de fond sur laquelle se tissent les différents motifs analysés plus haut. Ainsi, c'est en tant que «viande», sans aucun symbolisme, que l'enfant va être utilisé; le partenaire qui pleure, perçu comme *«une vessie pleine d'eau qui déborde»*; l'effraction d'une boîte à lettres comme *«un moyen de faire qu'elle ne déborde»*; le rapport sexuel comme *«la vidange de l'appareil génital»*. Au sein de la relation de couple, le clivage corps-psyché prend la forme de cet hyperréalisme doublé du détachement affectif et se manifeste par exemple dans la forme particulière que prennent les *disputes*. Comme des caricatures de procès, elle se déroulent à coups de preuves concrètes, d'énoncés de faits et gestes de l'un et de l'autre, mais sans aucune prise de position personnelle – qui leur est impossible. Elle sont extemporelles et interminables. On dirait que ces agissements relationnels sont une façon de communiquer des pensées et des sentiments qui n'ont jamais pu être élaborés psychiquement. En tant que substituts relationnels, ils jouent un rôle vivifiant et apparemment nécessaire sur le psychisme de l'autre. Nous verrons au chapitre des thérapies que la même dynamique empreint les séances avec ces couples, et plus particulièrement la relation transférentielle, rendant la prise en charge passablement ardue. Nous sommes confrontés à des êtres vidés de leur substance et réduits à l'état de machines à la suite d'une relation précoce, à notre sens perverse.

> «Cet hyperréalisme est en rapport constant avec un vécu précoce, objectif et prolongé d'intrusion parentale; l'enfant n'avait pas droit à sa psyché; ce n'était qu'un instrument qu'on lui prêtait; il ne s'agissait pas d'en jouer ni d'en jouir; l'enfant n'avait la jouissance ni de sa psyché, ni de son moi, ni du réel. Reste, pour complaire, à devenir *machine*.» (Racamier 1990)

Dans le registre psychosomatique, le besoin incontrôlable de médicaments, de nourriture, de tabac, de relations sexuelles, etc., trouve son pendant relationnel dans la *relation addictive* à l'autre. Il sera indispensable non comme partenaire sexuel, mais comme objet de besoin addictif.

Ce trouble traverse donc tous les autres thèmes. Il en constitue une sorte de support; c'est là le fonctionnement sur lequel se jouent les autres aspects. Toutes les pensées de ces patients sont rivées à la réalité concrète, objective. Ils sont en quelque sorte «prisonniers du réel» – mais s'efforcent aussi d'y rabaisser et d'y capter leurs proies. Leur incapacité à évoluer dans des registres symboliques, à métaphoriser leurs sentiments, leur accès malaisé à l'humour (qui n'équivaut pas à rire aux dépens des autres) marquent toutes leurs relations à autrui.

On voit, à travers l'examen des trois axes des troubles relationnels, que les relations tissées par d'anciennes victimes d'abus sont à la fois pathétiques et redoutables. On retrouve en partie cette perception dans la description que fait D. Anzieu de la *scène de ménage*:

> «La scène de ménage, dans ce qu'elle a de trivial et d'avilissant, pourrait apparaître comme une brusque régression psychotique partagée, à la limite de rendre fou l'autre ou soi-même. Mais elle n'est pas que cela. Notons d'abord qu'elle se développe aussi sur une autre dimension, celle du grandiose, dans la mesure où elle fait vivre aux deux concélébrants l'expérience quasi religieuse du mal (...) Toi qui as détruit en moi la croyance en un bonheur possible avec toi, ne crois pas que je vais te permettre d'être heureux, je te fais une vie d'enfer, je te rends le mal pour le mal, je n'aime plus qu'une chose, te faire, nous faire du mal.» (Anzieu 1986)

Il est frappant en tout cas de constater que c'est bien le *mal*, dans son acception la plus vaste, que nous sommes, psychanalystes inclus, contraints d'envisager en face si nous voulons comprendre quelque chose à la perversion.

3. Les deux niveaux ou l'utilisation relationnelle perverse du dysfonctionnement PPP individuel

Avant de conclure ce chapitre, il convient de revenir sur les différents emboîtements des registres psychotique, pervers et psychosomatique. En particulier, nous avons rencontré à plusieurs reprises un dysfonctionnement individuel, par exemple psychosomatique, exploité relationnellement de façon perverse. Ou encore un trouble psychotique lui aussi servant de levier manipulatoire. Ce concept serait un peu le pendant de celui de «bénéfice secondaire» du symptôme, dans une version ici infiniment plus dramatique, avec la particularité d'être destructeur pour les autres. Ici, nous aurions affaire à une forme d'*«utilisation secondaire relationnelle»* d'un trouble individuel.

On le voit, ces intrications sont subtiles. Il ne s'agit cependant pas d'un débat théorique, éventuellement captieux. Très pragmatiquement, nous sommes, en tant que thérapeutes, confrontés au décodage des propos ou des interactions que nous entendons; de notre compréhension va dépendre notre intervention. Cette même difficulté s'est bien sûr dressée sur le chemin des enfants de ces patients – ou d'eux-mêmes alors qu'ils étaient enfants – avec, entre autres, les questions majeures: *«le fait-il exprès?»*, ou *«se rend-il compte des torts qu'il provoque chez les autres?»* ou encore *«pourrait-il faire autrement?»* Nous illustrerons cette utilisation secondaire relationnelle au chapitre des traitements (cas P.).

III. L'IDENTITÉ SEXUELLE ABÎMÉE

Nous avons établi que la sexualité a été, chez les enfants victimes d'abus, un domaine particulièrement mis à mal, saccagé. Terrain meuble, secret, conflictuel, désirant, elle est la cible de prédilection de tout abuseur en quête de prédation. Nous avons constaté que les moyens pour y parvenir sont aussi variés que subtils. Tous néanmoins nous semblent avoir convergé vers des atteintes du noyau de l'*identité sexuelle* qui, par la suite, s'est régulièrement trouvée compromise. Préceptes injustifiables sur les hommes ou les femmes en général *(«comme toutes les femmes, tu dois subir», «c'est par le cul qu'on tient son homme»)*, attaques directes *(«tu es une putain»)*, ou paradoxales *(«sois fort!», «si tu es un garçon, tu dois mettre de l'ordre dans ta chambre»)*, attribution de sobriquets à l'orientation sexuelle équivoque, manœuvres indirectes (nous avons vu la mère qui ne cousait que des pantalons sans braguette à son fils et ces parents qui avaient pendant des années emmené leur fille chez le coiffeur pour hommes); sans exclure les actes brutaux comme les attouchements ou pénétrations (sodomie) contre nature. Toutes ces pratiques concourent à troubler la victime dans son *identité de genre*. Tous nos patients, à un degré ou à un autre, souffraient de ce type de pathologie qu'ils n'avouaient toutefois qu'en cours de traitement.

Nous pensons quant à nous que toutes les pathologies sexuelles que nous avons abordées, depuis les troubles fonctionnels jusqu'à l'homosexualité ou au transsexualisme, mériteraient d'être réexaminées sous l'angle de l'abus. Y compris par exemple le fameux cas de masochisme analysé par M. de M'Uzan (de M'Uzan 1977), qui s'était fait tatouer sur son postérieur *«Entrée des belles pines»*, *«je suis un enculé»*, *«je ne suis ni homme ni femme [ni enfant?], mais une putain, mais une chair à plaisir»*, *«je suis une salope, enculez-moi»*, etc. Dans ce cas aussi, ne pourrait-on légitimement comprendre ces messages comme autant de signes dramatiques de ce que le patient aurait *réellement* subi au cours de son enfance (peut-être de la part de son père – dont on sait qu'il était masochiste aussi –, en tout cas, semble-t-il, d'un surveillant)? Encore une fois, ce langage est si direct et si horrible qu'on ne pense pas à le prendre au pied de la lettre. Par ailleurs, il ne peut être si direct que parce que le patient l'a complètement clivé de son psychisme.

1. La phobie sexuelle «froide» en tant qu'arrière-fond commun des défenses psychosomatiques, perverses ou psychotiques

Avant d'analyser en détail les interactions dyadiques qui se jouent sur ces symptômes, il convient d'en reprendre une description précise.

Les symptômes phobiques sexuels

Nous avons en effet été frappés par un éventail beaucoup plus large de troubles sexuels qu'il n'en est généralement mentionné dans la littérature sexologique, et notamment une prévalence très grande de ce qu'on peut, grossièrement, appeler des *«phobies»* de tous genres (nous verrons plus tard le sens des guillemets). Certaines apparaissent d'emblée, en tant que symptômes. D'autres plus tard, en cours de traitement. Elles se rattachent toutes à un cortège de phobies de différents ordres, phobies sociales par exemple, qui sont la plupart du temps égosyntoniques et ne font pas l'objet d'une demande de soins. En effet, ces troubles sont loin des phobies névrotiques et peut-être ne méritent-ils pas ce nom. Ainsi les patients qui en sont affectés ne se plaignent-ils jamais d'angoisses. L'évitement de l'objet phobogène est entièrement rationalisé. Lorsque les thérapeutes problématisent ces phobies aux conséquences parfois extrêmement handicapantes, ils ne suscitent qu'un étonnement serein. Mais voyons, avant d'essayer de comprendre les rouages d'un tel mécanisme, comment se présentent les symptômes phobiques sexuels:

– Phobie *du parler* tout d'abord, que nous avons mis longtemps à déceler derrière des périphrases ou évitements très subtils (loin des difficultés, bien compréhensibles, d'évoquer devant des tiers certains détails qui relèvent de l'intimité privée du couple). De prononcer un mot sexuel, de simplement évoquer, énoncer telle ou telle partie du corps, semblait pour ces patients l'équivalent de l'acte et, partant, éveillait une véritable panique (ou du moins ce que nous pouvions identifier comme tel). Ces réactions étaient si vives qu'il arrivait que certains patients montrent des troubles de la pensée lorsqu'ils évoquaient leurs relations sexuelles: ils avaient des blancs, perdaient le fil de leur discours ou faisaient preuve de véritables phénomènes de barrage avec un brusque mutisme. Il est par ailleurs possible que cette particularité, encore une fois fort peu visible, soit à l'origine de la difficulté d'aborder ces problèmes dans une psychothérapie.

– Phobie *du regard*: beaucoup de patientes évitaient scrupuleusement de se regarder, nues, dans des miroirs ou de se montrer en costume de bain sur une plage. Leurs éventuels rapprochements sexuels avec leurs partenaires ne pouvaient s'effectuer que dans une obscurité totale. Comme les autres symptômes, ces comportements étaient revendiqués comme des particularités qui allaient de soi, que le partenaire et encore moins les thérapeutes ne devaient pas remettre en question.

– Phobie *des scènes d'amour à la télévision*; souvent mentionnée par les patientes, elle les obligeait à quitter le salon précipitamment sous des prétextes divers.

– Phobie *du toucher* soit diffuse sur tout le corps, soit localisée à telle ou telle zone – pas forcément sexuelle. Impossibilité par exemple de se laisser caresser sur une partie quelconque du corps (patients des deux sexes) ou de toucher telle ou telle partie du corps de l'autre. Impossibilité aussi de se déshabiller pour se coucher; une patiente ne pouvait dormir qu'avec un overall avec pieds, une autre en training et en gardant ses sous-vêtements.

– Phobie *des odeurs*: beaucoup de patients imposaient à leur partenaire et à eux-mêmes des rituels compliqués d'ablutions et d'hygiène avant et après tout rapprochement. A l'inverse, les femmes surtout étaient véritablement révulsées par des baisers au cours desquels elles avaient noté une mauvaise haleine ou l'odeur de l'alcool, par des rapports pendant lesquels elles avaient été incommodées par l'odeur des zones génitales ou autres (axillaires, des pieds, etc.).

– Phobie *du sperme*: très fréquente, elle combinait plusieurs des catégories évoquées. Elle imposait de plus le port d'un préservatif ou des ablutions immédiatement après l'éjaculation, le changement des draps, etc.

– Phobie *des règles* aussi, chez les deux sexes (une patiente mentionnait que, par crainte d'hémorragies vaginales intercurrentes, elle portait pratiquement tous les jours des tampons hygiéniques; d'autres prenaient la pilule uniquement pour contrôler leurs règles).

– Chez les hommes, phobie de voir le *vagin* (la vue de sa femme les jambes écartées décompensait l'un de nos patients).

– Chez les femmes, phobie *du pénis en érection* (avec l'échappatoire d'une pénétration la plus rapide possible).

Chacun de ces symptômes renvoie selon nous à une image précise de traumatisme abusif selon un mécanisme où le symbolisme fait défaut: souvenir ou traces mnésiques sensorielles d'avoir été embrassé(e) par un adulte au fœtor alcoolique, d'avoir été examiné(e) par un regard les dépossédant d'eux-mêmes, souvenirs d'attouchements subis, pour ne pas parler du souvenir du sexe proprement dit. Traumatisme, encore une fois, directement remis en scène, rejoué dans le théâtre du couple.

En outre, nous constatons encore des:

– «*Aversions de l'excitation sexuelle*» qui peuvent se manifester clairement par l'évitement des préliminaires ou, de façon plus masquée, par une fuite en avant dans l'orgasme, *chez les éjaculateurs précoces notamment.*

– «*Aversions de l'orgasme*» vécu comme une capitulation, une soumission à l'autre, une complicité. Nul besoin d'une lecture fine de ce symptôme, beaucoup de patientes se souvenant clairement que leur refus de ressentir ce plaisir était, lors d'abus sexuels, leur ultime défense contre leur abuseur – et à l'inverse, le but recherché par lui pour amener la victime à une complicité forcée.

Outre ces types de «phobies», nous estimons qu'il est nécessaire de porter une attention soutenue à d'autres symptômes sexuels, eux aussi peu décrits dans la littérature spécifique:

– «*L'impossibilité de se laisser aller*» pendant les rapports, plainte pourtant récurrente; ou encore une *attention obligatoirement rivée au plaisir de l'autre*, au détriment de tout vécu personnel; un recours peu compréhensible à la *simulation* du plaisir, le partenaire étant vécu comme ayant une véritable exigence de leur orgasme; un sentiment de *dédoublement* («je me regarde faire») avec un vécu très pénible d'un échange sexuel sans signification, mécanique, grotesque; parfois encore complété par le sentiment d'être regardée par quelqu'un (une patiente voyait un visage scrutateur au plafond; une autre: *«j'ai l'impression qu'on est trois dans le lit»*); des sentiments de dissociation pouvant aussi se vivre physiquement: *«anesthésies de tout ou partie du corps»*, corps mort, dévitalisé *«je deviens comme un tronc de bois»*; corps *«coupé en deux»* (*«la tête et le corps»*, ou *«au-dessus de la ceinture et au-dessous»*).

— *«Le mariage blanc»* ou absence de rapports sexuels depuis plusieurs années, souvent rattachée à un événement précis comme la date du mariage ou un accouchement ou à une sorte d'anomalie constitutionnelle. *«Je pourrais vivre sans sexualité»*, affirment pathognomoniquement ces patientes. L'une d'elles avait été contrainte à deux reprises de renvoyer son mariage, ayant dû être hospitalisée d'urgence à cause de crises de vomissements survenues à l'approche de la date fatidique.

Plus troublantes encore étaient, à l'inverse, chez ces mêmes patients, à côté des symptômes de la série «phobique», des démonstrations de ce qu'on pourrait appeler une forme d'*addiction à la sexualité*: une recherche compulsive d'un plaisir vécu comme nécessaire et idéalisé, un besoin vital de rapports fréquents ou encore une exigence de la pénétration. Alors que la lecture des premiers symptômes est évidente à la lumière d'un abus sexuel, la compréhension de ceux-ci est plus malaisée. Peut-on les interpréter, à l'instar de l'habillement provocant et vulgaire des victimes ou de leur sexualité volontiers démonstrativement compulsive, comme une forme d'exhibition du problème, qui, encore une fois, court-circuiterait le psychisme? Ou bien s'agirait-il plus simplement d'une sorte d'empreinte dont aurait été autrefois marquée la sexualité de ces enfants, trop stimulée et, depuis lors, en quête d'autres excitations massives? Ou encore d'un mécanisme de répression par la fuite dans des perceptions visant à étouffer les pensées terrifiantes, mis en œuvre au départ par l'enfant hyperstimulé, puis répété par l'adulte:

«... seule solution pour supporter ou faire disparaître la douleur mentale», comme dit J. McDougall, qui poursuit: «L'acte prend le pas sur l'élaboration mentale.»* (McDougall 1993)

Dans le contexte de la relation d'emprise où s'est produit le traumatisme, ces perceptions mêmes, après les affects et la pensée, vont être attaquées, déniées, interdites d'existence *(«ce que tu ressens est erroné»)*. Seul un sentiment de haine pourra alors se développer, amorçant l'évolution perverse de la victime.

Les symptômes phobiques non sexuels

Mais ces troubles «phobiques» sexuels se complétaient d'une cohorte d'*autres peurs* encore une fois non symptomatiques: peur de prendre le bus, l'avion, peur de sortir seules, peur des portes coulissantes, peur qu'un homme soit caché sous le lit, etc. Pour une patiente, il était insurmontable de se laisser embrasser par sa mère; une autre manifestait une impossibilité d'attendre un rendez-vous (plusieurs patientes nous ont décrit qu'elles étaient obligées de téléphoner à plusieurs coiffeurs ou dentistes en inventant une pseudo-urgence pour en trouver un qui accepte de les prendre immédiatement). Certains symptômes reflètent fidèlement la situation de contrainte dans laquelle s'est trouvé l'enfant, d'autres avec une légère transposition. Ainsi en allait-il d'une phobie de conduire chez une patiente qui nous disait avoir été obligée d'apprendre avec son père qui la séduisait et la terrorisait. Elle n'avait tout d'abord plus supporté *«la présence d'aucun homme à côté d'elle dans sa voiture»*; plus tard, elle avait même dû renoncer à conduire, prise d'attaques de panique à chaque fois qu'elle se mettait au volant.

Une autre ne pouvait se présenter à aucun examen et avait renoncé à une carrière universitaire qu'elle envisageait

---

* A l'appui de cette compréhension, certains témoignages de victimes, tel celui d'Agnès, 10 ans, victime d'un viol avec fellation forcée: «... Agnès exprime l'impossibilité d'oublier la scène traumatique, en fait ce sont des détails précis en quelque sorte détachés de l'effraction sexuelle qui s'imposent à elle: les chaussures de l'homme, l'odeur, les vêtements qu'elle portait (...) Elle éprouve un dégoût de son corps, elle a pensé qu'elle était empoisonnée.» (Rouyer 1994)

depuis longtemps au vu de ses intérêts et de sa facilité à étudier (sans que ce symptôme invalidant l'engage pour autant à effectuer une thérapie). Cela témoigne à nos yeux de la paralysie ressentie en situation de se trouver face à un homme qui attendait quelque chose d'elle. Dans le contexte de l'abus, l'enfant doit se plier aux demandes d'un autre, perçu comme incommensurablement puissant et redoutable et dont le désir prime sur tout, même sur sa vie.

Une manifestation fréquente était l'occurrence de crises catastrophiques avant le mariage (par exemple chez certains patients qui n'ont pas pu se présenter à l'heure prévue à la mairie ou à l'église). Celui-ci semblait représenter pour eux de façon concomitante un refuge et une menace terrifiante (d'obligation de rapports sexuels). Les visites chez le médecin, et particulièrement chez nous, étaient aussi pour ces patients de véritables cauchemars, souvent en effet précédés de plusieurs nuits d'insomnie et sous-tendus par la crainte de se trouver à notre merci.

Ces symptômes phobiques n'étaient toutefois pas l'objet de plaintes car non accompagnés de peurs conscientes; au contraire, ils se présentaient comme clivés du psychisme. Ils pouvaient, dans certains cas, se décharger dans des *«crises psychosomatiques»*: une patiente, phobique de la solitude, attendait toute la journée le retour de son mari; lors d'absences trop prolongées, elle avait fait des sortes de décompensations psychosomatiques avec vomissements, diarrhées, vertiges, évanouissements qui avaient nécessité à plusieurs reprises des hospitalisations en urgence.

La phobie sexuelle froide

Les symptômes phobiques, sexuels ou non, que nous avons décrits nous semblent appartenir tous à une entité que nous appelons «phobie sexuelle froide». Nous constatons en effet la peur, ou même la panique ou encore la répulsion face à la dimension sexuelle de la vie. Cet élément central pourrait même être le moteur activant tous les mécanismes psychosomatiques, psychotiques ou pervers détaillés plus haut.

Du point de vue étiologique, cette crainte nous parait résulter d'effrois terribles vécus par l'enfant au cours d'abus sexuels ou narcissiques. Les guillemets entourant le mot de phobie indiquent qu'il ne s'agit aucunement d'une forme évoluée de névrose, mais bien plutôt de cette peur panique, tout à fait identique à celle ressentie durant l'enfance, transposée des années plus tard sans élaboration symbolique aucune, mais au contraire totalement clivée, coupée d'un psychisme qui la perçoit mais ne peut la dire. Seuls deux lieux lui sont encore accessibles: le *corps* et la *relation*.

Nous nous trouvons probablement proches du registre de la névrose traumatique (ou du «Post-Traumatic Stress Disease» de la terminologie psychiatrique américaine), lui aussi recensé dans la littérature croissante sur les abus sexuels comme séquelle incontestable de l'inceste (Kluft 1990).

Nous avons vu les nombreuses autres phobies sexuelles manifestées par ces patients (du toucher, du sperme, des préliminaires, de l'haleine...), tous symptômes interprétables comme faisant fonction de traces mnésiques du vécu d'un abus et entraînant des anesthésies partielles ou momentanées, des clivages entre la tête et le corps ou autres manifestations pour le moins étonnantes.

Ces traumatismes sont à tel point hors du psychisme que l'objet ou la situation phobogènes ne peuvent être perçus que dans leur concrétude: la vue du pénis en érection, le fait d'être couché(e) dans un lit avec un homme (ou une femme) ne sont pas anticipés psychiquement mais, au moment où ils adviennent réellement, ils suscitent une réaction viscérale de rejet et de défense, condensée par une patiente dans les mots: «*jamais plus ça*».

La mise en œuvre chez ces patients adultes de mécanismes corporels aberrants doit elle aussi être comprise comme faisant partie d'une *mise en scène réactualisée*: douleurs, irritations, hémorragies, infections scellaient inexorablement tout rapprochement sexuel. Le corps, rivé à son traumatisme ancien, reproduisait fidèlement, après chaque étreinte sexuelle, les souffrances qu'il avait autrefois endurées.

Quelle compréhension et quelle situation nosologique attribuer à ce type de phobie? Nous devons bien admettre que nous n'avons que quelques conjectures à ce sujet. Tout au plus peut-on avancer l'idée qui nous semble étayée cliniquement que cette phobie est *primordiale* par rapport à la psychose. Autrement dit, que ces patients préfèrent souvent remodeler la réalité ou s'inventer des néo-réalités plutôt que d'affronter une sexualité horrifiante. Dans ce sens, les aspects psychotiques décrits – mais aussi pervers ou psychosomatiques – nous semblent être à son service.

Avec ce type de «phobies», nous nous trouverions dans un registre voisin des patients psychosomatiques de P. Marty qui décrit, chez eux, des mécanismes similaires:

> «A propos de serpent, il [le patient examiné] nous a raconté autre chose qui pourrait faire penser à une phobie mais c'est une phobie qui n'est pas organisée! J'ai essayé de voir s'il y avait un transfert. Il n'y a pas de transfert de cette phobie sur un plan mental: lorsque les serpents sont derrière les vitres dans les vivariums, il peut les voir. On est loin d'une phobie qui serait organisée sur un plan mental où l'idée de serpent serait elle-même phobogène.» (Marty 1988)

Quoi qu'il en soit, ces troubles phobiques, malgré leur gravité, n'étaient jamais reconnus comme symptomatiques et se voulaient souvent rationalisés en tant que simples traits de caractère. A ce titre, ils n'avaient que rarement fait l'objet de thérapies, ou, si celles-ci avaient eu lieu, n'avaient tout simplement pas été abordés (y compris dans plusieurs cas de psychanalyse!). C'est en fonction de ces critères que nous les avons regroupés sous la dénomination de «phobie froide».

2. Conséquence majeure de l'abus sur la sexualité adulte: les troubles du désir

Le symptôme le plus évident manifesté par les anciennes victimes d'abus sexuels est le *trouble du désir sexuel*, son altération, voire sa disparition. Dans la pratique, son énonciation se faisait souvent de façon singulière, sur le ton du constat: *«Je suis bloquée sur quelque chose»*, *«Les relations me paniquent»*, *«C'est comme aller au combat»*, *«Moi, je n'ai jamais envie»* ou *«C'est toujours lui qui demande»*; une autre patiente demandait à être dispensée des rapports de la même façon que certains hommes *«sont dispensés du service militaire».* Là aussi, l'analogie avec un enfant qui demande à être dispensé d'une corvée humiliante et destructrice est plausible.

Quelle que fût l'énonciation de l'alibidinie, elle était immanquablement suivie de la phrase *«Moi, je pourrais vivre sans sexualité»* ou *«Je pourrais m'en passer»*, sous-entendant que le partenaire, lui, ne le pourrait malheureusement pas. Ce genre de formulations pourrait résulter de l'annihilation du désir propre à l'enfant par celui de l'adulte (et beaucoup plus rarement d'un mouvement d'identification projective attribuant à d'autres leur désir sexuel propre).

Les troubles du désir témoignent aussi du vécu de la différence originelle entre le désir enfantin et le désir adulte si bien décrite par Ferenczi.

Différence, mais aussi utilisation du désir éveillé par l'un chez l'autre, *malgré lui*. Dans un tel contexte, l'enfant lutte en effet contre sa propre excitation; par elle, il se sent livré à l'autre d'autant qu'il n'a que très peu de moyens à sa disposition pour la contrôler. Elle est donc vécue comme une faille par laquelle s'infiltre l'abuseur. Plus tard, elle gardera cette valeur de menace interne.

A ce registre d'interactions abusives appartiennent aussi les symptômes ultérieurs, tel celui de ne plus se laisser aller ni aux émotions, ni à l'orgasme. Nombre de patientes gardaient même le souvenir exact de l'âge et des circonstances dans lesquelles elles *«avaient décidé»* de ne plus jamais pleurer. En cours de thérapie, il leur arrivait bien de verser des larmes, mais en tant que pure décharge énergétique.

L'angoisse qui met en œuvre ces mécanismes phobiques ne leur est pourtant pas accessible et encore moins dicible. Outre le corps atteint dans son fonctionnement, le *comportement* reste une voie de choix pour son expression. Une patiente, au physique particulièrement frêle, avait catapulté son ami, qu'elle aimait beaucoup, alors qu'il s'approchait d'elle, à plusieurs mètres de leur lit. Cette expulsion, effectuée dans une sorte d'état second, avait laissé les deux protagonistes pantois. Par la suite, en la relatant, ils en riaient. Les patientes qui ont vécu des violations de leur corps ou de leur espace privé sont plus tard particulièrement susceptibles à toute forme d'intrusion dans leur vie. Une femme avait décidé de se séparer de son ami parce qu'il voulait lui imposer le tableau de son oncle dans son salon.

Nous allons essayer, à partir du récit d'une patiente, de détailler comment se manifeste cette aversion sexuelle et de montrer à quel point elle peut être aisément mise en rapport avec un abus sexuel infantile.

Exemple clinique: cas S.

Voici comment s'exprimait cette patiente au sujet de la sexualité et des relations sexuelles:
- *«Je fais souvent l'amour sans envie, je suis contente que ça finisse, ce n'est pas intéressant pour moi; ça m'est égal si j'ai un orgasme ou pas.»*
- *«J'ai souvent envie de lui, mais j'ai peur de l'échec; j'ai la tête pleine de fantasmes.»*
- *«Dans ma tête c'est drôlement plus intéressant, mais je ne vais pas jusqu'au bout par peur qu'il me prenne pour une pute.»*
- *«Mais je m'embête dans la relation sexuelle actuelle; c'est toujours la même chose.»*
- lors des relations sexuelles: *«Si mes parents me voyaient.»*
- *«Je ne suis pas tranquille dans la tête.»*
- *«J'ai l'impression de jouer la comédie.»*

Ce type de propositions peut être éclairé à la lumière de l'abus sexuel probable, quoique jamais mentionné expressément, de cette patiente. En effet, nous pouvons reconstituer que, lors d'un abus, la personnalité de l'enfant se dissocie selon deux logiques contradictoires: celle qui lui est personnelle, spécifique de son âge et de son étape de développement psycho-sexuel, et celle de l'abuseur, qui ne respecte justement pas ces conditions infantiles et cherche à l'associer à une transgression excitante en induisant chez elle une identité de «petite pute», donc complice de son autodestruction. Dans cette voie, l'énorme conflit psychique doit être impérativement escamoté au privilège des perceptions, des excitations qui vont empêcher de penser. L'excitation sexuelle, quoique mortifère dans un tel contexte, va marquer de son sceau l'appareil psycho-sexuel de l'enfant; cette empreinte, comme une infection psychique, va se perpétuer à l'âge adulte, par exemple dans une recherche compulsive de stimulation érotique.

Le psychisme de l'enfant va donc se trouver dissocié entre une partie infantile, quasi morte, sans curiosité ni élan, et une partie pseudo-adulte avide de «stimulations calmantes». C'est à ces deux registres qu'on peut rattacher chacune des phrases énoncées plus haut. En reprenant les formulations dans le détail: à l'enfant: *«ça ne m'intéresse pas»*, *«pas envie»*, *«contente que ça finisse»*, *«égal si orgasme ou pas»*. A la «pute»: *«drôlement plus intéressant dans la tête»*, *«toujours la même chose»*.

Plus, c'est l'aménagement entre ces deux parties clivées qui va se trouver dénaturé; alors que, chez les personnalités névrotiques, un dialogue entre une partie perverse, infantile, du Moi et le Surmoi va être constitutif d'un Moi richement conflictuel, cette dialectique va, au contraire, chez ces victimes, être appauvrie, voire inexistante, entre deux pôles rigides, contraires plutôt que contradictoires. Tout au plus prendra-t-elle volontiers une coloration *persécutoire*, externe (peur de passer pour une prostituée, par exemple).

Les manifestations évoquées jusqu'ici sont principalement le fait de patientes. Qu'en est-il des *hommes*? Il nous semble retrouver chez eux cette même aversion, mais de façon encore plus masquée que chez les femmes. N'étant pas ou mal mentalisée, cette aversion apparaîtra comme un manque ou un excès de désir, souvent sous la forme exacerbée de recherche compulsive de rapports sexuels. Elle donnera lieu par exemple plutôt à des demandes d'interventions chirurgicales comme la circoncision, voire même la mise en place d'un implant pénien. Ces équivalents d'(auto)-mutilations sexuelles sont faites sous le couvert (quasi délirant) d'accéder à une sexualité «plus performante», mais aboutissent en réalité à des sortes de castrations (cf. cas K.). Ainsi par exemple avons-nous eu d'innombrables récits de patients qui étaient allés consulter des urologues pour des problèmes de dysfonction érectile et qui s'étaient vu proposer des injections de papavérine (ou, plus tard, de prostaglandines). Etonnamment, ces injections avaient souvent été faites au cabinet du médecin et ne donnaient que rarement lieu à des rapports sexuels. Elles semblaient plutôt avoir une fonction magique de réassurance à travers un cérémonial d'essence masochiste-homosexuelle. Des collègues ayant pratiqué de telles interventions nous ont rapporté plusieurs cas de patients tellement fascinés par leur érection artificiellement induite qu'ils en oubliaient les mesures élémentaires de prudence qui leur avaient été pourtant soigneusement prescrites, ce qui aboutissait à des tableaux dramatiques de priapisme (érection continue) – dont les conséquences néfastes de nécrose des corps caverneux compromettaient définitivement l'érection. En réalité, ces comportements allaient dans le sens d'une destruction de leur propre sexualité. Nous retrouvions dans l'anamnèse de ces patients mâles de nombreux autres équivalents de *manœuvres auto-castratrices* sous forme d'opérations multiples: parfois relativement bénignes (adénectomie, hernies, appendicectomie), elles étaient d'autres fois le fruit d'un comportement suicidaire: motards pluri-accidentés, parapentistes intrépides, automobilistes alcoolisés et irresponsables. Ce comportement recherchant le *risque* fait pour nous partie du tableau pervers déjà analysé. Nous sommes à même maintenant d'ajouter qu'il met en œuvre des mécanismes corporels d'auto-agression en relation avec un corps vécu comme haïssable, source d'excitations nuisibles ou de séductions inopportunes. Enfin, au-delà de ces premières conséquences d'abus sexuels, nous pourrions y entrevoir les traits lointains de la phobie sexuelle froide. Chacun de ces gestes viserait en définitive à écarter un rapprochement sexuel vécu comme horrifiant pour eux. Il en va de même d'un comportement de type *toxicomaniaque* où l'alcool et les drogues, douces ou non, calment des angoisses profondes qui ne sont pas reconnues par les patients, tout en mettant à distance une relation amoureuse.

RÉFLEXIONS THÉORIQUES SUR LA PERVERSION

1. Le concept de perversion

Définitions et champs d'application

De laborieux efforts ont été effectués depuis l'Antiquité pour évaluer le concept de perversion par rapport à la religion, au droit, à la morale, à la médecine ou à la psychanalyse. Force nous est de constater qu'aucune définition n'est actuellement totalement convaincante. Nous n'avons pas la prétention d'arriver à embrasser ni à délimiter ce vaste thème, mais nous souhaitons, plus modestement, apporter notre pierre à cet édifice en nous fondant sur notre clinique. Celle-ci nous a livré nombre d'observations qu'il nous semble légitime de regrouper, en tout cas provisoirement, sous le concept de perversion. La démarche d'une compréhension analytique nous paraît en tout cas une façon plus fructueuse d'étayer et de délimiter le concept de perversion qu'une discussion byzantine sur les limites de ce qui, dans telle ou telle culture ou époque, peut être étiqueté comme tel.

Quel statut théorique accorder à la perversion? Celui de structure, de simple aménagement défensif? De trouble de la relation d'objet? Est-on habilité à parler de perversion de la relation ou faut-il restreindre ce concept aux stricts comportements sexuels aberrants?

Plusieurs arguments prévalent, qui vont dans le sens d'une conception de relations perverses en tant que *défenses*. Nous avons vu que, très souvent, un noyau «phobique» pouvait être perçu au-delà des manœuvres les plus machiavéliques. Mais surtout, nous avons maintes fois été surpris devant certains changements spectaculaires et soudains, constatés dans le champ des relations transférentielles mais aussi interconjugales: tels couples qui, pendant des mois ou des années, mesuraient chacun de leurs propos à l'aune de l'impact destructeur sur l'autre, s'ouvraient brusquement à des mouvements d'intérêt pour l'autre, voire même à des élans affectifs authentiques. Ces brusques changements témoigneraient, dans certains cas au moins, de la persistance de capacités psychiques, réprimées et inefficientes depuis les traumatismes.

D'autres cas, en revanche, nous sont apparus comme incarnant, au niveau de leur personnalité tout entière, une telle identification au projet pervers que cette pathologie constituait alors une forme de personnalité au sens plein – et épouvantable – du terme.

En ce qui concerne l'extension du champ conceptuel de la perversion, notre opinion est qu'elle se justifie, dès lors qu'on prend en compte non plus les manifestations phénoménologiques de la perversion, mais bien les *mécanismes* à l'œuvre, tant dans le domaine intrapsychique que dans celui de l'interpsychisme. Ce sont eux qui déterminent si une pensée, un comportement, une relation sont à mettre au compte de la perversion ou non. A l'inverse, un comportement seul, quel qu'il soit, même le plus abominable (voire même sexuellement signifiant), ne peut en lui-même être catalogué dans aucune entité nosologique.

Perversion sexuelle et perversion relationnelle ne nous ont jamais semblé s'exclure. Au contraire, nous n'avons jamais rencontré de pervers sexuel qui ne manifeste aussi des relations perverses dans un champ non sexuel. Pour être moins visibles, celles-ci n'en étaient pas moins destructrices.

A l'inverse, les couples dont les interactions nous apparaissaient comme assurément perverses manifestaient tous, à un degré ou un autre, une perception et un exercice de la sexualité pervers. Pour nous, la relation indéniablement perverse qui unissait nos patients *englobait* la sexualité, même si celle-ci n'était pas symptomatique. Dans le cas du couple K. par exemple, c'étaient leur personnalité tout entière, leurs actions, leurs relations professionnelles, conjugales et familiales qui étaient perverses, y compris leur sexualité. Ainsi, la thèse qu'on lit souvent d'une personnalité normale en dehors de «crises perversives» nous paraît peu plausible. En réalité, la perversion préexiste à ces éclosions, et nous dirions même que son silence symptomatique n'est pas un gage d'innocuité par rapport à des éclosions bruyantes – bien au contraire. Plus précisément, nous sommes persuadés de la nocivité extrême des pervers relationnels tels que nous les avons abordés, le cortège de souffrances dévoilé autour d'eux en fait foi. Nous nous trouvons donc en accord avec ce qu'en avançait P. Aulagnier:

«Mais il ne faut jamais oublier ce qui reste le caractère de fond de toute structure perverse, c'est-à-dire son polymorphisme, caractère dont la présence, contrairement à ce qu'on a souvent écrit, me paraît être un élément essentiel du diagnostic. (...) Au-delà de la mise en avant du choix symptomatique, sa relation ne peut se comprendre que si l'on tient présent qu'*elle englobe la totalité de son mode de perception de l'Autre.*»* (Aulagnier 1966)

Comme elle, nous n'avons jamais rencontré de pervers «monomorphe»; au contraire, tous présentaient des formes alternantes et intriquées de différentes perversions: exhibitionnisme du couple devant nous, sadisme de l'un qui cherche à dominer l'autre, masochisme de celui qui se laisse (se fait) rabaisser devant nous, etc. Dans l'anamnèse également, les épisodes d'anorexie de la femme alternaient avec l'alcoolisme du mari, les faillites frauduleuses de l'un répondaient à la consommation compulsive de relations extra-conjugales de l'autre. Ces faits concordent aussi avec les analyses à partir des Rorschachs effectuées par Merceron, Husain et Rossel, qui concluent:

«Dans ce travail nous avons indifféremment cité des exemples tirés de protocoles d'escrocs, de toxicomanes et d'homosexuels, ce qui étonnera peut-être. En fait, pour nous... il apparaît très clairement que les protocoles de tous ces sujets présentent des configurations superposables, quel que soit le type de perversion manifeste.» (Merceron, Husain et Rossel 1984)

Quoi qu'il en soit, autant que le fétichisme, c'est le sadisme qui nous est apparu comme noyau commun de toutes ces manifestations. Sado-masochisme, plutôt, dans la mesure où les deux mouvements se sont présentés à nous comme si étroitement liés qu'à la limite ils en étaient indissociables (Freud parlait déjà du masochisme en tant que «sadisme passif»).

Quel recours peut-on avoir au concept de «caractère pervers»? J. Arlow a étudié ces personnalités qu'il a identifiées sous forme de «menteurs forcenés», «personnalités irréalistes», «mystificatrices», etc. Beaucoup de nos patients manifestaient en effet des troubles de la personnalité analogues,

---

* Souligné par nous.

mais qui encore une fois n'excluaient en rien des relations perverses ou une sexualité de même type.

Enfin, qu'en est-il exactement des différentes catégories de masochismes (moral, érogène et féminin) minutieusement séparés par Freud, mais qui, dans notre expérience, semblent toujours coexister?

Un dernier point nous semble devoir être souligné. La plupart des écrits sur la perversion ne rendent absolument pas compte d'un élément essentiel de cette pathologie, qui est la *violence* inouïe qui s'y trouve à l'œuvre. Les termes mesurés de cette littérature-là ne traduisent pas la portée véritablement meurtrière de ces attaques, amoindrissent leurs effets dévastateurs sur la victime. Cet affadissement est un signe de la difficulté extrême à laquelle sont confrontés tous ceux qui abordent la violence de la perversion. En ce qui nous concerne, c'est à dessein que nous nous sommes efforcés de la traduire dans son effrayante réalité avec des termes comme proie, éviscération ou meurtre psychique. A dire vrai, même ces termes se révèlent souvent inadaptés à ces situations pathétiques (comment rendre compte de la vie d'une personne «morte vivante», dépossédée de son existence?).

Voici pour résumer un tableau qui illustre sur quelques points les oppositions entre la névrose et la perversion:

Tableau comparatif des caractéristiques des personnalités névrotiques et perverses

NÉVROSE	PERVERSION
conflit interne	conflit externalisé
conflit entre instances intérieures	conflit entre personnes ou institutions
morale, valeurs, déontologie	pas de morale; opportunisme
idéal	mégalomanie
doute	pas de doute, affirmations
remise en question	persistance du but, seulement changement de tactique
respect des différences	amalgame
respect des différences de générations	brouillage des différences générationnelles
intériorisation du temps (rythmes, étapes, évolution)	pas de temporalité; instantanéité, circularité
inscription dans filiation, généalogie	pas de filiation, «auto-engendrement»; pas de dette
respect des différences des sexes	brouillage des différences sexuelles
respect des limites (de territoire, de compétences...)	escamotages des limites
évitement de la souffrance pour soi et pour les autres	recherche de la souffrance pour soi (masochisme) et/ou pour les autres (sadisme)
culpabilité	pas de culpabilité, pas de scrupules
désir de réparation	pas d'idée de réparation
ressources intérieures	ressources extérieures
autonomie	vide intérieur: dépendance
recherche d'harmonie	recherche de stimulation
créativité, curiosité	destructivité
pensée créatrice	pensée stratégique
amis	complices
amour - haine	pas de sentiments sauf rage, peur
relations investies; fidélité	partenaires interchangeables
relations internalisées (se maintenant à travers temps, espace)	relations «concrètes», physiques, nécessité de contrôler
confiance	pas de confiance

*Le problème de la jouissance et
de l'intentionnalité de l'abus*

Nous nous interrogeons sur un autre point (qui soulève beaucoup de controverses), celui de l'intentionnalité et de l'éventuelle jouissance liée aux processus relationnels pervers. Nous analyserons en détail le premier terme plus loin. Mais qu'en est-il de la jouissance sexuelle? Ces querelles, ces jeux acérés, l'exacerbation de ce que nous avons appelé la «tension intersubjective perverse» en fournissent-ils un équivalent? Betty Joseph n'est pas loin de le penser, elle qui, dans son article «Frôler la mort, irrésistiblement», décrit des patients en quelque sorte toxicomanes de la mort (autodestruction) et leur prête de véritables satisfactions sexuelles («le plaisir sexuel pur et inégalable du masochisme inflexible»). A noter que, par ailleurs, elle ajoute que

> «quelquefois cela peut être considéré comme un aspect d'une authentique perversion et, dans d'autres cas, comme un aspect d'une perversion de caractère». (Joseph 1986)

(De plus, en ce qui concerne l'étiologie de telles pathologies, elle dénie tout d'abord l'incidence de faits réels, puis concède que ces patients

> «ont vécu nourrissons de telles expériences virtuellement déprimantes comme une terrible douleur qui confine au supplice, et qu'ils ont essayé de la prévenir en reprenant à leur compte la torture, en s'infligeant une souffrance mentale, et en bâtissant à partir de là un monde d'excitation perverse».)

Nous pensons que la jouissance perverse, qui indéniablement existe chez bon nombre de nos patients, appartient à un registre spécifique, bien différent du registre génital œdipien. Loin d'être la manifestation d'un gain de vie (narcissique ou objectal), elle nous semble plutôt signer l'aboutissement d'un processus mortifère d'inversion de la souffrance et de triomphe sur elle.

En ce qui concerne la nature de l'abus lui-même (sexuel ou narcissique), il paraît en tout cas clair que, comme pour la perversion, la meilleure façon de la définir n'est pas par tel ou tel acte de toute façon subjectivement ressenti puis élaboré par l'enfant, mais bien par l'*intentionnalité per-*

verse qui le porte. Autrement dit, ce n'est pas tel ou tel comportement ou action qui, en soi, est abusif, mais bien son caractère intentionnellement destructeur, blessant. Nous rejoignons là des thèmes connus en morale que mentionne T. de Saussure, psychanalyste et théologien dans un ouvrage sur la perversion:

> «Le bien et le mal ne sont pas en eux-mêmes; ils adviennent selon qu'ils sont fruits de l'amour ou de la haine.» (de Saussure 1993)

Le fait que ces actes soient intentionnels ne signifie pas que leurs motivations soient forcément conscientes. Plus précisément, selon Merceron, Husain et Rossel:

> «Ce que nous observons chez les personnalités perverses paraît se situer au niveau du conscient ou du préconscient tout au moins; il s'agit d'un mouvement de rétention, très peu élaboré (...) Nous pensons que le mécanisme défensif en jeu est la répression.» (Merceron, Husain et Rossel 1984)

Cette façon d'envisager ce problème a en tout cas le mérite d'ôter aux discussions byzantines sur la nature et les limites des abus une bonne part de leur intérêt. L'une de nos découvertes fut en tout cas que ce que nous prenions souvent pour des motivations inconscientes correspondait en réalité à une intentionnalité bien plus délibérée qu'il n'y paraissait, mais qui ne devait surtout pas être explicitée. Découverte à vrai dire insoupçonnée, terrifiante, qui allait à l'encontre de tous nos présupposés et qui déclencha nos réflexions non seulement nosologiques, mais aussi thérapeutiques. Lorsque nous leur dévoilions leurs stratagèmes, leurs manipulations, leurs collusions, à l'œuvre entre eux mais aussi avec leurs enfants, les patients acquiesçaient régulièrement sans s'émouvoir devant ce qu'ils semblaient considérer comme une banalité. Tout au plus s'émouvaient-ils de notre naïveté (d'en parler ouvertement), à leurs yeux maladroite. Nous retrouvons d'ailleurs ce type de réflexions et de prise de conscience dans un champ bien différent, celui de l'étude de la Mafia (et des relations mafieuses), organisation qu'il nous semble légitime de considérer comme une réalisation perverse au niveau macrosocial. Ainsi, c'est exactement dans ce même sens que N. dalla Chiesa, fils du général tué par la Mafia, s'interroge très lucidement à propos d'un épisode de la vie de son père au cours duquel il avait dévoilé à Andreotti les méfaits de la Mafia et ses implications avec les milieux politiques:

> «Un point reste obscur: pourquoi Andreotti, en apprenant ce que mon père savait sur ses lieutenants siciliens, devint-il blême»? On peut faire trois hypothèses d'école:
> 1. parce que, en toute innocence, il tombait réellement des nues,
> 2. parce qu'il ne pensait pas que certaines choses puissent se savoir; il blêmit donc par crainte des conséquences que l'intervention de mon père aurait pu avoir sur son système de pouvoir personnel,
> 3. il blêmit de rage, d'incrédulité, face à l'«affront» que lui faisait mon père, sa «créature» de l'époque de la lutte contre le terrorisme, qui osait à présent se dresser contre lui par une détermination identique à celle qu'il avait opposée aux terroristes (...)» (dalla Chiesa 1984)

Ces différentes interrogations pourraient encore se compléter d'une vision multigénérationnelle de la perversion. Il nous a semblé en percevoir différentes formes d'évolution au cours des générations: par exemple, l'image grand-paternelle ou grand-maternelle que nous transmettaient les patients était celle d'un personnage tyrannique, craint et adulé par toute la famille, s'étant souvent forgé la figure mythique d'un fondateur de la dynastie. Autour de ce personnage pervers, qui avait souvent vécu très vieux, gravitaient tout un cercle de victimes plus ou moins perverses: certaines, identifiées à ce personnage, reproduisaient son sadisme à l'identique; d'autres, moins douées ou plus révoltées, en portaient les conflits expulsés ce dont témoignaient leur symptômes relationnels bruyants; enfin, chez leurs enfants ou petits-enfants, ces abus semblaient à la fois perdre de leur virulence, mais aussi leur sens: leurs symptômes gagnaient alors en psychose ce qu'ils perdaient en perversion.

Perversion, psychose et psychosomatique

Nous avons été amenés à d'autres réflexions portant plus précisément sur les modalités d'action du pervers. A plusieurs reprises, nous avons mentionné sa faculté de pénétrer dans le psychisme des autres pour y déposer ses conflits intérieurs. Ce type d'«injection» ou de «transplantation» était en règle générale dûment préparé par une séduction, puis maintenu par l'exercice d'une forme ou d'une autre de terreur relationnelle. Nous avons eu de nombreuses occasions de signaler que cette violence est redoutable et pouvait aller jusqu'au meurtre.

Mais ces mécanismes ont aussi été décrits chez des *schizophrènes*. Ce qui nous semble distinguer leur emploi chez les pervers est le fait que, contrairement aux premiers pour lesquels l'opération de l'injection semble s'intégrer dans une recherche d'équilibre, de défense psychique, bref, d'évitement de la souffrance, pour les seconds il s'agit d'un véritable fonctionnement relationnel, exercé, rodé, peaufiné. L'accent chez eux s'est déplacé sur les *modalités d'application* de cet exercice élevé au niveau d'un style de vie, éventuellement plaisant. On pourrait ici mentionner la blague que raconte Kane dans *Citizen Kane* qui nous semble parfaitement illustrative: un scorpion demande à une grenouille de le prendre sur son dos pour lui faire traverser une rivière.

– «Si je le fais, tu vas me piquer», rétorque la grenouille.

– «Mais non, si je le faisais, je me noierais aussi», objecte le scorpion.

La grenouille se rend à cet argument mais, arrivée au milieu de la rivière, ressent une violente piqûre.

– «Mais... ce n'est pas logique!», s'indigne-t-elle.

– «C'est plus fort que moi, c'est mon caractère», concède alors le scorpion.

On pourrait avancer de façon analogue que les modalités de fonctionnement de la perversion recouvrent en partie le champ de la psychosomatique, mais lui aussi exploité relationnellement. Nous pouvons avancer que le pervers, qui est passé maître dans le maniement de la réalité, est aussi un spécialiste de la destruction de la dimension subjective chez les autres. Dans la relation thérapeutique, mais aussi avec son conjoint, c'est le registre de la réalité concrète qu'il impose sans relâche. On pourrait comprendre d'ailleurs des disputes chroniques comme des exercices de couple visant à s'arracher d'un éventuel glissement vers des dimensions relationnelles plus fantasmatiques, donc plus libres, pour se replonger mutuellement avec hargne dans l'enfer d'une réalité concrètement destructrice mais rassurante. Banni dans son enfance des territoires vitaux du rêve, le pervers se venge en traquant ceux qu'il perçoit autour de lui.

2. Le paradoxe

Beaucoup a été écrit sur le thème du paradoxe et du double-bind, depuis sa description par Bateson en 1956 (Benoît 1981, Roussillon 1991). Le paradoxe a été tour à tour stigmatisé comme cause unique de schizophrénie ou banalisé comme inhérent à la condition humaine, voire même exalté comme stimulant du psychisme!

Le double lien, qu'on peut aussi appeler paradoxe intentionnel, incarne et condense à nos yeux la dynamique relationnelle courante dans la relation perverse. Nous en avons cité quelques-uns au gré des exemples. Mentionnons ainsi le fameux *«J'aimerais que tu sois plus autoritaire»* ou le *«Chérie, tu devrais être plus indépendante»*. Dans son amusant petit opuscule, M. Gulotta en donne d'excellents exemples:
«STONF!»
– «Bravo! Tu vois... tu éteins la lumière et je me cogne la tête!»
– «Mais chéri, c'est toi qui m'as demandé d'éteindre...»
– «Et alors? Tu n'es pas obligée de faire tout ce que je dis...»
Ou encore:
«C'est toi qui me pousses à te mentir avec toutes tes questions.»
(Gulotta 1985)

Il nous semble, quant à nous, que la logique paradoxale est la logique perverse par excellence; celle qui fait coexister deux propositions contraires (absence et présence du phallus maternel), et qui va être le support du jeu avec l'ambiguïté déjà mentionnée. Le paradoxe correspond aussi à la logique perverse par sa non-définition: par ce biais, le pervers échappe à tout engagement et à toute responsabilité – tout en augmentant son pouvoir. Nous verrons plus loin que le pervers, y compris le dirigeant pervers ou le mafieux, ne veut donc pas fondamentalement renverser l'ordre établi pour en imposer un autre, fût-il l'opposé. Il veut un non-ordre malléable à son gré à tout moment. Nous voyons à travers la thématique du paradoxe le profit que peuvent tirer d'une telle stratégie nombre de leaders pervers.

Enfin, l'impact désastreux sur l'autre d'une telle injonction correspond tout à fait à la dynamique sadique, telle que nous l'avons vue à l'œuvre entre les époux ou à l'encontre des enfants. Ces derniers forment en effet des victimes de choix de ce type de relation, en fonction de leur dépendance biologique et psycho-sociale, drame qu'a bien relevé P. Aulagnier (malheureusement en responsabilisant l'enfant):

> «M. Enriquez... rappelle en particulier la définition que propose P. Aulagnier de la relation persécutive (Aulagnier 1980): relation dans laquelle le «Je» attribue à un représentant de l'espace hors-Je et donc à un représentant de la réalité, un pouvoir et un vouloir de mort à son égard, alors même que la présence de ce représentant, comme celle du lien qui les unit sont nécessaires pour que le Je se préserve vivant.» (Cupa 1993)

S. Bach fait le lien entre le paradoxe et l'introjection de la culpabilité au cours des abus, telle que la décrivait Ferenczi:

> «La plupart du temps, de tels enfants apparaissent comme pris dans un double-bind, car malgré que d'une part leur sentiment d'efficacité est découragé de façon telle qu'ils se ressentent sans pouvoir, sans aucune possibilité d'avoir un impact réel sur leur parent, en revanche d'autre part, leur sentiment d'omnipotence et de culpabilité est encouragé de telle façon qu'il se sente responsable de l'échec du parent, de sa dépression et de sa rage. On assiste alors à une situation pathétique dans laquelle l'enfant ou l'adulte, alors même qu'il a été physiquement ou mentalement abusé, ressent que c'est lui qui endosse la responsabilité de la situation mais se trouve dans l'incapacité d'effectuer un changement quelconque.» (Bach 1991)

Au sein du couple, ces multiples formes de double-binds (qu'on pourrait presque appeler «quadruple-binds» vu l'habituelle complicité du partenaire) culminaient dans une formulation dramatique: *«Je suis là et pas là à la fois»*, déclaraient par exemple plusieurs de nos patients au sujet de leur vécu particulier par rapport à leur famille. Ils n'avaient pas d'existence propre reconnue mais jouaient aussi sur ce registre de non-confirmation et le faisaient payer au partenaire. Ils nous semblent mettre en scène le trouble d'exister ou de ne pas exister en tant qu'être humain. Dans ce jeu épouvantable, il faut bien réaliser qu'en partant – ou en menaçant de le faire –, ils détruisent l'autre aussi. Ce jeu pathétique avec leur vie, dramatique «jeu de la bobine» (humaine cette fois), est, répétons-le, selon nous, une remise en acte d'un vécu relationnel identique avec leur mère (et leur père) qui ne voulait pas qu'ils existent vraiment et se permettait de jouer à reconnaître ou ne pas reconnaître alternativement l'existence de son enfant. Pour cette raison, ce jeu n'a jamais pu accéder au registre du symbole et de la représentation.

3. Destruction du désir

Le cœur de cible de l'emprise perverse est le désir de l'autre. Manifestation vitale par excellence, d'essence spontanée, il représente un objet de fascination et de menace pour le pervers qui doit impérativement le juguler et le détruire chez l'autre. *Envahissement* de l'autre par ses propres désirs *(«Tu dois aimer tout ce que j'aime»), dénaturation* de ceux de l'autre *(«Tu accèdes à mes désirs, mais ce n'est que pour te faire plaisir à toi»), falsification* de leur perception *(«Ce n'est pas cela que tu veux vraiment»), brouillage* de leur inscription *(«Ce que tu désires n'est pas important»), terrorisme* brutal *(«Je t'interdis d'avoir ces idées»)* (exprimé avec ces mots par une de nos patientes envers son mari en cours de séance) sont quelques-unes des manœuvres perverses que nous avons pu déceler chez les couples qui nous consultent.

Cette considération sur l'attaque du désir de l'autre mérite d'être rapprochée d'une observation déjà mentionnée. Nous avons eu à maintes reprises le sentiment, en entendant nos patients se quereller sur des peccadilles, qu'à leurs yeux, mieux valait être réprimandé ou en vouloir à l'autre que d'être ignoré. Un grand nombre de patients, particulièrement mâles, qui nous évoquaient d'anciens enfants autistes semblaient apprécier les piques et les attaques blessantes de leurs compagnes comme autant de manifestations d'au moins un intérêt à leur égard et, à ce titre là, pathétiquement précieuses.

Quelles hypothèses peut-on formuler quant aux relations vécues par ces patients durant l'enfance avec leurs parents?

Deux cas de figure nous semblent pouvoir être envisagés. Soit que les parents n'aient pas perçu les désirs de leur enfant, ce qui revient à ignorer son existence. Dans un tel cas de figure, il est probable que l'enfant se soit efforcé d'attirer l'attention, fût-ce négativement. Cette hypothèse explique mal le tableau décrit ci-dessus, car on connaît les importantes ressources des enfants qui, en de telles circonstances, se débrouillent généralement pour trouver dans leur environnement des parents de substitution. Une fois encore, force nous est de postuler une intentionnalité d'anéantissement chez les parents. Il s'agit d'empêcher qu'un désir apparaisse ou, s'il survient, qu'il soit reconnu comme authentique et propre par l'enfant. Les différentes stratégies mises en œuvre sont probablement les mêmes que celles mises en acte par les adultes dans le couple (ou ailleurs).

4. Destruction des liens

Le concept bionien d'«attaque des liens» trouve chez les pervers non seulement une application, mais encore une extension, raison pour laquelle nous lui préférons celui de «destruction des liens». L'idée de lien est probablement, comme celle de désir ou d'amour (lien libidinal), celle qui éveille le plus de haine chez le pervers; sa vie entière vise à leur destruction. Et toute forme de liaison va susciter sa destructivité. Examinons-en quelques unes.

Le *lien amoureux* entre deux personnes, bien sûr, va être insupportable au pervers qui va s'employer à le discréditer. Nous avons vu que c'était là l'une des raisons qui rendaient cette pathologie si visible en consultation de couple. Bion entendait d'autres formes de liaisons intrapsychiques, mais il avait saisi que le couple amoureux représentait ce lien aux yeux du pervers [appelé par lui border-line] qui l'envie fondamentalement:

> «Pour le patient, le couple est engagé dans un acte créateur et il partage une expérience émotionnelle enviable; le patient, identifié à la partie exclue, vit une expérience émotionnelle douloureuse. En maintes occasions, le patient ... a manifesté une haine de l'émotion, et par extension de la vie elle-même. Cette haine contribue à l'attaque meurtrière contre ce qui lie le couple, contre le couple lui-même et contre l'objet engendré par le couple.» (Bion 1982)

Mais, outre les liens conjugaux, les liens familiaux au sens large sont également intolérables au pervers, en premier lieu ceux qu'il constate dans la famille de son conjoint: les relations entre l'autre et son père, sa mère, ses frères et sœurs vont faire l'objet de critiques constantes, directes ou insidieuses. Elles contribuent à isoler le partenaire, donc à le fragiliser pour le soumettre.

Plus subtilement, dans d'autres constellations familiales, le pervers s'insinue entre le conjoint et sa famille en nouant des alliances stratégiques et en jetant de l'huile sur le feu de certains conflits (alliance incestuelle avec la belle-mère contre la fille par exemple).

Bien évidemment, ce sont les relations entre ses parents d'une part, d'autre part entre eux et lui, qui sont à l'origine de cette haine. Ces liens ont été, *et sont encore* au moment de la consultation, pervers. En ce sens, l'abus ne prend pour nous sa signification traumatique véritable que lorsqu'il est considéré comme la manifestation tangible d'une telle relation. Très globalement ou emphatiquement parlant, on pourrait affirmer que l'enfant-futur-pervers constate probablement très tôt, de façon très réelle, qu'il n'y a pas d'amour entre ses parents (cf. chapitre «Choix d'objet pervers») et que lui-même est non le fruit de l'amour, mais celui du calcul et de la haine; qu'avec lui aussi, les relations sont haineuses, contraires à sa vie, à ses désirs authentiques. Pour survivre, nous avons vu qu'il avait dû sacrifier des pans entiers de sa personnalité. Peut-on dès lors concevoir cette haine de l'amour, du lien libidinal et créateur comme une identification à l'agresseur, comme un sentiment envieux destructeur ou comme une volonté de vengeance?

Bien d'autres liaisons sont l'objet de ses attaques. Les liens d'affinité amicale sont inconnus chez les pervers qui ne connaissent au mieux que des réseaux de complicité. Nous verrons que les liens de reconnaissance, particulièrement dans le cadre de la relation médecin-malade, leur sont intolérables. Nous avons noté les manœuvres effectuées en ce sens par nos patients à notre égard, comme l'«annihilation rétroactive»: il s'agit de rendre nulle et non avenue toute relation qui aurait pu se constituer avec nous, en quelque sorte malgré eux. Ce type de stratagème est utilisé contre la relation médicale, mais aussi au sein du couple. Nous avons plusieurs fois entendu des récits de véritables désagrégations rétroactives du couple: une patiente, par exemple, nous relatait avoir entendu sa mère déclarer à son mari qu'*«elle ne l'avait jamais aimé, que pendant vingt-cinq ans, les relations sexuelles avaient été une corvée pour elle, qu'elle ne les avait eues que pour avoir les enfants»*. Ces ravages rétroactifs apparaissent plus meurtriers encore lorsqu'on sait qu'ils survenaient devant les enfants et au sein d'une dynamique familiale qui, au dire de la patiente, se prétendait et s'affichait comme unie et «cajoleuse».

Au niveau social, les liens qui unissent différents employés d'une entreprise (liens hiérarchiques, de collaboration, de respect des compétences et des sphères d'activité de chacun) sont l'objet de démantèlements acharnés de la part des dirigeants pervers. Les attaques continuelles contre les médecins visant à discréditer la relation médecin-malade ressortissent à la même logique. Il n'est jusqu'aux liens qui unissent les concitoyens d'un même pays qui ne puissent être visés: *1984* d'Orwell en constitue une illustration horrifiante mais, nous le verrons, malheureusement bien réelle (cf. «Perversion et politique»).

Mais l'activité de liaison libidinale s'exerce dans bien d'autres registres encore. Nous avons vu l'atteinte à ceux qui unissent le corps et la psyché, ainsi que d'autres formes de clivage relationnels: liens de l'amour sexuel et de la tendresse, par exemple, souvent dissociés chez nos patients *(«Je sais exactement quels gestes le font jouir le plus vite possible pour en être débarrassée»)*. Liens qui unissent différentes parties du corps *(«je me sens coupée en deux»)*. Liens qui unissent la représentation et l'affect, altéré chez ces patients qui évoquent des thèmes terrifiants sur un ton anecdotique. Liens qui unissent l'expression affective et l'affect lui-même, inexistant chez ceux que nous avons vu pleurer «sans raison». Lien entre les instances psychiques, séparées en un Inconscient dangereusement envahissant et un Surmoi (pseudo-Surmoi?) cruel et persécuteur (mais parfois aussi carrément absent). Lien entre la représentation de chose et celle de mot, entre le représentant-représentation et le représentant-affect. Lien logique encore, lui aussi bafoué à longueur de discours par des patients manipulateurs et déconcertants. Enfin, lien entre les séances ou même, au sein des consultations, lien intrinsèque à l'élaboration d'un sujet.

On le voit, l'éventail est vaste des liaisons libidinales prises pour cible par la destructivité perverse. A notre sens, le lien conjugal (entre les parents) et le lien maternel (mère-enfant) en sont les paradigmes. En tant que tels, ce sont eux qui vont être le plus directement menacés.

En ce qui nous concerne, nous étudierons au chapitre des traitements l'impact de cette haine sur la création d'une alliance thérapeutique. Au-delà d'une simple (?) haine des liens, il semble s'agir plus précisément d'une volonté farouche de *transformer des liens névrotiques en liens pervers*. Nous retrouvons là un des éléments fondamentaux de ce qui apparaît socialement comme le prosélytisme des pervers.

5. Le fétiche

On connaît le rôle central dévolu au fétiche dans les organisations perverses. Création et aboutissement vital d'une tentative de conciliation de deux vérités clivées, il condense sur lui des sentiments d'horreur et de vénération. A la suite d'E. Kestemberg, nous croyons pouvoir étendre ce concept.

Dans la pratique, nous avons pu constater la propension de nos couples pervers à mutiler la réalité, à détruire toute forme de vitalité, à déshumaniser les relations libidinales, en vue de constituer des fétiches qui, secondairement idéalisés, vont les protéger de la relation. En d'autres termes, leur tendance à se constituer un environnement déshumanisé.

Cette volonté acharnée se manifeste sous de multiples formes. Tantôt le recours à un fétiche pris dans son acception usuelle: vibromasseurs, lingerie érotique, films pornographiques étaient souvent cités comme accessoires plus ou moins nécessaires à l'acte sexuel. Mais, plus fréquemment, ces fétiches nous semblaient revêtir une forme plus subtile: par exemple, le pénis en tant qu'organe était parfois mentionné sur ce mode: totalement isolé de son possesseur, il était l'objet de craintes et d'idolâtrie, voire de représailles s'il se montrait défaillant.

Toutefois, ces mêmes valeurs de haine et d'idolâtrie pouvaient être décelées à l'égard d'êtres vivants, en premier lieu de leurs partenaires ou de leurs enfants. Le statut de l'autre y présentait la même ambiguïté entre l'animé et l'inanimé. On pourrait dire que la relation fétichique consistait, au sein d'une relation avec une personne privilégiée, à la dévitaliser pour s'assurer de sa perpétuité et pour l'investir en tant que garante du narcissisme du sujet.

Une autre facette méconnue du fétiche vise à introduire le doute dans l'esprit de l'interlocuteur. Nous avons vu que l'organisation perverse est instable et nécessite un mouvement de prosélytisme maniaque visant à diluer les paradoxes dans une confusion générale; en ce sens, le fétiche, exhibé ou agi, nous est apparu comme le *fer de lance* pervers contre des structures névrotiques. Dans ces consultations conjugales, c'est la relation perverse du couple dans son ensemble qui est fétichisée. Elle sera alors, à l'équivalent d'un objet de plaisir, figée et utilisée au sein du couple ou avec d'autres, captés et fascinés par elle.

La relation fétichique à l'autre nécessitait une surveillance, un contrôle constant, et peut-être, à la longue, épuisant. Nous l'avons perçu avec effroi quand, au cours de la séance, surgissait chez l'un un mouvement d'humanisation partielle, même très vague et minime; on constatait alors une montée immédiate d'angoisse chez l'autre et une attaque pour étouffer dans l'œuf cette velléité d'indépendance. Chacun exigeait donc un *«fétiche - non-fétiche»*.

Cette maîtrise de l'autre passait très souvent par l'exercice de la sexualité, dont on comprend dès lors les enjeux. Cette annexion de «matériel vivant» (une véritable aporie) oscillait entre deux risques: l'*angoisse*, si le partenaire, se vivifiant (grâce à une thérapie peut-être), n'assumait plus le rôle de «poubelle affective» et, par là, reconfrontait le sujet à ses parties clivées; l'*ennui*, si ce fétiche se laissait entièrement dévitaliser, entraînant dans sa mort ces mêmes parties clivées et projetées.

Lorsque ce processus est à l'œuvre simultanément chez les deux partenaires, lorsque chacun est le fétiche de l'autre, nous avons le tableau d'un *«couple - non-couple»*, d'un *«couple impossible»*; tentative pathétique et grotesque de constituer, envers et contre tout, une forme parodique de cette structure de base de la société humaine. Pour les mères de tels conjoints, cet aménagement signe l'aboutissement de leur emprise: derrière la façade de ces pseudo-organisations peuvent se poursuivre impunément toutes leurs relations incestuelles.

6. La pensée perverse

«Penser: voilà l'ennemi» (Chasseguet-Smirgel 1980)

Les interactions, les manœuvres que nous avons décrites se fondent sur une pensée qui est particulière à plus d'un titre. Tout d'abord il faut peut-être noter que très vite nous avons ressenti cette pensée comme profondément étrangère. Nous y reviendrons au chapitre des traitements. Ces patients nous sont souvent apparus inatteignables. Nous avons par exemple constaté que nos efforts de communication, nos phrases, semblaient sans impact sur eux, ou du moins dénués de la possibilité foncière de transmission que nous en attendions. L'autre n'en saisissait souvent que la *forme* au détriment du *fond*. Ainsi une question n'était-elle perçue que comme inquisition, volonté de pouvoir ou manœuvre dilatoire. Entre eux également, cette pensée ne donnait lieu que rarement à un réel échange. Pire, elle était utilisée pour se soustraire à toute communication.

Une autre caractéristique de la pensée perverse que nous avons déjà envisagée est son grave appauvrissement dans ses possibilités d'introversion. Elle évoque alors la pensée *opératoire* «orientée vers la réalité sensible et (...) s'attachant à des choses» (Marty 1990). Un patient auquel le thérapeute demandait s'il avait repensé à sa famille (dont il avait été question au cours de la séance précédente) répondit: *«Je ne sais pas, je n'ai pas rencontré ma mère.»* Ce n'était que la rencontre physique qui pouvait dans ce cas faire surgir une idée. Comme elle n'avait pas eu lieu, il n'y avait pas eu non plus de pensée. Dans le même sens, deux conjoints, auxquels nous demandions s'ils avaient réfléchi à leur problématique depuis la dernière consultation, nous répondirent: «*On ne sait pas, on ne vous a pas revus depuis.*» Là aussi, seule la réalité de notre présence était à même de susciter une réflexion.

Pire, la logique même paraissait atteinte lorsque l'anticipation faisait radicalement défaut. Nous avions noté la surprenante réponse du couple auquel nous demandions s'il se réjouissait d'avoir un enfant et qui nous rétorqua: «*On ne sait pas, on n'en a encore jamais eu.*»

L'espace intermédiaire nécessaire au développement d'une véritable pensée humoristique leur faisait couramment défaut. Un patient lança une boutade à sa femme qui effectuait un traitement physiothérapique de renforcement des muscles vaginaux: «*Tu pourras bientôt casser des noix avec ton vagin*». L'épouse le prit fort mal. Non qu'elle fût froissée dans son amour-propre, mais plutôt elle ne supportait pas l'avance que faisait son mari sur cette zone d'échanges non concrète, non réelle.

On pourrait avancer que le souvenir prend la place du rêve et du symbole dans le discours pour apparaître sous forme de mise en scène (cela même dans le rêve). Toute la vie intérieure, au sens où nous l'entendons habituellement de mélange conscient ou préconscient de souvenirs, d'affects, de représentations, de projets, de fantasmes, est inaccessible, étrangère au pervers. Cela se traduit, entre autres, par une incompréhension foncière de ce qu'est le métier de psychothérapeute ou une psychothérapie. «*J'ai beaucoup de plaisir à vous rencontrer et à débattre avec vous de sujets intéressants*», nous disait aimablement un patient pervers dont la femme était hospitalisée en psychiatrie pour dépression, dont la fille était anorectique et dont le fils devait, quelques mois plus tard, mettre fin à ses jours; «*Mais je ne vois vraiment pas à quoi cela nous avance; tout ce que je vous ai dit, je le savais déjà.*» Cette incapacité cachait parfois une grande inquiétude vis-à-vis d'un registre qui échapppait à nos patients.

Dans d'autres cas émergeait une attitude beaucoup plus critique envers les psychiatres, la psychanalyse ou les malades mentaux. Tous faisaient l'objet d'un mépris virulent*. L'idée de se pencher sur son passé pouvait ainsi apparaître comme un projet insensé, en regard d'une volonté affichée de «regarder en avant». «*Depuis que nous sommes venus vous consulter, nous allons moins bien*», constatait cette patiente qui ajouta: «*Vous nous avez forcés à parler de notre passé*».

En revanche, cette pensée si atrophiée vers l'intérieur se montrait d'une rare finesse dans ses déploiements vers l'extérieur. Elle se doit de l'être pour maîtriser les nombreuses projections effectuées sur l'environnement, tous les objets internes étant devenus des objets externes. Il nous semble d'ailleurs que le terme de projection recouvre mal les véritables «exportations» ou «délégations» ou «trans-plantations» de psychisme que nous avons constatées. C'est une pensée «*transpersonnelle*», au sens de Racamier, qui

> «désigne et qualifie les passage hors psyché de dérivés pulsionnels, d'affects dégradés et de fantasmes - non-fantasmes, tous expulsés par le moi et envoyés à travers autrui». (Racamier 1993)

La pensée perverse est donc en premier lieu une pensée *stratégique*. La sensibilité manquante à l'intérieur se révèle d'une extraordinaire finesse envers des interlocuteurs dont les moindres failles sont immédiatement perçues, puis exploitées (y compris celles des thérapeutes, nous le verrons). Cette activité de manipulation est vitale pour le pervers, et nous avons décrit, au sujet de la perversion narcissique, la façon subtile avec laquelle il pénètre dans le psychisme de l'autre, le modifie à sa guise et verrouille sa mainmise. Nous avons vu le jeu diabolique à l'œuvre, qui vise à la fois la destruction de l'autre et son maintien en état légèrement vivant. Cet équilibre, tout de paradoxes, va être aussi recherché entre plusieurs personnes que le pervers va s'ingénier à dominer pour les opposer les unes aux autres.

L'aboutissement de cette pensée stratégique est l'*action sur les liens entre les objets*. Ces liens

---

* Peut-être à mettre en rapport avec les persécutions dont ces personnes font régulièrement l'objet sous les régimes politiques pervers.

«*transagissent*»* (Racamier 1993). Ils peuvent créer de véritables réseaux, toiles d'araignées dont ils sont le centre agissant: chaque protagoniste est individuellement utilisé, vampirisé et dressé contre les autres. Il est probable que ces affrontements externes donnent au pervers une sensation de vie; il est même probable qu'ils aillent jusqu'à constituer sa vie dans certains cas extrêmes (cf. infra «Perversion blanche»).

La pensée perverse est bien, comme l'a compris Racamier,

> «une pensée pauvre... déplaisante... dangereuse; anti-créative, aveugle à la réalité psychique, celle de soi comme celle d'autrui. (...) Le pervers n'a cure de *fantasmes* ni d'*affects*. (...) Baignant dans l'opulence de l'agir et dans l'habileté manœuvrière, il est dans le dénuement fantasmatique. Proche de l'opératoire, elle est cependant très attentive «aux réalités sociales, habile, opportuniste, et à ce titre «adaptée», la pensée perverse sera toute tournée vers l'agir, le *faire-agir* et la manipulation. Insensible aux mouvances relationnelles, elle est toute dans l'*emprise* qu'elle exerce sur les autres afin de les utiliser aux mieux de ses intérêts narcissiques et matériels. (...) Envers la vérité en général et toute vérité en particulier, la pensée perverse use d'une remarquable désinvolture. (...) Vérité ou mensonge, peu lui importe: c'est l'efficience qui compte: il s'agit seulement, et en toute «innocence», de savoir si les dires sont crédibles, et s'ils vont passer la rampe.
>
> (...) En revanche, à la manière d'une araignée, elle emballe ses proies dans un filet serré de faux-semblants, de demandes non dites et de mensonges explicites. Elle n'est faite que pour confondre l'autre. Elle fait effraction de toutes façons, y compris par l'agir et par l'*extr'agir*, dans le moi de l'autre ou du groupe. Elle contraint, empiète, pénètre, absorbe et dilacère, elle prend la tête», opérant insidieusement à la façon d'une *grenade à fragmentation*.» (...) Elle essaime... La pensée perverse, c'est l'esprit faux, le verbiage, la désinformation et l'exercice de la terreur.» (Racamier 1992*b*)

Pensée maniaque, toujours en quête d'une réalisation manipulatoire concrète, elle ne s'arrête jamais, sauf si elle

---

* Désigne le fait d'agir au travers de quelqu'un, d'exercer un agir défensif et offensif qui passe à travers la frontière du moi pour être capté et mis en œuvre par une autre personne. Exemple: deuil expulsé transagi par un proche; clivage «calfaté» par voie de transagir.

rencontre un obstacle; et encore ne cherche-t-elle alors qu'à le contourner, ne pouvant jamais se réfléchir sur elle-même.

7. Culpabilisation et refus de responsabilité

Rien n'est plus étranger à la mentalité perverse que la notion de responsabilité. Loin d'en souffrir de façon quelconque, le pervers en abhorre même l'idée et oppose une fin de non-recevoir hermétique à toute élaboration de ce thème. Tout au plus, en joueur patenté, admet-il s'être trompé, n'avoir pas dit la parole juste ou fait le bon geste au bon moment. Mais il ne veut rien savoir du registre de la culpabilité, coextensif de celui de responsabilité.

En voici une illustration: après six ans de prison, de retour dans son petit village d'origine, un patient pervers pédophile se retrouvait confronté à ses nombreuses victimes qui le tenaient à l'écart. Nous l'encourageâmes alors, d'une façon assez vague, à aller les trouver pour discuter de ses actes. Il nous expliqua qu'en effet, c'était dans ses intentions, surtout en ce qui concernait «le petit Michel», celui qui avait été le premier à le dénoncer. «*Vous vous imaginez, nous dit-il d'un ton grave, la culpabilité qu'il doit ressentir de m'avoir fait aller toutes ces années en prison*»...

Si on prend en considération les abus dont le pervers a été lui-même victime, on peut alors se représenter les motifs d'une telle attitude. Il n'a bien sûr pas eu d'exemple ni de Surmoi qu'il puisse s'approprier. Mais surtout, il a été manipulé précisément grâce au sentiment de culpabilité qui avait été adroitement instillé en lui. Cette culpabilité était donc plutôt une *culpabilisation*, induite artificiellement par et pour le bénéfice d'un autre qui ne se prévalait de l'autorité et de la loi que pour mieux les bafouer. A l'opposé d'une association avec l'Idéal du Moi, cette culpabilisation était le levier de la manipulation, et c'est cette manœuvre perverse qu'adultes, ces patients abhorrent et dont ils ne veulent plus être les jouets. En ce sens, on peut donc bien comprendre leur révolte, historiquement déterminée, contre toute tentative d'implication dans les actes qu'ils ont commis et qu'ils commettent encore.

Laforgue, déjà cité, mentionnait la culpabilisation de l'enfant comme forme d'«anti-éducation»:

> «Ce serait donc contre ce sentiment de culpabilité *cultivé par la mère** que l'ego de l'enfant devrait apprendre à se défendre, et cela dès ses premiers mois, dès les premiers conflits souvent déterminés par un allaitement difficile, un sevrage brusqué, une discipline incompréhensive des nécessités élémentaires de la vie, une alimentation d'autant plus désordonnée que les premiers mécanismes de défense prennent souvent la forme de l'anorexie mentale.» (Laforgue 1953)

On voit que l'issue préconisée par l'auteur est extrême, consistant à lutter contre la personnalité et les comportements de sa propre génitrice. Le risque évident est celui, paradoxal, d'aboutir à un antœdipe – pervers.

A cette lumière, on comprend mieux l'acharnement de ce type de personnes à ne pas se situer en tant que sujets actifs, responsables de leurs actes. Pour eux, l'activité et la *responsabilité* se situent une fois pour toutes à l'extérieur. Plus, ils se sentent «*en droit*» d'exercer leur emprise ou leur sadisme sur les autres (peut-être proche de la notion d'«entitlement» développée par Boszormenyi-Nagy). A titre d'exemple, nous pourrions citer une patiente qui téléphonait à l'hôpital pour avoir des nouvelles d'examens gynécologiques effectués dans le cadre de sa stérilité: *«J'étais de mauvaise humeur, je me suis défoulée sur la première infirmière qui m'a répondu.»* Ou encore, la mère d'un patient vitupérant un employé d'hôtel, puis apostrophant une amie: *«Elle ne disait rien, j'avais le droit de l'engueuler.»*

Cette notion de déresponsabilisation mériterait certainement d'être développée sous l'optique plus générale de la société occidentale actuelle.

En ce qui concerne les patients, l'un des corollaires de ce manque de culpabilité qui nous apparaît est l'absence de *curiosité* sur soi-même. Bion déjà avait mis ce phénomène en relation avec une attaque destructrice du psychisme, au sujet des patients «borderline» toutefois, chez lesquels

---

* Souligné par nous.

«nous mettons à découvert non pas tant une civilisation primitive qu'un *désastre** primitif. (...) Cette impossibilité de progresser dans l'une ou l'autre direction doit être en partie attribuée à la *des-truction** d'une capacité de curiosité et à ce qui en résulte, l'incapacité d'apprendre.» (Bion 1982)

Les faits les plus ahurissants, violents, révoltants ou absurdes sont énoncés comme des constats. La curiosité, l'intérêt épistémophilique ou la recherche des causes sont entièrement délégués au thérapeute. Il est impossible à ces patients de se demander pourquoi les choses se passent de telle manière. La sexualité parentale, normalement source de mystère et d'intérêt pour l'enfant, les a envahis, détruisant probablement à tout jamais cet élan. La question impossible à se poser qui se dessine en filigrane est bien celle relative à la scène primitive, ou plutôt à la relation entre les parents («pourquoi se haïssaient-ils?») et entre les parents et l'enfant («pourquoi cherchent-ils à me détruire?»).

8. La perversion blanche

Nous avons à plusieurs reprises rencontré la thématique de l'expulsion des affects. En voici une nouvelle brève illustration clinique:
— «*J'aimerais que mon mari me soutienne plus par rapport à ma famille: j'ai reçu une lettre* (larmes dans les yeux)... *C'était une tante qui était morte, elle était un peu comme une mère pour moi... Mon mari est parti dès que j'ai commencé à pleurer...*
— *Vous auriez souhaité partager cette tristesse avec lui?*
— *Non, je ne suis pas triste, qu'est-ce que vous voulez dire?*»

Dans cet exemple, on remarque que les pleurs dans les yeux de la patiente avaient induit le thérapeute à penser qu'elle était triste. Il n'en était rien: il ne s'agissait que d'une réactualisation uniquement corporelle d'un affect n'ayant aucune place dans son psychisme. En réalité, elle vitupérait le fait que, lors de la lecture de la lettre, elle n'avait pas pu immédiatement évacuer et transférer cet affect sur son mari qui s'y était subrepticement soustrait. Cette fuite avait été comptabilisée sur une ardoise ineffaçable, autant valide

---
* Souligné par nous.

trois ans plus tard que sur le moment (laps de temps qui séparait cet épisode du traitement). Le deuil avait quant à lui suivi d'autres évacuations mystérieuses, mais n'avait eu en tout cas aucune élaboration psychique.

Le mouvement de déresponsabilisation est parfois poussé à un point extrême. Certains patients nous sont apparus «vidés d'eux-mêmes», éviscérés, sans affect, sans idée, sans projet, bref, sans vie. En revanche, ils faisaient état avec beaucoup d'excitation d'innombrables conflits entre eux et leur environnement ou entre différents protagonistes de cet environnement. Leur description pleine de verve laissait entendre que ces relations extérieures polarisaient tous leurs intérêts. Mieux, leur vécu de manipulations exaltantes semblait obvier à leur vide intérieur.

Exemple: une jeune patiente avait réussi, dans un premier temps, à se faire opérer par un gynécologue, pourtant connu pour son côté «psychosomaticien» et peu interventionniste, d'une ablation d'une sorte de peau mystérieuse qui la dérangeait à l'intérieur de son vagin. Elle contrevint ensuite aux prescriptions de repos strict et il en résulta une hémorragie inquiétante. Le gynécologue fut alors alerté en urgence et, au chevet de la patiente, constata, d'une part, la gravité de la situation, mais nota aussi, d'autre part, le détachement de cette patiente. Il décida d'une hospitalisation en urgence tout en s'emportant contre sa désinvolture. Lorsque la patiente nous raconta cet épisode, on pouvait aisément percevoir son plaisir intense d'avoir réussi à déstabiliser le médecin et d'avoir provoqué en lui des sentiments violents à son égard (inquiétude, colère, peut-être culpabilité). C'était là, dans la perception chez l'autre de ses affects externalisés et injectés en lui, que résidait tout son vécu à elle. Elle ne semblait absolument pas intéressée ou préoccupée ni de sa «peau vaginale», ni de l'intervention chirurgicale, ni des complications advenues ni enfin de leurs éventuelles séquelles. Elle n'en avait tout simplement aucun vécu. Elle enchaîna d'ailleurs sur son absence de désir sexuel qui, dit-elle, *«inquiétait beaucoup sa mère et agaçait son ami».*

Si nous avions en son temps vu ces pervers seulement comme en quelque sorte *«prisonniers du réel»*, nous nous rendons de mieux en mieux compte de leur influence dévastatrice* grâce à leur redoutable capacité de «décervelage» des autres (Racamier 1992a).

Cet aménagement de personnalité nous paraît mériter la dénomination de «blanche» au vu de deux caractéristiques. L'absence de tout conflit intérieur, voire même de toute vie intérieure, d'une part. Pas de souffrance, donc, si ce n'est quelques rares inquiétudes par rapport aux normes extérieures. D'autre part, cette pathologie n'est décelable et perceptible que sur l'entourage et non sur l'individu lui-même.

Par exemple, dans la consultation de couple, on peut observer des pathologies délirantes de type paranoïde qui, selon cette optique, se révèlent le fruit d'une stratégie d'effraction et d'envahissement de l'identité par le partenaire. Dans le même sens, la fétichisation de l'enfant, si fréquente chez les couples pervers, ne pourra apparaître que sous forme de signes chez l'enfant qui montrera sa dévitalisation (anorexie, dépression, tentative de suicide...). Enfin, des sentiments intenses de dévalorisation chez un enfant ou un conjoint pourront être compris comme l'aboutissement d'un processus de projection et d'injection chez lui des parties envieuses et mauvaises d'un parent ou de l'autre conjoint.

La manipulation des objets externes entre eux, polémiquement, et les conflits qui en résultent donnent au pervers le sentiment de vie tout en le maintenant en situation d'impunité. On pourrait aller jusqu'à postuler que plus il a besoin de se maintenir hors d'atteinte des conflits (blanc), plus il va s'employer à susciter les conflits dans son entourage. Son éventuel saccage conforte son sentiment de pouvoir, le pousse dans son idéologie de consommation d'objets interchangeables.

D'autres exemples nous sont parvenus, dans lesquels il nous a semblé voir un mécanisme de ce type à l'œuvre. Toujours, nous retrouvions, regroupés autour d'un personnage central, des réseaux touffus, agissants, conflictuels, animés par des conflits aberrants, s'entre-déchirant sans raison.

---

* Jamais aussi malfaisante que lorsqu'elle s'exerce au nom d'un but apparemment noble: harmoniser, reconstruire, réorganiser, économiser...

On y discernait sans peine chez ce ou ces pervers centraux des appétits de pouvoir insensés, des volontés annexionnistes à peine déguisées et sans scrupule aucun (cf. infra «Politique et perversion»).

Bien sûr, ici encore, ces processus nous semblent restituer des mécanismes analogues vécus au cours de l'enfance. A l'enfant confronté à de tels parents ne reste plus que la solution de collaborer à l'entreprise de sa propre destruction. Sa dé-psychisation, active, aboutira alors à ce qu'on pourrait appeler un *anti-psychisme*, sorte d'analogue, dans la pensée humaine, du *trou noir* décrit en astronomie qui, selon le Larousse.

> «... ne peut se manifester à l'observation que de façon indirecte, notamment par des rayonnements de matière qu'il capture».

9. La folie

Tous les auteurs qui ont approché la relation perverse ont remarqué ses liens à la fois évidents mais aussi ambigus avec la psychose. Ainsi, E. Kestemberg, dans son article sur la relation fétichique, refuse le diagnostic de schizophrénie, suspecte les suites d'une psychose infantile, préfère parler de «mésorganisation», de convictions proches du délire, caractéristiques de ce qu'elle nomme la psychose froide. J. McDougall (McDougall 1972) parle de «psychose en miniature». Pour Bergeret,

> «la perversion ne constitue qu'un cas particulier d'économie psychique narcissique très proche de l'économie psychotique: la perversion serait en quelque sorte un essai antidépressif de résolution de la violence au sein d'une organisation crypto-psychotique, caractérisée, comme toute économie psychotique, par un déni initial d'une partie de la réalité; le déni ne porterait ici que sur la réalité de la perception du sexe de la femme, le reste du champ relationnel demeurant non délirant». (Bergeret 1984)

La dernière partie de la citation nous interroge. Il nous semble plutôt que ce délire existe, qu'il est masqué, caché par l'utilisation dans l'élaboration délirante de thèmes qui se superposent très exactement à la réalité. Nous l'avons vu lors de l'analyse des symptômes sexuels.

Les tableaux cliniques décrits associent parfois des troubles polymorphes. Nous avons à plusieurs reprises évoqué des projections massives sur l'interlocuteur. En fait, ces mouvements projectifs nous semblent être d'une autre envergure que la simple défense usuellement décrite par ce mot. En cela, nous rejoignons les observations que R. Laing avait déjà formulées:

> «Nous avons affaire ici à autre chose que ce qu'on désigne par le terme psychanalytique de «projection». Il ne s'agit pas pour l'un des partenaires, de se servir de l'autre comme d'un crochet pour y suspendre ses projections. Il s'efforce de trouver en l'autre, *ou d'inciter l'autre à devenir l'incarnation même de la projection**. La collusion de l'autre est requise pour «compléter» l'identité que le soi se sent forcé de maintenir. On éprouve parfois une sorte singulière de culpabilité, spécifique, à mon sens, de cette disjonction. Si l'on refuse la collusion, l'on se sent coupable de n'être pas, ou de ne pas devenir l'incarnation du complément d'identité réclamé par l'autre. Cependant, si l'on *succombe*, si l'on se laisse séduire, peu à peu devenu étranger à soi-même, on se rend coupable de trahison envers soi.» (Laing 1971)

Ces mouvements projectifs confinent parfois à des sortes de «délégations de vie», lorsque, par exemple, certains patients phobico-pervers, au cœur d'une relation amoureuse, abandonnent tout vécu individuel et, dans un mouvement qui est peut-être proche de l'identification à l'agresseur, vivent en quelque sorte «à travers leur partenaire».

Il est toutefois remarquable combien ces limites du moi évanescentes, ces enveloppes psychiques fragmentées, ces préconscients troués, ces identités multiclivées, ces logiques inversées sont peu manifestes lorsque nous nous trouvons face à des individus ou à des couples apparemment sereins, très bien insérés dans la société, évaluant les malades psychiques ou les faibles sans aménité et ne se plaignant que d'un «petit problème».

Nous avons vu ces patients rivés à la réalité: pensée concrète de type psychosomatique, action concrète des pervers privilégiée par rapport aux fantasmes. Dans le re-

---

* Souligné par nous.

gistre psychotique aussi, nous avons l'impression d'un «délire concret», utilisant des registres réels pour se déployer. Plus, de même que certains pervers «érogènes» exploitent les désirs sexuels qu'ils décèlent chez leurs partenaires (cf. cas relaté par M. Khan) (Khan 1973), nous pourrions avancer que ces pervers exploitent pour leur délire des thèmes propices qu'ils décèlent soit chez leur interlocuteur, soit dans la société en général (actuellement, l'exigence d'une santé sans faille – parfois au prix d'une prévention hygiénique constante –, d'un bonheur conjugal total, d'une sexualité épanouie, d'une procréation infaillible, d'une naissance sans risque ni douleur, etc.). Ces thèmes nous semblent donner lieu à de multiples équivalents délirants dans lesquels les médecins sont inévitablement englobés.

Ces délires sont d'autant plus difficiles à déceler qu'ils sont généralement des délires à deux. Contrairement à la définition qui en est généralement faite, ils ne sont pas le fait d'un membre du couple plus que de l'autre. Au contraire, pour les manifestations délirantes comme pour les passages à l'acte pervers, nous avons remarqué que c'était le membre «silencieux», non symptomatique du couple qui se révélait en être généralement l'instigateur. Toutefois, parmi les couples qui nous consultaient, les deux protagonistes s'arrangeaient pour induire un flottement quant à leur adhésion commune et simultanée à tel ou tel thème délirant, ce que nous avons appelé *«délire à deux, alterné, jamais congruent»*. Il est probable que cet aménagement dynamise le délire et lui donne plus de force.

10. La relation narcissique

A maintes reprises, nous nous sommes interrogés quant au degré d'intentionnalité perverse qui sous-tendait telles ou telles interactions de nos patients. Non que nous fussions dupes et que nous les tinssions pour «maladroites», mais, au contraire, nous craignions une relation encore pire, que faute de mieux nous appelons «relation narcissique». Pour nous, ce terme ne recouvre aucune des modalités normales de relation, y compris celles attribuables au nourrisson. Il désignerait plutôt une absence totale d'intérêt pour autrui, une méconnaissance absolue de ses besoins, de ses désirs ou de ses craintes, bref, de sa vie; et la seule prise en compte de certaines caractéristiques partielles, momentanées, susceptibles d'être narcissiquement utiles et, à ce titre, consommées. Encore une fois, ce narcissisme effroyable, forme adulte d'autisme, ne saurait être le fait que d'un être humain au psychisme dévasté, anéanti dans tout ce qui le rattache au fonctionnement et à l'essence humaines. Cet état de *monstruosité narcissique* nous semble au-delà du sadisme dans le sens où il n'y a même plus de lien destructeur à l'objet. On pourrait l'imaginer comme un degré supplémentaire d'atteinte abusive qui serait allée jusqu'à ôter toute envie, tout désir envers l'autre, y compris celui de se venger ou de le dominer. La prime de plaisir imputée, souvent à tort, aux pervers aurait également succombé, laissant place à des besoins simples, d'ordre strictement vital, mais recherchés avec opiniâtreté et sans aucun scrupule.

Tout reste à comprendre de cette pathologie, probablement plus fréquente qu'on ne le soupçonne. Nous l'avons quant à nous détectée à plus d'une reprise, en particulier chez des personnes chez qui ni leur haut degré de responsabilités professionnelles ni leur vie sociale ne la laissaient présager.

Nous en trouvons une illustration dans le roman *Le Minotaure* de F. Dürrenmatt (Dürrenmatt 1990) qui met en scène un Minotaure monstrueux, perdu, mais aussi indifférent, dans un labyrinthe dont les multiples glaces ne font que lui renvoyer son image à l'infini. Une figure humaine apparaît, celle d'une jeune fille apeurée. Le monstre est intéressé, il cherche à l'approcher mais, en définitive, ne fait que l'écraser. Il regarde le sang qui a giclé partout, sans comprendre.

11. L'enfant à détruire

Un des aspects qui est invariablement réapparu chez les couples à interaction perverse post-abusive est leur haine de l'enfant. Masquée ou franche, insidieuse ou brutale, cette haine était perceptible dès qu'on abordait le sujet de la procréation ou de l'enfant.

Il semble malheureusement vraisemblable que le couple pervers se constitue autour de l'idée de s'unir *contre* l'enfant. Alors que la procréation vise normalement la perpétuation de la vie, cette forme négative vise fondamentalement plutôt sa destruction. Dès lors, ce n'est que par leurs malheurs que ces enfants ont une existence, que par leurs souffrances qu'ils intéressent leurs parents. Cela nous a été confirmé par maints récits de patients, du type *«ce n'était que lorsque j'allais mal que ma mère faisait attention à moi»*. C'est d'ailleurs dans une telle inversion des registres que l'on peut voir la source d'un masochisme ultérieur, l'enfant ayant bénéficié d'une sorte de prime vitale lors de ses souffrances. Ce jeu terrible semble trouver des exacerbations lorsque la vie de l'enfant en vient à être sur le ballant, lorsqu'il risque de mourir. Ce n'est qu'à ce prix qu'il semble pouvoir compter pour ces mères. S'agirait-il de mères trop marquées par l'inceste pour pouvoir donner la vie?

Il en résulte une problématique récurrente et fondamentale que nous rencontrons, dans les thérapies d'adultes, formulée mot à mot par les phrases types suivantes: *«Je n'ai pas de place»* (*dans ma famille, dans mon couple, au travail, chez ma mère...*)*. *«Je n'existe pas»* et *«Je n'ai pas le droit de...»*

12. La mère

Il est important de souligner que cet enfant est victime d'une dynamique qui concerne les deux parents, à des titres différents, mais complémentaires. Déjà en son état de projet, l'enfant est une partie de leur relation destructrice. Nous allons maintenant détailler le fonctionnement d'une telle mère envers l'enfant. Il est bien clair que cette relation abusive prend son véritable sens dans l'impact qu'elle a sur la relation avec le conjoint.

---

* Un exemple caricatural nous a été fourni lors d'une supervision; le jeune enfant dont il était question se mettait sur le bord de la fenêtre et hésitait, devant les éducateurs, à se jeter au-dehors.

L'analyse des relations conjugales perverses nous a donc amenés à identifier comme perverses les relations entre ces patients et leurs parents. C'est entre eux et leur mère que nous avons perçu le paroxysme de cette violence relationnelle en regard de laquelle les pires aménagements conjugaux pervers ultérieurs ne sont que de pâles succédanés. La psychanalyse a souvent décrit ces mères avec finesse, mais sans véritablement faire apparaître leur violence et leur destructivité (leur perversion). Une abondante littérature existe par ailleurs sur les «mères toxiques»; elle est plus franche, mais souvent trop générale et sans véritable perspective interactionnelle.

Ce sont bien ces mères qui nous semblent être d'une certaine façon à l'origine des dévastations psychiques et relationnelles constatées. E. Kestemberg avait déjà décrit ce type d'interaction abusive:

> «Il est toujours un peu vrai que les parents investissent leurs enfants comme un prolongement narcissique d'eux-mêmes, un double ou une partie d'eux. C'est d'ailleurs ce qui permet l'identification narcissique, indispensable, et par là ce plaisir illusoire de se sentir un bon parent, capable de combler l'enfant. Mais quand cet investissement narcissique domine, la mère (parfois le père) a le plus grand mal à imaginer chez l'enfant la possibilité de pensées, de désirs différents des siens (...) Il lui faut renoncer à son omnipotence. Il arrive que la mère ou le père ne surmontent pas la perte de cette toute-puissance, et détestent cet enfant qu'ils ne parviennent pas à contenter...» (Kestemberg 1981)

Observation certes judicieuse, mais encore très bienveillante envers ces mères qui «n'arrivent pas à surmonter leur omnipotence». Nous dirions quant à nous plus abruptement qu'il s'agit de mères sadiques, jouant avec l'existence de leur enfant, utilisant ses capacités pour leur unique satisfaction narcissique, exploitant sa dépendance sans scrupule aucun et s'abritant manifestement derrière l'image de leur mari – tout aussi pervers, mais souvent plus maladroit.

Certains patients nous ont exactement dépeint ce tableau effrayant. D'autres au contraire avaient un discours béat d'admiration et se montraient ostensiblement subjugués par une mère envers laquelle il était inimaginable d'émettre la moindre critique. Une ébauche en était parfois esquissée, immédiatement nuancée par l'affirmation qu'elle avait le *droit de commettre ces abus:* droit en tant que génitrice, en tant que mère, droit éventuellement en tant qu'elle-même ancienne victime de sa propre mère. Ce «droit» incarnait la légitimation absolue de toutes les exactions, scellait toute possibilité d'émancipation critique envers elle. Plus, les patients témoignaient de ce qu'on pourrait légitimement appeler une sorte de *«toxicomanie relationnelle»* à son égard: tout ajournement des visites était vécu avec un sentiment de manque intolérable, tout espacement des téléphones avec une souffrance aiguë. C'est évidemment sur le même mode que ces femmes vivaient leur relation conjugale où toute prise de distance, réelle ou symbolique, au sein du couple leur apparaissait intolérable et, partant, inévitablement sanctionnée par un passage à l'acte pervers. On pourrait y lire une tentative d'utilisation de relations perverses exacerbées comme d'un fétiche, lui-même requis comme substitut d'un objet transitionnel jamais élaboré.

D'autres fois au contraire, ces patientes, se sentant soutenues dans la perception critique de leur mère, osaient partager les questionnements qui les taraudaient depuis toujours mais qui avaient dû être gardés secrets à l'intérieur d'elles-mêmes. Ainsi, cette patiente (future psychothérapeute) qui, depuis toute petite, tenait en secret un cahier intitulé «étude psychologique de ma mère».

Comme exemple magistral de relation perverse (démasquée) entre une fille et sa mère, nous aimerions citer ici in extenso la tirade d'Eva, dans *Sonate d'automne* d'Ingmar Bergman:

CHARLOTTE [la mère à Eva, sa fille, qui lui reproche avec force son mépris]:

– «C'est effrayant de se dire que pendant toutes ces années tu as nourri cette haine en toi. Pourquoi ne m'en as-tu jamais parlé?»

[A noter la perception uniquement narcissique des reproches et la contre-attaque perverse, induisant la culpabilité chez la victime.]

EVA: «Parce que tu n'écoutes jamais! Parce que tu as toujours refusé de regarder la réalité en face; parce que tu es une infirme pour tout ce qui touche aux sentiments, parce qu'au fond, Helena et moi, tu nous détestes, tu es irrémédiablement enfermée en toi, encombrée de ta personne; parce que tu m'as portée dans ton ventre froid et que tu m'as expulsée avec dégoût, parce que je t'aimais et que tu me trouvais répugnante, mal faite et sans talent. Et tu es arrivée à faire de moi une infirme à vie comme tu l'es toi-même, tu t'es attaquée à tout ce qui, en moi, était sensible et délicat, tu as essayé d'étouffer tout ce qui était vivant et que tu pouvais atteindre. Tu me parles de ma haine. Mais ta haine la valait bien. *Ta haine la valait bien.* Tu m'as ligotée, tu avais besoin de mon amour comme tu as besoin que tout le monde t'aime. Je t'étais livrée sans défense. Tout se passait au nom de l'amour, tu disais tout le temps que tu nous aimais, moi, papa, Helena. Et tu étais une virtuose dans l'art des accents et des gestes de l'amour. Des gens comme toi – des gens comme toi sont des dangers mortels, il faudrait vous enfermer pour vous empêcher de nuire. Une mère et une fille, quelle effroyable amalgame de sentiments, de confusion et de destruction. Tout est possible, tout se passe au nom de l'amour. Il faudra que les infirmités de la mère soient transmises à la fille, que la fille paie pour les déceptions de la mère, que le malheur de la mère soit le malheur de la fille, comme si le cordon ombilical n'avait jamais été coupé. Le malheur de la fille, c'est le triomphe de la mère, le chagrin de la fille, la volupté secrète de la mère.» (Bergman 1977)

13. Le triomphe de la haine: la relation thanatique

La relation thanatique est celle qui nous semble unir deux pervers. Elle vise le contraire de la relation libidinale ou érotique. Il serait toutefois trop simple de l'assimiler à une seule volonté de destruction: elle serait alors clairement identifiable et, ce faisant, échapperait à sa véritable logique mortifère. Celle-ci la veut au contraire absurde, incernable, illogique. Elle est plutôt une culture de mort identifiable au mieux à ses effets: attaque du narcissisme de l'autre, de l'identité corporelle ou psychique, du respect de lui-même, de sa dignité. Attaque de ses fonctions psychiques, et particulièrement de la pensée mais aussi de ses émotions, et spécialement des émotions joyeuses et porteuses d'exubérance et de vie. Attaque des liens intrapsychiques entre les affects et les représentations, attaque des souvenirs ou des anticipations. Attaque du lien surtout qui lie à ce partenaire ou qui lie ce partenaire à d'autres. Attaque continue et sans faille de toute manifestation d'autonomie, de joie, de sympathie, de partage, de pensée, de vie.

Cette attaque si odieuse, particulièrement quand elle touche des enfants, si contraire à tous nos présupposés et idéaux médicaux semble toutefois indispensable à la survie des pervers.

Il en résulte une logique inverse de la logique névrotique. Celle-ci voudrait que le lien entre époux soit (de façon prépondérante) axé sur la construction d'une relation avec l'autre, la création d'un noyau familial. La relation thanatique vise l'anticréation, soit l'attachement de l'autre aux fins de destruction, la communication aux fins de mésentente. Ces deux logiques totalement incompatibles s'affrontent parfois frontalement chez une même personne. Ainsi, une patiente réalisait avec effroi que tous ses efforts pour construire une famille se heurtaient inexorablement à des barrages imposés par toute sa famille; «*Ils ne s'intéressent et n'aiment que ce qui ne va pas, que les maladies et les horreurs; si ça va trop bien, ils se ressourcent au malheur*».

L'externalisation des affects pénibles est un autre thème central de la logique thanatique. Notre expérience avec les pervers nous pousse à penser qu'elle est le fruit d'un mouvement psychique bien particulier, souvent survenu à un moment bien précis. A cet instant, les victimes nous disent très clairement qu'elles ont résolu d'en avoir assez de souffrir; désormais, elles «arrêteraient de s'en faire». Cette formulation traduit probablement l'arrêt d'une certaine forme de pensée ainsi qu'une forme tragique et inexorable d'abdication de soi-même. L'absence de culpabilité surtout, qui désormais ne s'oppose plus à leurs exactions sur les autres, en est un corollaire. Ce mouvement est à notre avis difficilement réversible et, lorsque nous le décelons chez nos patients, nous le comprenons comme un élément de mauvais pronostic.

Cette externalisation a été très bien saisie par certains écrivains, au premier rang desquels figure sans conteste Orwell (cf. infra, chapitre «Perversion et politique»). Dans *1984*, le héros lutte contre un système totalitaire. Il en subit une répression d'une violence inouïe qu'il endure courageusement. Mais, à la fin, lorsqu'il est soumis à la torture la plus cruelle qui existe, il cède et crie: «*Faites-le à Julia, faites-le à Julia, pas à moi.*»

A. Besançon, dans son commentaire d'Orwell, a compris qu'il s'agissait là du *moment du Mal*. Par là, nous comprenons l'expulsion de la souffrance sur quelqu'un d'autre. Il s'ensuit, nous dit Besançon, *«une chute cosmique, comme celle d'un ange»*.

Et il poursuit:

> «On a relâché Winston et le voici à la table d'un café où il sirote, à moitié ivre, l'horrible gin de la Victoire, parfumé à la saccharine. Il rote. «Il était devenu plus gras (...) ses traits s'étaient épaissis. La peau de son nez et de ses pommettes était d'un rouge vulgaire, et même son crâne chauve était d'un rose trop foncé.» Un jour, il croise Julia. Elle aussi a changé. Mais en quoi? Il est glacé d'horreur à l'idée qu'il pourrait lui faire l'amour. Sa taille a épaissi, s'est raidie. Son corps a la consistance d'un cadavre, «cela ressemblait à de la pierre plutôt qu'à de la chair». Voici le haut-parleur qui déverse des nouvelles triomphales. Elles remplissent le cerveau brumeux de Winston d'une sorte d'enthousiasme vaguement mystique. Il regarde avec attendrissement l'énorme portrait de Big Brother. La lutte était terminée: «Il aimait Big Brother.» (Besançon 1985)

Orwell puis Besançon ont parfaitement compris l'origine du Mal, ce moment où la souffrance intolérable est refusée et activement attribuée à une victime innocente. Innocente, étrangère, qui n'avait rien à voir avec ce conflit, mais qui va s'en trouver brusquement chargée, atteinte; qui ne pourra pas s'en défaire car, comme cette douleur ne lui appartient pas, elle ne saura d'où elle vient, elle n'aura pas de sens. Elle ne pourra que s'en trouver affectée, appauvrie, blessée, mais ses tourments ne lui seront d'aucun profit. Loin de la magnifier, de la mûrir, ces souffrances ne contribueront qu'à l'affaiblir, à l'amoindrir. Souffrance aveugle, donc inutile, vaine, éternelle, absurde.

Winston, lui, s'en trouve soudainement délivré, purgé. Guéri? Certes non, bien au contraire. Il a simplement basculé dans le camp où la souffrance n'existe plus, où ce luxe de l'individu libre a été éliminé.

Ce n'est certainement pas un hasard si, après cet achèvement du Mal, l'auteur s'attarde autant sur l'apparence physique des deux protagonistes. Ce corps était autrefois – malgré sa banalité, voire sa laideur – érotique. Vivant, porteur de cette étincelle de vie ou de joie, il n'est plus qu'un agrégat de cellules sans libido. Il est «vulgaire» et a la «consistance d'un cadavre».

Dans cette épouvantable mise en scène, Orwell établit la radicalité de l'opposition entre le Bien et le Mal. Inconciliables, en tout opposés, acharnés pour le premier à s'affirmer, pour le second à le détruire, ils sont tout à leur guerre impitoyable, sans merci.

14. Œdipe abusé

Nous n'avons pas la prétention de réenvisager ce mythe central de la psychanalyse, mais simplement d'en donner quelques brefs éclairages sous l'angle de nos découvertes ou réflexions cliniques relatives à l'abus et aux perversions. Bien des auteurs ont d'ailleurs, depuis Freud, repensé ce mythe dans une optique interactionnelle impliquant le désir des parents (Devereux 1970).

> «On ne s'est jamais assez avisé que toute l'affaire d'Œdipe qui se poursuit à la génération suivante, s'ouvre à la génération précédente dans le *déséquilibre du couple* Laios-Jocaste. Au reste, la mythologie grecque fourmille de mères complices des fils pour châtrer et tuer le père, de pères – Zeus lui-même – tuant l'épouse porteuse de l'enfant qui déjà le menace.» (Amado Levy-Valensi 1973)

La compréhension de la logique perverse nous amènerait à considérer ce mythe non plus comme le modèle d'un fonctionnement psychique individuel, mais comme un paradigme familial de lutte dramatique entre la névrose et la perversion. Dans cette optique, les faits doivent être considérés en fonction de leur impact interactionnel et non plus sur le seul plan symbolique.

Laïos

Laïos, père d'Œdipe, aurait-il été pervers? Selon la légende, il semble s'être agi du «premier pédéraste»; pire, il séduisit le fils de son meilleur ami, l'enleva, et l'enfant, selon certaines versions du mythe, se suicida.

> «Le sphinx aurait été envoyé aux Thébains par Junon du fond de l'Ethiopie, parce qu'ils n'avaient point puni Laïos de son amour infâme pour le beau Chrisippe, qu'il avait enlevé de Pise, abusant de l'hospitalité de Pélops son père et donna le premier exemple d'un

amour contre nature. L'enfant se tua de désespoir; son père Pélops maudit l'auteur de ce crime, Laïos, et l'effet de cette malédiction se porta sur le fils et les petits-fils de ce prince.» (Constans 1974)

Nous retrouvons des thèmes familiers: des lois bafouées (hétérosexualité, amitié, hospitalité), l'abus d'un enfant, la violence et la mort.

«N'ayant point d'héritier, il alla consulter l'oracle de Delphes, qui lui conseilla de ne pas s'exposer à en avoir, car celui qui naîtrait de lui le tuerait, épouserait sa mère et plongerait dans le deuil et le sang toute sa maison.» (...) «Cependant, Laïos oublia l'oracle à la suite d'une orgie...» (Constans 1974)

Faudrait-il suspecter derrière ce tableau un couple dont la phobie sexuelle ne pourrait être surmontée que par des manœuvres perverses ou par l'alcoolisation? Quoiqu'il en soit, la conception de l'enfant Œdipe s'insère dans une dynamique perverse (orgies transgressives).

Nous savons que, par la suite, Laïos veut s'opposer à l'oracle et se soustraire à la prophétie en ordonnant de tuer son propre fils, cela d'une façon particulièrement cruelle (en lui perçant les chevilles et en les attachant, puis en l'exposant sur une montagne connue pour ses bêtes féroces). Qu'enfin, plus tard, en chemin sur son char, avec ses serviteurs, rencontrant un jeune homme seul en face de lui, il s'est montré particulièrement arrogant, «insolent, provoquant une querelle» dans laquelle il perdra la vie (Decharme 1886). A nouveau, on peut lire de la sauvagerie chez Laïos, réitérée contre son fils. La vie de Laïos semble donc empreinte de brutalité, jusques et y compris dans sa mort violente. Celle-ci nous rappelle certains récits de patients qui nous semblaient obéir à cette logique inhumaine du «soit je te domine, soit je meurs», rendant impossible toute autre forme de coexistence des générations (ce qui était d'ailleurs la teneur de l'oracle de Delphes qui ne faisait que renvoyer son image à Laïos).

Jocaste

Et sa femme, Jocaste, serait-elle l'autre pôle d'un couple pervers? En premier lieu, bien qu'elle soit dépeinte comme souffrant de stérilité, on peut noter qu'elle ne s'est pas opposée à son mari lorsqu'il a entrepris de tuer l'enfant qu'ils avaient fini par avoir (cf. thèmes de la «procréation artificielle» ou de «l'enfant à détruire»). De plus, beaucoup d'auteurs (Lacan entre autres) ont relevé qu'elle savait vraisemblablement que le roi Œdipe était en réalité son fils.

> «De tout ce qu'on t'a dit, va, ne conserve même aucun souvenir. A quoi bon!»

Manipulatrice et ancienne complice de l'infanticide raté, elle tente à plusieurs reprises de décourager son fils de rechercher le meurtrier de Laïos, puis enfin, très perversement, banalise l'inceste:

> «Bien des gens dans leurs rêves ont partagé la couche maternelle. Celui qui attache la moindre importance à telle chose est aussi celui qui supporte le plus aisément la vie!»

Il apparaît donc assez légitime de considérer la relation de ce couple comme perverse, centrée sur une logique narcissique-grandiose, une volonté de transgression, une recherche d'excitation et de plaisir pervers et un dessein de destruction de l'enfant.

Le mythe d'Œdipe

Que devient le mythe d'Œdipe sous cet angle? Il change du tout au tout. Œdipe apparaît comme névrotique[*] en ceci qu'il est intimement catastrophé par l'oracle de Delphes qui lui prédit une destinée perverse (parricide et incestueuse). Il tente d'y échapper, par tous les moyens dont il dispose, même peu symboliques (déplacement géographique). Il aime ses parents (ceux qu'il croit être tels) et veut faire tout ce qu'il peut pour éviter de leur nuire. On le voit, son comportement est éminemment relationnel, filial et aimant, sous l'égide d'une morale et d'un sentiment du devoir.

Ces efforts se révéleront vains et Œdipe se rend compte, lors de la double révélation de son parricide et de son inceste, que, *malgré lui*, malgré ses efforts désespérés, il s'est trouvé pris au piège de ses parents pervers, engagé exactement dans le type de comportement pervers qu'il voulait éviter: son père a réussi à faire de lui un meurtrier, sa mère un fils incestueux. Lorsqu'on lui dévoile brusquement la vérité, il comprend avec désespoir qu'il n'a pas réussi à s'extraire de

---

[*] «Protonévrotique» dirait peut-être N. Nicolaïdis (Nicolaïdis 1980).

sa filiation perverse. Bien au contraire, ses efforts n'ont fait que l'y précipiter davantage. On est alors tenté de dire qu'il va aller dans le sens souvent observé en clinique de ces patients qui parachèvent l'œuvre de destruction engagée contre eux par leurs parents. Il se crève les yeux: acte d'autopunition, mais surtout automutilation d'ordre pervers, masochique, qui le plonge dans l'obscurité. Acte de victime, mais de héros abdiquant et se précipitant dans un sadisme jusque-là abhorré.

Et là s'opère alors la bascule qui transforme la victime en abuseur. Œdipe, ayant passé à l'acte, légitimé par son nouveau statut de victime, va quitter la scène en s'appuyant derechef entièrement sur sa fille, Antigone. Celle-ci, de façon évidente, inquestionnable, est désignée pour lui consacrer sa vie. Ainsi peut-on comprendre la fin de cette tragédie comme un retour à un équilibre familial pervers que les efforts d'Œdipe n'ont pu ébranler et qui aboutit au contraire en apothéose, l'abus de sa fille, cette fois au vu et au su de tous. Le conflit est expulsé – sur le spectateur.

La tragédie d'Œdipe pourrait donc figurer comme une métaphore du difficile processus de la névrotisation des pervers. Sous cet angle, Œdipe aurait donc échoué, transformant une perversion active sadique et manifeste (infanticide, parricide, inceste) en perversion passive masochiste et masquée (automutilation, exil et inceste relationnel ou comportemental avec Antigone). Dans cette optique, sa faute pourrait être non pas son intention d'échapper à son destin pervers, dessein louable pour tous, mais sa précipitation à le faire. La morale du drame d'Œdipe pourrait être qu'on ne se sort pas si vite (en une génération) d'une filiation (aussi) perverse.

CONSIDÉRATIONS THÉRAPEUTIQUES

I. PROCESSUS THÉRAPEUTIQUES

1. Généralités

Existe-t-il une thérapie adéquate pour la pathologie perverse? Au stade où nous en sommes dans la compréhension de ces troubles, la question mérite d'être posée. Nous n'avons aucune prétention d'y apporter une réponse exhaustive mais voudrions, dans ce qui suit, mettre en évidence certaines particularités de la prise en charge, inhérentes à cette pathologie, qui permettraient d'éviter de s'engager sur de fausses prémisses avec ces patients.

Opposition entre la logique perverse et la logique thérapeutique

A plusieurs reprises, nous avons souligné l'opposition foncière et irréductible des logiques névrotiques (soignantes) et perverses. Bien sûr, des aménagements harmonieux existent, tant au sein d'un groupe que dans un couple ou même à l'intérieur d'un individu. La perversion semble même y jouer un rôle important. Mais l'opposition dont nous faisons état maintenant est d'un tout autre ordre. Elle concerne les prémisses mêmes de la relation médecin-malade, les bases axiomatiques de leur rencontre. Loin d'y être perçu comme un allié, une ressource, le thérapeute y fait figure d'ennemi, d'autant plus haï que nécessaire. Sa disposition à l'aide, sa compétence professionnelle, ses diplômes sont abhorrés en tant que tels et visés. Aux yeux de ces patients, sa capacité de penser leur est une grave menace qu'ils perçoivent comme une forme d'affront.

Cet antagonisme est souvent masqué derrière une relation de façade, accommodante et adaptée à une pseudo-situation médicale, et ce n'est que progressivement qu'il se dévoilera. Il prendra alors la forme d'une profession de foi perverse assenée avec force. A de nombreuses reprises, cette idéologie se manifestait dans l'adhésion à une secte ou à un mouvement ésotérique; d'autres formes en étaient des affiliations à des mouvements idéologiques structurés marginaux ou extrémistes (thérapeutiques, politiques, etc.). Ces attachements sont à la fois celés et affichés. Sorte de secret - non-secret, ils constituent une espèce de trucage initial sur lequel les patients joueront constamment en dévalorisant à leur gré le fondement même des interventions des thérapeutes. Nous reviendrons plus loin sur certaines de ces associations, redoutables «machines à décerveler» selon l'expression de Racamier. Nous nous bornerons ici à relever que cette idéologie perverse concentre l'intangibilité d'un délire et la force destructrice d'une perversion.

Nous nous sommes aperçus que l'affirmation franche de cette profession de foi était en réalité souvent précédée de propositions ou d'aphorismes pervers, placés subrepticement dans le courant de la discussion. Par exemple: *«Dans la vie il y a les loups et les agneaux; moi j'ai choisi mon camp»* ou *«Plus on réfléchit, moins on avance»*, ou *«Dans la vie, ce sont les actes qui comptent»* ou *«Je suis contre le fait d'assumer une famille comme autrefois»* ou encore *«Moi, je ne crois pas à la filiation»*, etc. Nous prêtons donc actuellement une grande attention à ce type d'affirmation, forme de *roc idéologique* sur lequel il faut bien avouer que bute la thérapie. Cet obstacle peut même se révéler redoutable, lorsqu'il nous confronte au dilemme soit de sortir de notre champ thérapeutique en mettant en cause des formes de vie évidemment perverses mais tolérées par la société et pour lesquelles les patients n'ont pas de demande (engagement des enfants dans une sectepar exemple), soit d'être complices de perversions majeures en nous restreignant à l'amélioration de symptômes plus ou moins anodins (sexuels par exemple).

Qu'on ne s'y trompe pas: encore une fois, nous sommes ici fort loin du champ névrotique de l'ambivalence. Il s'agit bien d'une forme de mise en acte du décervelage subi par ces patients. Dans quelle mesure cette *mise en acte* peut être transformée en véritable *mise en scène* est l'enjeu de la thérapie des pervers. Autrement dit, dans quelle mesure les patients sont-ils habités par la seule envie de répétition vengeresse ou au contraire accessibles à un questionnement sur leur manière d'être? Dans le premier cas, la relation thérapeutique n'aboutira qu'à un affrontement stérile entre des thérapeutes s'efforçant de prodiguer des soins et des patients qui mettront, eux, leur énergie à les combattre en accentuant encore leurs propensions expulsives et destructrices. Dans le second, le cadre de consultation pourra être un levier positif, porteur d'un transfert libidinal tendant vers une amélioration et un soulagement. Cette dichotomie est centrale, notamment pour des problèmes d'indication thérapeutique, mais il faut bien reconnaître que nos moyens pour étayer ce jugement sont encore très limités. Tout au plus pouvons-nous avancer que l'affirmation d'une forme de perversion sociale comme l'adhésion à une secte ou l'exercice d'une autre forme de perversion comme l'inceste nous semblent être des éléments de mauvais pronostic dans la mesure où ils sont *actuels*, qu'ils font l'objet d'une forme de *prosélytisme* et qu'ils engagent les patients dans leur *vie quotidienne, éventuellement professionnelle*.

Le simulacre de la relation thérapeutique

Les pervers qui nous ont consultés s'affichaient rarement ouvertement comme tels. Au contraire, nous percevions aisément les efforts consentis d'un commun accord par ces couples pour donner le change dans un premier temps ou, tout du moins, présenter leur situation sous un jour ambigu.

> «Ainsi, l'amour peut-il être invoqué par l'un des partenaires pour soutenir la légitimité de sa perversion, la justifier comme étant compatible avec les valeurs les plus respectées; il peut aussi permettre à l'autre de vivre sa perversion en se méconnaissant lui-même comme pervers. L'allégation amoureuse constitue ainsi le lien ambigu, le thème commun où les deux partenaires se retrouvent. L'ambiguïté de ce lien est telle qu'on reculerait à s'y intéresser, tant il fait figure de simple malentendu, si sa persistance dans le temps, sa résistance aux contre-temps n'étaient là pour montrer, une fois encore, qu'un bon malentendu, ça a toutes chances de durer longtemps – et pas seulement en analyse!» (Clavreul 1967)

Cette propension à se dissimuler derrière une façade «névrotique» a aussi été perçue à travers les examens du Rorschach, comme l'ont étudié Merceron, Husain et Rossel:

> «Nous avons choisi le terme de distorsion de la relation car il s'agit de procédés très habiles de déni du savoir de l'autre. Les personnalités perverses n'ont pas l'opposition massive des organisations caractérielles... Le double jeu relationnel des pervers implique au contraire une soumission – au moins apparente – à la règle donnée... Pourtant ils transgressent constamment la règle d'une manière ou d'une autre, forme de distorsion qui, dit R. Dorey, existe chez eux *«dans toute relation à l'autre»* et qui est alors

«*d'autant plus pernicieuse qu'elle se dissimule habilement.*»
(Merceron, Husain et Rossel 1984)

Cette tromperie risque de perdurer; dans la littérature, nous trouvons de nombreuses illustrations de cette mascarade thérapeutique, souvent dévoilée rétrospectivement à des thérapeutes au fait de la perversion:

«Il avoua, au bout de quelque temps, qu'il avait raconté de faux souvenirs à ses anciens analystes, des histoires de frustration et d'abandon *parce que les histoires tristes, d'enfants mal-aimés par les parents font plaisir aux analystes.*» (Eiguer 1989)

Ce qu'il faut bien saisir, c'est la jouissance que retirent de tels patients pervers à berner et à rabaisser ainsi leur analyste.

Une telle tromperie risque d'aboutir à l'induction d'une forme de complicité thérapeutique, par aveuglement. Elle doit donc être relevée et analysée. Ce procédé mérite d'être souligné car nous avons constaté une tendance assez commune à imputer à ces patients les prémisses morales et existentielles qui sont les nôtres (notamment l'aversion pour la souffrance, la recherche de soulagement si elle survient, pouvant le cas échéant aboutir à une demande d'aide). La mauvaise foi soulève un problème de fond dans la communication avec le pervers que nous avons abordé plus haut. En effet, la communication normale se fonde sur une multitude d'axiomes qui nous semblent si évidents que nous les croyons universels. La disposition à projeter nos propres valeurs névrotiques (voire notre propre fonctionnement psychique) sur des patients pervers est une difficulté majeure dans leur traitement, cela d'autant plus qu'elle est très bien perçue par eux et exploitée comme une faille chez nous. Ils se prêtent à un simulacre de demande thérapeutique, tout en conservant par-devers eux leur certitude d'être dépositaires de l'unique source de vérité.

L'asymétrie inhérente à la consultation médicale leur est insupportable: une de nos patientes perverses, après deux ans de traitement par ailleurs fructueux, nous le dit textuellement: *«l'asymétrie de notre relation m'est intolérable»*, accompagnant son affirmation d'attaques virulentes et de tentatives d'interprétations sauvages sur le thérapeute. Clavreul avait déjà noté cette particularité:

> «... l'impossibilité pour le pervers de prendre la position de «celui qui ne sait pas» devant «un sujet supposé savoir.» (Clavreul 1967)

Tout au plus comprennent-ils cette relation comme une tentative de prise de pouvoir sur un partenaire affaibli (eux-mêmes). C'est alors bien leur dynamique et leurs valeurs qu'ils nous prêtent.

Les consultations de couple

Nous nous sommes souvent interrogés sur l'incidence du cadre de consultations de couple sur nos observations. Concernant les couples pervers, il s'agit d'un aménagement qui semble leur convenir, correspondant à leur propension à utiliser le cadre et à *agir*. Ce setting nous paraît très favorable à différents points de vue: à une régression, bien connue de tous les thérapeutes de couple; à la possibilité de consultation de la part de couples très fragiles et protégeant leur narcissisme par une demande projective; mais surtout au déploiement des stratégies relationnelles perverses et à leur éventuelle thérapeutique. Le lien ainsi matérialisé peut être saisi sur le vif, observé et analysé. C'est sur ce thème que porte la majeure partie de notre attention, laissant l'investigation ou l'intervention sur le psychisme individuel au second plan.

Des liens signifiants peuvent alors être établis en rapprochant les difficultés de la relation avec les thérapeutes, celles de leur propre relation conjugale et celles à l'intérieur d'eux-mêmes. Ainsi, par exemple, le mépris qui pourra être relevé à notre égard fait-il évidemment écho à celui que les deux se portent mutuellement et, in fine, que chacun se porte à lui-même.

2. La demande paradoxale

Les paradoxes qui font le lit de la relation perverse sont évidemment aussi à l'œuvre dans la demande d'aide. *«Je vous demande de l'aide et je n'ai besoin de rien», «je viens vers vous et c'est vous qui me voulez», «changez-moi», «je demande votre aide, mais je n'ai pas de désir»*, voilà quelques formules qui pourraient illustrer ces demandes.

Parfois, elles prennent une teinte plus manipulatoire ou grandiose. Par une très habile utilisation de l'espace et des messages infraverbaux, les patients mettent en quelque sorte le médecin en situation de se sentir avoir l'honneur de les soigner. Avec une teinte sadique, la situation pourra être vécue comme une tentative de nous mettre en demeure de les guérir. Dans la forme, il arrive que ces patients inversent les rôles; ce sont eux qui cherchent à nous interroger: *«Connaissez-vous le docteur X?»*, nous lança par exemple un patient au téléphone avant même de se présenter. *«Pourquoi désirez-vous me voir?»*, nous demanda même un autre. Ou encore: *«C'est l'urologue qui m'a dit de prendre un rendez-vous chez vous.»*

Ces paradoxes atteignent la fibre même de la relation médecin-malade. Ces couples qui consultent des psychistes ont une haine du psychisme, ont horreur de penser, de réfléchir sur eux-mêmes et de se confronter à leur passé. Leur demande est d'emblée entièrement ambiguë: ni conseil concret et magique, qui serait évidemment inadapté à la complexité de leurs troubles; ni approche psychique approfondie qui mettrait, elle, en jeu un psychisme abhorré. On pourrait la condenser dans la formulation suivante: «Aidez-nous sans rien comprendre et sans rien changer.»

Par ces paradoxes et ces inversions, les patients esquivent toute affirmation qui les renverrait à une prise de position personnelle. Une vraie demande serait-elle difficile car enfreignant l'interdit d'autonomie auquel ils ont depuis toujours été soumis? Elle serait dans ce cas assimilée à une trahison mettant leur survie en danger. Leurs manœuvres prendraient alors une valeur de compromis entre une demande réelle et la crainte de ses répercussions.

3. Le masochisme: traquenard relationnel pour le névrosé.

D'une façon générale, la mise en relation d'un névrosé et d'un pervers représente pour le névrosé un piège existentiel qui risque de lui être funeste. Nous avons vu que, selon nous, cette situation n'existe pratiquement jamais dans un couple, si ce n'est transitoirement ou accidentellement. Le couple médecin-malade mérite, lui aussi, d'être envisagé sous l'angle de cette confrontation épineuse. Le cadre thérapeutique peut en effet emprisonner le médecin et le livrer aux attaques directes du patient. C'est particulièrement le cas avec des patients masochistes dont la logique échappe à toute compréhension. Nous en avons fait nous-mêmes l'expérience, et il nous a été donné d'en avoir de multiples confirmations au cours de séances de supervisions d'autres thérapeutes de couple.

Le masochiste en effet aspire à plus de chaos, de confusion, d'amalgames, d'incohérences, comme à toutes formes d'atteintes à son identité ou à sa santé qu'il recherche avidement, mais aussi passivement, c'est-à-dire sans en prendre la responsabilité. Dans son environnement relationnel, plus une situation est trouble, équivoque, plus il y perdra de son honneur, de ses avantages et plus il la recherchera.

Sous l'angle de la relation, le masochiste bénéficie d'une position de toute-puissance, il est intouchable: sa situation est inexpugnable; si on l'attaque, il en jouit; si on le subit il en jouit aussi. Toutes les variantes de la relation lui sont favorables et au contraire se trouvent détournées de leur sens normo-névrotique. L'interlocuteur névrosé se voit donc sucé, vidé, mais aussi altéré, falsifié (tous sens du mot perversion) au contact du masochiste relationnel. Celui-ci va l'attirer dans une dynamique très particulière, dans laquelle très vite les valeurs sur lesquelles s'étaye la pensée névrotique vont être attaquées (telles que franchise, honnêteté, volonté de communiquer, rigueur de la pensée, recherche de cohérence, de liens ou d'harmonie...). Peu à peu, le thérapeute, dont les arguments s'étayent sur ce type de valeurs, risque de s'enliser dans une sorte de sable mouvant relationnel: les efforts qu'il fera pour s'en extraire, pour faire valoir ses points de vue, au lieu de lui être bénéfiques en mettant en valeur ses opinions, lui seront funestes. Loin d'atteindre son interlocuteur, loin d'être porteurs d'une compréhension meilleure entre les deux êtres, ses arguments vont être utilisés par le pervers au titre d'excitation narcissique ou de levier de manipulation: il cherchera par exemple à énerver l'autre contre lui, jusqu'à le déstabiliser, jusqu'à ce qu'il se fâche et perde ses moyens ou sorte de son cadre; à ce moment, il jouira de sa manipulation destructrice. Il aura amené l'autre à se conduire selon les mêmes canons que lui, à renier comme lui ses valeurs, à s'avilir comme il l'a une fois été et comme, depuis lors, il a décidé que tout le monde devait l'être.

En effet, le pervers se soucie comme d'une guigne de la valeur intrinsèque du message communicationnel, pour lui simple information (plus ou moins véridique) dénuée de tout lien affectif. De plus, le détournement même de la communication est au service de la destruction du lien interhumain qui s'ébauche entre l'autre et lui. *Autrement dit, le masochiste se détruit en utilisant l'élément le plus vital, la relation humaine, et, ce faisant, il détruit aussi l'autre.*

Avec ces patients, toute communication médecin-malade oppose la logique névrotique de la recherche d'un pont métaphorique entre les individus à celle d'un acte de destruction de toute ébauche de lien interhumain par désaffection de celui-ci. Cela éclaire le paradoxe fondamental du couple pervers en thérapie (particulièrement verbale): communiquons pour aller moins bien, parlons pour moins nous comprendre, dialoguons pour nous détruire.

4. Le piège de l'attitude «neutre»

Lorsqu'un patient en analyse dit qu'il veut étrangler sa femme, il s'agit d'un fantasme, face auquel il est justifié de rester «neutre», éventuellement même «bienveillant». Lorsqu'en thérapie de couple un conjoint adresse une critique acerbe à l'autre, une attitude neutre n'est déjà plus possible: un silence a ici valeur d'acquiescement, de complicité. La compréhension du rôle pathogène du silence thérapeutique respectueux, ici détourné au profit d'une forme de complicité passive, a été un élément important dans une révision de nos attitudes thérapeutiques.

Modification délicate car, en premier lieu, ces attaques étaient souvent énoncées comme des banalités. Leur aspect agi (doublement: d'abord avant les séances, puis dans le récit qui en était fait devant nous) les mettait dans une position d'immunité psychique. Nos interventions verbalisantes ont eu souvent pour effet de désarçonner ces patients à la fois protégés et captifs d'une litanie projective irrécusable.

Plus, nous avons parfois choisi de donner à ces interventions une tonalité «éthique» (cf. infra) qui a souvent plus fortement impressionné les patients que d'autres formes d'interventions à nos yeux plus subtiles (cf. exemple p. 65).

5. Stimulation de la relation perverse

Tous les exemples que nous avons décrits montrent que ces couples consultent au moment où la tension intersubjective perverse (TIP) qui les lie est en danger d'affaiblissement. L'implication d'un ou de plusieurs intervenants professionnels semble leur fournir une occasion de reprise de leur dynamique sado-masochiste. L'exhibition devant un tiers, manipulé et décérébré, pourrait avoir une valeur stimulante pour eux. D'une façon générale, une recrudescence de l'intensité perverse nous a souvent semblé être recherchée lorsque des angoisses psychotiques se faisaient jour. On pourrait aussi imager cela en recourant à notre métaphore du «répied psychose-psychosomatique-perversion» («P. P. P.») et avancer que lorsque le centre de gravité des interactions du couple dérape trop vers l'une des extrémités, en l'occurrence le pôle psychotique, les conjoints s'accordent pour activer les deux autres pôles de ce trépied.

Dans la pratique, les patients situent souvent un événement précis comme origine du déséquilibre actuel et décrivent la relation antécédente (la période où la force de la TIP était assez intense) comme harmonieuse.

6. Haine de la curiosité

Une autre difficulté liée à l'approche des patients pervers est leur manque de curiosité à l'égard d'eux-mêmes, à l'égard de leur conjoint, à l'égard des autres et du fonctionnement psychique en général. Nous avons vu que cette faculté avait probablement été anéantie par les manœuvres perverses auxquelles ils avaient été confrontés en tant qu'enfants. Mais toujours est-il que cette curiosité fait défaut chez nos patients adultes, et particulièrement lorsqu'on croit pouvoir s'appuyer sur elle: telle incongruité sera énoncée comme une banalité, telle violence révoltante comme une anecdote. La recherche des causes, des origines, la connaissance des faits psychiques, leur examen, leur mise en concordance avec d'autres, sans parler de leur estimation morale, sont tous des registres inatteignables. *«J'en ai beaucoup souffert, mais maintenant c'est fini»*, dit une patiente en riant.

Dans certains cas favorables, cette opposition foncière à la pensée peut n'être qu'un engourdissement du psychisme qui aurait respecté l'injonction reçue de ne pas fonctionner – dans certains domaines en tout cas – mais qui aurait mis de côté une partie saine, réanimable le jour opportun venu. La thérapie peut se proposer comme circonstance favorable à cette «réanimation psychique», et, dans un climat de sécurité existentielle, certains patients retrouvent des capacités de pensée imaginative et symbolisante insoupçonnées.

7. La Haine de la vérité

De tout temps, le mensonge a fait figure de paradigme du Mal. Chez les pervers, nous retrouvons ce mensonge en tant qu'élément central de leur personnalité. Conséquence dramatique de l'interdit de savoir qui leur a été ordonné et moteur de l'aveuglement qu'ils cherchent à infliger aux autres, il constitue un obstacle majeur pendant tout le traitement. Même l'anamnèse va être faussée chez eux. Etroitement associées au déni, nous rencontrons ces tromperies dans de multiples manœuvres d'évitement d'une confrontation à toute forme de réalité. Du point de vue thérapeutique, cette caractéristique pose de nombreux problèmes; en effet, aucune réalité même patente ne trouve grâce à leurs yeux: le fait même d'être venus chez nous pour une consultation, sa durée, les conventions qui l'ont établie peuvent être sujets à contestation ou à déni, avec les conséquences pratiques qu'on peut imaginer.

8. Le cadre

Généralités

La notion de cadre, amplement investiguée dans les thérapies avec les névrosés ou les borderline, mériterait certainement d'être retravaillée à la lumière des thérapies avec des pervers.

Voici quelques réflexions que notre expérience nous suggère en ce sens. Notre cadre de travail est un cadre médical. C'est dire que, pour nous en tout cas, il affiche clairement sa volonté d'être porteur de vie, de libido, de soulagement de la souffrance, de respect des valeurs humaines, etc. Cela doit être affirmé en ces temps où, sous l'influence de toutes sortes d'attaques, cette identité thérapeutique est constamment déniée, même parfois abdiquée par les thérapeutes eux-mêmes.

C'est dire aussi que nous assumons entièrement notre souci de ne pas laisser se propager, voire s'intensifier des manœuvres auto- ou hétérodestructrices. Face à elles, nous nous sentons légitimés à intervenir activement.

La problématique des patients est extrapsychique. De même, le travail va se situer dans un espace hors cadre; l'aménagement de ce cadre va nécessiter une longue élaboration qui peut, le cas échéant, durer des années avant de pouvoir porter le traitement. Celui-ci ne pourra véritablement commencer que lorsqu'une ouverture aura été aménagée sur un espace psychique.

Attaques du cadre

Sous quelles formes ce cadre va-t-il être contesté? Dans des exemples décrits, nous en avons rencontré plusieurs. L'*urgence*, dans le cas K., qui permettait au patient d'expulser son angoisse en l'agissant sur les autres qu'il ameutait pour qu'ils le remettent en état (cf. p. 64). L'urgence encore dans le cas L. (p. 81), mais avec aussi d'autres manœuvres plus subtiles. Ainsi cette discrépance déjà notée entre les deux conjoints, l'un angoissé, l'autre calme (ou l'un désespéré, l'autre détendu), qui exerce sur le thérapeute qui ne sait à quelle attitude s'adapter un effet de double-bind. Nous avons également noté la présentation particulière de ces couples qui, lorsque nous allons les chercher à la salle d'attente, restent assis et nous regardent comme si nous faisions intrusion dans leur salon. Peut-être pouvons-nous ajouter cette observation: lorsque nous leur tendons la main, il n'est pas rare que de tels patients ne nous tendent pas la leur assez loin, nous obligeant à allonger notre geste et nous déstabilisant dans le sens le plus concret du terme.

L'*inversion des rôles* peut prendre de multiples formes. Sous l'angle comportemental, ce sera le patient qui pourra nous inviter à entrer dans le cabinet de consultation, qui prendra le premier la parole, qui déterminera les sujets qu'il lui semble judicieux d'aborder. Il pourra tenter d'interpréter nos interventions, nos attitudes (parfois avec finesse).

Cette inversion des rôles peut se manifester de façon plus habile, dans la définition même de la relation. Les pervers, au lieu de demander de l'aide au médecin pour les soulager d'une souffrance et, par là, d'être demandeurs, *le mettent d'emblée, lui, à l'épreuve dans sa compétence pour les soigner*. Le thérapeute se voit donc assigné à un rôle d'*exécutant*. Il est mis en situation d'être examiné, testé par les pervers. C'est en quelque sorte le médecin qui serait là pour prouver qu'il est bon. Mais les règles mêmes de ce test aberrant sont perverses: ce sont les patients tout d'abord qui les établissent; le thérapeute ne devra penser, investiguer, agir que dans le sens déterminé par eux. Ensuite, elles ne prennent en compte que leurs prémisses (par exemple leur définition de la relation conjugale) et enfin n'aboutissent qu'aux conclusions qu'ils souhaitent et qu'ils ont souvent secrètement en tête dès le début de la consultation – voire même bien avant.

Nous avons aussi relevé à plusieurs reprises les difficultés épineuses qui peuvent surgir de la confrontation des logiques névrotiques et perverses. L'une d'elles est le respect de l'autre et, au préalable, de certaines *conventions sociales*, absolument absent chez les pervers. Arrivés au terme de la consultation, lorsqu'il s'agit de fixer un (éventuel) rendez-vous, les couples pervers, surtout en début de traitement, tentent souvent de se livrer à une interminable mise en scène de leur incapacité à prendre une décision. Ils n'ont alors aucune considération pour le temps qu'ils peuvent faire perdre à deux thérapeutes et encore moins pour les autres patients susceptibles d'attendre. Outre le plaisir qu'ils prennent vraisemblablement à paralyser les thérapeutes par un acting («in»), ils tentent de leur faire prendre la décision (en consultant solennellement leurs agendas pour nous demander quelles dates nous conviendraient – et laissant planer un doute). Un autre exemple de ces troubles de l'intériorisation des codes sociaux serait leur propension à couper la parole à leur interlocuteur sans aucun égard pour l'idée qu'il était en train d'exprimer, ou à avoir recours, sans y prendre garde, à un langage ordurier, etc.

Nous avons mentionné également (cas O., p. 157), la manipulation du cadre qui consistait, pour ce patient psychosomatique, à se présenter comme *cobaye*. Comme lui, de nombreux autres patients nous interrogent abondamment sur notre pratique ou nos théories dans le seul but d'y adapter une demande qu'ils ne formulent jamais.

Outre certains stratagèmes relevant de la dimension infra-verbale que nous avons notés en début d'ouvrage (intonation, accents, prononciation), le cadre de travail peut se trouver compromis par toutes sortes de *messages non verbaux* émis par les patients pervers. Toute la gestuelle, la communication non verbale peut en effet être mobilisée pour participer de ce même projet de dominer l'autre, de le réduire à sa merci, de l'humilier. Pour un thérapeute, s'adresser avec une bienveillante neutralité à quelqu'un qui l'observe, paupières mi-closes est un exercice assez inconfortable. Par un simple signe de ce genre, le pervers arrive à inverser la relation et à établir que c'est *lui* qui vous observe ou vous juge (dans une relation thérapeutique pervertie en une simple relation de pouvoir). Rien que par son regard, il parvient à nous faire ressentir un intense affect de dévalorisation. Par leur attitude sciemment vautrée sur les fauteuils de consultation, d'autres pervers nous manifestent le peu de cas qu'ils font de nous. D'autres encore agissent leur transfert (pour autant qu'on adopte ce terme pour des pervers) par des manœuvres crues de séduction.

Mais le cadre est une notion beaucoup plus vaste: il comprend notre *identité de médecin*, de psychiatre et de psychothérapeute, très souvent insidieusement ébranlée: *«le docteur X m'a dit de venir voir un psychologue»*, dira volontiers un patient pervers (et nous imaginons volontiers le contraire s'il se trouve dans le cabinet d'un psychologue). A signaler du point de vue thérapeutique que nous avons appris à ne laisser passer aucune de ces inexactitudes et à les corriger immédiatement, faute de quoi nous laissons prise à des accusations en fin de séance ou lors d'un moment quelconque d'agressivité à notre égard, au cours duquel le pervers nous reproche de l'avoir, par notre silence, induit en erreur.

Le secret médical

De même que les pervers ne peuvent accepter un cadre de traitement, ils ne se sentent pas du tout protégés par le secret médical; ils ne font pas confiance au thérapeute et ne pensent pas qu'il respecte cette donnée pourtant fondamentale de leur travail. Leur première idée est que toute information sur leur vie réelle peut être utilisée par nous à leurs dépens, ou, tout au moins, pour notre bénéfice. L'un de nos patients, après deux ans de thérapie, se vit promu à une fonction publique relativement en vue. Pendant longtemps, il n'en souffla mot, puis, contraint par certains détails importants de sa vie courante, se limita à le mentionner évasivement. Enfin, les conjoints, pour une fois extrêmement solidaires, nous expliquèrent qu'ils ne pouvaient parler de cette nomination avant qu'elle ne soit officielle, exactement de la même façon qu'ils l'auraient dit à des amis proches. Souvent, ce genre de conception de la relation se trahit à des sortes de restrictions ostensiblement marquées. Ainsi, pendant une bonne partie de séance, un autre couple nous parla d'un peintre de la succession duquel il s'était occupé, nous disant qu'il s'agissait d'une personnalité connue..., mais controversée, ..., etc., sans jamais donner son nom.

9. La mauvaise foi

Les inversions logiques, de cohérence, de bienséance sont courantes chez les couples pervers: elles se manifestent par exemple après des rendez-vous manqués, lorsque le couple tend à nous faire croire que c'est nous qui avions indiqué une date erronée.

Un autre couple était venu intempestivement alors que nous étions en séance, et nous n'avions donc pas pu le recevoir. Lors de la consultation suivante, arguant que nous avions été responsables de leur venue inutile, ils nous demandèrent un dédommagement.

La mauvaise foi soulève un problème de fond dans le rapport avec le pervers que nous avons abordé plus haut. En effet, la communication normale se fonde sur une multitude d'axiomes qui nous semblent si évidents que nous les croyons universels. Ils ne sont toutefois pas du tout ceux des pervers. Nous avons vu par exemple que le message n'était souvent capté qu'au titre de sa valeur d'excitation et de la possibilité d'y répondre par une attaque. De façon analogue, la recherche d'un consensus à travers le dialogue, la parole exprimant la pensée authentique de façon optimale pour que le message soit perçu par l'interlocuteur, *ne sont pas les axiomes communicationnels* des pervers. La communication est uniquement au service du narcissisme, et l'objet n'y est perçu qu'en fonction des bénéfices narcissiques qu'il peut fournir. L'opinion de l'autre n'a strictement aucune importance en tant que telle, et aucune rencontre émotionnelle à travers la discussion n'est même envisagée.

10. Le sabordage de la relation verbale

Nous avons vu qu'il était essentiel de prêter une attention sans faille aux propos tenus par les pervers et d'y relever immédiatement les manipulations ou leur sens agressif caché.

Il n'est pas rare qu'à ce moment, le patient confronté à cette intention nous oppose une défense redoutable: celle de mettre en doute la valeur du pont ou du socle sémantique qui nous relie à lui, en l'occurrence des mots. *«Vous m'avez mal compris»* ou *«ce n'est pas ce que j'ai voulu dire»* ou encore *«je me suis mal fait comprendre»* sont alors les arguments spécifiquement avancés. Il s'agit là d'une forme de déni malaisée à négocier. De plus, elle renvoie probablement elle aussi à une situation de séduction infantile dans laquelle l'expression «ce n'est pas ce que je voulais dire» manifestait le désarroi de l'enfant qui désirait de la tendresse, mais qui était confronté à de la sexualité (cf. «Confusion des langues» de Ferenczi).

11. Annihilation interactive

Nous avons relevé la redoutable capacité des pervers à détruire les liens. Ces attaques peuvent se manifester dans la relation thérapeutique sous la forme suivante: le patient émet une idée; le thérapeute la reprend et l'élabore; le patient se rétracte alors, arguant qu'il n'a jamais eu cette idée. Souvent, il poursuivra par un énoncé différent, sans connexion avec ce qui vient d'être dit. Cette forme d'attaque des liens pourrait aboutir à des consultations complètement chaotiques, sans aucune construction, chaque proposition se voyant ainsi isolée des précédentes ou des suivantes. Tout au plus les patients sont-ils à même d'isoler tel ou tel fragment de nos interventions qui va alors être en quelque sorte «engrammé» sous une forme figée et désinsérée de son contexte. Nous avons appelé ce procédé l'*annihilation interactive*. Au fur et à mesure que nous parlons, le patient nous rend ainsi inexistants. Claude Pigott en donne un excellent exemple:

> «Au fil des entretiens, le curieux fonctionnement mental de Monsieur M. apparaissait. En fait, toute discussion était impossible avec lui car il pouvait adopter des positions opposées sans la moindre difficulté, ou changer de registre en mettant son interlocuteur dans l'embarras. Sa femme, parfaitement consciente de cela, expliqua qu'au début, elle fut désarçonnée par les affirmations parfois affolantes de son mari mais, constatant qu'ensuite il pouvait négativer sa position en formulant son contraire, comme si ce qu'il avait dit précédemment n'avait jamais existé, elle s'était faite à cette situation.» (Pigott 1994)

La littérature nous fournit un autre exemple de ce type de mécanismes, observé en quelque sorte «de l'intérieur»:

> «Parfois, en pleine diatribe, je réfléchissais un peu. Il m'apparut que ma force, à certains moments, tenait à mon indifférence. Je n'avais pas d'idée à défendre, mais mon ascendant sur le groupe. Par conséquent, je ne bataillais pas, approuvant sans difficulté des propos contraires au déroulement logique des miens. Je me coulais toujours dans la discussion des autres, y faisant surgir un roc, une île, une péninsule, que j'oubliais aussitôt pour en pêcher d'autres. Intellectuellement, le hasard était ma providence et lui seul.» (Garzarolli 1980)

Parfois, cette annihilation porte non seulement sur les liens, mais sur tout le contenu des messages verbaux. On pourrait alors l'appeler *«évacuation immédiate perverse»*. Dans ce cas, les mots ne seraient pratiquement plus perçus par le patient sur lequel ils rebondiraient sans effet. Une patiente disait: «*On discute toujours entre nous, mais pour moi, tout ça c'est du bla-bla et je ne me souviens jamais de rien.*»

12. Le transfert

Le concept de transfert pervers reste malaisé à cerner pour nous. E. Kestemberg s'interrogeait elle aussi sur la possibilité d'employer ce terme dans les cures de pervers.

> «Par contre, il convient de souligner que c'est à dessein que nous avons parlé plus haut des relations entre le patient et l'analyste, et non pas de transfert, car nous pensons qu'une telle modalité d'investissement de l'analyste ne peut être confondue avec le transfert en cela que si elle est bien le fruit de la répétition, elle ne saurait, à notre avis, comporter la connotation de déplacement imagoïque que le concept de transfert implique...» (Kestemberg 1978)

De plus, nos consultations de couple et en couple induisent une multitude de «relations transférentielles», comme l'a bien montré A. Eiguer. Ce setting semble en tout cas bien mettre en valeur les thématiques liées au fantasme originaire de la scène primitive. En ce sens, nous faisons nôtres les considérations émises par Joyce McDougall, qui décrit bien les tentatives de manipulation du cadre et de la relation qu'effectue le pervers sexuel...

> «autrefois soumis à l'excitation en tant que spectateur impuissant, exclu des relations parentales, ou victime d'une stimulation inhabituelle à laquelle il ne pouvait faire face, il est maintenant celui qui contrôle et produit l'excitation, la sienne propre ou celle de son partenaire. Ainsi l'intérêt dominant de beaucoup de pervers est de manipuler à leur guise la réponse sexuelle de l'autre.» (McDougall 1972)

Nous retrouvons ici le thème maintes fois analysé de l'inversion. Les patients mettent en effet en scène un scénario dans lequel les thérapeutes ne sont pas «censés savoir», ou dans lequel leur savoir est dévalorisé au niveau d'une sorte d'astuce qu'ils utiliseraient pour prendre le pouvoir sur des patients qui ne l'auraient pas.

Chez les pervers, pour lesquels le fantasme de la scène primitive est désymbolisé, voire défantasmé, la relation thérapeutique constitue un acte de nature incestuelle.

Ces patients qui, selon nous, ne parviennent pas à de véritables projections transférentielles, dans un mouvement d'inversion, ici teinté de masochisme, se proposaient au regard, à l'investigation, voire à l'intervention médicaux. Alors, par un mécanisme d'injection transférentielle qui leur est propre, ils nous attribuaient une forme de désir préexistant à leur demande d'aide. Apparemment, il s'agissait d'un désir de soigner, d'ailleurs adapté à notre identité de thérapeute. Il révélait, à la lumière de l'analyse du contre-transfert, sa signification profonde de désir de relations sexuelles, auxquelles eux-mêmes, dès lors, n'auraient fait que se prêter momentanément – bien décidés à en profiter à leur façon.

A la relation transférentielle perverse manque également l'évolution caractéristique des transferts névrotiques, avec ce qu'elle implique comme sympathie grandissante, connivence acquise au gré de différentes étapes; manque également la possibilité de liquidation du transfert, ce qui se traduit par des ruptures de traitement totalement inattendues, même après un traitement de longue durée. Dans certains cas, survenus chez nous ou dont nous avons eu connaissance chez d'autres thérapeutes, ces ruptures se sont révélées extrêmement pénibles pour les soignants. On aurait même pu en inférer que la thérapie n'avait été en fait entreprise que pour aboutir à la réalisation de ce fantasme de rejet – sous forme active cette fois. Toute la démarche apparaît alors comme ayant le but en soi d'exercer une relation de pouvoir et de réaliser le plaisir de la victoire ou de la défaite qui lui est inhérent.

Dans le même registre, nous avons noté un curieux phénomène chez des patients qui redemandaient notre aide plusieurs années après la fin du traitement. Ils nous abordaient alors comme si nous nous étions vus la veille et avions gardé en mémoire chaque détail de leur vie qu'ils nous avaient confié.

13. Réactions familiales

A plusieurs reprises, nous avons déjà indiqué qu'une dynamique perverse ou incestuelle est le fait non d'un individu ou d'un couple, fût-il parent-enfant, mais d'une famille tout entière. C'est dire que les changements qui vont être opérés par les patients en cours de traitement dans leurs relations avec leurs proches ne vont pas manquer de susciter d'intenses réactions très concrètes de cet entourage.

Réactions positives, qui vont souvent être rapportées anecdotiquement au cours des séances: enfant qui redort ou remange convenablement ou qui reprend son cursus scolaire normal. Ou parfois, plus subtilement, enfant dont on ne se plaint plus, ce qui témoigne du fait qu'il n'est plus pris en otage dans les démêlés conjugaux des parents. Ou encore, bonnes nouvelles de frères et sœurs dont la santé psychique se stabilise et dont les activités reprennent, elles aussi, un cours favorable. Grands-parents, oncles et tantes avec lesquels des liens jusqu'alors impossibles se renouent et s'étayent.

Mais réactions hostiles aussi: recrudescence des injonctions perverses adressées aux patients, avec mise au jour d'une violence souvent masquée jusque-là par une apparente sollicitude. Accroissement de manœuvres «latérales» (intervention des frères, sœurs, oncles ou même voisins, ou encore du médecin de famille, tous alertés par des parents cherchant à maintenir leur emprise sur leur enfant en voie d'émancipation). Ces attaques peuvent, le cas échéant, viser directement le thérapeute, qui risque de se voir incriminé comme fauteur de trouble, voire comme manipulateur. Certaines pressions deviennent très problématiques pour les patients et le traitement lorsque ces derniers sont sommés par leur entourage de choisir entre une sujétion reconfirmée ou une émancipation qui prendrait la forme d'un bannissement familial (en réalité, les familles s'arrangent encore pour formuler ces injonctions de façon paradoxale). Une autre version dans le même sens en serait le chantage au suicide. Ce type d'intimidation correspond tout à fait à la logique perverse du «soit tu es d'accord avec mes intentions, soit je te tue (ou je me tue)». Le démasquage de ces manœuvres engage souvent les patients à évoluer au contraire avec nuance et modération pour ne pas être pris dans cette dynamique totalitaire.

D'autres réactions analogues peuvent prendre la forme de menaces de décompensation «dépressive» (ou autre) de la part des parents, surtout si jusque-là ils ont manipulé les autres en jouant de leur feinte fragilité. D'autres encore cherchent à compromettre le thérapeute en lui révélant des secrets à l'insu des patients ou par toute autre manœuvre portant atteinte à sa crédibilité. Le patient lui-même et sa démarche peuvent être utilisés par l'entourage comme stimulant de la tension intersubjective perverse du groupe familial «par personne interposée». Très couramment, ces attaques peuvent prendre la forme d'une contestation globale de la valeur de toute démarche d'ordre psychologique; on le sait, c'est là le dogme central de l'idéologie perverse.

II. STRATÉGIES THÉRAPEUTIQUES

Comme nous l'avons affirmé à maintes reprises, nous sommes encore bien loin d'une compréhension exhaustive de la perversion et encore plus de principes établis d'une thérapie de ces problématiques. Voici toutefois quelques points particuliers qui nous semblent utiles dans ces traitements.

1. Le dévoilement

Il s'agit là d'une intervention essentielle au cours de tous nos traitements avec les couples à relation perverse. Par là, nous visons une clarification des intentions réciproques, préalable indispensable à toute élaboration des conflits. A l'inverse, cette clarification s'oppose aux accords tacites, à l'érotisation des non-dits, aux jeux de cache-cache ou aux intimidations dissimulées. Comme le relève Stoller:

> «S'il n'y avait ni mystères, ni secrets, ni illusions, il y aurait – ce qu'à Dieu ne plaise! – clairvoyance. Dans la perversion, la clairvoyance est la mort de l'excitation. Elle obligerait le pervers à affronter le traumatisme et à devenir capable de jouir de son intimité avec autrui, plutôt que la nier par un accès maniaque, la perversion.»

La mise à nu de leurs intentionnalités secrètes, et particulièrement de celles qui ont trait à la violence ou à la peur, est non seulement thérapeutique en ce qui concerne leurs échanges conjugaux, mais se révèle souvent un levier puissant qui incite les patients à un démasquage analogue au sein de leurs relations avec leurs familles d'origine dont ils sont souvent prisonniers. Il est même possible qu'une intervention de ce type ait une valeur pédagogique, le couple étant souvent confronté pour la première fois à des interlocuteurs pour lesquels la clarté et la cohérence sont des valeurs positives. Clarificatrice, elle s'oppose à l'amalgame ou à la confusion et, si elle peut être élaborée positivement, amorce un processus fondamental de la thérapie, la différenciation (entre les partenaires, entre eux et nous, entre eux et leurs familles). Elle rencontrera d'autant plus d'opposition et de rejet que la relation avec les thérapeutes aura été fétichisée.

2. La réintroduction du conflit

Le nœud de la dynamique perverse est l'externalisation du conflit interne puis sa gestion par manipulation des autres. Le traitement devrait donc viser à réintroduire le conflit et son aménagement à l'intérieur du psychisme. Ce travail s'effectue au prix d'une grande activité de la part des thérapeutes. Nous verrons que si ces interventions peuvent prendre des accents surmoïques, elles sont en réalité plus le fait d'une sorte de double du Moi. En cela, elles se rapprochent des interventions décrites par des thérapeutes de patients torturés. S. Amati a analysé comment, chez ces derniers,

> «... d'un côté, il y a une «fusionnalité» mimétique et adaptative avec le contexte extrêmement projectif, violent et aliénant où la personne est submergée et duquel elle dépend totalement; mais d'un autre côté, l'altérité est préservée en relation à un objet interne. Si la fusion avec le contexte implique une adaptation conformiste qui porte à renoncer à la capacité de penser et de choisir, au même moment la personne défend secrètement son propre pouvoir de décision...» (Amati 1995)

Les soignants y figurent une sorte d'avocat du Moi. Ici, le Moi que nous semblons représenter («représenter» dans toutes ses acceptions) est un Moi clivé, auquel l'accès au psychisme a été interdit. Il nous revient donc d'incarner, souvent pendant de longues périodes de traitement, cette partie saine des patients capable de jugement critique, d'évaluation affective (étonnement, indignation ou enthousiasme par exemple devant certains faits ou comportements) et d'opposition. Cette réintégration des parties externalisées dans le psychisme va de pair avec une responsabilisation de l'individu. Elle nécessite chez les thérapeutes des assises éthiques bien établies.

3. L'intervention éthique

C'est le nom que nous avons donné à ce type d'interventions qui rouvrent un conflit face auquel le patient a autrefois capitulé. Nous avons constaté que ce dernier avait alors tendance à l'évoquer comme un fait acquis, normal, indiscutable et que cette présentation fallacieusement anodine recouvrait en réalité une forme de test: soit nous ne réagissions pas et notre silence avait alors valeur d'acquiescement à la répression de ce conflit, soit nous réagissions (si possible sur-le-champ), et s'amorçait, d'abord projectivement, puis de façon plus intériorisée, une réélaboration des modalités et des termes du conflit. C'est dire que ces interventions sont délicates: elles doivent se faire aussi rapidement que possible, être percutantes sans être blessantes. Assez curieusement, les patients même les plus agressifs ne nous en ont jamais tenu rigueur; ce qui les distinguerait, si besoin était, des patients névrotiques qui, au contraire, s'indigneraient devant ce qu'ils percevraient comme une ingérence dans une sphère (éthique) qui leur appartient et qui n'est que peu concernée par la thérapie. Les pervers, eux, semblent très intéressés par cette ouverture et s'y réfèrent souvent, parfois même des années plus tard. A plusieurs reprises, nous les avons entendus affirmer avec conviction, mais aussi avec un premier mouvement d'étonnement et de curiosité, qu'ils ne connaissaient pas la différence entre le Bien et le Mal. *«Tout est dans tout, tout est la même chose»*, nous disait une patiente qui venait de découvrir que son père était homosexuel.

4. L'intervention à deux voix

Outre le démasquage déjà mentionné, nous avons recours à cette forme d'intervention, face aux nombreux paradoxes qui grèvent la relation avec les couples pervers. Elle consiste en l'élaboration de deux propositions paradoxales et contradictoires, chaque thérapeute en assumant une. Elle permet de verbaliser et de thématiser les deux injonctions. Elles peuvent alors, d'ambiguës, devenir ambivalentes.

Par ailleurs, le fait d'être deux cothérapeutes nous permet une plus grande souplesse dans nos interventions. Ainsi, dans l'exemple décrit à la page 125, la prise de position «éthique» de l'un des thérapeutes avait-elle été relayée par une intervention de soutien narcissique de l'autre, ce qui avait amené en premier lieu l'arrêt du récit sadique et ensuite la possibilité d'expression d'une souffrance ancienne réprimée.

La cothérapie est encore favorable lorsqu'il s'agit de restaurer des pans entiers d'un narcissisme dévasté, et de conforter les patients dans des sentiments ou même des perceptions qui jusque-là avaient été disqualifiés et auxquels ils réapprennent en cours de traitement à faire confiance.

5. La restauration, la reconstruction

On le voit, au-delà du démasquage des manœuvres perverses, au-delà de l'abord thérapeutique d'une phobie «froide» mais agissante, il s'agit en définitive, dans les cas favorables, d'un véritable travail de restauration narcissique. Ambition bien délicate, mais aussi gratification importante de ces traitements ardus, lorsqu'il nous est donné d'observer des patients qui, en cours de travail, mais parfois dans le temps d'une séance, quittent leur masque figé, terne et intemporel, s'animent, retrouvent une façon d'être souvent plus simple mais surtout plus vivante, assument des positions existentielles claires, bref reprennent vie.

Cette restauration narcissique passe souvent par un travail de reconstruction du passé, très complexe. Dans l'état actuel de notre expérience, cette réappropriation du passé ne peut se faire que dans un cadre de travail qui, d'une part, ne craint pas de prendre véritablement en compte la violence et les faits réels subis par les patients, mais, d'autre part, ne tombe pas dans le piège d'une simple reconstruction factuelle «historique». Dans notre idée, le patient doit se constituer une histoire subjective. Alors, les zones d'ombre qui continueront d'exister ne seront plus le fruit de tabous imposés par l'extérieur, mais bien celui d'un aménagement psychique personnel (refoulement) que le patient pourra gérer à sa façon. De nombreux auteurs psychanalytiques modernes, à partir des derniers travaux de Freud, reprennent cette problématique (Blum 1994). En ce qui nous concerne, le dévoilement des relations perverses soit subies soit entretenues par les patients (y compris à notre égard) nous semble actuellement la meilleure voie d'accès et d'élaboration. Leur persistance immuable au cours des années, la similitude des mécanismes entre celles qui furent subies et celles qu'ils mettent en œuvre nous offrent là, enfin, un avantage thérapeutique.

III. LE THÉRAPEUTE

Nous avons vu à quel point, loin d'être considérés dans leur réalité existentielle, les thérapeutes étaient utilisés par ces patients plutôt comme des fétiches.

> «L'analyste se sent englobé dans le mouvement pervers affectif en même temps que maintenu à distance, tout à la fois requis, en tant que catalyseur d'un processus fragile et délicat, et nié ou désavoué en tant que témoin. Sa présence neutre et muette se trouve insidieusement utilisée aux fins d'une célébration invisible et mystérieuse, de l'accomplissement d'un étrange rituel intime. Mué en un personnage sans visage, sans sexe, sans qualités, il est, il devient malgré lui, le servant d'un culte qui ne le concerne pas. Proche de la transposition mentale d'un onanisme exhibitionniste, quel peut être le sens d'un tel rituel sinon, au plus profond, de répéter – mais sans se la représenter ni la mettre pleinement en acte – la scène primitive.» (David 1972)

Attaques contre les thérapeutes

Les attaques que nous avons décrites contre le cadre n'épargnent évidemment pas les thérapeutes. Bien au contraire, ceux-ci vont se trouver pris dans des stratégies qui visent leur personne dans ses aspects les plus intimes.

Certaines de ces attaques prennent une tournure extrêmement directe à notre encontre; elles peuvent nous surprendre dès le début de la séance. Ainsi une patiente s'afficha-t-elle d'emblée ostensiblement furibonde tandis que son mari exposait tranquillement les motifs de leur consultation. Alertés par son attitude, nous nous sentîmes appelés à l'interroger et lui demandâmes si elle était bien venue de son propre gré. «*A moitié seulement*», rétorqua-t-elle laconiquement. Et au bout d'un moment: «*Je ne crois pas du tout à la psychiatrie, à la psychologie...*» Le thérapeute s'enquit en vain des raisons qui auraient pu fonder cette attitude. Il s'agissait donc d'une attaque gratuite, une sorte de jeu avec les thérapeutes pris au piège de leur rôle d'investigateurs polis tout d'abord, de médecins surtout: «*Je ne me dévoile pas à des gens que je ne connais pas*», surenchérit-elle avec une moue dédaigneuse et ulcérée. On le voit, ces attaques se proposent sous la forme d'une tentative de déstabilisation des thérapeutes par le *court-circuitage des conventions* qui gèrent habituellement la prise de contact entre un nouveau patient et son thérapeute; sous la forme également d'une tentative d'*inversion des rôles*, le patient essayant de nous contraindre à prendre une situation de demandeur.

Proie facile à disposition

Les thérapeutes sont, à maints égards, des proies faciles pour les pervers. Attachés à leurs principes déontologiques, liés par leurs engagements professionnels, amarrés à leurs convictions morales, soucieux des conventions sociales, respectueux de leurs patients, ils offrent de multiples failles à des attaques sauvages de la part de personnes qui ne possèdent aucun de ces critères inhibiteurs.

Poubelle pour décharge

«*Cela nous fait du bien de venir vous consulter; on se décharge ici; après, pendant quinze jours, ça va mieux entre nous.*» La valeur d'exonération psychique sadique recherchée par ces patients met le thérapeute dans le rôle d'une sorte de W.-C. ou de poubelle – rôle qui avait bien sûr été autrefois infligé à ces patients.

Objets malfaisants

Pour comprendre l'optique d'inversion qui est propre aux pervers, il faut aller jusqu'au constat ahurissant qu'à leurs yeux c'est le médecin qui est la maladie. Pour les couples pervers qui sont entièrement envahis par leur pathologie, *c'est le thérapeute qui fait figure de symptôme*. Cela éclaire l'acharnement qu'ils peuvent mettre à le circonscrire, le comprendre, le maîtriser, pour le détruire, l'effacer ou l'annihiler. La thérapie elle-même, dans cette optique, «rend malade», et c'est en ce sens que plusieurs patients nous ont affirmé à un moment donné du traitement qu'*«auparavant, les choses allaient encore relativement bien entre nous, mais depuis qu'on vient vous voir, ça va plus mal»*. L'intervention thérapeutique est à leurs yeux foncièrement nocive: *«Vous nous avez dit la dernière fois que notre difficulté sexuelle venait de ce que nous étions engagés dans une sorte de bras de fer pour faire céder l'autre»*, nous dit un patient sur un ton de reproche. Dans son esprit, c'était la formulation de cette intervention qui constituait le véritable problème auquel il avait, depuis lors, à faire face. A aucun moment il ne lui avait traversé l'esprit qu'elle était destinée à l'aider et qu'il pourrait réfléchir à son contenu, éventuellement avec sa femme, dans une intention de changement. On retrouve là une logique très curieuse, probablement archaïque – dans tous les sens du terme – qui autrefois voulait qu'on mette à mort les messagers de mauvaises nouvelles.

On ne peut s'empêcher de mettre cette dynamique aberrante en rapport avec les attaques grandissantes dont est l'objet la médecine. Les discours y abondent qui parlent du «coût des médecins», de la volonté de les contrôler, de les châtrer, de les punir ou de les éliminer (sur d'autres voies professionnelles) sans faire aucunement mention des patients et de leur maladie. La logique de générosité et d'altruisme ou, au minimum, du «primum non nocere» qui fonde la relation soignante pourrait bien être insupportable à bon nombre de dirigeants pervers qui n'auraient de cesse qu'ils arrivent à la pervertir.

Burn out

Il est rarement de mise, dans un ouvrage psychologique, de décrire les états d'âme des thérapeutes. L'examen critique du contre-transfert, prôné par tous, n'est que rarement publié, si ce n'est par certains auteurs auxquels leur notoriété évite des interprétations abusives sur leurs avatars de personnalité.

Il serait toutefois ici illogique de passer sous silence ce domaine, si délicat soit-il. En premier lieu, ces traitements posent très souvent le problème fondamental d'un contre-transfert négatif, voire parfois carrément répulsif: de par leur demande, leur présentation, leur hostilité, leurs comportements abusifs envers leurs enfants, ces patients pervers ne suscitent que difficilement l'engagement empathique qui fonde notre identité de soignants. Nous avons constaté que cette situation était difficilement tolérable aux thérapeutes, surtout novices, qui s'efforçaient alors de trouver chez les patients, à tout prix, un objet bon, fût-il partiel, auquel ils puissent s'adresser et sur lequel ils fonderaient leur thérapie: l'un des partenaires serait sympathique et soumis à son conjoint pervers; ou les mouvements désagréables que nous percevons ne seraient que défensifs et cacheraient une personnalité attachante, etc. Parfois, nous l'avons dit, la perception de l'ancienne victime qui affleure derrière le patient pervers le plus rebutant nous a aidés à maintenir ce lien médical. En réalité, nous devons avouer que nous n'avons pas de réponse à ce délicat problème; tout au plus avons-nous appris à commencer notre travail avec un contre-transfert passablement négatif. En fin de compte, rares sont les cas où celui-ci a persisté tout au long de la thérapie.

Nous avons répété à maintes reprises à quel point le thérapeute était visé, impliqué dans sa personne même, et il est bien évident que les effets de ces attaques doivent être pris en considération. Dès 1975, D. Anzieu avait analysé ce qu'il appelait le transfert et contre-transfert paradoxal:

> «L'analyste se sent incompétent, s'accuse d'avoir pris un cas trop difficile; il accuse son patient d'être incapable d'élaboration, d'être une contre-indication; il désinvestit la psychanalyse, ne cherche plus à comprendre.» (Anzieu 1992)

Dans le domaine de la thérapie avec des pervers, en effet, c'est bien la personnalité du ou des thérapeutes qui est directement l'objet des attaques destructrices des patients, et non éventuellement les modalités de leur traitement comme chez les névrosés. Ces atteintes vont donc se manifester dans des domaines fondamentaux de l'existence des thérapeutes: leur santé physique va être entravée par tous les messages infraverbaux qui auront été émis avec adresse et, de ce fait n'auront pu être dépistés. Leur corps va être soumis à des atteintes diverses, et il en résultera des crispations musculaires gênantes (mâchoires, nuque, dos, ventre) et d'autres troubles fonctionnels. Leur appareil psychique va être lui aussi soumis à des contraintes parfois à la limite du tolérable et, là également, certains troubles semblent inévitables: sentiment de souillure, de paralysie idéique, de distorsion affective. Cela peut certainement être mis en relation avec les nombreux paradoxes auxquels ils sont confrontés et qui les obligent à faire coexister en eux des logiques clivées et inconciliables. Toutes ces formes de perception du transfert «muet» dérivent du fait que les patients remettent en scène et leur font incarner en consultation des détresses terrifiantes éjectées du psychisme, qui avaient trait à leur vie et à leur mort.

Plus précisément, nous avons remarqué qu'il nous arrivait d'éprouver des sentiments très pénibles au cours des séances. Mentionnons, par exemple, le vécu d'être inadéquat, de perdre ses repères ou le fil de ses idées, de se sentir impuissant. La perception de la perte d'une forme d'empathie de base pour ses patients est également désarçonnante. Parfois, ces vécus vont jusqu'à l'idée d'abdiquer et de se laisser utiliser ou envahir par eux, voire d'être entraîné par la pathologie des patients vers une forme de complicité forcée.

Les troubles de la relation avec ces patients rendent toute gratification directe aléatoire (absence de reconnaissance et, au contraire, destruction rétroactive, etc.). La satisfaction professionnelle doit donc trouver d'autres sources. Ainsi celle d'un apaisement relationnel constaté entre les conjoints, quelques signes mentionnés indirectement d'émancipation; mais surtout d'autres indications, elles aussi évoquées en passant, sur l'état psychique de leurs enfants, très souvent grandement amélioré et retrouvant une dynamique évolutive jusque-là engluée dans les conflits parentaux.

Il nous paraît essentiel, si nous voulons aider ces patients, de tenir compte de ces faits et d'y adapter soit le nombre de consultations, soit leur durée, soit le setting. La supervision, comme dans d'autres thérapies, y est indispensable, pour autant qu'elle soit effectuée par une personne au fait de ces mécanismes. Leur dévoilement et leur compréhension devraient y être favorisés de façon primordiale avant l'élucidation de l'équation personnelle des soignants. Mais une forme équivalente d'élaboration des stress physiques nous manque encore et devrait être conceptualisée.

Il n'est pas jusqu'à l'entourage familial qui ne puisse être contaminé par ce type de poison, et ces approches thérapeutiques nécessitent à coup sûr des conjoints et de proches parents à la confiance et à la souplesse au-dessus de la moyen-ne.

Une autre forme que peut prendre cette attaque est plus difficile à décrire, mais mérite assurément d'être signalée: il s'agit d'une sorte d'*attaque «à retardement»* qui fait que le thérapeute, encore longtemps après la consultation, se sent vertigineux, «vidé», en proie à un intense mal-être. C'est chez un écrivain, encore Jouhandeau, que nous avons trouvé une description de ce phénomène. Après avoir fait le portrait d'Emma, une femme épouvantablement sadique (qui grillait des rats à petit feu), il ajoute:

> «Même équivoque [que les traits de son visage] dans toute l'attitude. Ses caresses vous blessaient. Ses flatteries vous insultaient, mais l'on ne s'en apercevait que beaucoup plus tard à une sorte d'inquiétude qu'elle vous laissait qui grandissait, à mesure qu'on s'éloignait d'elle, comme à une morsure secrète qui s'envenimait peu à peu et dont on sentait les atteintes profondes, sans en retrouver la marque, la trace: ni égratignure, ni balafre, ni cicatrice: elle ne signait jamais: seuls vous alertaient ces élancements qui décèlent le poison...» (Jouhandeau 1946)

IV. LES TRAITEMENTS

1. Travail en binôme

Le travail à deux thérapeutes – face à un couple – offre divers avantages. Outre une forme assez primitive d'équilibre des forces en présence, il fournit au couple de patients un support de projection pour leur transfert ou leurs identifications de couple. Il permet d'éviter plus facilement les tentatives de coalition *(«nous les hommes...»)* et surtout autorise, s'il est efficace, une dynamique plus dense: l'un des thérapeutes pourra s'engager dans un dialogue intense s'il se sait soutenu par l'autre qui, s'il en vient à perdre le fil de ses associations ou se fait manipuler, peut venir à sa rescousse. En outre, après les consultations, nous avons l'habitude de consacrer un certain temps à une réflexion, indispensable pour prendre de la distance et élaborer les sentiments contre-transférentiels multiples et délicats dont les thérapeutes sont rendus dépositaires. En ce sens, cet aménagement contrecarre les nombreuses incitations à différents types d'«actings» auxquels les thérapeutes sont, ici plus que dans d'autres traitements, induits.

2. Prise de contact et premier entretien

Voici plusieurs observations concernant les tout débuts du traitement, qui mettent bien en évidence les particularités de fonctionnement des couples à relation perverse. Lors du premier contact téléphonique, nous avons été frappés par le fait que ces patients, contrairement aux patients névrosés qui se montrent plutôt anxieux et attentifs à ne pas nous déranger, nous exposent leur situation comme si nous n'avions que cela à faire, sans du tout se soucier de notre disponibilité du moment.

«Je suis Madame X. Je vous avais téléphoné il y a une année pour une thérapie de couple, mais vous ne pouviez pas nous prendre parce que vous n'aviez pas de disponibilité en dehors des heures ouvrables. Nous avons alors été consulter le docteur Z. qui maintenant insiste pour que nous venions vous voir. Avez-vous, depuis, changé vos horaires et pourriez-vous nous recevoir en dehors des heures de bu-

reau?» Dans cette vignette, nous voyons comment le médecin est rendu responsable de l'impossibilité de convenir un premier rendez-vous alors même qu'il était sollicité par la patiente de façon «extraordinaire»; comment la nouvelle demande est déléguée au deuxième médecin, le Dr Z.; et surtout, les modalités particulières de celle-ci: alors qu'on aurait pu attendre qu'au terme d'une année de traitement, la motivation pour une consultation de couple leur serait apparue et donc modifierait leur prise de contact, il n'en est absolument rien: c'est nous, les médecins, qui, dans leur idée, aurions dû entre-temps nous adapter à leur souhait. On conçoit à travers de tels exemples à quel point ces stratégies tenaces peuvent, dans d'autres champs (politiques, professionnels...), être fructueuses et procurer à leurs utilisateurs tous les avantages qu'ils en escomptent.

Des pressions psychologiques sont extrêmement fréquentes et diverses dès les premiers contacts. Tel patient se réclamera d'une connaissance ou d'un parent commun. Tel autre fera d'emblée état soit de ses moyens financiers considérables, soit d'appuis politiques; ou encore il fera mention de procès intentés à des thérapeutes précédents qui, selon lui, avaient commis des fautes professionnelles. Bref, séduction et menaces à peine voilées viennent régulièrement appuyer les paradoxes susmentionnés.

3. L'argent

Dans toutes les situations de perversion relationnelle, nous avons rencontré le thème de l'*argent perverti*: l'argent-récompense – mais toujours différée –, l'argent-punition, l'argent-brimade, l'argent-humiliation – si possible publique. Il devient une arme au sein du couple, un jeu mené de part et d'autre qui se fonde sur le secret, la soustraction, l'avarice (situation souvent rencontrée de femmes qui doivent rendre des comptes minutieux à leurs maris et qui ne reçoivent de lui de l'argent qu'au compte-gouttes). Il est utilisé aux seules fins d'assujettir l'autre, puis de l'humilier.

Cette manipulation particulière de l'argent n'est jamais le seul fait des couples pervers, mais plutôt la mise en acte de ce que l'on pourrait appeler un «tripotage» qui traverse les générations. Ainsi, un père avait acheté une voiture de luxe à sa fille pour qu'elle renonce à avoir des enfants et se consacre désormais à ses soins. Beaucoup de parents jouent avec l'attrait de leur héritage qu'ils injectent dans le psychisme de leurs enfants. Ils les traitent comme s'ils étaient particulièrement cupides et jouent ensuite avec cette pseudo-cupidité en leur faisant miroiter les avantages qu'ils auraient à leur décès, mais pour lesquels ils devraient concéder par exemple une part de leur liberté, etc. Cette dynamique était souvent pimentée par la mise en concurrence des enfants entre eux, ce qui se poursuivait inéluctablement au-delà de la mort.

Cet argent tient les différents protagonistes de cette scénographie ligotés les uns aux autres, faisant office de relation. En véritable objet incestuel au sens de Racamier (Racamier 1995), ce thème est à la fois omniprésent au cours des consultations et inabordable.

Nous l'avons rencontré particulièrement dans certaines situations thérapeutiques spécifiques: lors d'un travail bien engagé surgissait brusquement une impasse incompréhensible. Son élaboration aboutissait à la révélation que les transactions d'argent mentionnées en passant par les patients empêchaient la réalisation de toute véritable autonomie: tel couple avait construit sa maison sur un terrain donné par les parents (qui jouxtait leur villa), telle patiente avait été amenée à prêter son nom à l'entreprise du père qui, si elle l'avait retiré, aurait du coup fait faillite.

Alors même que le couple se plaignait souvent des inconvénients liés à cet aménagement (intrusions intempestives ou prestations exigées, légitimées par les avantages donnés), il était dans l'impossibilité absolue de seulement envisager de le modifier.

Nous retrouvons bien sûr cette signification cachée de l'argent perverti dans la relation avec les thérapeutes. Sans détailler ce thème très délicat, nous pouvons avancer que dans certaines situations, où perversion et paranoïa forment un mélange explosif, il nous paraîtrait même sage de renoncer à toute note d'honoraires qui risquerait de placer le médecin en situation de demandeur et surtout de fournir aux patients l'occasion d'une escalade dans une relation d'emprise perversement extraite du cadre.

4. Création d'une «zone franche»

Comment résoudre cette antinomie entre les logiques perverses et névrotiques? Il nous semble que, dans les cas favorables, s'est aménagée une sorte de *«zone franche»* ou zone-tampon entre nous et les patients pervers. Loin encore d'un véritable espace intermédiaire, celle-ci n'était qu'une forme de compromis qui leur permettait de faire valoir leurs conceptions perverses sur un mode mineur sans que nous ayons à abdiquer nos valeurs thérapeutiques. Nous devons bien avouer que nous manquons encore d'outils pour conceptualiser ce mode de procéder. Tout au plus pouvons-nous prendre nos distances avec d'autres approches thérapeutiques dont nous avons eu connaissance, qui nous semblent viser à «être plus pervers que les pervers». Dangereuse pente et à notre avis illusoire, car les pervers ont de toute façon une longueur d'avance et sont beaucoup plus habiles que nous.

5. Utilisation perverse des séances

Une contre-indication à la poursuite du traitement est le fait d'être utilisé principalement comme outil de destruction et d'accroissement des conflits. En voici un exemple: depuis qu'elle avait découvert que son mari avait une maîtresse et fréquentait assidûment les prostituées, Madame n'avait plus de désir sexuel. C'était en tout cas ainsi que le couple présentait son problème. Plus précisément, c'étaient les craintes liées à une infection par le SIDA qui rebutaient Madame. Au cours de cette première séance, nous nous efforçâmes, sans grand succès, de recadrer ce symptôme et de démasquer la violence dont il était le fruit. Lors de la deuxième séance, la patiente nous dit que la première séance l'avait rendue *«euphorique»*, que pendant une semaine elle s'était sentie *«gonflée à bloc»*, grâce à quoi elle avait surmonté ses inhibitions et osé faire l'amour avec son mari sans préservatif. Le fait de venir nous consulter avait donc, pour ce couple, été utilisé pour accroître encore leur jeu pervers avec la sexualité et la mort; ils nous y impliquaient en nous attribuant la responsabilité d'une éventuelle contagion mortelle. A noter qu'un dévoilement et une prise de position claire de notre part ont suscité dans le couple une prise de conscience et ouvert la possibilité d'un travail fondé sur de nouvelles prémisses.

6. Fins de séances

Au registre du transfert, nous pouvons noter que *les fins de séances sont différentes entre pervers et psychotiques*: ces derniers sont extrêmement sensibles aux efforts faits par les thérapeutes pour établir un joining acceptable pour eux et le leur témoignent, même de façon fort discrète, dans les limites que leur impose leur pathologie (par exemple, un regard appuyé ou une poignée de main chaleureuse au moment du départ ou un simple «merci»), alors que les pervers, malgré des angoisses de type psychotique parfois presque palpables au cours de la séance, sont incapables d'un quelconque signe de gratitude. Au contraire, ils s'emploient, comme nous l'avons relevé plus haut, à *détruire* toute ébauche de relation transférentielle qui aurait pu s'instaurer. Ainsi un patient s'était-il montré particulièrement angoissé, quasi tétanisé sur son siège pendant le début d'un premier entretien; peu à peu, le thérapeute était parvenu à engager avec lui un dialogue prudent qui avait même laissé place à des moments d'échanges plus détendus, presque chaleureux. Arrivés au terme de la séance, lorsque nous proposâmes de fixer un prochain rendez-vous, le couple nous opposa un silence fermé. Sentant cette opposition, l'un de nous proposa poliment au couple de choisir entre convenir d'une date et réfléchir tranquillement entre eux et de rappeler s'ils le souhaitaient. La réponse fusa, conjointe, pleine d'une agressivité et d'un mépris tout à fait inattendus: *«On rappellera!»*

7. Annihilation rétroactive

Dans l'exemple de Monsieur et Madame K., nous avons déjà décrit le processus que nous avons appelé «annihilation rétroactive». Il s'agit de rendre nulle et non avenue la séance ou même toute la thérapie. En voici encore quelques brefs exemples: après une consultation particulièrement intense et fructueuse, alors que, dans notre esprit, il paraissait absolument logique de poursuivre ces entretiens, une patiente, sur un ton dubitatif, nous demanda s'il était nécessaire qu'elle revienne. Un autre patient, après une heure et demie d'investigation et d'élaboration de sa dysfonction érectile, élaboration qui nous avait semblé productive, permettant une compréhension de ses symptômes dans un cadre psycho-affectif, nous demanda, avec une politesse diabolique, *«si nous pouvions faire quelque chose pour son problème sexuel»* – exactement comme si nous n'en avions pas parlé pendant plus d'une heure.

Cette manœuvre se déploie particulièrement au terme d'un traitement à l'évolution favorable et utilise pour cela le paiement des honoraires. En déniant toute dette à notre égard, les pervers tentent de gommer la réalité de notre intervention. Manipulation embarrassante, car ne pouvant plus être élaborée; en revanche, tout acte revendicatoire de notre part ne peut manquer d'aller dans le sens d'une poursuite agie de la relation pervertie en escalade sado-masochique.

8. Multitraitements

Nous avons déjà mentionné que nos patients étaient friands de traitements en tous genres: approches psychologiques sous forme de psychothérapies, stages de formation, de «développement personnel», de sensibilisation, de psychodrame, de rebirth, mais aussi de toute la gamme des médecines «parallèles», «douces», depuis l'ostéopathie jusqu'au «massage postural» en passant par le drainage lymphatique. Ceci sans parler des interventions de chirurgie esthétique ou d'autres formes d'attaques du corps.

Ces multitraitements peuvent être compris, selon nous, comme une remise en acte des abus subis, mais cette fois avec un contrôle sur ces interactions. La distinction à faire porterait alors entre une répétition aveugle, ou même jouissive, masochique, et une répétition visant maladroitement à cicatriser une plaie non mentalisée. A cet égard, nous avons eu souvent l'impression que ce qui importait le plus aux patients était le moyen plutôt que le but de ces démarches thérapeutiques. Chacune d'elles mettait en scène une relation d'ordre incestuel. Ces prises en charge, souvent clivées, en parallèle avec notre thérapie, méritent une attention soutenue.

Dans les deux cas toutefois, le médecin est utilisé à son insu dans un scénario inconscient agi. Plus, il va, selon toutes probabilités, incarner l'ancien abuseur et récolter, à ce titre, la haine de la victime, autrefois réprimée. Paradoxalement, c'est bien lorsque le médecin *ne* joue *pas* le jeu pervers qui lui est suggéré qu'il suscite les réactions les plus vives. Alors qu'un comportement abusif aurait probablement conforté la répression et peut-être les défenses perverses élaborées, une attitude névrotique heurte de plein fouet la croyance en l'universalité du mal, credo qui justifiait toutes les exactions familiales sur l'enfant.

9. Conclusion

Ces différents jalons, pour importants qu'ils nous paraissent, ne constituent pas, à eux seuls, une méthode exhaustive. D'autres voies mériteraient aussi d'être explorées, comme les approches corporelles (qu'il nous est arrivé d'indiquer chez certains patients de façon concomitante à notre traitement verbal) ou groupales. L'utilisation de techniques mettant en jeu des médiums concrets (dessin, marionnettes, génogramme, etc.) pourrait également être un axe de recherche intéressant dans le futur.

Quoi qu'il en soit, une constante qui nous est apparue comme fondamentale dans les traitements avec les pervers est la réactualisation transférentielle d'un conflit avec la loi. C'est donc sur ce thème, celui d'une loi thérapeutique non manipulable, non escamotable, non négociable, que va s'articuler toute véritable entreprise thérapeutique. Ce n'est que sur ses bases que pourront être élucidés les sens énigmatiques des symptômes présentés.

IMPLICATIONS MACROSOCIALES

> «Ce n'est pas de la superstition, non, ça existe réellement, des êtres qui sont maudits; avec eux, on a beau faire, ils te regardent, et ça suffit. Brusquement tu deviens ce qu'ils disent. C'est ça, le mal.»
> (M. Frisch: *Andorra*, 1965)

Les considérations psychanalytiques issues de l'étude de névrosés au conflit tout intérieur n'ont donné jusqu'à présent que des applications relativement décevantes au champ politique ou social. En revanche, l'examen des perversions, toutes d'action et de manipulation des autres, nous fournit de très riches perspectives de compréhension dans des domaines aussi variés que ceux des arts ou de la politique.

P.-L. Assoun a déjà noté cet aspect dans son étude sur les couples:

> «Cela témoigne que le fantasme masochiste est éminemment pragmatique, exigeant de passer sur la scène du monde. Il réalise sa théâtralité, et trouve les acteurs prêts à endosser le rôle: la pensée masochiste ne tolère guère l'intériorisation névrotique, elle est «pensée du dehors». Elle forge des couples à la mesure des exigences de sa réalisation.» (Assoun 1992)

Nous avons vu le pervers avoir un fonctionnement particulier, s'attacher un partenaire spécifique avec lequel il entretient des relations de domination et d'exploitation. Nous l'avons vu avoir des enfants pour intensifier ses échanges destructeurs; nous l'avons vu encore mettre en œuvre ce type de relations avec ses proches qui forment avec lui une sorte de réseau de complicités ou d'assujettissement. Nous avons vu la perversion échapper à son équilibre instable dans une quête compulsive d'intensification. Nous allons maintenant examiner quelques-unes des formes que peuvent prendre ces relations perverses, lorsque le pervers donne libre cours à ses désirs dans un champ social sans limites.

Le moteur de cette diffusion, souvent masqué par une façade artistique, professionnelle ou autre, est en réalité la haine, la destructivité sans bornes qui permet non seulement d'assouvir une revanche sur le fait d'avoir été abusé, mais aussi de tenter, de façon démiurgique, de manipuler la réalité ou la société tout entière afin que les pervers puissent gommer les stigmates de leurs propres aberrations.

I. ART ET PERVERSION

L'art et la perversion entretiennent des rapports extrêmement complexes et pour nous encore bien mystérieux. Ceux-ci ont été étudiés entre autres par Madame J. Chasseguet-Smirgel (Chasseguet-Smirgel 1984*a*). Nous souhaiterions ici prolonger nos réflexions sur la perversion et les relations perverses en examinant si les concepts que nous avons dégagés jusqu'ici sont applicables à un champ non clinique. En premier lieu, nous nous sommes intéressés au domaine artistique qui, souvent, nous avait paru être mieux au fait de ces mécanismes que le champ psychiatrique. Nous sommes tombés sur une biographie de Picasso qui nous a bouleversés, tellement elle nous paraissait venir à la rencontre de nos idées en la matière. Dans cet ouvrage très documenté, l'auteur, Madame Arianna Stassinopoulos Huffington (Stassinopoulos Huffington 1988), retrace sans complaisance l'histoire de Picasso, sa personnalité et surtout les relations qu'il entretenait avec son entourage. Sa description nous semble une illustration magistrale d'une forme de personnalité perverse et des relations perverses.

1. Picasso

Voici ce que dit de Picasso l'auteur dans sa préface:

«Dans son œuvre il projeta la lumière éblouissante de son génie sur les profondeurs du mal tel qu'il existe dans l'homme et dans notre temps. Comme Freud, cet autre grand rapporteur de nos mécontentements, son regard pénétrant discerna la sexualité tourmentée, la violence et la souffrance qui s'abritaient sous le toit percé de la civilisation. Ce fut son triomphe.

Sa tragédie, ce fut que tout en consacrant la destruction dans son art, il la pratiqua sans merci dans sa vie. Terrifié par la mort et convaincu que l'univers était mauvais, il maniait cet art comme une arme, déchaîna sa rage et sa vengeance sur les gens comme sur les toiles.»

Naissance d'un destin pervers: le jeune Pablo

Y a-t-il certaines particularités dans l'enfance de Picasso qui évoqueraient les caractéristiques que nous avons relevées au sujet de celle des pervers?

Il fut en tout cas baptisé Pablo en mémoire de son oncle défunt. Quoiqu'il s'agisse là d'une particularité soumise à d'importantes variations culturelles, nous avons déjà mentionné cette modalité qui nous semble prédestiner fréquemment à la biographie d'hommes pervers.

Elle n'est pas la seule et, si l'on en croit sa biographe, le jeune Pablo ne tarde pas à manifester des symptômes rattachables, à notre point de vue, à la haine de la pulsion, à une manœuvre d'inversion et à un triomphe masochiste:

> «Les punitions devinrent une autre source d'amusement: «Pour avoir été mauvais élève, on m'envoyait aux «cellules». C'étaient des pièces aux murs blanchis à la chaux, avec des bancs. J'adorais quand on m'envoyait là-bas, parce que je pouvais prendre un bloc de papier et dessiner sans arrêt. Ces punitions étaient des vacances pour moi, et je provoquais même des situations qui obligeaient les professeurs à me punir.»

Plus loin, on retrouve cette inversion manipulatoire, qui dénie les générations et la castration lors des examens de passage à l'Ecole des Beaux-Arts de Barcelone, où il bâcle son dessin de façon provocante:

> «*C'est comme s'il disait que son temps est bien plus précieux que celui des examinateurs.*» Il voulait dire que, s'ils désiraient le déclarer admissible ce serait à ses conditions à lui et que, s'ils refusaient, ce seraient eux les perdants.»

Sa mère

La fétichisation des enfants-futurs-pervers est une constante dans l'anamnèse de nos patients. Elle se retrouve chez Picasso:

> «Pablito fut tout de suite un merveilleux cadeau pour doña Maria, à qui sa vie trop ordinaire n'avait pas permis d'être reconnue comme elle en rêvait. Maintenant elle pouvait du moins se vanter d'avoir un petit garçon d'une exceptionnelle beauté, dont les yeux vifs et brillants magnétisaient les gens; «*C'était un ange et un démon de beauté, devait-elle dire plus tard.*»

Cette idéalisation fétichique ne laisse pas d'être incestuelle. En 1917, il veut épouser Olga et il la présente à sa mère qui s'efforce alors de la décourager:

> «Peu après qu'il lui eut présenté Olga, elle l'avait prise à part et elle l'avait prévenue qu'aucune femme ne pourrait être heureuse avec son fils parce qu'il n'était disponible que pour lui-même et pour personne d'autre.»

Le jeune artiste: personnalité, sexualité

Il est bien probable que la perversion de caractère que nous pouvons commencer à postuler chez l'artiste se prolonge sur le versant sexuel par une sexualité elle-même perverse. L'identité sexuelle de Picasso semble peu claire: il fréquentera de nombreux homosexuels, habitera, voyagera avec eux, tels Manyac, le marchand de tableaux, Max Jacob ou Jean Cocteau; «Braque est la femme qui m'a le plus aimé», ironisera-t-il aussi cyniquement.

Mais ce qui semble surtout lui plaire est la confusion des genres:

> «Alice Princet fournissait entre eux [Picasso et Derain] un lien de plus. Alice avait été la maîtresse de Picasso et était maintenant la femme de Derain. Partager une femme – même si c'était à des époques différentes – créait toujours pour Picasso un lien particulier avec ses amis hommes.»

Le concept de vérité était l'objet d'un mépris souverain et affiché de la part de Picasso qui, au contraire, se réclamait de l'«artifex».

Mais c'est dans le domaine de ses relations avec les femmes qu'il nous semble reconnaître, trait pour trait, les dérèglements que nous avons constatés chez les couples à relations perverses.

Les relations conjugales

Olga

Nous avons pressenti à maintes reprises que la dépossession de soi-même par un prédateur pervers, bien qu'elle soit l'équivalent d'une mort psychique, n'était probablement pas toujours ressentie comme telle par la victime. Loin de là, certaines proies semblaient consentir à cette dévastation, y trouvant une forme d'exaltation analogue à une drogue.

Parmi les stratagèmes qui y aboutissent, nous pouvons mentionner le «jeu sur la présence et le retrait». Nous l'avons suspecté agissant dans les toutes premières relations de nos patients et de leurs parents. Les mères se faisaient ainsi désirer et paralysaient la recherche d'autres substituts maternels chez leurs enfants en continuel «état de manque». Les pères, eux aussi, pouvaient grâce à ce mécanisme imputer un désir de rapprochement manifeste à leur fille qui était mise par là en constant état de frustration affective. Les deux actions se combinaient pour aboutir à ce tableau de patients qui, malgré leur âge adulte, restaient indéfectiblement «fixés» sur leur parents et leurs famille d'origine. Nous en lisons ici une description analogue:

> «Il était autant le responsable que la victime du comportement exaspérant d'Olga. Il lui avait donné un goût de la vie et un aperçu d'elle-même qu'elle n'avait jamais connus auparavant. Et puis, sans explication et sans raison qu'elle pût comprendre, il se repliait sur lui-même et elle se retrouvait brusquement coupée de cette source où elle puisait joie et affirmation d'elle-même. Mais maintenant il était trop tard. Comme une droguée qui a goûté les joies des paradis artificiels, elle ne pouvait reprendre son existence d'antan. Elle avait besoin de doses de plus en plus fortes de l'attention de son mari, de son intérêt pour elle et quand au contraire, il lui en prodiguait de moins en moins, elle se sentait furieuse et trahie. Exaspérée, elle l'invectivait alors, le forçant à lui donner, ne fût-ce que provisoirement, l'attention qui sans cela lui était refusée.»

Nous avons souvent suspecté ce mécanisme qui se joue sur fond de séduction primaire, mettant en jeu toute la relation d'objet, chez des dirigeants politiques qui étaient toujours entourés d'une cour de courtisans fascinés.

Marie-Thérèse Walter

Les particularités perverses s'accentuent dans la relation avec sa jeune maîtresse; nous y retrouvons l'induction maternelle, la différence d'âge incestuelle, l'apparence infantile, la relation sado-masochique de soumission totale, sur le plan général comme sur le plan sexuel, tous ingrédients décrits de la relation perverse de couple:

> «A dix-sept ans, Marie-Thérèse ne savait peut-être pas qui était Picasso, mais Mme Emilie Marguerite Walter savait, et elle ne fit rien pour décourager la curiosité bien naturelle de sa fille pour cet homme exotique, presque de trente ans plus âgé qu'elle ... Commença alors une relation passionnelle sans limite: ... Marie-Thérèse avec ses airs d'enfant se révélait comme une élève toujours soumise et docile qui acceptait volontiers toutes les expériences, y compris le sadisme avec une obéissance totale à la volonté de Picasso. Elle était un objet qu'il était le seul à posséder, preuve de son pouvoir et de son magnétisme sexuel.»

Mais la description s'élargit à l'environnement qui, comme dans tous les scénarios pervers, est appelé à jouer un rôle déterminant:

> «Au milieu de juillet, Picasso quitta une fois de plus Paris pour Dinard accompagné d'Olga, de Paulo et de sa nurse anglaise et précédé de Marie-Thérèse cachée non loin de là dans un camp de vacances pour enfants. C'était un arrangement ingénieux qui ravissait Picasso, non seulement à cause de son secret absolu, mais à cause de sa perversité. L'idée d'aller rendre visite à sa jeune maîtresse dans un camp d'enfants ajoutait un frisson de risque, de surréalisme et de mascarade à une relation déjà pétillante de passions sexuelles, une passion qui continuait à s'épanouir dans la soumission souvent violente de la «femme-enfant» à la volonté de son amant» ... «Plus les images de sa jeune maîtresse étaient innocentes et virginales, plus il était satisfait de l'avilir.» ... «Peu de choses lui donnaient un plus grand plaisir que de transformer les déesses en paillassons; et non seulement elles se laissaient piétiner, mais elles y prenaient goût.»

Dora Maar

Cette liaison marque une nouvelle étape dans ce qui nous apparaît comme un processus d'escalade perverse:

> «Il admirait son courage, son indépendance d'esprit, son intelligence. Mais il allait presque tout de suite, et instinctivement, essayer de détruire les qualités mêmes qui la rendaient irrésistible. Le combat serait d'autant plus excitant maintenant que ses talents de dompteur allaient se déployer pour une lionne plutôt que de se gaspiller sur une souris.»

Là aussi, le recours à la manipulation est requis pour pimenter l'excitation perverse:

> «Au début de 1937, Picasso mène de front sa relation avec Marie-Thérèse et sa liaison avec Dora. «Je décidai que je n'avais aucun intérêt à prendre une décision, j'étais satisfait de la situation actuelle. Je leur dis qu'elles n'avaient qu'à régler ça elles-mêmes. Alors elles commencèrent à se battre. C'est un de mes souvenirs préférés», conclut-il, en riant...»

Ces roueries n'excluent pas la violence directe:

> «Il battait souvent Dora et il y avait de nombreuses fois où il la laissait inconsciente sur le sol.»

Françoise

Sa deuxième femme semble avoir percé à jour certaines de ses failles. Elle le décrit comme un Minotaure, image pour nous de l'autisme infantile que nous avons souvent suspecté chez les enfants-futurs-pervers:

> «Un Minotaure, devait-il dire plus tard à Françoise, ne peut pas être aimé pour lui-même, du moins il ne le croit pas. Ça ne lui semble tout simplement pas raisonnable. C'est peut-être pourquoi il se livre à des orgies.»

A peine a-t-on pu percevoir dans cet aveu l'ancienne détresse de l'enfant qui a été abusé qu'il enchaîne sur un versant pervers:

> «Personne n'a d'importance réelle pour moi. En ce qui me concerne, les autres sont comme de petits grains de poussière flottant dans le soleil. Il suffit d'un coup de balai et ils disparaissent.»

En dépeignant dans tous ses détails la vie de Picasso, Madame Stassinopoulos Huffington piste les stratagèmes pervers qu'il mettait en œuvre pour *augmenter* la tension intersubjective perverse:

> «Si être injuste lui donnait un sentiment divin, s'entourer de conflits lui donnait l'impression d'être vivant, et c'est pourquoi il répugnait toujours si fort à prendre les mesures susceptibles de les réduire.»

> «Il me fallut longtemps pour comprendre quel menteur consommé il était, dit Françoise. Un des problèmes dus au fait d'avoir constamment une cour autour de nous était qu'il fallait régler nos comptes en public, ce qui faisait ressortir toutes ses qualités d'histrion.»

«Plus que jamais, [Françoise] vivait avec Picasso dans un état de neutralité armée où tout ce qui n'était pas totale soumission de sa part était perçu comme déloyauté capitale.»

Elle en vient à décrire avec minutie le déroulement scabreux d'une scénographie perverse menée magistralement par l'épouvantable maître: familles, amis, tous sont accaparés pour participer, subjugués, à l'exhibition d'une caricature perverse de scène primitive.

«Toute son attitude ce soir-là, ce fut une assez longue soirée, dit Lord, était très très perverse. Tout d'abord, il essaya de persuader tout le monde de venir avec lui à Perpignan. Puis, pendant le dîner, il se montra extrêmement désagréable avec moi [Françoise], n'arrêta pas de dire à Dora combien c'était étrange pour lui de ne pas avoir pour le moment de femme dans sa vie. *«Il n'y a pas de femme, je suis sans femme!»*, répétait-il sans cesse. Ce qui voulait dire, et tout le monde le comprit, que peut-être Dora et lui pourraient vivre de nouveau ensemble. Et puis brusquement, après le dîner, il se tourna vers elle et lui dit d'un ton très affectueux : "J'ai envie d'être seul avec toi. J'ai des choses à te dire que je ne veux que personne d'autre entende. Allons par ici." Il désigna un coin éloigné du grand salon qui, incidemment, était entièrement occupé par ses toiles. C'était une véritable salle Picasso, ce qui donnait une signification plus marquée à sa présence là-bas.

Tout le monde observait, fasciné, se demandant ce qui allait se passer. Picasso, sachant que tous les regards se fixaient sur lui, tira le maximum de ce que la situation avait de théâtral. Dès que Dora, visiblement ravie, se fut levée de son siège, il la prit par la taille et l'entraîna très lentement vers l'autre bout de la grande pièce. «Lorsqu'ils furent arrivés là-bas, poursuivait Lord, sans avoir dit un mot, il tourna les talons et regagna précipitamment son fauteuil, laissant Dora au bout du salon. Elle dut revenir seule, s'asseoir là où elle se trouvait, tandis qu'il se tournait brusquement vers Paulo, qui l'avait amené en voiture au château, en disant : *«Viens on s'en va.»* Sans dire au revoir, il quitta la pièce.»

Picasso se joue des lois familiales comme des lois sociales sans le moindre scrupule, bien au contraire, avec une jouissance machiavélique. Quelques années plus tard,

«les relations entre Françoise et Picasso étaient épouvantables, et se passaient par avocat interposé. Françoise était remariée à Luc qui avait élevé Claude et Paloma. L'un des objets du litige était le fait qu'elle voulait que ses enfants aient le nom de Picasso, ce que lui refusait. Il décide alors de reconquérir Françoise et lui propose de l'épouser, ce qu'il n'avait jamais fait. En janvier 61, les enfants

> Claude et Paloma sont autorisés à porter le nom de Picasso. A la fin de février, Françoise demanda le divorce à Luc. Le 2 mars, Pablo Picasso et Jacqueline Roque se marièrent à la mairie de Vallauris. Le 14 mars, Françoise ouvrit son journal du matin pour lire que l'homme qu'elle s'apprêtait à épouser s'était marié douze jours plus tôt. La nouvelle la fit frissonner. Elle se sentit soudain touchée par le mal. L'homme qu'elle avait aimé profondément et qu'elle avait décidé de mieux aimer avait, par un complot digne de Méphistophélès, réussi à la persuader de demander le divorce à son mari afin de l'épouser. Et à peine la procédure de divorce engagée, il en avait épousé une autre.»

La description atténue visiblement l'évidente implication de Françoise dans ces jeux rusés autour de la relation conjugale et parentale.

Destruction de l'identité

> «En guise de distractions, il semblait se réjouir de dépouiller ceux qui l'entouraient de leur dignité et de les traiter comme des clowns. Un de ses jeux favoris consistait à les faire chanter dans un restaurant, l'un après l'autre, qu'ils eussent un filet de voix ou non. Tels étaient son prestige et son autorité qu'ils s'exécutaient. Plus ils étaient embarrassés, plus Picasso était enchanté de son petit jeu.»

Une attaque contre l'identité qu'il ne nous avait pas été donné de constater dans notre pratique est décrite: celle qui utilise le jeu avec la dénaturation du nom:

> «Un jour Picasso annonça traîtreusement à tout le monde que les deux domestiques qui s'occupaient de la maison s'appelleraient désormais Marie-Thérèse. *«Alors se rappelant Maya et traitant cela comme une plaisanterie, quand on appelait Marie-Thérèse, elles arrivaient toutes les trois.»* Comme la plupart des plaisanteries de Picasso, elles se faisaient aux dépens de quelqu'un d'autre. En donnant aux domestiques le nom de Marie-Thérèse, il trouvait une autre façon de rabaisser et d'humilier sa maîtresse, d'affirmer sa servilité et de lui rappeler sans cesse sa situation de subordonnée.»

Jacqueline

Picasso, vieillissant, se choisit une femme toute dévolue à ses besoins; la relation perverse s'intensifie encore:

> «Si tout allait bien pour lui, tout allait bien pour elle. C'était un être qui vivait par procuration, un parasite dont l'énergie venait de la vie dont elle se nourrissait, contribuant à la miner longtemps

avant qu'on l'eût déclaré cliniquement mort. Elle sombrait en lui avec une monomanie qui excluait même sa propre fille, qui devait subsister sur les quelques miettes d'affection que sa mère pouvait lui dispenser.»

Au fil des ans, la perversion semble avoir de plus en plus de peine à colmater les failles psychotiques de la personnalité:

«Hélène Parmelin observa la routine qui s'était établie: «On devait rester à «La Californie» en pensant toujours à monseigneur. Ne pas aller même jusqu'au fond du jardin, pas même en dehors de la maison. En outre, à heure fixe, il fallait lui donner ses comprimés ou ses gouttes: il prenait des médicaments homéopathiques pour Dieu sait quoi. Qu'est-ce qu'il avait? Rien. Mais il prenait des médicaments. A petites doses.»

«Picasso était d'humeur sombre», écrivit Hélène Parmelin à propos d'une soirée à «La Californie». «Ses yeux allaient lentement de l'un à l'autre d'entre nous et parcouraient la cuisine... Il nous regardait rire avec tout l'intérêt d'un visiteur du zoo qui voit les singes faire des gestes humains. Et quand nous cessions de rire, il disait: «*Allons, continuez, riez!*» En fureur!»

Sa fille Maria

Les manipulations perverses pourraient être, à la rigueur, admissibles entre personnes adultes et plus ou moins consentantes. Mais là où elles confinent à l'horreur, c'est lorsqu'elles impliquent les enfants du couple pervers. Et c'est bien sûr ce qu'on voit à l'œuvre dès la naissance de Maria:

«A son baptême son père, qui n'était pas officiellement son père, devint officiellement son parrain.»

Son fils Paulo

Les récits de la destruction par Picasso de ses enfants sont ahurissants de perversité. On en veut pour preuve le traitement abject qu'il inflige à son fils, Paulo:

«Maintenant qu'il ne le fascinait plus, comme un produit et un prolongement de lui-même, Paulo devenait vite un être humain séparé. Et les êtres humains séparés n'intéressaient pas beaucoup Picasso à moins de ne pouvoir lui être de quelque utilité, intellectuellement, socialement, sexuellement, financièrement ou affectivement. C'était beaucoup demander à un gamin de huit ans.»

Les effets sociaux ne tardent pas à se manifester, avec leur cortège d'humiliations ou de tromperies abusives:

> «En 1937, il part pour la Suisse: son fils de seize ans avait cambriolé une bijouterie et *«la seule façon d'empêcher Paulo Picasso d'être jeté en prison, c'était de plaider qu'il était mentalement souffrant»*. Picasso arriva donc à Berne avec son «fils malade» comme le décrivit un article et Paulo fut envoyé à Prangins, une clinique pour les gens qui pouvaient se permettre la fortune en francs suisses que coûtait le séjour là-bas.»

La violence auto- ou hétérodestructrice qui s'y manifeste de façon si désorganisée montre une étape ultérieure de la transmission intergénérationnelle de la perversion:

> «Sans travail, il subsistait sur une maigre pension que lui servait Picasso et déjà buvait et se droguait. Sa plus grande joie était de foncer au volant de sa motocyclette Morton... Un soir un de ses amis et lui ramenèrent au petit hôtel deux filles qu'ils avaient levées dans un des bars de Juan-les-Pins où ils s'étaient arrêtés dans la soirée. Le matin de bonne heure, ayant épuisé tout ce qu'ils pouvaient faire d'elles et totalement ivres, ils essayèrent de les jeter par la fenêtre.»

Mais le cynisme du père ne connaît pas de limites:

> «Picasso acheta une Hotchkiss et dit à Paulo que, s'il voulait encore de l'argent, il n'avait qu'à prendre la place de Marcel et devenir son chauffeur. Paulo obéit. (...) Deux ans plus tard, en 1975, Paulo mourut à 54 ans d'une cirrhose provoquée par la drogue et l'abus d'alcool...»

Nous avions souvent, à divers signes indirects, suspecté une violente pulsion infanticide chez nos patients pervers. Chez Picasso, point n'était besoin de perspicacité pour la trouver. A son autre fils, Claude:

> «Je suis vieux et toi, tu es jeune. Je voudrais que tu sois mort. (...) Claude essaya de se suicider en sautant du haut d'un mur.»

La mort, l'héritage

Le livre de Madame Stassinopoulos Huffington nous permet une appréhension diachronique des mêmes mécanismes que nous décrivaient les couples. On se souvient du jeu avec leur propre mort, avec leur héritage, qui nous avait frappés. On le retrouve bien sûr chez Picasso qui ne se gêne pas pour dévoiler ses volontés de ravages post mortem:

«Quand je mourrai, avait prophétisé Picasso, se sera un naufrage, et quand un grand navire sombre, bien des gens alentour sont aspirés par le tourbillon.»

Et en effet, le pervers entraîne, comme il l'avait manigancé, ses proches dans la mort avec lui:

«Le matin de l'enterrement de Picasso, le petit-fils qui portait son nom avala un flacon de décolorant à base de chlorate de potasse. Il fut transporté à l'hôpital d'Antibes où les médecins constatèrent qu'il était trop tard pour sauver ses organes digestifs. Il mourut de faim trois mois plus tard.»

«En 1977, cinq jours avant le quatre-vingt-seizième anniversaire de la naissance de Picasso et l'année du cinquantième anniversaire de leur rencontre, Marie-Thérèse se pendit dans le garage de sa maison de Juan-les-Pins.»

«En 1986, à trois heures du matin, [Jacqueline] s'allongea sur son lit, remonta le drap jusqu'à son menton et se tira une balle dans la tempe (...)»

On ne peut qu'être saisis d'horreur devant cette hécatombe, qui laisse encore certainement dans l'ombre un nombre considérable d'autres victimes. Comme il l'avait calculé, la dynamique perverse semble se poursuivre au-delà de sa mort:

«*Ce sera pire que ce qu'on imagine*», avait prédit Picasso, parlant du règlement de sa succession.»

«La querelle à propos des parts de chaque héritier était entre les mains d'une collection d'avocats dont on estima que les honoraires s'étaient élevés à une des parts de la succession. «*On ne peut jamais obtenir de deux membres de la famille, dit Claude, d'être d'accord sur rien.*» Le désaccord régnait comme toujours.»

Conclusion

La prise en compte d'un seul ouvrage, même de référence et tout documenté qu'il est ne peut suffire à étayer un jugement sur une personne, surtout si celle-ci a manifesté des aptitudes hors du commun, voire géniales, dans certains domaines, comme ce fut certainement le cas pour Picasso. Le débat sur la fonction propre de l'art d'introduire un intervalle entre la réalité fantasmée et le fantasme réalisé dépasse le propos de cet ouvrage. Il n'entre donc pas non plus dans notre projet d'émettre de diagnostic et encore moins de jugement. Notre ambition fut plutôt de vérifier, à travers ce récit, la validité de nos concepts élaborés dans l'espace délimité de la consultation. Cet espoir s'est confirmé au-delà de nos espérances. Plus, nous avons entr'aperçu soit des développements et une amplitude insoupçonnés des processus pervers, soit carrément de nouveaux stratagèmes qui ont enrichi notre compréhension de ce domaine. Ce récit donne en tout cas, si besoin était, une nouvelle lumière sur la conscience morbide des pervers, ce qu'avait bien perçu Giacometti, qui disait de Picasso:

> «Il me stupéfie. Il me stupéfie comme un monstre, je crois qu'il sait aussi bien que nous qu'il est un monstre.»

2. *Le troisième homme*

Nous sommes donc redevables à la littérature d'une première biographie qui nous semble corroborer notre description des mécanismes de la perversion relationnelle. Avec encore un pas supplémentaire pour nous distancier de la clinique, nous parvenons au roman. Là encore, nous avons choisi un livre qui nous semble paradigmatique de ce que nous pourrions intituler «la découverte de la perversion», en l'occurrence *Le troisième homme* de Graham Greene (Greene 1964). Nous proposons ici d'en faire une lecture encore une fois orientée sur la thématique de la perversion.

Rollo Martins vient rejoindre à Vienne, juste après la guerre, Harry Lime, son ami d'enfance perdu de vue depuis de nombreuses années. Il figure pour nous le personnage «névrotique» (*«il croyait à l'amitié»*) qui va, lentement, découvrir le monde de la perversion incarné par son ancien ami qui l'a, de tout temps, manipulé. Lorsqu'il constate que son camarade n'est pas venu l'attendre à l'aéroport, il ébauche une petite remarque annonciatrice:

> «Nous n'arrivons jamais à nous faire à l'idée que nous comptons moins pour les autres qu'ils ne comptent pour nous.»

Le rapport à son compagnon est visiblement empreint d'une grande idéalisation – *«Lime qui depuis vingt années avait été son héros»* –, mais celle-ci est clairement mise au service de la manipulation:

> «Il était mon aîné d'un an et il savait manœuvrer.»

Impression qui se confirme chez le lecteur lors de la discussion avec l'inspecteur Calloway qui prétend enquêter sur la mort de Lime, mais en réalité le recherche, car il se doute qu'il n'est pas réellement mort:

«– Etait-ce un bon élève?

– Pas suivant la conception des maîtres. Mais quelles choses il inventait! Il trouvait d'extraordinaires combinaisons. J'étais bien meilleur qu'Harry en histoire et en géographie; mais pour ce qui était de mettre à exécution ses projets, j'étais la poire intégrale. (...) C'était toujours moi qui me faisais prendre.

– C'était bien commode pour Lime.

– Qu'est-ce que vous voulez dire, demanda-t-il, l'irritation alcoolique montant.

– Que c'était bien commode. Ce n'est pas vrai?

– C'était ma faute, ce n'était pas la sienne. Il aurait pu trouver quelqu'un de plus astucieux s'il avait voulu, mais il m'aimait bien.»

On trouve dans ce dialogue si véridiquement reconstitué une foule d'ingrédients de la relation perverse: Martins naïvement se décrit, sans véritablement se rendre compte de ce qu'il énonce, comme «une poire» – qu'il était effectivement. Lorsque son interlocuteur, qui ne partage pas son idéalisation de Lime, lui montre les bénéfices que ce dernier en tirait, Martins se rebiffe, puis le protège en prenant toute la faute sur lui.

Puis le policier lui révèle:

«C'était sans contredit le plus immonde trafiquant du pire marché noir qui se fasse dans cette ville.»

et il lui apprend que Harry est recherché pour meurtre. Là encore, Martins se cabre, mais on sent que l'emprise exercée sur lui par son ami se fissure. Toutefois, il persiste à voir en lui une victime d'un système dont il commence toutefois à percevoir la perversité. Il rencontre Kurtz, un complice de Harry, qui, lorsqu'il l'interroge, banalise le trafic frauduleux. Martins:

«Je vous parie qu'il y a quelque chose de louche dans la mort de Harry.»

Peu à peu, Martins se sent envahi par le doute. Il rencontre d'autres amis de Harry, tous à l'allure louche. Les témoignages sur l'accident ayant entraîné prétendument la mort de Harry divergent: trois hommes et non deux l'ont porté après son accident. Qui ment? Un témoin est assassiné. Martins commence à se sentir inquiet.

L'inspecteur Calloway lui décrit alors le trafic de médicaments qu'effectuait Lime:

> «La pénicilline était volée puis revendue; une combine de ce genre fonctionne à peu près d'après les mêmes principes qu'un parti totalitaire. Puis ils ont falsifié le produit.»

Les processus bien connus de l'escalade perverse sont pointés et, dans une intuition saisissante, une analogie avec la politique perverse est esquissée.

Martins est effondré. Et il se pose la fameuse question de l'intentionnalité perverse:

> «Est-ce que pendant tout ce temps-là, il se moquait des imbéciles que nous étions?»

A ce moment, le héros a totalement pris conscience de ce qui le sépare de son ancien ami. Ce lent dessillement des yeux de Martins trouve son analogie dans une sortie de l'ombre progressive de son ancien ami, mais actuel ennemi. Cette confrontation culmine dans une scène d'une intensité dramatique extraordinaire. Les deux compagnons, que désormais tout sépare, se retrouvent, la nuit, sur une roue de fête foraine, au Prater.

> «Mes victimes? Ne faites pas de mélodrame, Rollo. Regardez un peu en bas.
>
> Il lui désignait du doigt, par la vitre, les gens qui passaient comme des mouches noires au pied de la Roue.»

D'emblée, Harry attaque en se moquant des valeurs morales que son ami oppose.

> «Ressentiriez-vous une pitié réelle si l'une de ces petites taches cessait de bouger... pour toujours? Si je vous disais que je vais vous donner vingt mille livres pour chaque petite tache qui deviendra immobile, est-ce que vraiment, mon vieux, vous me diriez de garder mon argent... sans hésitation? Ou bien calculeriez-vous combien de petites taches vous êtes prêt à sacrifier? Libre d'impôt sur le revenu, mon vieux, libre d'impôt.»

Ses arguments ne portant pas, Harry énonce alors son credo pervers: la relation humaine n'existe pas, elle n'est qu'un leurre et ceux qui ont l'audace de le comprendre en tirent de grands bénéfices sur le seul plan qui compte vraiment, le plan financier. Mais en s'exposant de la sorte, il perd l'ambiguïté qui faisait sa force:

> ... «Le wagon se remit à tourner, lentement vers le bas, et peu à peu les mouches devinrent des hannetons, puis prirent la forme d'êtres humains.»

Dès cet instant, la névrose prend le dessus sur la perversion. Harry sera traqué par la police, tentera de fuir dans les égouts, sera démasqué et abattu lorsqu'il tentera de sortir au grand jour.

II. DÉVELOPPEMENTS PSYCHO-SOCIAUX

Lorsque nous nous sommes penchés sur la particularité des relations perverses qui les engageaient inéluctablement vers une voie d'aggravation, d'exacerbation des stimulations, bref d'escalade, nous nous étions arrêtés aux proches immédiats des familles. Nous avions constaté que celles-ci aspiraient toutes sortes de protagonistes, pour intensifier leurs échanges pervers [dont un bon nombre d'intervenants (trop) bien intentionnés].

Mais l'analyse de tels processus est certainement applicable aussi à des groupes organisés, comme des sectes, des institutions, des partis politiques ou des Etats. Chacune de leurs structures a bien sûr sa raison d'être et sa légitimité*; ce n'est que lorsqu'un ou plusieurs pervers les infiltrent et les utilisent pour mettre en acte leur perversion qu'elles deviennent perverses. On pourrait même dire qu'elles leur sont nécessaires. Ce travail mériterait toutefois un ouvrage à lui tout

---

* Notre maître, le professeur P.-A. Gloor, était plus réservé, notamment sur les motivations qui amenaient les politiciens à briguer leurs postes. Pour contrer de fâcheuses sélections, il prônait, par boutade, une forme de conscription obligatoire, comme pour le service militaire, qui obligerait chaque citoyen à accomplir pendant un certain laps de temps des tâches civiques (Gloor 1971).

seul. Nous nous bornerons ici à signaler quelques traits que nous avons constatés ou qui nous ont été relatés par d'autres, concernant de telles structures.

1. Les sectes

Il nous est apparu, comme à d'autres chercheurs «ès perversions», que la compréhension des mécanismes pervers serait une aide considérable pour l'élucidation des dynamiques si étranges des sectes. Cette réflexion ne se fonde pas seulement sur la lecture des faits divers qui défraient de plus en plus souvent la chronique, mais bien aussi sur le vécu de nos patients dont nous avons remarqué l'appétence pour de telles associations. Lorsque ce n'étaient pas eux qui y étaient affiliés, c'étaient alors souvent leurs parents. Ces groupements étaient très hétéroclites dans leur forme extérieure: religieuse, politique, ésotérique, etc. Très souvent d'ailleurs, à l'instar des perversions dont nous avons constaté les différentes formes toujours coexistantes, elles étaient multiples: telle adhésion à un mouvement mystique se doublait d'une conception de vie exaltant les vertus d'un retour à la nature, elle-même essaimant dans la sphère des loisirs ou professionnelle. Ce qui réunissait ces différentes formes de vie était plutôt une forme spécifique de dynamique.

Les sectes constituent pour nous une forme de mise en acte idéologique de la perversion.

Au niveau intrafamilial, cette forme d'idéologie créait un lien très ambigu entre les membres: de type paranoïde en première lecture, chacun d'eux s'y trouvant allié contre l'adversité externe; cet aspect masquait en réalité une teinte beaucoup plus perverse, incestuelle.

Il nous semble retrouver ce même jeu avec la psychose au sein des sectes elles-mêmes. Les aspirations communes, souvent proches du délire*, qui y sont exaltées cachent en

---

* L'analyse des doctrines sectaires comme certaines idéologies politiques (cf. Mao), est consternante: une «non-pensée» est érigée «hypnotiquement» au rang de vérité suprême. Le message infraliminal qui est ainsi transmis est «renoncez à réfléchir», «abandonnez votre pensée à la
*

général mal les mouvements pervers qui affleurent dans une variété d'occurrences qu'on retrouve régulièrement: confessions publiques, promiscuité, exploitation du travail des membres et bénéfices financiers du ou des dirigeants. Sous l'angle de la perversion qu'on est en droit d'imputer à leurs dirigeants, on peut dire que les manœuvres qui aboutissent à l'enrôlement des adeptes sont une forme d'escroquerie dans laquelle les victimes sont amenées à remercier leur abuseur, auquel elles vont même se dévouer corps et âme.

L'élément fondamental de ce type de mouvement sectaire est sans conteste une relation de type «maître-élève» à la fois folle et sadique. Il est bien probable qu'à l'instar des relations perverses étudiées au sein du couple, elle soit une forme de réactualisation d'une ancienne relation abusive, chacun des protagonistes se répartissant les rôles d'abuseur ou d'abusé. Ici encore, les paradoxes sont omniprésents: le maître ne s'emploiera à aider ses disciples à «se libérer» d'une quelconque emprise que pour mieux asseoir la sienne. Les adhérents se déclareront toujours «librement engagés» alors même que tous leurs faits et gestes sont constamment surveillés ou jaugés par leurs congénères. Leur mégalomanie d'initiés s'y trouvera sans cesse exaltée, dans le même temps que leur estime d'eux-mêmes sera de plus en plus dévalorisée par l'impossibilité d'atteindre l'idéal proposé.

2. Les institutions perverses

Les organisations à dynamique perverse sont toujours dirigées par un «noyau pervers», pour reprendre la judicieuse expression de P.-C. Racamier. Ce noyau pervers s'est souvent développé en leur sein, et la métaphore d'un cancer est souvent réapparue à son sujet.

C'est en effet par un grand éventail de méthodes différentes, mais toujours dirigées vers le même but, que ces intrigants assoient leur pouvoir sur les autres et conduisent, en dernière analyse, l'institution qu'ils dirigent vers sa destruc-

---

mienne». Les slogans issus de telles dynamiques témoignent en général de cette perversion, tel celui qui amalgamerait un parti politique à un club de football.

tion. Si nous gardons en mémoire les mécanismes décrits au niveau des individus, nous pouvons considérer par analogie que ces dirigeants pervers vont s'efforcer par tous les moyens de s'attaquer aux *relations* entre leurs employés. Ils vont s'efforcer, pour cela, de les monter les uns contre les autres. Des avantages vont être promis (plutôt que réellement concédés) aux uns pour exciter la jalousie des autres. Des comparaisons vont être instillées pour susciter l'envie. Un climat paranoïde va être fomenté, chacun devenant le rival ou l'ennemi de l'autre. Les dirigeants pervers, loin de s'efforcer d'aplanir ou de résoudre les conflits inhérents à tout groupement humain, vont au contraire s'employer à les amplifier, eux-mêmes se posant, comme dans les familles, toujours à l'extérieur du désastre relationnel qu'ils déclenchent; éventuellement même s'instituant en dirigeants mandatés pour résoudre le conflit, «mettre de l'ordre», etc. En effet, c'est toujours le *paradoxe* que nous retrouvons et qui règne en maître dans les interactions perverses. Conformément au mépris que le pervers a pour les mots (ce que certains patients appelaient le «bla-bla»), les dirigeants pervers disent toujours le contraire de ce qu'ils font: ils prétendent vouloir le bien des pauvres, répartir mieux les richesses, gérer plus efficacement les affaires, punir les escrocs, faire des économies. En réalité, ils n'énoncent ces slogans que pour leur vertu séductrice, voire comme incantation socialement hypnotique, et surtout pour la légitimité qu'ils s'accordent à eux-mêmes.

La haine des structures que nous avons vue à l'œuvre dans le discrédit jeté sur le mariage par exemple se retrouve dans ces institutions: toutes les identités sont compromises, et chaque employé se trouve affecté à des tâches qui ne ressortissent pas tout à fait à des fonctions pour lesquelles il a été engagé. Cet engagement sera d'ailleurs souvent le fait du prince. De plus, le prince se mettra au-dessus des règlements et, se décrétant seul juge de l'aptitude des candidats, les engagera de façon qu'ils lui en soient redevables. La dynamique est en effet celle d'une compromission des victimes dans le système, qui les paralysera dans leurs éventuelles velléités de récrimination. En détruisant les règles hiérarchiques, les rôles et fonctions spécifiques à chaque corps de métier, les dirigeants pervers tentent de réaliser leur vœu de destruction des différences des générations ou des sexes. Au contraire, ce seront l'indifférenciation, l'ambiguïté qui vont être favorisées, chacun ne sachant par exemple pas très bien ni quelle est la tâche qu'il est censé effectuer, ni celle des autres employés. Les collègues seront assimilés à des amis. Pire, ce sera peut-être à chaque employé que sera demandé de «justifier» son travail, exactement comme les parents pervers qui s'extraient de toute responsabilité procréatrice pour, par la suite, attendre de l'enfant qu'il justifie son existence.

3. Mafia

Mais c'est en ce qui concerne les aspects socio-politiques que les développements des mécanismes de la perversion relationnelle nous paraissent les plus redoutables. Nous souhaitons illustrer l'adéquation de notre analyse à ces niveaux conceptuels. Pour ce faire, nous avons choisi en premier lieu l'exemple d'une association notoirement perverse, la Mafia, qui commence depuis quelques années à être de mieux en mieux démasquée et à faire l'objet d'études. L'une d'elles, très touchante, est la biographie du général dalla Chiesa, faite par son propre fils, Nando (dalla Chiesa 1984). C'est elle qui va nous servir de fil conducteur pour examiner certaines convergences entre ce domaine socio-politique particulier et nos réflexions cliniques.

La Mafia se compare elle-même à une grande famille. Nous ajouterions perverse. En effet, dans l'une comme dans l'autre, ce sont la peur, l'intimidation, la manipulation, les pseudo-secrets qui dirigent les échanges entre les membres. La loi du silence qui régnait jusqu'il y a peu en son sein était tout à fait l'équivalent des formes à peine moins conscientes qui ligotaient les victimes d'abuseurs. Mais les mécanismes d'inversion que nous avons notés au niveau microsocial prennent ici une envergure d'un autre ordre: c'est à l'Etat tout entier, à ses lois, et par là au statut de citoyen, bref à l'équilibre de tout un pays, que la Mafia s'en prend. Alors que c'est elle qui occupe notoirement une place de parasite entre le citoyen et l'Etat, elle inverse les rôles et se prétend protectrice des citoyens contre l'Etat. Plutôt que «parasite», nous pourrions là encore évoquer la métaphore du cancer qui rongerait cette fois non plus une seule institution, mais toute une société, de l'intérieur.

En 1982, le général dalla Chiesa qui venait de remporter des succès contre les Brigades rouges (cf. chapitre sur les sectes) est mandaté pour exercer ses talents à ce nouvel échelon de criminalité organisée. Avec un rare courage, il commence par affronter leur stratégie numéro un, l'intimidation:

> «La mafia repose sur la *peur*. L'*Omertà*, la loi du silence, repose sur la peur. Mon père était convaincu que le règne de la mafia ne correspondait pas à un réel consensus de la part des Siciliens. Pour lui, les habitants de l'île n'étaient pas tous des mafiosi contrairement à ce que pensent (et espèrent) en réalité la plupart de ceux qui le nient à grand renfort de rhétorique. Vaincre la peur aurait constitué un pas en avant d'une importance extrême, mais c'était bien la seule chose qu'il n'aurait jamais obtenue par des discours. (...) Il choisit de donner l'exemple alors qu'il se savait le plus exposé de tous. Il commença le premier jour en arrivant à la préfecture en taxi. Il prit l'autobus à plusieurs occasions. Un matin, il se présenta seul à sept heures au marché aux poissons, quartier général de la mafia, pour montrer aux mafiosi qu'il ne les craignait pas mais surtout pour montrer aux gens qu'il ne craignait pas les mafiosi. Ce geste n'avait rien d'improvisé.»

Cette dernière phrase témoigne, si besoin était, que c'est donc bien la force de la pensée qui dirigeait le général, et en aucune façon une prétention mégalomaniaque d'anéantir, à lui tout seul, la Mafia.

Il s'efforce ensuite de dénoncer les inversions manipulatrices et cherche à faire resurgir les vestiges de dignité enfouis sous cette peur ou d'autres formes de compromission:

> «Cette approche s'exprima de manière particulièrement originale dans son discours du début mai à la fête des Maîtres du travail: «S'il est vrai qu'il existe un pouvoir, ce pouvoir appartient exclusivement à l'Etat, à ses institutions, aux lois; nous ne pouvons déléguer plus longtemps ce pouvoir à des prévaricateurs, des despotes ou des personnes malhonnêtes. Dans notre vocabulaire, le pouvoir est parfois un nom mais aussi un verbe (...) Pouvoir, je l'ai entendu prononcer ce verbe. Eh bien! J'y suis sensible et je veux le promouvoir sous toutes ses formes ou au moins dans les expressions qui me viennent le plus spontanément à l'esprit: pouvoir vivre ensemble, pouvoir être tranquille, pouvoir regarder ses interlocuteurs en face sans avoir à baisser les yeux, pouvoir rire, pouvoir parler, pouvoir écouter, pouvoir regarder en face nos enfants et nos petits-enfants sans avoir l'impression d'avoir quelque chose à nous repro-

> cher, se tourner vers les jeunes pour leur transmettre une vie faite de sacrifices et de renoncement certes mais une vie honnête, pouvoir se sentir tous unis dans une vie commune, une société faite de beaucoup de choses merveilleuses mais avant tout de travail, du travail d'une multitude d'ouvriers, d'employés, de dirigeants d'entreprise qui ici, aujourd'hui (...) représentent les coins les plus reculés de cette Sicile qui veut se purifier, s'assainir, qui veut être défendue, qui veut progresser, qui ne veut pas rester victime de qui prévarique, de qui se sert du pouvoir pour assurer sa propre fortune. Il faut que tous, coude à coude, nous nous sentions unis, car même ceux qui sont animés par un réel enthousiasme, ceux qui croient comme celui qui vous parle, même ceux-là ont besoin d'être soutenus, d'être aidés, d'avoir le sentiment de vivre parmi d'autres qui croient en la même chose, car c'est ainsi que nous pourrons atteindre le but tant espéré: la tranquillité, la sérénité.»

Chaque point énoncé est important: outre la logique démocratique réaffirmée contre l'inversion perverse, il y a l'appel à la dignité, la capacité, la volonté; mais surtout à la vie, individuelle, familiale, sociale, aux échanges, à la communication, à la relation; aux projets communs qui unissent libidinalement un groupe, un peuple. Enfin, son appel à la solidarité nous interpelle particulièrement. Celle-ci nous semble en effet indispensable à ceux qui prétendent s'opposer à ce type d'emprise terroriste – mais aussi entre thérapeutes engagés, à leur niveau, dans un sens analogue.

> «Nous ne devons pas nous mettre à genoux car nous possédons tous des cerveaux et des valeurs spirituelles. Revaloriser et défendre les uns et les autres signifie ne pas nous priver des seuls instruments qui puissent nous permettre de rester vraiment maîtres de notre destin. Moi, je dis à tous ces jeunes, ne vous laissez pas phagocyter par les voleurs du système, par ceux qui fondent leur richesse sur votre mort. Contestez le système de ceux qui vous privent d'oxygène pour en tirer titre et prestige.»

Dalla Chiesa a parfaitement compris que c'est bien la mort des autres qui est le moteur de l'entreprise perverse, et c'est cela qu'il dénonce avec une rare clairvoyance.

Les pervers jouent sur les mots, avions-nous relevé dans nos observations cliniques, lorsqu'ils les tordaient jusqu'à leur faire dire le contraire de leur sens (par ex. «ma femme est très altruiste», p. 51). En outre, la violence, les stratagèmes ne doivent pas être énoncés clairement, sous peine de perdre leur pouvoir mortifère. Ici, nous retrouvons un jeu analogue avec l'esquive du mot Mafia:

> «Puis Nello Martellucci donna une interview à *La Repubblica* elle-même et une à la RAI qui restera dans les annales de la culture de la mafia. Les deux fois, le maire affirmait qu'à Palerme la mafia n'existait pratiquement pas, que c'était une forme de criminalité comme une autre. *«Mafia, mafia... comme les gens parlent vite...»*, s'exclamait-il dans *La Repubblica* du 14 août. Il s'efforçait de ne pas employer le mot, parlait de *«mal obscur»*, de *«chancre maléfique.»*

Pour se défendre, le pervers a souvent recours à la disqualification de celui qui le dénonce. Il lui attribue ses propres motivations. Ce faisant, toutefois, il se dévoile souvent à son insu et met au jour son propre fonctionnement.

A noter dans ce livre l'usage des véritables noms propres de certaines personnes (comme celui d'Andreotti, déjà en 1984!). Le secret professionnel, la simple discrétion ne sont en effet probablement plus de mise de la même façon lorsqu'on est confronté à des pervers qui ne se privent pas de l'utiliser, eux, pour mettre en acte leur perversion en toute impunité. Ces réflexions devraient être poursuivies dans notre champ médical.

Après l'assassinat de son père, Nando, a poursuivi la lutte contre le travestissement de la réalité par la Mafia qui utilisait le pouvoir qu'elle avait sur la presse. Dès lors, à son tour, il se transforme en cible:

> «J'avais sous les yeux un tableau incroyablement clair des réactions d'une société à une infraction non prévue par ses règles du jeu. Ses règles tacites, bien entendu, car si on s'en était tenu aux règles écrites, ce sont les assassins qui auraient commis l'infraction. Or dans les faits il apparaissait que c'était moi qui l'avais commise. J'étais l'élément pathologique. (...) L'accusation qu'on porte contre moi fut, comme on pouvait s'y attendre, de faire de basses spéculations politiques.»

La presse falsifie aussi les faits, dénature les motivations:

> «En parfait accord avec ce que l'on vociférait à Palerme (Martellucci en arriva même à soutenir en privé que le général Dalla Chiesa «s'était suicidé»), *Il Giorno* lança le premier éditorial à résonance nationale sur la thèse de l'imprudence... Finie la glorification. Ce qu'il fallait c'était détruire moralement leur image [des vic-

times], surtout si elles étaient susceptibles de devenir un point de référence pour des mouvements d'opinion.»

Les attaques, à la fois directes et tortueuses, pointent sur la personne du général (et non sur ses idées):

> «... dans Il Giorno, avec le récit des funérailles de Milan... : le généralissime ne m'avait jamais été sympathique jusqu'à ce que l'autre jour, je lise qu'à sa voiture blindée et à l'odeur de fer des mitraillettes de son escorte, il préférait la petite voiture et le parfum de sa très jeune femme. S'il était amoureux, c'est qu'il devait être non seulement un général mais aussi un homme.»

Cette citation est écœurante à plusieurs titres: sous la forme d'un compliment, il y a la disqualification brute. Chaque mot est perfide et utilisé à l'encontre de son sens premier. Une telle accumulation tend à induire un sentiment de découragement et d'abdication chez un interlocuteur au départ lucide.

La Mafia ne s'arrête à aucune limite logique dans ses procédés d'inversion, et c'est à juste titre que l'auteur pointe la finalité de leur manipulation médiatique: elle vise à rendre son père «coupable d'avoir été tué».

Les attaques se réitèrent contre lui comme contre son père, avec les mêmes armes. Lui aussi se voit accusé d'avoir des motivations autres que celles qu'il expose: ce serait pour lui l'amour du vedettariat. L'auteur a bien compris que cette insulte trahit en fait le coupable:

> «Vous voulez «profiter» de la mort de votre père, vous élever sur son cadavre. Il faudrait que cette accusation marque désormais du sceau de l'infamie tous ceux qui la profèrent. L'expérience montre que la plupart du temps, ceux qui accusent les autres d'amour du vedettariat sont précisément ceux qui vendraient père et mère pour un fauteuil au parlement, une chaire ou une poignée de dollars...»

La démocratie, comme peut-être à d'autres niveaux d'autres organisations avec un fonctionnement similaire, semble une proie facile pour ces prédateurs. Nando dalla Chiesa l'observe sur le terrain:

> «La première chose était qu'au-delà d'un manque d'intérêt pour le thème, la culture démocratique n'était absolument pas armée pour lutter contre celle de la mafia et ses manifestations, même médiates, puisqu'elle était parfaitement incapable d'en déchiffrer les signes, les motivations et surtout la prodigieuse aptitude à revêtir les oripeaux de la culture démocratique.»

Enfin, des perspectives sont tracées, pour lutter contre ou prévenir la diffusion de la culture mafieuse. Nous ne pouvons manquer de nous sentir interpellés:

> «Je ne crois pas me montrer traditionaliste en disant que l'usage pervers que la mafia fait de la famille peut être renversé. Utilisons la famille contre la mafia. (...) Si l'on éduque un jeune à la vérité et à la liberté, il ne deviendra jamais un mafioso. Il appellera un chat un chat, il dira mafia et pouvoir criminel et non pouvoir occulte, il dénoncera les personnes visiblement compromises et ne parlera pas de personnes au-dessus de tout soupçon.»

Encore une fois, c'est la parole libre qui est l'ennemi de la perversion. Cette liberté doit être encouragée, protégée car, comme dit Nando dalla Chiesa,

> «aujourd'hui, c'est l'Etat libéral et démocratique, conquête de l'humanité et non aimable cadeau de certains, qui se trouve attaqué de front et doit être défendu».

Nous verrons ci-dessous ce qu'il en advient lorsque les citoyens ne sont pas à même de le faire.

4. Perversion et politique

L'exemple de l'URSS

Différentes formes étatisées de perversion ont été décrites et dénoncées, après qu'elles furent malheureusement entrées en pratique, semant des désastres innommables dans les populations victimes. Ainsi en est-il bien sûr des régimes totalitaires, et particulièrement de ceux dont la barbarie a été, ou malheureusement est encore, évidente: le nazisme hitlérien, le fascisme mussolinien, le régime communiste soviétique ou chinois. Nous y retrouvons un grand nombre de caractéristiques rencontrées au niveau microsocial dans les consultations avec nos couples: le renversement des valeurs, le mal valorisé sous bannière idéologique, le bien tenu en suspicion. Ces inversions participent d'une stratégie de déstabilisation très concertée et construite, orchestrée par des pervers manipulateurs habiles.

Nous aimerions maintenant, dans une démarche à la fois prudente mais délibérée, examiner dans quelle mesure les concepts issus de la clinique des pervers trouvent un écho démesurément amplifié dans le domaine très vaste de certaines dérives politiques avérées, telles que celle du communisme ou, plus loin encore, celle de l'horreur utopique de l'Etat de *1984* d'Orwell.

Pour ce faire, nous avons choisi d'aborder ces sujets à travers un ouvrage de référence. En ce qui concerne le communisme, nous nous sommes appuyés sur le livre de Françoise Thom *Les fins du communisme* (Thom 1995). Nous en citerons de larges extraits, regroupés selon certains thèmes, que nous tenterons de mettre en rapport avec nos découvertes cliniques.

Généralités sur la compréhension de la dynamique perverse de l'URSS

(Page 14): «Lorsqu'on cherche à localiser le coup initial porté au communisme, la blessure première dont il ne se remet pas, on s'aperçoit qu'il faut remonter toujours plus haut.»

Constatation assez répandue en sciences humaines, mais qui évoque néanmoins les filiations transgénérationnelles des tableaux cliniques pervers. L'auteur poursuit en évoquant les nombreux drames qui furent étouffés par le pouvoir soviétique.

«Toutes ces failles successives semblent colmatées par le temps: mais le grand déballage de la glasnost montre que rien n'avait été véritablement oublié, qu'aucune blessure ne s'était cicatrisée.»

Là aussi, nous pourrions tenter une analogie avec les individus ou les groupes traumatisés qui, depuis lors, grâce à des répressions et des clivages, maintiennent le traumatisme à l'abri de l'épreuve du temps.

Dans ce type de système pervers, nous savons qu'un petit groupe d'individus (le «noyau pervers», dit Racamier) est à l'œuvre. F. Thom affirme ici que *«la machine étatique est animée par la volonté d'un seul homme»*.

Stratégies

Dresser les gens les uns contre les autres

Mais quelles sont les stratégies utilisées par le pouvoir pour parvenir à ses fins? F. Thom nous en livre quelques-unes qui nous parlent beaucoup:

(Page 21): «Le fait que le pouvoir réel demeurât caché n'a pas empêché l'usure des institutions, au contraire. Celles-ci sont utilisées les unes contre les autres dans la lutte pour le pouvoir. Les Soviets (organismes d'Etat) sont opposés aux comités du parti – tactique employée par Staline puis par Gorbatchev; l'accent est mis tantôt sur le gouvernement (à la fin du règne de Staline), tantôt sur le secrétariat du parti (au début du règne de Khrouchtchev). Le pouvoir personnel masque mal un chaos sous-jacent que le grand leader peut faire surgir à sa guise dans des opérations de type «révolution culturelle», lorsqu'il s'agit d'effrayer les cadres ou de relâcher la tension accumulée dans la société. L'oppression communiste ne s'exerce pas seulement par la tyrannie, elle repose tout autant sur *le désordre qui force les citoyens de se heurter les uns aux autres dans les multiples conflits* dont est faite l'existence socialiste. Les compétences ne sont pas définies, les pouvoirs ne sont pas divisés, les administrations prolifèrent et légifèrent à tour de bras.»

Nous retrouvons des manœuvres familières: la division des partenaires, leur mise en opposition et enfin l'utilisation du chaos ainsi engendré pour justifier encore une répression accrue*.

Plus loin, F. Thom citera plus précisément le rapport de V. Tchebrikov

«qui donne à ses hommes les consignes suivantes: «Face à ces groupes les tchékistes doivent avoir recours, à l'étape actuelle, à une méthode maintes fois éprouvée permettant de les pourrir de l'intérieur.» Cette méthode consiste:

– à introduire des dissensions idéologiques et organisationnelles dans la direction du groupe;

– à compromettre les leaders extrémistes;

– à créer une atmosphère de méfiance, d'hostilité, de suspicion mutuelle;

– à placer à la tête de ces groupes des agents sûrs et expérimentés...

---

* Nous ne pouvons nous empêcher d'associer cela avec des manœuvres actuellement en cours en Suisse, sous divers noms comme «Plan de Santé», qui mettent les médecins et les patients en rivalité (salaire de l'un amputé par les frais de l'autre), les médecins «de premier recours» étant, eux, opposés aux «spécialistes».

(...) Il y a là un vaste champ d'application de la créativité véritable et de la virtuosité tchékiste (note: Sbornik, n° 118, 1987).»

Ces citations devraient en tout cas être un argument démontrant les aspects conscients et délibérés des stratégies perverses, trop souvent mises au compte soit d'un individu aux facultés mentales aliénées, soit de circonstances socio-politiques vagues et inéluctables.

Ces manipulations des individus dévastent jusqu'aux moindres recoins des relations humaines. F. Thom le décrit admirablement:

> (Page 142): «Les sujets de l'empire communiste ont été éduqués dans la haine d'autrui (l'«ennemi de classe»). (...) La misanthropie communiste et post-communiste ... se caractérise par une vision absolument noire du genre humain. Les pires motivations sont toujours soupçonnées, on prête à autrui les instincts les plus vils.»

L'étape suivante est la culpabilisation des victimes et leur transformation en agents actifs sadiques:

> «Cette disposition s'explique par deux causes. Le citoyen d'un pays communiste a presque toujours quelque chose à se reprocher: une défaillance devant les organes, des combines peu reluisantes pour obtenir quelque avantage matériel, la participation au mensonge, la non-assistance à la victime d'une persécution, etc. Sa faute n'est supportable que dans l'abaissement général – s'il arrive à se convaincre que les autres sont encore pires que lui. Hélas, les occasions de parvenir à cette conclusion ne manquent pas: le système communiste a méthodiquement monté en épingle et cultivé les passions et les actions les plus basses, l'envie, la trahison, la fausseté, l'hypocrisie, la rapacité, la lâcheté.»

Sur le plan individuel, les patients qui auront subi un abus sexuel, par exemple, auront internalisé un sentiment de faute par le seul fait d'avoir participé à cet acte, et cette culpabilisation explique leur dévouement total ultérieur aux lois familiales.

L'auteur revient ensuite sur une des stratégies de mise en opposition des membres de la société: leur mise en rivalité pour obtenir certains biens. Nous avons rencontré ce mécanisme dans plusieurs exemples, notamment lorsqu'un parent pervers favorisait de façon évidente un des enfants au détriment des autres, stimulant ainsi pour son profit une jalousie naturelle.

> « La deuxième cause de la misanthropie communiste est liée au système de redistribution socialiste: l'État répartit des biens en déficit, et chacun perçoit l'autre comme un rival prêt à tout dans l'obtention du butin. Le dispositif de subvention universelle caractéristique du socialisme avancé fait de l'homme un loup pour l'homme. »

Là encore, des analogies pourraient être faites avec bien d'autres systèmes pervers mis en place dans nos sociétés démocratiques, où l'Etat s'arroge de plus en plus souvent ce genre de place. Et lorsque nous qualifions de pervers ce genre de mécanismes, F. Thom vient à notre rencontre en commentant:

> « La haine de soi vit au fond de chaque homo sovieticus et post-sovieticus, haine de soi qui se traduit par le désir de tuer son semblable ou de l'humilier. Le sadisme imprégnait la société soviétique de part en part, du Goulag au magasin de quartier (note: V.M. Globacev in *Druzba Narodov*, n° 1, 1993). »

Le flou

Plus loin, F. Thom décrit un mécanisme employé par Gorbatchev:

> « Il était constamment *imprévisible* dans son comportement, ce qui ne cessait de rendre chacun perplexe. On se demandait ce que Gorbatchev voulait au juste. »

Ou, plus loin, elle cite le général Atchalov:

> « C'est à moi que Gorbatchev a donné oralement l'ordre de faire intervenir la troupe à Tbilissi par l'intermédiaire de Yazov – j'en suis témoin. Mais la ruse de cet intrigant consistait à ne donner des ordres qu'oralement et ensuite de faire appel à la décence de chacun en demandant aux gens de protéger la réputation du secrétaire général... (...) On accusa l'armée, et Gorbatchev prit la tangente. (*Argumenty i Fakty*, n° 12, mars 1993). »

Ce flou entretenu sert à maintenir les victimes en perpétuel état d'incertitude, donc de vulnérabilité. Nous l'avons toujours trouvé associé à d'autres manœuvres terroristes sur les enfants qui, privés de points de repère, restaient immobilisés et rivés au parent. Nous l'avons aussi reconnu dans certains discours de patients qui jouaient de leur psychose de façon imprévisible pour tout l'entourage. Dans les discours de certains dirigeants pervers, le mécanisme est encore rendu plus perturbant par l'affirmation scandée qu'ils veulent «remettre de l'ordre».

La manipulation des idées

La manipulation des personnes passe par celle des idées. On connaît l'importance des services de propagande dans les régimes totalitaires. En URSS aussi:

> (Page 195): «La manipulation des mythes est un des éléments principaux de la lutte pour le pouvoir.»

A ce registre peuvent aussi être rattachées les falsifications de l'histoire auxquelles s'attachent régulièrement tous les tyrans dès qu'ils parviennent au pouvoir.

La compromission

Ces systèmes pervers ne fonctionnent que s'ils ont réussi à *compromettre* tous les participants, ce qui était le cas en URSS:

> (Page 23): «Les archives du KGB lituanien montrent par exemple qu'un tiers de la population de la république était impliqué dans les organes.»

Mais les victimes – de l'Etat totalitaire comme de parents abusifs – doivent également être tenues isolées (ou leurs partenaires annexés et éventuellement liés et compromis par une manipulation perverse):

> «Les organes omniprésents, la peur – justifiée – des organes maintiennent l'individu dans un état d'isolement qui rend impensable l'idée même d'une organisation indépendante du parti et de l'Etat. (...). D'autre part le régime contrôle étroitement les élites. Il a su se rallier une bonne partie d'entre elles, par la corruption et l'intimidation.»

Plusieurs éléments se prêtent à une analogie avec des systèmes réduits: le secret bien sûr, mais aussi les diverses tactiques qui font de la victime un complice (diverses formes de paiement, d'avantages, par exemple, voire même l'obtention de plaisir). L'auteur mentionne encore la rupture du lien entre les générations, l'atteinte à la pensée créatrice et finalement les deux stratégies de corruption et d'intimidation.

La violence

Mais en définitive, ici comme dans les familles, c'est bien sur la *violence* brute que repose toute cette dynamique politique perverse. L'auteur en livre de multiples exemples.

> (Page 39): «En avril 1983, Ligatchev devient responsable du secteur des cadres du Comité central; il sera chargé de la purge, non seulement des cadres du parti, mais de ceux de l'Etat et de l'économie. (Note: Inspectorat du Comité central: organisme créé par Staline. Les inspecteurs du Comité central étaient chargés de contrôler les cadres locaux et sillonnaient les pays en semant la terreur. L'inspectorat devint ensuite un dépotoir pour les incapables. V.V. Bakatine in *Vek*, n° 7, fév. 1993).»

Dans tous les systèmes pervers, depuis la Gestapo jusqu'au système maoïste, nous retrouvons les émissaires, nommés «inspecteurs» ou «commissaire», chargés de maintenir le terreur dans toute la population. Leur seule existence favorise la diffusion d'un système paranoïaque*.

Le paradoxe

Mais les stratégies sont à l'apogée de la perversité lorsqu'elles sont *paradoxales*:

> (Page 42): «Après tout la démocratie n'a rien de redoutable pourvu que l'on conserve le contrôle des masses, c'est-à-dire que l'on reste maître des media.»

Et surtout:

> «Tout le génie de Yakovlev est d'avoir déguisé en «opération

---

* En ce qui concerne l'instillation paranoïaque dans un système médical, une opération nommée «Orchidée» a été menée dans le canton de Vaud en 1995, qui comportait l'obligation pour tous les employés de l'administration de proposer des mesures d'économie (faites évidemment sur le dos de leurs collègues). Les boîtes destinées à recueillir anonymement les idées furent vite appelées «boîtes à délation». Une cohorte de gestionnaires ont été nommés, qui en réalité ont un pouvoir décisionnel dans le champ médical. En outre, les médecins sont de plus en plus dévoyés de leur fonction soignante au profit d'une sorte de mot d'ordre «économique».

vérité» ce qui n'était qu'une astucieuse entreprise de manipulation totale des consciences.»*

Tous les dirigeants pervers ont régulièrement fait exactement le contraire de ce qu'ils prétendaient faire (l'ordre, rétablir la morale, faire des économies, etc.). Les pères incestueux sont connus pour se montrer très sourcilleux sur le thème de la morale sexuelle.

Un autre exemple de paradoxe nous est fourni plus loin:

(Pages 153 et 154): «Le régime totalitaire se caractérisait par un foisonnement d'organismes et d'administrations parallèles aux compétences mal définies. Ceci lui permettait de se livrer à son occupation favorite: la réforme, qui consistait tantôt à regrouper des administrations, des ministères, des unités de production, etc., sous couleur de rationalisation et de «lutte contre la bureaucratie», tantôt à les dissocier sous couleur de décentralisation et une fois encore, de «lutte contre la bureaucratie». Chacune de ces opérations se soldait d'ailleurs immanquablement par un résultat identique: le gonflement de l'appareil bureaucratique.»

Là encore, une analogie avec certains mécanismes à l'œuvre actuellement dans nos sociétés démocratiques est légitime.

«Tous gestionnaires»

L'auteur analyse certains traits intéressants des manipulations politiques, certainement applicables à d'autres systèmes que celui de l'ancienne URSS, peut-être plus proches de nous. Ainsi décrit-elle la *mainmise de l'administration* sur le politique:

«C'était certainement le projet des apparatchiks perestroïkistes: transformer l'élite dirigeante du PCUS en une caste de gestionnaires; rendre la société à son apolitisme pré-perestroïkiste, en distillant l'idéologie des «valeurs humaines communes», des «droits de l'homme», qui bloquent la différenciation politique et donc la cristallisation d'une opposition (Note: Les socialistes occidentaux espèrent survivre au naufrage de leur idéologie exactement de la même manière).»

---

* Telle celle qui aboutirait (cf. «HMO») à donner une connotation sociale *positive* à tel médecin qui, lié par un contrat pervers, renoncerait à prescrire une cure pour préserver ses propres intérêts financiers.

Nous ajouterions que, malheureusement, les tenants de la droite aussi!

«(...) Gorbatchev répète à l'envi que «nous sommes tous du même côté des barricades», «dans la même barque...»

L'administration, la gestion sont des activités qui se situent dans un registre sadique-anal qui a souvent été mis en rapport avec la perversion de par ses aspects indifférenciés, communs aux deux sexes. Elles semblent des terrains de choix de nivellement et de manipulation sociaux*.

En outre, l'auteur analyse très judicieusement comment un slogan «unitaire» peut paralyser la dialectique démocratique. Ce type de slogans démagogiques a, lui aussi, certainement cours dans bien des sociétés occidentales actuelles. (Une forme dérivée pourrait en être ce qu'on appelle maintenant la «pensée unique», érigeant la productivité et la «consommation» au rang de religion des sociétés occidentales et dont les grands prêtres seraient des «pervertocrates».)

La loi bafouée

Le thème de la loi bafouée, volontairement déniée, a traversé toutes nos réflexions cliniques. Nous le retrouvons ici à l'échelle macrosociale:

(Page 146): «... la carence essentielle héritée de l'ordre totalitaire, la carence en droit. Celle-ci présente les symptômes suivants:

- les lois ne sont pas véritablement des lois (elles ne sont pas prescriptives, elles ne sont pas impartialement appliquées, elles sont confuses ou ambiguës dans leur formulation);

- *les lois ne sont pas appliquées;*

- *les lois ne sont pas appliquées à certaines catégories de transgresseurs (l'Etat/Parti et ses représentants);*

- *les lois sont appliquées à ceux qui ne les transgressent pas;*

- *le droit ne s'étend qu'à des domaines étroits de l'existence sociale (les systèmes totalitaires ignorent pratiquement le droit civil, le*

---

* Ainsi constatons-nous actuellement des pressions qui tendent à obliger les médecins à étendre sans cesse leurs activités bureaucratiques au détriment de l'exercice même de leur profession.

> *droit administratif, commercial, etc.).* (Note: V. Roger Scruton, «Totalitarianism and the Rule of Law», *in* E.F. Paul, *Totalitarism at the Crossroads*, Londres, 1990.) *Dans les sociétés totalitaires, les conflits ne peuvent pas être résolus par le droit, seuls comptent les rapports de force.*»

Nous ne pouvons que constater les analogies évidentes entre la loi au sein de certaines familles perverses et dans un tel Etat.

Ce délabrement du système juridique laisse le pays dans un état dramatique:

> (Page 221): «Aujourd'hui, les contrées post-soviétiques évoquent de manière saisissante l'état de nature décrit par Hobbes: «Il n'y a pas de place pour l'industrie, parce que ses résultats sont incertains; et en conséquence, pas de culture de la terre... Pas de calcul du temps; pas d'arts et lettres; pas de société; et le pire de tout, une crainte continuelle et le risque d'une mort violente; et l'existence de l'homme, solitaire, misérable, pénible, bestiale et brève... Aucune loi ne peut être promulguée tant qu'il n'y a pas d'accord sur le législateur... C'est la guerre de tous contre tous. Les notions de bien et de mal, de juste et d'injuste n'ont pas de place...»

Après qu'elle eut décrit la réduction du psychisme collectif à une sorte de terre brûlée, on n'est guère surpris de trouver sous la plume de F. Thom un excursus dans la morale, la loi véritablement visée par les pervers étant en effet la loi fondamentale du bien et du mal.

L'attaque des liens

En bonne dynamique perverse, la dynamique totalitaire communiste se devait de perturber les liens. Non seulement sur un plan intrapsychique, mais aussi sur celui, plus manifeste, de la cohésion au sein de la société ou même de certains gouvernements. Ainsi

> (Page 175): «On a la surprise de voir Eltsine, alors chef de gouvernement, s'attaquer à son propre gouvernement et le critiquer. La notion de solidarité gouvernementale est inconnue...»

A l'inverse, toute issue de ce type de dynamique nécessite une restauration des liens interhumains:

> (Page 223): «Au sortir du communisme, il faut avant tout réconcilier les hommes avec l'existence de leur prochain, en leur faisant

voir que celle-ci peut être autre chose qu'une dangereuse concurrence dans l'obtention de biens rares.»

Par analogie avec notre clinique, nous dirions que cette réconciliation aboutissant à la restauration des relations en général et du transfert en particulier constitue le cœur de notre travail thérapeutique.

L'Etat-Mafia

La Mafia peut être considérée comme une sorte de caricature d'Etat, ou plutôt d'anti-Etat. Structure foncièrement parasitaire, elle ne se légitime que de la violence et de l'enrichissement amoral. Dans une certaine mesure, on n'est donc pas surpris de trouver l'Etat postcommuniste confronté de plein fouet à ce type de perversion, jusque dans ses rouages les plus intimes.

(Page 183): «Les rebondissements du «combat des chefs» mettent en lumière les deux traits caractéristiques de la vie politique postsoviétique hérités du passé communiste: l'influence prédominante des procédés tchékistes dans les formes de la lutte politique (recours à la délation, aux provocations, aux coups tordus, à la manipulation) et l'analogie croissante de la classe politique avec le monde de la pègre. Les nouveaux dirigeants ressemblent davantage à des «parrains» qu'à des hommes d'Etat. (...) Comme l'observait Rauschning à propos de l'hitlérisme, «le principe du «chef», et de sa «bande» supprime toute possibilité de constituer un Etat.»

Ou, plus loin:

(Page 220): «A l'heure qu'il est, nous voyons une société déstructurée peuplée d'individus déstructurés, une société d'assistés et de gangsters...,»

Chacun en tirera les analogies qu'il veut avec la situation actuelle.

Le mépris et la mégalomanie

Un autre thème récurrent chez les pervers est leur self grandiose, leurs propres sentiments d'insuffisance étant projetés et infligés à leur entourage. Une fois encore, la description détaillée des propos tenus par certains politiciens russes corrobore l'analogie avec la description clinique:

(Pages 169 à 171): «Les «nouveaux démocrates» méprisent le peuple qu'ils sont censés représenter. L'économiste Abalkine déplorait qu'«on ne pût pas importer un peuple»; V. Iliouchine, responsable du secrétariat de l'administration de Eltsine, déclare d'un ton résigné: «Il faut faire avec le matériel anthropologique dont nous disposons». «Notre peuple avalera n'importe quoi... Nous vivons au pays des sots», se plaint You. Sedykh-Bondarenko, vice-président de feu le Mossoviet (*NG*, 17/03/92). Petr Aven, un des «réformateurs» en vue du gouvernement Gaïdar, estime que «Gaïdar parle très bien... mais pour la population ce qu'il dit est trop intelligent.»

Conséquences

Quelles sont les conséquences fonctionnelles de la perversion d'un grand groupe? L'auteur nous en livre un premier aperçu:

> «Les décisions les plus infimes sont renvoyées vers le haut. Lorsqu'on prend connaissance de la correspondance de Lénine, on est frappé des vétilles sur lesquelles le chef de l'Etat bolchevik était forcé de se pencher. Cette propension du système à ignorer la délégation, à se soustraire à la décision en la renvoyant plus haut, en s'en remettant à la volonté d'un seul homme, lui coûtera finalement la vie.»

Nous retrouvons le thème si spécifique du «refus de responsabilité» propre aux pervers, qui comprend non seulement ce sentiment de «déresponsabilisation» par rapport à leurs actes, mais aussi leur absence de culpabilité.

L'auteur pointe aussi la bêtise foncière intrinsèque à tout système pervers:

> «La circulation des idées est réduite, la qualité des idées en circulation s'en ressent puisque chacun est obligé de réinventer la bicyclette. Le fait que chaque génération soit forcée de repartir à zéro car les parents n'osent pas transmettre leur expérience à leurs enfants contribue aussi à la stagnation générale.»

Ici encore, ce serait un tort de croire que nos sociétés en sont indemnes.

Un tel système contamine tous les rouages sociaux, même au plus haut niveau, comme en témoigne Ryjkov, qui

> «décrit le climat régnant à cette époque: «L'atmosphère dans le pays était absolument étouffante: on avait l'impression qu'un peu plus et c'était la mort... On vivait comme si chaque jour était le dernier. Le travail était bâclé, on se saoulait jusqu'à l'abrutisse-

ment, on volait tant et plus, on donnait et on recevait des pots-de-vin, on mentait du haut des tribunes et on s'enivrait de mensonges (...) La situation était vraiment effrayante.»

Au-delà des ravages humains épouvantables, à la fois auto- et hétérodestructifs, le mensonge est mentionné ici; thème typiquement pervers, avec le leurre, la falsification ou la mystification. Plus loin:

(Page 169): «Les gouvernements craignent et sous-estiment leurs sujets, les gouvernés considèrent – généralement à juste titre – leurs dirigeants comme des escrocs et des opportunistes assoiffés de pouvoir et de biens mal acquis. (...) dans la foire d'empoigne post-communiste même l'hypocrisie n'a plus cours.»

On ne peut qu'être saisi d'horreur devant la diffusion destructrice de ces fonctionnements pervers.

Perversion et psychose politique

L'analogie entre systèmes microsociaux et macrosociaux peut même être poussée sur les rapports complexes entre perversion et psychose qui nous ont maintes fois interrogés:

(Page 32): «La priorité donnée à l'opinion, c'est-à-dire à la manipulation des consciences, au détriment d'une réforme intelligente de l'ordre réel des choses suffit à elle seule à expliquer le fiasco du gorbatchévisme, sa fin piteuse dans l'auto-incantation et l'incontinence verbale. (Note: dont un proche de Gorbatchev, Andreï Gratchev, nous fait un tableau saisissant dans son livre apologétique, *L'Histoire vraie de la fin de l'URSS*, Editions du Rocher, 1992.) Durant les derniers jours de son règne, après son retour de Foros, Gorbatchev ne sera préoccupé que des media et de l'opinion internationale, perdant la bataille pour le pouvoir car il a choisi le mauvais terrain pour mener la lutte. (...) En cela Gorbatchev est un pur socialiste - son rapport au réel est un rapport de négation, comme pour tout socialiste: négation qui se traduit soit par la destruction, soit par la fuite dans la surréalité idéologique ou médiatique.»

Ce récit reprend le thème de la distanciation progressive de la réalité qu'aurait connue le communisme avec, vers la fin de son existence, une véritable schizophrénie entre une vérité officielle à laquelle plus personne ne croyait, et une vérité concrète qui ne devait, elle, jamais être clairement formulée. Nous retrouverons ce thème dans son aboutissement schizo-pervers, le «double-think», dans le commentaire de *1984*.

Les issues

Quelles sont les issues de tels systèmes? Dans les familles, nous avons rencontré jusqu'ici plusieurs scénarios: parfois une forme d'«implosion», qui scelle souvent la mise à nu des mécanismes d'emprise (et éventuel suicide du parent pervers); mais parfois aussi une forme d'issue progressive avec clivage de la famille en une partie saine et une partie perverse.

Au niveau des gouvernements qui prétendent s'extraire de telles dynamiques, c'est principalement de leur droiture que les dirigeants post-pervers doivent faire la preuve. Les citoyens échaudés par de tels gouvernants ont compris que leurs désirs étaient systématiquement exploités contre eux, alors que le dirigeant se gardait bien, lui, de s'exposer. C'est ainsi qu'on en arrive à l'idée que le dirigeant doit avoir des désirs propres, personnels, dont il fait part au peuple et en fonction desquels il est ou non élu.

> (Page 191): «Les sociétés post-communistes qui ont une piètre idée d'elles-mêmes (...) accepteraient un pouvoir personnel, à condition justement que ce pouvoir se pose comme non représentatif; et comme source de droit, un droit qui serait une rupture avec les usages pervers de la période totalitaire.»

Racamier a décrit les transformations époustouflantes que connaissent des institutions débarrassées de leurs prédateurs (Racamier 1992*a*). Nous avons été interloqués de retrouver chez F. Thom une narration si semblable, transposée à un niveau presque continental, lorsque les républiques annexées par la Russie ont, en 1993, recouvré leur autonomie. L'auteur décrit le début du processus, qui met en œuvre des mouvements de différenciation:

> (Page 56): «Dans la société totalitaire «geléeiforme», les Fronts populaires introduisent un début de différenciation – peu importe s'il est largement fictif au début. Une brèche s'ouvre, des camps politiques se forment. Dans les républiques, le sentiment national longtemps réprimé s'est engouffré dans la brèche et il a conféré une réalité tangible pour tous à une différenciation autrement difficilement saisissable: la décolonisation était autrement concrète et autrement attirante que l'obscur et suspect «soutien à la perestroika».
> (...) Surtout, le silence de tant d'années fut rompu, les bouches s'ouvrirent: les parents, les grands-parents racontèrent à leurs enfants ce qu'ils avaient enduré sous le régime soviétique, des jeunes

apprirent que leurs aïeux avaient été déportés en Sibérie, que leurs parents avaient maille à partir avec le KGB. Le *lien entre les générations** se reconstitua en un jour, le non-dit qui pesait sur les familles s'évanouit. Les premiers discours du futur président lituanien Landsbergis eurent un effet foudroyant «parce qu'il ne mentait pas... C'était comme s'il nous avait appris à dire «maman.» (Note: Récit du député lituanien E. Zingeris.) «Aujourd'hui nous avons remporté une grande victoire. Nous avons vaincu la peur», déclara le président Landsbergis le matin du 13 janvier 1991 après la nuit tragique de Vilnius.»

Comment ne pas être saisi et touché par cette évocation dont le bonheur décrit, a contrario, les horreurs vécues dans le régime totalitaire? Nous y lisons l'accès retrouvé à la parole, à la pensée, à la vérité, au lien interhumain et intrafamilial et, finalement, la sortie de la peur.

Mais au-delà d'une simple dynamique façonnant les échanges entre les individus, c'est aux grands concepts de la morale ou de la politique que nous confrontent ces systèmes. Et F. Thom ne s'y trompe pas lorsqu'elle engage les démocraties à mieux comprendre les systèmes totalitaires, afin de mieux savoir s'en préserver:

(Page 224): «L'expérience totalitaire ne peut être pensée qu'à la lumière convergente de ces trois disciplines. Elle rappelle le lien entre vérité et liberté, elle réintroduit le jugement sur le bien et le mal, elle relance la réflexion sur le droit naturel, l'interrogation tocquevillienne sur la démocratie.»

Conclusion

Encore une fois, nous ne prétendons pas utiliser une sorte de grille qui expliquerait les phénomènes historiques, mais nous pensons qu'une lumière peut y être apportée à partir des mécanismes cliniques de la perversion analysés précédemment. A l'inverse, tout ce que nous venons de découvrir sous la plume de F. Thom ne peut manquer de nous interpeller en tant qu'aboutissement grandiose et désastreux des mécanismes pervers.

---

* Souligné par nous.

1984 d'Orwell ou l'apothéose de l'Etat pervers

Depuis sa parution, l'ouvrage d'Orwell n'a cessé de prendre de l'importance. Véritable bible des anciens dissidents soviétiques, elle pourrait bien nous concerner malgré sa date dépassée. Alain Besançon en a fait un commentaire qui nous a paru particulièrement lumineux et proche de notre perception de la perversion: *La falsification du Bien: Soloviev et Orwell* (Besançon 1985). Cet ouvrage nous apparaît comme une démonstration qui prolonge nos tentatives de rapprocher les mécanismes de la perversion familiale et sociale. Ici nous nous trouvons dans une utopie où la mainmise de l'Etat et la perversion sur l'individu paraissent poussées à leur paroxysme.

Selon A. Besancon, seuls deux auteurs, l'un Russe (Soloviev), l'autre Anglais (Orwell), sont parvenus à décrire le mal, tout au moins dans son incarnation sociale que nous appelons quant à nous l'Etat pervers.

(Page 14): «Ce mal dont ils avaient une si vive intuition, ils l'ont regardé en face, sans céder à la peur ni au dégoût, et sans complaisance. Tout en le scrutant et en l'expliquant, ils le regardaient avec l'étonnement d'un enfant, en gardant un cœur pur.»

Besançon rend d'ailleurs justice à ceux qui ont l'ambition de s'attaquer à une telle tâche:

(Page 14): «... *Le soleil ni la mort ne se laissent regarder fixement.»* Le mal encore moins. Soloviev et Orwell sont morts encore jeunes, après les avoir écrits, peut-être de les avoir écrits.»

Voyons dans le détail quelles sont ces convergences si étonnantes entre nos observations cliniques et les considérations philosophico-politiques de Besançon. Il analyse tout d'abord les différents stratagèmes utilisés par un pouvoir totalitaire. Orwell, selon lui, avait bien compris que ce mal était une force active dont la principale violence n'était pas la brutalité nue mais bien davantage une forme plus subtile de perversion de l'être. Il cite notamment l'idéologie du gouvernement (pervers) Ingsoc, pour lequel

(Page 134): *«l'histoire est quelque chose qui doit être créée, plutôt qu'apprise».* Le totalitarisme «exige une continuelle altération du passé et, sur le long terme, exige un discrédit (diesbelief) de l'existence même de la vérité objective».

Autrement dit, une falsification des faits objectifs, un mensonge organisé, institutionnalisé même. Racamier allait tout à fait dans le même sens, lorsqu'il affirmait:

«C'est la réalité sociale qui intéresse la pensée perverse, et à cet égard elle peut devenir formidablement experte: toute tournée vers l'agir, l'emprise et la manipulation, habile à faire usage des goûts et des tendances, des faiblesses et des qualités d'autrui, elle ne vise que les fins, en se détournant des moyens; aussi bien sera-t-elle socialement efficace; mais le plaisir de l'emporter ne sera gagné qu'au détriment de celui de penser.

Aussi bien, vérité ou mensonge, qu'importe au pervers, lui pour qui seule compte l'efficience; que lui importe que ses dires soient vrais ou faux pourvu qu'ils soient crédibles (...) si jamais il les entend, il aura tôt fait de les retourner, en usant du mode projectif (...) Nous restons dans la zone d'une escroquerie de la pensée.»

Et plus loin:

«Bref, la pensée perverse exerce autour d'elle un véritable *détournement d'intelligence* (...) De l'esprit faux à la langue de bois, du verbiage à la désinformation, de la déstabilisation dans les familles, les groupes et les institutions de soins, jusqu'à la terreur intellectuelle exercée sur les peuples, la pensée perverse, habile à disjoindre, mais parfaitement équipée pour essaimer, est spécialisée dans la *transmission de la non-pensée*.» (Racamier 1992a)

L'auteur pointe là un mécanisme particulièrement fascinant et actuel à l'ère des mass media. Son élucidation apporterait beaucoup à la compréhension des nombreuses aberrations démocratiques: escroqueries commises au vu et au su de tous ou, à un autre niveau, aveuglement politique devant certains criminels de guerre traités comme des interlocuteurs respectables, abstentions massives lors de votes... Dans de telles situations de paralysie de la pensée, chaque citoyen est parfaitement au courant, par exemple, que les solutions politiques proposées au vote individuel obéissent à cette logique manipulatrice mais, englué dans cette apathie de la pensée, il perd les moyens intellectuels de s'y opposer.

On trouverait ici une différence avec la relation perverse dirigée contre l'enfant: elle viserait dans ce cas la constitution même d'une pensée autonome et non la désorganisation d'une pensée constituée.

Cette violence psychique de falsification de la réalité est si intolérable que, raconte Alain Besançon, les dissidents soviétiques étaient en quelque sorte soulagés de se voir clairement exilés au goulag. La répression se montrait alors nettement – et pouvait dès lors être mieux combattue, ce qui fut fait.

Nos patients ont mentionné un soulagement similaire lorsque, par exemple, après s'être extraits de l'emprise torpide de leur milieu familial pervers, ils avaient noué une relation clairement sado-masochique avec leur partenaire. Cela expliquerait aussi l'appétence des abusés à se soumettre à un maître dont la logique perverse serait clairement affichée.

Le système totalitaire aboutit à diviser l'être humain en deux, une partie adaptée à la vérité inculquée, une autre authentique mais secrète. Besançon détaille cette épouvantable opération:

> (Page 147): «La construction du double est payée d'une mutilation. L'esprit n'a pas été convenablement formé et il a dû se prêter à cette déformation. L'usage quotidien de la «langue de bois» retentit sur l'emploi de la langue naturelle qui doit être chaque jour reconquise à grand effort. (...) En fin de compte la fonction protectrice du double s'épuise puis se renverse. Le double envahit la personne.»

Comment ne pas voir l'analogie de cette forme de terrorisme et de ses effets avec l'abus parental qui force l'enfant à se conformer à une vérité qui n'est pas la sienne?

Le régime politique, «Ingsoc», est, au fond, un régime pervers abouti qui a réussi à détruire le lien interhumain. Les individus n'ont plus comme relation qu'une adhésion commune au Parti qui se charge de canaliser leurs reliquats de haine (participation aux «deux minutes de la haine» ou guerre larvée constante contre deux autres continents). La doctrine pose le paradoxe en roi:

> (Page 154): «La guerre c'est la paix», «l'ignorance c'est la force.»

Comme dans nos couples, c'est bien la haine qui est le sentiment prédominant sur lequel se fondent les relations entre individus:

> (Page 156): «Orwell sait que le régime est fondé sur la lutte et sur la haine et en particulier qu'il ne peut se passer d'un ennemi extérieur.»

Mais nous avions vu que, chez le pervers, la destruction de la relation humaine a créé un régime vide, creux, incapable de véritable créativité:

> (Page 159): «Une dernière raison qui explique le délabrement économique général est la stérilisation de la science et du progrès technique. Ils dépendent en effet d'habitudes de pensées empiristes *«qui ne peuvent survivre dans une société strictement enrégimentée»*, non seulement sans doute à cause de l'absence de liberté générale pour le savant, mais parce que le rapport au réel, l'empirie proprement dite est faussée. *«La science a presque cessé d'exister dans l' Oceania»*, et il n'y a pas de mots en *newspeak* pour la désigner. Le progrès technique subsiste dans deux directions seulement: quand il peut servir à la recherche de nouvelles armes et quand il peut servir à détruire la liberté humaine. (...) Le savant de *1984* est un composé de psychologue et d'inquisiteur, intéressé par le contrôle des hommes...»

On le voit, selon Orwell, psychiatres ou psychologues sont appelés à jouer un rôle dans cet Etat pervers. Souhaitons plutôt qu'ils le soient peut-être à éviter son avènement. Par ailleurs, cette citation soulève la question toujours ouverte de la responsabilité et de l'intentionnalité des interactions perverses.

Mais quel est le véritable ennemi que combattent tous les systèmes pervers, grands ou petits? La pensée.

> (Page 160): «Les deux buts du Parti sont de conquérir toute la surface de la terre et d'éteindre une fois pour toutes les possibilités d'une pensée indépendante.»

Dans *1984*, clivages et dénis sont des mécanismes quasi officiels:

> *«Ils sont et en même temps ne sont pas au courant de ce qu'ils font.»* En effet pour eux aussi, pour eux surtout le contact avec la réalité est brouillé. *«Les faits les plus patents peuvent être niés ou négligés.»* Les recherches scientifiques en vue de la guerre sont *«du domaine du rêve»* et leur incapacité à fournir des résultats n'a aucune importance.»

Nous voyons là une description épouvantable mais très réaliste d'un système où règne le déni ou l'escamotage de la réalité dès que celle-ci ne convient pas.

Plus loin, Alain Besançon s'interroge sur l'essence du régime politique en vigueur à Oceania: s'agit-il d'une tyrannie? Il commence par considérer les personnalités de certains dirigeants connus:

> (Page 167): «On ne peut nier sérieusement qu'il n'y ait des aspects de tyrannie chez Staline, Mao, Hitler. Staline en particulier, avait de naissance le tempérament, l'étoffe d'un tyran: le goût d'imposer sa volonté aux hommes, le goût de l'intrigue et de la combinaison en vue du pouvoir, le goût de la vengeance, le plaisir d'écraser, d'humilier, de faire souffrir, d'avilir ennemis et amis indistinctement. Chez les deux autres, ces traits sont peut-être moins marqués, mais en revanche il y a un caractère de joueur, d'artiste, d'aventurier, une attirance pour le néant et la catastrophe qui font partie du tableau classique de la tyrannie.»

Toutefois, comme le relève Besançon, Orwell semblait décrire une étape ultérieure de totalitarisme, l'étape impersonnelle:

> (Page 169): «*Big Brother* a pu commencer comme un tyran: mais la tyrannie est vidée de ses traits personnels, comme l'était d'ailleurs en fin de compte la tyrannie de Staline, Hitler, Mao, tyrans résiduels. A mesure que le culte s'amplifie, qu'il enfle jusqu'au délire le plus absurde, il s'adresse à une idole creuse, à un mannequin dépouillé de tout intérêt particulier, de toute parole propre, privé de liberté et d'autonomie, un masque en effet dont l'existence est douteuse, que personne ne voit: *Big Brother*.»

A noter que, dans l'histoire, ce culte est instauré, organisé et orchestré dans les moindres détails (même après sa mort) par le tyran lui-même.

Comment fonctionne l'Ingsoc?

> (Page 173): «Il n'y a pas de dogme. L'Ingsoc est vide. C'est pourquoi la pensée ou les actions, qui, une fois surprises, entraînent à une mort certaine, à la torture, à la «*vaporisation*» (c'est-à-dire à l'effacement de toute trace, de toute mention qu'un tel homme ait jamais existé) ne «*sont pas forcément défendues*». Rien n'est permis ni interdit dans un monde qui ne connaît pas le droit.»

Cette «vaporisation» ne peut manquer d'évoquer les différents mécanismes extrêmes notés chez les couples pervers tels que l'«annihilation rétroactive». En fait, Orwell est extrêmement subtil car si, d'une part, il décrit l'Ingsoc comme préconisant que rien n'est permis ni interdit dans un monde qui ne connaît pas le droit, d'autre part, il ne se leurre pas sur le fait que cet apparent chaos recouvre une tyrannie totale.

C'est bien là le paradoxe des pervers qui se prétendent libres et tolérants mais qui pratiquent en fait un contrôle absolu de leur partenaire.

L'Ingsoc préconise la participation *active* à son système pervers sous la forme du «blackwhite».

> (Page 174): «Quand *les faits* démentent les *mots* du Parti, les *faits* doivent se plier. *Blackwhite* désigne la volonté de dire *que le noir est blanc et le blanc noir* quand la discipline l'exige; davantage, *l'aptitude à croire* et plus encore *à savoir* que le noir est blanc et à oublier qu'on n'a jamais cru autre chose. Cette progression est importante. *Dire* supposerait une conformité conventionnelle, évidemment insuffisante. *Croire* renverrait à une doctrine et une adhésion sincère qui n'ont plus de raison d'être. *Savoir* renvoie à une évidence, à une constatation *de visu* irréfutable. (...) Blackwhite est cependant sous la dépendance d'un processus plus général, plus fondamental encore: *doublethink*.
>
> Le *doublethink* est avant tout une dissolution systématique de la mémoire. Le membre du Parti doit être coupé du passé comme il est coupé des pays étrangers. (...) La falsification du passé, à laquelle procède le ministère de la Vérité, est pour la stabilité du régime aussi importante que la police et la répression appliquée par le ministère de l'Amour. *«La mutabilité du passé est le principe de base de l'Ingsoc»* (...) «le mot *doublethink* ne doit être employé que dans l'action même de la double pensée, pour effacer au fur et à mesure que l'on falsifie la réalité.»
>
> (...) La notion de *doublethink* est la découverte la plus profonde d'Orwell comme philosophe politique.»

Au niveau de la clinique individuelle ou de couple, la récupération d'une mémoire subjective constitue un des enjeux de la thérapie.

Alain Besançon évoque alors certains auteurs qui ont compris la place du mensonge dans le monde soviétique: Boulgakov, Platonov.

> (Page 176): «Plus, infiniment que l'oppression, la misère, la peur, ce qui est insupportable, c'est le mensonge parce qu'il introduit une angoisse de type nouveau. L'homme forcé de nier l'évidence de ses sens et de sa raison, dressé à dire le contraire de ce qu'il sent, de ce qu'il pense, de ce qu'il voit, perd ses repères dans la réalité et se perd lui-même. Il souffre d'une division de son intelligence, d'une paralysie de sa volonté, accompagnée d'une honte accablante.

C'est, dit Soljenitsyne, *«l'aspect le plus terrible»* de la vie sous ce régime.»

Nous le croyons volontiers, car cette description s'applique fidèlement au vécu de victimes d'abus qui se voient contraintes par leurs parents à adhérer à une vision du monde et d'elles-mêmes qui ne correspond en rien à leur perception. Du degré de ce traumatisme et de l'aliénation qui en suivra dépend, selon nous, leur type d'adhésion à la pensée perverse ultérieurement.

On le voit, c'est bien dans l'attaque violente, annihilatrice du concept de vérité, que se trouvent les convergences les plus troublantes avec la relation perverse telle que nous l'avons décrite.

A ce point de cette accablante constatation, on ne peut se garder d'une pensée accusatrice vis-à-vis de la psychanalyse, dans les efforts qu'elle a faits pour cerner le concept de vérité. Ces efforts, pour une raison ou pour une autre, semblent avoir engendré plus de confusion que de clarté, notamment en ce qui concerne la «réalité psychique». Cette confusion, entretenue et souvent assénée aux novices d'un ton suffisant, à certainement contribué à retarder la prise de conscience des effets destructifs des perversions sur les victimes en induisant le doute sur la validité des souvenirs ou des perceptions qu'elles s'efforçaient de reconstituer.

(Page 184): «... l'exercice du *doublethink*. Il s'agit d'effacer la distinction entre les deux portées, de reporter la portée de la vérité sur la portée du mensonge et de tenir cette dernière pour la portée de la vérité. Il s'agit d'effacer continûment la trace de cette opération de telle façon que le dédoublement de la pensée soit nié, à chaque moment, pour qu'il ne subsiste qu'une portée unique, celle que parle le Parti, en espérant que la prochaine parole coïncide avec celle que le Parti va proférer.»

Nous lisons ici une description très approchante du vécu de la victime qui doit sans cesse conformer sa pensée et ses perceptions à celles imposées non pas par le Parti mais, dans notre expérience, par ses parents abuseurs.

A quoi aboutit l'exercice du *doublethink*, autrement dit, pour nous, quelle est la pensée victimaire? Voici ce qu'en dit Besançon:

(Page 185): «Le *doublethink* est-il une pensée? Une pensée de quoi? Quel rapport le monde réel peut-il avoir avec une pensée ordonnée sur un point mobile, évanescent, qui n'est même pas la négation du monde tel qu'il est, mais qui est sans rapport avec lui? C'est une pensée en roue libre, comme un écrou qui tourne fou, une pensée qui n'accroche plus rien, qui ne rencontre aucun obstacle à l'extérieur d'elle-même, qui n'est plus modérée par aucun frein. Une pensée qui est un «solipsisme», un autisme logique.»

Plus loin, l'auteur parlera de «délire» ou de «folie», donnant corps à nos tentatives de convergence entre le discours social, philosophique et clinique.

1984 s'achève sur la dénonciation du héros, Winston, par son meilleur ami et complice. C'est là l'occasion d'une mise à nu de la violence sous-jacente au système pervers: Winston est torturé, battu, aveuglé, et surtout:

(Page 189): «Leur but était surtout de l'humilier et d'annihiler son pouvoir de discussion.» O'Brien, son ex-ami et actuel bourreau lui dit: «La postérité n'entendra jamais parler de vous. Rien ne restera de vous, pas un nom sur un registre, pas un souvenir dans un cerveau vivant. Vous serez annihilé dans le passé comme dans le futur. Vous n'aurez jamais existé.»

C'est alors que se dévoile, dans l'intimité du bourreau et de sa victime, le credo propre au système pervers:

(Page 191): «Nous commandons à la matière puisque nous commandons à l'esprit ... Nous faisons les lois de la nature...»

(...) Mais le solipsisme idéaliste rend possible une opération de plus haute portée métaphysique: l'affranchissement du temps, l'extraction hors de l'histoire.»

Pourrait-on imputer à nos patients la même rage d'anéantir l'histoire, cette histoire qui porte l'inscription de leur avilissement traumatique? Orwell avance un autre objectif à l'Etat pervers:

«(...) Voici Winston arrivé au «secret Central» au «pourquoi» de toute l'entreprise. Winston croit savoir ce que va répondre O'Brien: *«Que le Parti ne cherchait pas le pouvoir en vue de ses propres fins, mais pour le bien de la majorité; qu'il cherchait le pouvoir parce que dans l'ensemble les hommes étaient des créatures frêles et lâches qui ne pouvaient endurer la liberté ni faire face à la vérité, et qui devaient être dirigées et systématiquement trompées par ceux qui étaient plus forts qu'eux.»* C'est la réponse classique, la réponse du Grand Inquisiteur dans les Frères Karamazov. Ce n'est pas la bonne et O'Brien se moque de lui. *«Le Parti recherche le pou-*

voir pour le pouvoir, exclusivement pour le pouvoir. Il ne recherche ni la richesse, ni le luxe, ni une longue vie, ni le bonheur. Il ne recherche que le pouvoir, le pur pouvoir.»

Nous assistons là, dans un apogée philosophique, à l'aboutissement d'une longue compréhension du système pervers, du moins sous l'angle macrosocial, mais avec une foule de correspondances au niveau individuel. Et c'est là que le discours politique s'efface devant un discours théologique, le pouvoir absolu étant celui de Dieu auquel veut se supplanter le pervers dans l'esprit d'Orwell.

(Page 194) «Conquérir la qualité divine, l'éternité, la détermination du bien, du mal, de la réalité, de la vérité, telle est la véritable ambition du Parti et elle vaut toutes les peines.» ... L'entreprise est décrite sans équivoque comme une usurpation de la qualité divine, comme démoniaque par conséquent. Elle propose un «sursalut» par le mal une déification moyennant l'enfer. Le programme du démon et de ses prêtres comme O'Brien est donc de remplacer la réalité, la vérité par leur réalité, leur vérité. Le lieu stratégique décisif est l'homme, l'âme humaine.»

On ne peut manquer d'y associer les réflexions émises par Madame J. Chasseguet-Smirgel (Chasseguet-Smirgel 1993) sur les religions du diable; mais O'Brien poursuit sa démonstration inexorable:

(Page 194): «Ce monde est un monde ouvertement infernal. *«Le pouvoir est d'infliger des souffrances et des humiliations»* (...) *«de déchirer l'esprit humain en morceaux.»* O'Brien ne promet pas un faux paradis comme les anciens révolutionnaires. Il garantit un vrai enfer: *«un monde de crainte, de trahison et de tourment (...) Le progrès dans notre monde sera le progrès vers plus de souffrance. L'ancienne civilisation prétendait être fondée sur l'amour et la justice. La nôtre est fondée sur la haine. Dans notre monde, il n'y aura pas d'autres émotions que la crainte, la rage, le triomphe, l'humiliation. Nous détruirons tout le reste, tout.»*

Le programme démoniaque attaque toute nature et toute vie. «Nous abolirons l'orgasme*.» «Il n'y aura ni art, ni littérature ni science.» «Il n'y aura ni curiosité ni joie de vivre.»

Et il précise encore:

(Page 194): «Voici enfin l'image adéquate de cet enfer : *«Imaginez une botte piétinant un visage humain ... éternellement.»* Une peine éternelle, sans cesse croissante, acharnée à détruire une personne,

---

* Souligné par nous.

sans jamais le pouvoir complètement: c'est une précise définition de la damnation.»

Nous restons, quant à nous, saisis par la consternante et abominable adéquation de ce discours aux patients que nous avons décrits.

Mais vient enfin cette question, que nous nous sommes souvent posée dans notre pratique clinique, au sujet de la nature de la souffrance présentée par nos patients pervers:

> (Page 195): «A la question de savoir si le démon souffre, saint Thomas au traité des Anges, répond qu'il ne souffre pas à notre manière puisqu'il est un esprit pur. Mais sa souffrance spécifique est d'être contrarié dans le désir éternel que ce qui est ne soit pas et que ce qui n'est pas soit.» (*Summa*, Ia, qu. 64 a. 3).

Cette réponse est celle qui correspond le plus exactement à notre perception de la souffrance perverse.

> (Page 206): «Que reste-t-il aux hommes? La peur, la haine, la souffrance, mais sans «aucune dignité» dans ses passions. «Il n'y avait aucune profondeur dans les tristesses.» La souffrance même est aplatie et sans valeur.»

Cela correspondrait-il au sentiment que nous avons régulièrement éprouvé devant les larmes de ces couples qui bizarrement ne nous touchaient absolument pas? Contrairement à Orwell qui joignait à ce tableau apocalyptique la répression du plaisir sexuel, en ce qui nous concerne, nous envisagerions un nivellement du plaisir et de l'orgasme analogue à celui de la douleur chez les couples pervers.

La transmission de la perversion

Mais une interrogation subsistait malgré tout, essentielle, celle qui, pour notre regard clinique, consiste dans la transmission de la perversion, passage si subtil, si absurde, si révoltant de l'état de victime à celui d'abuseur. Et c'est justement ce thème qui se trouve détaillé dramatiquement à la fin de *1984*. Winston ayant depuis longtemps confessé tous ses torts vis-à-vis du Parti, est en «rééducation». Après la torture physique, la torture mentale, l'humiliation, l'attaque contre son identité, le héros se voit dépossédé de tout ce qui faisait de lui un être humain. Tout sauf un mince et frêle reliquat de son ancienne «déviation»: l'amour pour Julia, moteur de toute son aventure. Cet amour se manifestant de façon rédhibitoire, il est décidé d'avoir recours au supplice final:

(Page 213) : «Un composé de vieilles terreurs, tapies au fond de l'âme, associées au dégoût et à la pire souffrance physique. Pour Winston c'est le supplice des rats. Au moment où on va le lui administrer, il comprend qu'il n'y a *«qu'une seule personne sur qui il puisse transférer son châtiment (punishment)»* et il crie à plusieurs reprises: «*Faites-le à Julia ! Pas à moi...*:»

«C'est aussitôt une chute cosmique comme celle d'un ange: «Il tombait à travers le parquet, à travers les murs du bâtiment, à travers la terre, les océans, l'atmosphère, dans l'espace sans limite, dans les golfes qui séparaient les étoiles, loin, toujours plus loin des rats.» (...) «La lutte était terminée: Il aimait Big Brother.»

Ce qu'Orwell, avec un génie littéraire et humain rare, condense dans un moment et une scène selon la dramaturgie d'une «passion», il nous semble en percevoir de plus modestes mais néanmoins terrifiants exemples dans certains récits de nos patients. Les plus touchants sont ceux qui, ayant été abusés et n'en gardant aucun souvenir, se trouvent en train d'abuser à leur tour de leurs enfants, ayant mis en pratique le cri de Winston : «Faites-le à Julia»; mais qui, au moment où le thérapeute leur dit «vous êtes en train de le faire à Julia», ont une lueur d'hésitation, un embryon de doute et d'intelligence. Lorsque les thérapeutes constatent un tel frémissement, ils se sentent récompensés de beaucoup de peines.

Le couple de Winston et Julia nous apparaît comme une figure d'«anti Adam et Eve». A ce couple primordial de l'humanité pour lequel la sexualité avait été la cause de la chute s'oppose ce couple de fin du monde pour lequel, au contraire, la sexualité était l'ultime lien à la vie. C'est, au contraire, son abandon qui précipite ces deux derniers véritables êtres humains en enfer.

CONCLUSION

Lorsque nous avons choisi la médecine comme profession, peut-être nous sommes-nous leurrés en nous croyant à l'abri de la confrontation, pour d'autres courante si ce n'est banale, avec les forces de destruction et de cruauté. Le cadre médical, isolant deux êtres dans leur rencontre vitale, était censé nous faire faire l'économie du jugement moral. Nous devons maintenant clairement admettre qu'il n'en est rien.

Tout au long de cet ouvrage, nous sommes conscients d'avoir utilisé le terme de «pervers» de façon très entière. Peut-être aurait-il été plus exact d'utiliser chaque fois des locutions telles que «à vocation perverse» ou «répondant à une logique perverse». Car nous sommes bien sûr persuadés de l'immense variabilité des incidences de cette pathologie sur les différents individus. A dire vrai, nous n'avons même pas de représentation cohérente de la forme que prend, chez tout un chacun, cette coexistence. Certains individus nous semblent «tout imprégnés» de perversion, d'autres n'y ont recours qu'occasionnellement – certains même à bon escient. Tous les auteurs qui se sont confrontés à ce concept lui ont trouvé des facettes positives: que serait l'humour sans la perversion? De quoi traiteraient les pièces de théâtre, les films ou les romans s'il n'y avait plus de perversion? Sans parler des «traits pervers» dont nous sommes tous porteurs, notamment dans notre vie sexuelle, ou des mouvements pervers qui peuvent nous aider momentanément à affronter les dures contingences de la vie.

Ces nuances, pour importantes qu'elles soient, ne nous paraissent pas remettre en question nos considérations, ancrées dans notre pratique médicale, qui se veulent surtout une forme de démonstration. Elles ne prétendent pas restituer dans son entier la complexité ineffable des personnes, ce que nous abandonnons volontiers à la littérature:

> «Car c'est seulement dans la littérature que les épisodes paradoxaux de l'histoire d'un cœur humain, qui parfois même vont à l'encontre les uns des autres, peuvent, grâce aux prestiges de l'art, se fondre ensemble et se recomposer de façon plausible et vraisemblable.»
> (Faulkner 1951)

Une autre question que nous nous sommes posée est l'influence sur nos recherches d'une inévitable sélection – en partie inconsciente – de nos patients. Ces doutes se sont atténués lorsque nous avons entendu, si souvent, ces patients nous dire leurs longues, et stériles, psychanalyses; ou lorsque, à l'inverse, nous avons entendu de nombreux collègues narrer leurs arides confrontations analytiques avec la force de la perversion. Enfin, les récits tirés de domaines extracliniques – pour ne pas dire la lecture des journaux – nous confortent également dans notre conviction que nos considérations ne sont pas le seul reflet de notre consultation. Pire, on pourrait presque avancer, avec les mots de Nando dalla Chiesa, que les sectes, la Mafia, les politiciens pervers n'ont *«rien d'un pouvoir occulte. Il faut vraiment jouer les autruches pour le prétendre.»*

Le domaine des perversions est encore peu connu mais, depuis que nous avons commencé cet ouvrage, les signes s'accumulent non seulement d'un désir des professionnels de mieux le cerner, mais aussi d'une plus grande familiarité du grand public avec ce thème. Nous nous en réjouissons, mais de façon modérée, car nous avons fréquemment eu l'impression que ces recherches soulèvent un intérêt particulier chez des personnes elles-mêmes directement impliquées. Cette attention comporte alors le risque d'une prédation et d'un dévoiement de ces études.

La perversion, avons-nous vu, se joue, se met en acte dans la réalité; *la perversion c'est l'acte*, pourrait-on même avancer avec un rien d'emphase. Mais nous devons reconnaître que, dès l'instant où elle occupe ce terrain, elle tend à échapper à nos concepts d'essence psychique qui devraient être relayés par des concepts politiques ou moraux par exemple. Si nous n'avons jamais craint de mentionner le Mal en tant que tel, nous nous sommes en revanche abstenus à son sujet de toute considération qui aurait dépassé nos compétences.

Tout ce livre se veut une quête du sens de la méchanceté, mais nous reconnaissons qu'à plusieurs reprises, nous avons affleuré au non-sens, à la méchanceté gratuite, à l'indifférence totale, quasiment humainement inimaginable. Dans ce sens, mieux vaut, à coup sûr, une violence sadique dévastatrice, annihilante mais reconnaissant quand même l'existence de l'objet, qu'un seul acte purement et entièrement narcissique.

Les pervers, dans leur lutte contre la vie, en reconnaissent implicitement sinon la valeur, du moins l'existence. Nous craignons l'avènement d'une pathologie plus funeste encore, celle qui, totalement narcissique, ne connaîtrait qu'elle. Elle ressemblerait probablement à ces ouragans ou typhons dont la fureur sème une terreur inéluctable mais vaine, car sans aucun sens, elle.

* * *

BIBLIOGRAPHIE

Abraham, G., Perversion en 1991. *Rev. Méd. Suisse Rom.* 1992, 112, N° 4, 307-310.

Althusser, L.,*L'avenir dure longtemps*, Paris, Stock, 1992.

Amado Levy-Valensi, E., *Le grand désarroi*, Paris, Ed. Universitaires, 1973.

Amati, S., *Récupérer la honte*, in *Violence d'Etat et psychanalyse*, Paris, Dunod, 1989.

Amati, S., *Autour de la violence: de la violence sociale et de l'éthique psychanalytique*, in *Centenaire Raymond de Saussure: actes de la journée de réflexion sur les points d'actualité de la psychanalyse*, Genève, 1995.

Anzieu, D., *La scène de ménage* in *L'amour de la haine*, Paris, Gallimard, *Nouvelle Revue de Psychanalyse*, 1986, 33, 201-209.

Anzieu, D., *Le Moi-peau*, Paris, Dunod, 1985.

Anzieu, D., Le transfert paradoxal, *Nouvelle Revue de Psychanalyse*, N° 12, Gallimard, pp. 49-72, 1975.

Arentewicz, G., Schmidt, G, *Sexuell gestörte Beziehungen – Konzept und Technik der Paartherapie*. Berlin, Springer Verlag, 1980.

Arlow, J., *Derivative Manifestations of Perversion*, in Fogel G.I. et Myers W.A., *Perversions and Near-Perversions in clinical practice*, 1991, New Haven and London, Yale University Press.

Assouline, P. *Simenon*, Paris, Ed. Julliard, 1992.

Assoun, P.-L., *Le couple inconscient*, Paris, Anthropos, Economica, 1992.

Aulagnier, P., *Aspects théoriques des perversions*, in *Sexualité humaine*, Centre d'Etudes de Laennec, Paris, Lethielleux, 1966.

Aulagnier, P., La filiation persécutive, *Psychanalyse à l'Université*, 1980, 5, 18.

Bach, S., *On Sadomasochistic Object Relations*, in Fogel G.I. and Myers W.A., *Perversions and Near-Perversions in clinical practice*, New Haven and London, Yale University Press, 1991.

Balier, C., *Viols et incestes. Auteurs et victimes*, in *Les troubles de la sexualité*, Monographies de la *Revue française de Psychanalyse*, Paris, PUF, 1993.

Benjamin, J., *Les liens de l'amour*, Editions Métailié, 1992.

Benoît, J.-C., *Les doubles liens*, Paris, PUF, 1981.

Bergeret, J., *La violence fondamentale*, Paris, Dunod, 1984.

Bergman, I., *Sonate d'automne*, Paris, Gallimard, 1977.

Besançon, A., *La falsification du Bien: Soloviev et Orwell*, Paris, Julliard, 1985.

Bion, W.R., Attaque contre les liens. *Nouvelle Revue de Psychanalyse*, Paris, Gallimard, 1982, 25, 286-298.

Blum, H. P. M.D., *Reconstruction in Psychoanalysis; Childhood revisited and recreated*, Madison Connecticut, International Universitied Press Inc., 1994.

Boszormenyi-Nagy, I. & Spark, G.M., *Invisible Loyalties*, New York, Harper and Row, 1973.

Brusset, B., *Psychopathologie et métapsychologie de l'addiction boulimique*, in *La boulimie*, ouvrage coll., Paris, PUF, 1991.

Chasseguet-Smirgel, J., *Réflexions sur les rapports entre la perversion et le sadisme*, in *Les Perversions*, Paris, Ed. Tchou, 1980.

Chasseguet-Smirgel, J., *Creativity and Perversion*, London, Free Association Books, 1984*a*.

Chasseguet-Smirgel, J. *Ethique et Esthétique de la Perversion*, Paris, Ed. du Champ Vallon, 1984*b*.

Chasseguet-Smirgel, J., *Les religions du diable: quelques réflexions sur les significations historiques et sociales des perversions*, in *Les troubles de la sexualité*, Monographie de la *Revue française de Psychanalyse*, Paris, PUF, 1993, 102-118.

Cirillo, S. et Di Blasio, P., *La famiglia maltrattante; diagnosi e terapia*, Raffaello Cortina Ed., 1989.

dalla Chiesa, N., *Meutre imparfait. L'Affaire dalla Chiesa*, Paris, Liana Levi, 1984.

Clavreul, J., *Le couple pervers*, in *Le désir et la perversion*, Paris, Seuil, 1967.

Constans, L., *La légende d'Œdipe*, Genève, Slatkine reprints, 1974.

Cupa, D., La cruauté de l'effraction, *Rev. de Méd. Psychosom.*, 1993, 36, 21-36.

David, C., *La perversion affective*, in *La Sexualité perverse*, Paris, Payot, 1972.

Decharme, P., *Mythologie de la Grèce antique*, Paris, Garnier frères, 1886.

Devereux, G., *Essais d'ethnopsychiatrie générale*, Paris, Gallimard, 1970.

Dorey, R., Le fétiche, l'image et le signifiant: réflexions sur un cas de perversion narcissique, *Nouvelle Revue de Psychanalyse*, 1989, 39, 205-219.

Dorey, R., *Problématique obsessionnelle et problématique perverse*, in La névrose obsessionnelle, Monographies de la *Revue française de Psychanalyse*, Paris, PUF, 1993.

Dürrenmatt, F., *La mort de la Pythie, suivie de Minotaure*, Lausanne, Ed. de Fallois-L'Age d'Homme, 1990.

Eiguer, A., *Le lien d'alliance, la psychanalyse et le couple*, in *La thérapie psychanalytique du couple*, Paris, Dunod, 1984.

Eiguer, A., *Le pervers narcissique et son complice*, Paris, Dunod, 1989.

Eiguer, A., *Une fêlure dans le miroir*, Paris, Bayard, 1994.

Eiguer, A., *Le cynisme pervers*, Paris, L'Harmattan, 1995.

Faulkner, W., *Le gambit du cavalier*, Paris, Gallimard 1951.

Ferenczi, S., *Principe de relaxation et néocatharsis. Psychanalyse IV, Œuvres complètes*, Paris, Payot, 1990a.

Ferenczi, S., *Confusion de langue entre les adultes et l'enfant. Psychanalyse IV, Œuvres complètes*, Paris, Payot, 1990b.

Ferenczi, S., *Analyses d'enfant avec des adultes. Psychanalyse IV, Œuvres complètes*, Paris, Payot, 1990c.

Finkelhor, D., *A Sourcebook on Child Sexual Abuse*, London, Sage Publications, 1991.

Fliess, R., *Symbol, dream and psychosis*, New York, International Universities Press, Inc., 1973.

Freud, S., *L'hérédité et l'étiologie des névroses*, in *Névrose, psychose et perversion*, Paris, PUF, 1973.

Freud, S., *L'étiologie de l'hystérie*, in *Névrose, psychose et perversion*, Paris, PUF, 1973.

Freud, S., *La naissance de la psychanalyse*, Paris, PUF, 1979.

Frisch, M., *Andorra*, Paris, NRF Gallimard, 1965.

Gabbard, G.O., Twemlow, S.W., The rôle of mother-son incest in the pathogenesis of narcissistic personnality disorder, *JAPA* , 1994, 42.1, 171-189.

Garzarolli, R., *Mémoires d'un carnassier*, Paris, Denoël, 1980.

Gantheret, F., Le pouvoir des racines, *Nouvelle Revue de Psychanalyse* 1973, N° 8, 94-113.

Gloor, P.-A., Réflexions sur le pouvoir politique, *Méd. Hyg.*, 29:1280-1282,1971.

Gloor, P.-A., Psychothérapies analytiques brèves et sexologie, *Psychologie médicale*, 1980, 12:3, 605-610.

Gloor, P.-A., Thérapie sexuelle pour couple: quelques commentaires théoriques et pratiques, *Méd. Hyg.*, 1982, 40, 1485, 3213-3217.

Goodwin, J.M., *Sexual Abuse: Incest Victims and their Families*, London, Year Book Med. Publisher Inc., 1989.

Green, A., *La folie privée*, Paris, Gallimard, 1990.

Greene, G., *Le troisième homme*, Paris, Ed. Livre de Poche, 1964.

Gulotta, G., *Comédies et drames du mariage*, Paris, ESF, 1985.

Hirsch, M., *Realer Inzest*, Frankfurt, Springer Verlag, 2e édition, 1990.

Hurni, M. et Stoll, G., Nouvelle approche en sexothérapie clinique; aperçus d'une recherche en cours, *Méd. Hyg.*, 1987, 45: 1089-1093.

Hurni, M. et Stoll, G., Processus psychodynamiques en sexothérapie, *Rev. Méd. Suisse Rom.*, 1988, 108, 319-325.

Hurni M., Les interactions perverses, *Rev. Méd. Suisse Rom.*, 1992, 112, 303-305.

Hurni, M. et Stoll, G., L'inceste sous l'angle de la perversion, *Méd. Hyg.*, 1992, 50, 920-924.

Hurni, M. et Stoll G., Le symptôme sexuel à la lumière de la relation perverse du couple, *Méd. Hyg.*, 1993, 51, 835-838.

Joseph, B., Frôler la mort, irrésistiblement, *Revue française de Psychanalyse*, 1986, 4, 1145-58.

Jouhandeau, M., *Chroniques maritales*, Paris, Gallimard, 1944.

Jouhandeau, M., *Essai sur moi-même*, Paris, Gallimard, 1946.

Kaplan, H., *La nouvelle thérapie sexuelle*, Paris, Buchet-Chastel, 1977.

Kaplan-Singer, H., *Sexualaversion, Sexuelle Phobien und Paniksyndrome*, Stuttgart, Henke Verlag, 1988.

Kernberg, O., *Les troubles limites de la personnalité*, tome 1, 1979; *Les personnalités narcissiques*, tome 2, 1981, Toulouse, Privat.

Kestemberg, E., La relation fétichique à l'objet, *Revue française de Psychanalyse*, 1978, 42, 2.

Kestemberg, E., *La faim et le corps*, Paris, PUF, 1972.

Kestemberg, E., *Autrement vu; des psychanalystes observent les relations mère-enfant*, PUF, Paris, 1981.

Khan, M., L'œil entend, *Nouvelle Revue de Psychanalyse*, 1971, 3, 53-69.

Khan, M., L'alliance perverse, *Nouvelle Revue de Psychanalyse*, 1973, 8, 195-206.

Kluft, R.P., *Incest Related Syndromes Of Adult Psychopathology*, Washington, London, American Psychiatric Press, 1990.

Kohut, H., *Le Soi; la psychanalyse des transferts narcissiques*, Paris, PUF, 1974.

Kramer, S., *Residues of incest*, in Levine, H.B., *Adult Analysis and Childhood Sexual Abuse*, Hove and London, The Analytic Press, 1990.

Laforgue, R., De l'aspect psychosomatique des névroses, *Acta Psychotherapeutica*, avril 1953, 1, 1, 49-56.

Laing, R., *Soi et les autres*, Paris, Gallimard, 1971.

Lemaire, J.-G., *Les thérapies conjugales*, Paris, Payot, 1971.

Lemaire, J.-G., *Le couple, sa vie, sa mort*, Paris, Payot, 1979.

Lemaire, J.-G., *Famille, amour, folie*, Paris, Paidos-Centurion, 1989.

McDougall, J., *L'addiction à l'autre; Réflexions sur les néo-sexualités et la sexualité addictive*, in *Les troubles de la sexualité*, Monographies de la *Revue française de Psychanalyse*, Paris, PUF, 1993.

McDougall, J., *Théâtres du corps*, Paris, Gallimard, 1989.

McDougall, J., *Scène primitive et scénario pervers*, in *La sexualité perverse*, Paris, Petite bibliothèque Payot, 1972.

Mankiewicz, H.J. et Welles, O., *The citizen Kane book*, London, Paladin, 1969.

Marty, P., *L'ordre psychosomatique*, Paris, Payot, 1980.

Marty, P., L'investigation, *Cahiers psychiatriques genevois*, Genève, Institutions Universitaires de Psychiatrie, 1988, 4, 13-71.

Marty, P., *Mentalisation et psychosomatique*, Laboratoires Delagrange, Coll. Les empêcheurs de penser en rond, 1991.

Marty, P., *La psychosomatique adulte*, Paris, PUF, Que sais-je, 1990.

Masters, W.H. et Johnson, V.E., *Les réactions sexuelles*, Ed. Laffont, Paris, 1968.

Masters, W.H. et Johnson V.E., *Les Mésententes sexuelles et leur traitement*, Ed. Laffont, Paris, 1971.

Mauriac F., *Journal*, Paris, Grasset, 1934.

Merceron, C., Husain, O. et Rossel, F., Aménagement particulier des états-limites: les organisations perverses de la personnalité à travers le Rorschach, *Communication au 11e congrès international du Rorschach et des Méthodes projectives*, Barcelone, juillet 1984, pp. 202-211.

Mrazek, P.B., Kempe, C.H., *Sexually Abused Children And Their Families*, Oxford, Pergamon Press, 1987.

Miller, A., *L'enfant sous terreur*, Paris, Aubier, 1986.

Miller, A., *La connaissance interdite*, Paris, Aubier, 1988.

M'Uzan, M., de, *Un cas de masochisme pervers*, in *De l'art à la mort*, Paris, Gallimard, 1977.

Nabokov, V., *Lolita*, Paris, Gallimard, 1959.

Nicolaïdis, N., *Proto-Œdipe et Œdipe œdipifié*, in *Psychanalyse et culture grecque*, Paris, Les Belles Lettres, 1980.

Pigott, C., *Du meurtre d'âme à l'homicide – le trajet familial de deuils non faits*, exposé au Congrès, APSYG, 23-25 septembre 1994.

Racamier, P.-C., De la perversion narcissique, *Gruppo*, Paris, Apsygée, 1987, 3, 11-28.

Racamier, P.-C., *Les Schizophrènes*, Paris, Payot, 1990.

Racamier, P.-C., Pensée perverse et décervelage, *Gruppo*, Paris, Apsygée, 1992*a*, 8, 45-63.

Racamier, P.-C., *Le génie des origines*, Paris, Payot, 1992*b*.

Racamier, P.-C., *Cortège conceptuel*, Paris, Apsygée, 1993.

Racamier, P.-C., *L'inceste et l'incestuel*, Paris, Apsygée, 1995.

Richter, H.E., *Parents, enfants et névrose*, Paris, Mercure de France, 1972.

Roussillon, R., *Paradoxes et situations limites de la psychanalyse*, Paris, PUF, 1991.

Rouyer, M. et Drouet, M., Effraction, maltraitance, souffrance, *Rev. de Méd. Psychosom.*, 1994, 36, 47-54.

Sanderson, C., *Counseling Adult Survivors of Sexual Abuse*, London, Jessica Kingsley Publishers, 1990.

Sassolas, M., La transplantation des affects, *Synapse*, mars 1988, 42, 61-67.

Saussure, T., de, Institution et perversion, *Lumière et Vie*, Lyon, 1993, 42, 5, 215, 23-34.

Searles, H., *L'effort pour rendre l'autre fou*, Paris, Gallimard, 1977.

Selvini, M., *Les jeux psychotiques dans la famille*, Paris, ESF, 1988.

Shengold, L., Child abuse and deprivation: Soul murder, *J. Am. Psychoanal. Assoc.*, 1979, 27, 533-559.

Schorsch, E., et al. *Perversion als Straftat* Springer Berlin, 1975.

Stassinopoulos Huffington, A., *Picasso, créateur et destructeur*, Paris, Stock, 1988.

Stoller, R., *La perversion, forme érotique de la haine*, Paris, Payot, 1975.

Stoller, R., La perversion et le désir de faire mal, *Nouvelle Revue de Psychanalyse*, 1984, N° 29, 147-171.

Thom, F. *Les fins du Communisme*, Paris, Criterion, 1994.

Willi, J. *La relation de couple*, Neuchâtel, Delachaux et Niestlé, 1982.

INDEX

Abus   22, 36, 51, 72, 82, 85, 88, 89, 90, 93-95, 99, 102, 103, 104, 106, 108, 109, 111, 115, 123, 125-128, 133, 136, 139, 147, 149, 151, 154, 160, 171, 174, 176, 180, 189, 194, 197, 213, 217, 232, 247, 313.
Abus narcissique   81, 127.
Accents étrangers   45.
Adoption   59, 199, 204.
Alibidinie   150, 157, 166, 172, 181, 205, 231.
Anaffectivité   61.
Anesthésie   44.
Anesthésie affective   50.
Annihilation rétroactive   70, 250, 312, 360.
Apparence physique   40.
Argent   59.
Aspect physique   71.

Cas F.   117.
Cas M.   139.
Cas R.   200.
Cas S.   232.
Chantages   75.
Chaud-froid   66.
Chefs d'institutions pervers   78.
Collusion   42.
Complicité   68.
Complicité avec les couples pervers   75.
Contrat   58, 61, 79.
Couple N.   157.
Couple K.   64.
Couple L.   81.
Couple O.   157.
Culpabilisation   134, 258, 259, 344.

Délire alterné jamais congruent 218.
Démasquage   77.
Déresponsabilisation   48, 259, 261, 352.
Dévalorisation narcissique   73.
Double-bind   66, 142, 247, 289.
Dysfonction érectile   166, 234, 313.

Ejaculation précoce   83.
Emprise narcissique   76.
Epreuve de force   65.
Equivalent délirant   68, 84, 197, 212.
Erection   66.
Escalade   79.
Excitation Sexuelle   80, 225, 233.

Faillite   70.
Faux dans les titres   78.
Femme-sphinx   51.
Fétiche   34, 38, 131, 158, 168, 169, 172, 179, 184, 191, 218, 239, 252, 262, 263, 299, 302, 319.
Fétiches relationnels   39.
Fivette   203.
Formulations crues   46.

Habillement   39.
Haine   63, 105, 130, 158, 168, 171, 183, 227, 243, 249, 250, 266, 269, 270, 284, 287, 288, 314, 317, 319, 335, 344, 345, 358, 364.
Haine des structures   41.
Humiliations   67.

Identité sexuelle   88, 90, 109, 131, 221, 320.
Idéologie   115, 123, 212, 262, 279, 298, 333, 348, 356.
Idole-idolâtrie   69, 73, 127, 128, 253, 360.
Impuissance   83.
Incestuel   112, 116, 137, 205, 212, 250, 254, 295, 296, 310, 314, 320, 333.
Incestueux   103, 124, 188, 193, 200, 276, 348.
Intentionnalité perverse   115, 242, 265, 331.
Interactions sado-masochiques   56, 79, 122, 160, 163, 180, 184, 313, 321, 358.
Intonation particulière   47.
Inversion logique   85.

Jouissance   28, 241, 282, 324.

Logique   52.
Logique Perverse   34.

Machine   72.
Manipulation du cadre   65.
Mariage   41, 57, 59, 72, 84, 150, 200, 201, 203, 226, 228, 335
Mécanique   46, 83, 95, 156, 204, 226.
Mépris   73.
Mise en scène   28, 35, 39, 44, 53, 81-83, 89, 150, 208, 217, 229, 255, 280, 290.
Morale   53.
Mort   79, 101, 105, 106, 108, 133, 135, 144, 159, 171, 176, 177, 193, 198, 212, 226, 240, 242, 247, 260, 274, 310, 311, 318, 327, 330, 338, 340, 352, 356.
Mots   51, 148, 293, 294, 335, 338, 359.

Narcissisme   65, 253, 266, 270, 283, 293, 301.

Orgasme   68, 69, 72, 84, 88, 113, 172, 182, 225, 231, 364, 365.

Paradoxe   51.
Pardon   50.
Parentification   131.
Pénis   73.
Pensée stratégique   80, 241, 256, 257.
Peur   28, 48, 74, 75, 105, 126, 142, 166, 167, 176, 189, 196, 227, 229, 337, 346.
Phobie froide   123, 230.
Pions (personnes manipulées comme des)   72.
Psychosomatique   86, 152, 154-157, 164, 168, 187, 190, 191, 198, 201, 209, 213, 219, 222, 228, 244, 265, 291.

Régime   86, 212.
Relation de couple perverse-narcissique   37, 61.
Responsabilité   84, 123, 155, 190, 201, 246, 247, 259, 312, 336, 359.
Risque   43, 44, 86, 182, 234, 267.
Rituels   71.

Sadisme   155, 160, 173, 205, 239, 241, 244, 259, 266, 276, 322, 345.
Secte   65, 279, 280, 281.

Tension Intersubjective Perverse   55, 57, 74, 78, 79, 80, 95, 170, 181, 182, 217, 242, 287, 298, 323.
Toxicomanie (formes de)   62, 158, 207, 234, 239, 242, 269.
Transgression de la loi   59.

Victime   28, 64, 77, 79, 84, 101, 103, 104, 108, 110, 115, 126, 137, 138, 140, 147, 148, 150, 171, 172, 175, 188, 207, 210, 221, 227, 258, 267, 269, 314, 321, 330, 344, 346, 363, 365.
Voix Particulière   45.

Psychanalyse et civilisations
Collection dirigée par Jean Nadal

L'histoire de la découverte de la psychanalyse témoigne que démarche clinique et théorie issues de champs voisins ont concouru, par étayage réciproque à élaborer le concept d'inconscient, à éclairer les rapports entre pathologie et société et à reconsidérer les liens entre le malaise du sujet singulier et celui de la civilisation. Dans cette perspective, la collection "Psychanalyse et Civilisations" tend à promouvoir cette ouverture nécessaire pour maintenir en éveil la créativité que Freud y a trouvée pour étayer, repenser et élargir la théorie. Ouverture indispensable aussi pour éviter l'enfermement dans une attitude solipsiste, qui en voulant protéger un territoire et préserver une identité, coupe en réalité la recherche psychanalytique de ses racines les plus profondes.

Déjà parus :
Rêve de Corps, Corps du Langage, par J. Nadal, M. Pierrakos, M.F. Lecomte-Emond, A. Ramirez, R. Vintraud, N. Zulli, M. Dabbah
Oralité et Violence, par K. Nassikas
Emprise et Liberté, par J. Nadal, N. Rand el M. Torok, A. Eiguer, R. Major, R. Dadoun, M.F. Lecomte-Emond, H. Ramirez
La pensée et le trauma, par M. Bertrand
Mot d'esprit, inconscient et événement, par M. Kohn
La diagonale du suicidaire, par S. Olindo-Weber
Journal d'une anorexie, par K. Nassikas
Le soleil aveugle, par C. Sandori
Ferenczi et l'école hongroise de psychanalyse, par E. Brabant
Les fantômes de l'âme, par C. Nachin
Psychanalyse en Russie, par M. Bertrand
Freud et le sonore, par E. Lecourt
Pour une théorie du sujet-limite, par V. Mazeran et S. Olindo-Weber
Ferenczi, patient et psychanalyste, Collectif dirigé par M. Bertrand
Le cadre de l'analyse, Collectif, colloque du Cercle freudien
La métaphore en psychanalyse, par S. Ferrières-Pestureau
L'expérience musicale. Résonances psychanalytiques, par E. Lecourt
Dans le silence des mots, par B. Roth.
La maladie d'Alzheimer, "quand la psyché s'égare...", par C. Montani

Psychanalyse et civilisations
Collection dirigée par Jean Nadal
(suite)

Lire, écrire, analyser. La littérature dans la pratique psychanalytique, par A. Fonyi
Métamorphoses de l'angoisse. Croquis analytiques, par J. Arditi-Alazraki
Idées en folie. Fragments pour une histoire critique et psychanalytique de la psychopathologie, par J. Chazaud
Cet obscur objet du désir, C. Dumoulié
Les matins de l'existence, M. Cifali
Les psychanalystes et Goethe, P. Hachet
Œdipe et personnalité au Maghreb, Éléments d'ethnopsychologie clinique, A. Elfakir
Herbes vivantes, Espace analytique et poésie, J. Persini
Ethnologie et psychanalyse, N. Mohia-Navet
Le stade vocal, A. Delbe
L'orient du psychanalyste, J. Félicien
Psychanalyse, sexualité et management, L. Roche
Un mensonge en toute bonne foi, M.N.
L'image sur le divan, F. Duparc
Traitement psychothérapique d'une jeune schizophrène, J. Besson
Samuel Beckett et son sujet, une apparition évanouissante, M. Bernard
Du père à la paternité, M. Tricot, M.-T. Fritz
Transfert et structure en psychanalyse, Patrick Chinosi
Traces du corps et mémoire du rêve, Kostas Nassikas
Métamorphoses du corps. Dessins d'enfants et oeuvres d'art, S. Cady, C. Roseau
La jalousie, colloque de Cerisy sous la direction de Frédéric Monneyrou.
Ecriture de soi et Psychanalyse, sous la direction de Jean-François Chiantaretto.
Mort et création: de la pulsion de mort à la création, Béatrice Steiner.
L'invention psychanalytique du temps, Ghyslain Lévy.
Angel Guerra, de Benito Pérez Galdos. Une étude psychanalytique, S. Lakhdari

L'HARMATTAN

LIBRAIRIE - CENTRE

Plus de 80 000 titres

AFRIQUE - OCEAN INDIEN
ANTILLES - MONDE ARABE
ASIE - ESPAGNE - PORTUGAL
AMERIQUE LATINE

16, rue des Ecoles, 75005 PARIS
Tel. 43.26.04.52

Metro : Maubert-Mutualité et Cardinal Lemoine

Heures d'ouverture :
Du lundi au samedi : 10h -12h30 et 13h30 - 19h

la bouquinerie
L'HARMATTAN

Librairie générale « FRANCE »
Vieux livres, livres épuisés ou d'occasion.

21, rue des Écoles, 75005 PARIS
- 46.34.13.71

Metro : Maubert - Mutualité
Cardinal Lemoine

Vous cherchez un **épuisé**, un **livre ancien**,
sur tout sujet?

CONSULTEZ-NOUS AU

43.26.04.52

ou à la

Librairie L'Harmattan,
16 rue des Écoles, 75005 Paris

Plus de 250.000 titres disponibles à la
T.G.L.-L'HARMATTAN
(Très Grande Librairie)

La **T.G.L.** est une librairie télématique. Son vaste catalogue est entièrement informatisé, interrogeable par ordinateur, dans la totalité de ses titres.

Aux systèmes traditionnels de consultation par **auteur** et par **titre**, s'ajoute une double possibilité d'interrogation :

— par **Pays**, à travers une liste des codes pays. Tout le catalogue est consultable selon la zone géographique d'intérêt. Une grille de trois cents codes permet de repérer facilement tout ce qui est disponible sur un certain pays ou aire géographique, à partir des minuscules Iles Midway, jusqu'à des secteurs très étendus, tels que L'Amérique centrale ou latine, ou nations rassemblées selon des critères politico-économiques (*Pays en voie de développement*), ou bien historique (*Monde gréco-romain*).

— par **Thèmes**. Une grille très serrée permet de cibler la recherche selon les exigences les plus précises, à partir d'un sujet. Un instrument de sélection très puissant permet d'accéder immédiatement aux titres existants sur tout sujet, de A à Z, de l'*Actualité*, à la *Zootechnie*, en passant par le *Conflit arabo-israélien*, les *Droits de l'homme*, la *Génétique*, les *Mass média*, la *Mode*, etc.

Tous les livres, les revues, les documents repérés dans le catalogue sont disponibles en librairie sous 24/48 heures.

650604 - Avril 2016
Achevé d'imprimer par